freedom
letters

I0558253

№ 60

Натан Щаранский

Не убоюсь зла

Freedom Letters
Иерусалим
2023

freedom letters

Сайт издательства freedomletters.org
Телегам-канал freedomltrs
Инстаграм freedomletterspublishing

Издатель Георгий Урушадзе
Технический директор Владимир Харитонов
Редактор Георгий Урушадзе
Художник Денис Батуев
Фотография Алекс Коломойский
Корректоры Инна Харитонова и Ольга Ширяева

Натан Щаранский. Не убоюсь зла. — Freedom Letters: Иерусалим, 2023.

ISBN 978-1-998084-94-4

Натан Щаранский родился в 1948 году в Сталино, ныне Донецк, Украина. Был участником правозащитного движения в СССР и одним из лидеров борьбы за право советских евреев репатриироваться в Израиль. В 1976 Щаранский стал одним из основателей группы по соблюдению Хельсинкских соглашений, которая отслеживала нарушения этих соглашений в том числе и по отношению к различным религиозным и национальным группам в Советском Союзе. В 1977 году арестован по обвинению в измене родине и в шпионаже. После девяти лет заключения освобожден 11 февраля 1986 года. 1996–2005 — министр и заместитель премьер-министра четырех израильских правительств.

Алексей Навальный: «Я реально не представляю, как он выжил... Читая его книгу, я иногда трясу головой, чтобы избавиться от ощущения, что я читаю свое личное дело. Например: здание ШИЗО/ПКТ — отдельный барак за колючей проволокой. Максимальный срок в ШИЗО — 15 суток. И я не удивился, когда после нескольких „пятнашек" подряд меня как злостного нарушителя перевели в ПКТ на полгода. Один в один».

© Натан Щаранский, 2023
© Freedom Letters, 2023

Содержание

Моей матери и моей Авиталь

«Сбылась мечта идиота»

Это бессмертная фраза Остапа Бендера крутилась у меня в голове и грустная улыбка не сходила с моего лица, когда я читал письмо Алексея Навального, посланное мне им через его адвоката из российской тюрьмы в марте 2023 года. В этом письме Алексей говорит о том, как помогает ему моя книга «Не убоюсь зла» и как похож ГУЛАГ, о котором я пишу, на ГУЛАГ, в котором находится он.

Я начал писать эту книгу сразу после выхода из тюрьмы в феврале 1986 года. Несмотря на то, что весь мир, казалось, обрушился на нас с Авиталь, и несмотря на наши отчаянные усилия наконец-то начать обычную семейную жизнь, каждое утро я садился за стол и в течение по крайней мере трех часов писал свои воспоминания. Я делал это прежде всего для того, чтобы помочь моим друзьям по борьбе. Ведь я был первым политзаключенным, освобожденным Горбачевым. Большинство моих друзей либо сидели в тюрьме за правозащитную деятельность, либо были в отказе из-за борьбы за право выезда из СССР. Их всех, полагал я, ожидают новые допросы, новые угрозы, новые аресты. Я надеялся, что мои мемуары могут стать для них своего рода учебным пособием. И мой опыт поможет им пройти достойно свой путь, как помогали мне, например, книга Есенина-Вольпина «Памятка для тех, кому предстоят допросы», или же книга Виктора Франкла Man's search for meaning, о том, как в нацистских лагерях сохранить человеческое достоинство.

В тюрьме мне пришлось изобрести для себя (точнее, понять) много новых законов и правил. Например, если твоя цель выжить любой ценой — тогда ты будешь полностью зависеть от КГБ. Но если твоя цель — остаться свободным человеком, находясь в тюрьме, — то это зависит только от тебя. Тогда каждый день превращается из тяжелой ноши в еще один день победы, укрепляющий твой дух.

Но увы, а точнее, слава Богу, к тому времени, когда книга была издана на русском языке, Советский Союз разваливался. Большинство политзаключенных были уже на свободе, и сотни тысяч советских евреев были уже по дороге в Израиль. Книга воспринималась читателем как своего рода исторический роман, экскурс в прошлое, в быстро забываемый мир холодной войны и железного занавеса.

И вот, наконец, книга возвращается к ее первоначальному назначению — помогать людям в тюрьме. Сначала Володя Кара-Мурза, а затем и Алексей Навальный пишут мне из тюрьмы о пользе этой книги.

***

В моей следующей книге «В защиту демократии» я пытался подвести теорию под феномен развала Советского Союза и других диктатур. По моей теории, все общества можно разделить условно на общество свободы и общество страха. Я предложил простой тест, который я назвал тестом городской площади: если человек может выйти на середину центральной площади города и высказать свое мнение, не опасаясь ареста, тюрьмы или преследований — значит, он живет в свободном обществе, если нет — он живет в обществе страха.

Во всяком обществе страха есть три группы людей — истинные сторонники, диссиденты и двоемыслящие. Истинные сторонники — это те, кто верят в официальную пропаганду, типа «коммунизм — светлое будущее всего человечества», или «если бы мы не начали войну с Украиной, то НАТО напало бы на нас». Диссиденты — те, кто не верят официальной пропаганде и открыто высказывают свое мнение. Чем более жесток режим, тем меньше число диссидентов. Двоемыслящие не верят в идеологию режима, но боятся высказывать свое мнение вслух.

Чем дольше существует диктатура, тем больше число двоемыслящих в обществе (в книге я провожу аналогию с постоянным ростом энтропии в термодинамике), и тем больше энергии должна тратить система для удержания своих граждан под контролем страха. Чем слабее режим, тем больше людей освобождается от паутины двоемыслия и становятся диссидентами.

Революция — это когда одновременно массы людей перестают бояться, прекращают жизнь двоемыслия и переходят в диссидентство.

Явление двоемыслия и желание людей избавиться от него, от жизни под постоянным страхом универсально, утверждал я в своей книге. Я приводил многочисленные примеры из жизни разных народов и разных цивилизаций. И я полагал, я наделялся, что вирус свободы, вырвавшийся из ГУЛАГа и заразивший миллионы людей в России, не сможет быть взят под контроль. Как можно снова превратить свободных людей в двоемыслящих без красного террора, без армии осведомителей КГБ, без чисток и сталинского ГУЛАГа — спрашивал я себя. Оказалось — возможно. И хотя теории возврата из состояния свободы в состояние двоемыслия еще нет (во всяком случае, мне она неизвестна), нетрудно понять, что произошло на практике.

Недостаточно в условиях революции перейти в мир свободы в «толпе», освободившись от страха и начав говорить то, что думаешь. Чтобы продолжать жизнь без страха, необходимо, чтобы общество поддерживало тебя в этом желании, чтобы твое право на свободу мысли было защищено судом, свободными выборами, организациями в защиту прав человека, средствами массовой информации и соцсетями, т. е. общественным мнением, всем тем, что мы называем гражданским обществом. А создание и развитие всех этих институтов требует времени и усилий. И можно, и надо надеяться, что новому поколению мужественных и бескомпромиссных борцов за правду, таких как Владимир Кара-Мурза, Алексей Навальный, Илья Яшин и других, подвергающихся сегодня чудовищным репрессиям, удастся удержать искру свободы. А когда она снова вырвется из тюрьмы, строительство свободного общества станет центральной задачей народов России.

***

Совет сегодняшнему читателю «Не убоюсь зла» в России. В моей книге есть две неравные части. Первая — арест, следствие и суд — описывает очень подробно полтора года моей борьбы в Лефортово, в условиях полной изоляции от внешнего мира. Борьбы как идеологической, так и практической.

Идеологической — за то, чтобы оставаться и в тюрьме свободным человеком, не идти с КГБ ни на какие соглашения и компромиссы.

Практической — как заставить КГБ снять, пусть даже частично, завесу полной изоляции, в которой меня пытались держать. Это была увлекательная задача, решение которой делало мое пребывание в Лефортово гораздо более интересным.

Однако эта часть книги для сегодняшнего политзэка во многом мало релевантна. У политзаключенных сегодня есть свой адвокат. И заключенный не только знает, что происходит во внешнем мире, но даже может иногда связаться с ним (пожалуй, доступ к информации в тюрьме и свобода эмиграции — это последние две вещи, пока еще отличающие режим Путина от советской диктатуры).

Вторая часть книги описывает мир ГУЛАГа, давление с помощью ШИЗО и ПКТ. Именно с описанным в этой части сегодняшние политзэки находят полное сходство советских и современных российских порядков.

И поэтому для тех, что хочет сразу увидеть эту «связь миров», я могу посоветовать начать чтение этой книги со второй части. А если понравится — переходите к первой. Для тех, кого привлекает психология, логика и шахматы, это может оказаться интересным.

Натан Щаранский

Иерусалим
Октябрь 2023

Гонорар автора будет перечислен в Фонд поддержки российских политических заключённых «30 октября».

Предисловие к первому русскому изданию

Эту книгу я начал писать сразу же после освобождения, и писал в течение года, стараясь не упустить ни одной детали. Я спешил рассказать о тех, кого оставил в ГУЛАГе, и поделиться опытом с теми, кто еще может там оказаться. Однако через несколько месяцев я понял, что есть и другая причина, побуждающая меня работать над книгой: с каждой новой страницей я освобождался от груза прошлого, от необходимости держать в себе все эти бесчисленные допросы, карцеры и голодовки.

«Как ты можешь помнить содержание допросов девятилетней давности?» — поражались друзья. Но все было просто: факты, которые я описывал в книге, в течение девяти лет были единственным содержанием моей жизни. Они мысленно повторялись, перебирались, продумывались, анализировались в тишине тюремного карцера тысячи раз. По ним я вновь и вновь выверял свой путь в потемках ГУЛАГа. Через год, дописав последнюю страницу, я почувствовал, что наконец-то могу вздохнуть свободно и... начать забывать.

В несколько сокращенном варианте книга была опубликована в США, а затем еще в восьми странах. «Американцы не станут читать двести страниц допросов», — сказал мне издатель. И он, скорее всего, был прав. Тем не менее в русском издании я решил сохранить полный текст. Ведь в Советском Союзе для многих вся жизнь — непрерывный мысленный диалог с КГБ...

Увы, тогда русский вариант так и остался недоработанным — прошлое уже не давило на меня, и я не спешил к нему возвращаться. Новая жизнь, новые проблемы захватили меня...

Ситуация, между тем, менялась стремительно. И когда год назад мне вдруг предложили опубликовать свои воспоминания в СССР, я снова загорелся. Достал из шкафа изрядно запылившуюся рукопись и пригласил своего старого приятеля поэта Бориса Камянова помочь мне отредактировать книгу.

Но что это? Откуда постоянная «зацикленность» на самом себе, на том, что я сказал и что подумал, откуда такой самодовольный тон? Мы принялись было истреблять его, но вскоре поняли, что это невозможно: он — неотъемлемая часть самой книги. Ведь в ней ничего не придумано — перечитывая рукопись, я сразу же вспоминал и допросы, и полузабытую тюремную хронику. Просто теперь, спустя пять лет, я уже «остыл» и мог снисходительно глядеть на себя, только что вырвавшегося из ГУЛАГа и преисполненного сознанием победы. Что ж, наверное, сегодня я написал бы о тех событиях иначе.

Почти закончив редактирование русского текста, я вновь отложил его в сторону. Проблемы сегодняшней жизни — приезд и абсорбция сотен тысяч евреев из СССР — потребовали от меня прервать занятия литературой.

Тем временем КГБ начал стремительно возвращаться на политическую арену. События в СССР последнего времени показали, что борьба вовсе не окончена, что, скорее всего, она впереди. И я вспомнил о первоначальной цели книги: поделиться опытом с теми, кто еще может оказаться лицом к лицу с комитетом государственной безопасности. Вспомнил и быстро, в несколько дней, закончил работу, которую затягивал годами.

Советская империя разваливается, и сама жизнь дает ответ на вопрос, который я так часто задавал себе в тюрьме: для чего КГБ затрачивает столько сил и средств на подавление каждого инакомыслящего? Ведь власти вели себя так, словно даже один, изолированный от всего мира, но несломленный диссидент представляет смертельную опасность для всей системы. Действительность оправдала их опасения. Именно там, в ГУЛАГе, среди нераскаявшихся «узников совести», сохранился и выжил «вирус» свободолюбия. Сегодня он вырвался на волю, и мне хочется верить, что у КГБ не найдется против него «вакцины».

Натан Щаранский

1991 год

ЧАСТЬ ПЕРВАЯ

Арест

«Значит, они все-таки решились!» — стучало у меня в висках на протяжении всего пути от дома до ворот ГУЛАГа. Стиснутый с обеих сторон на заднем сидении светло-серой «Волги», я смотрел в окно на уносящиеся назад, в прошлое, московские улицы, наблюдал за своими конвоирами и пытался представить, что меня ожидает, — а дятел, поселившийся в моем мозгу, все выстукивал и выстукивал эту короткую фразу: «Значит, они все-таки решились!»

Тот, кто был справа от меня, легко, без нажима, придерживал на своем колене мою правую руку; другой, слева, — левую. Третий, в неудобной позе, почти лежа, пристроился за нашими спинами — на тот, очевидно, случай, если я решусь бежать, разбив заднее стекло, а может, для того чтобы помешать западным корреспондентам, с которыми я только что был, сфотографировать меня. Рядом с шофером сидел еще один и докладывал по рации о том, что операция успешно завершена.

Несколько минут назад дамоклов меч, так долго висевший над моей головой, наконец опустился: меня арестовали. Сидя в машине, я ощутил вдруг странную расслабленность; постоянное напряжение, в котором я жил последнее время, внезапно спало, будто кто-то одним поворотом рубильника отключил от сети оголенные провода нервов.

Одиннадцать дней назад, четвертого марта тысяча девятьсот семьдесят седьмого года, в газете «Известия» опубликованы статья Липавского и редакционное послесловие к ней, обвинявшие меня и еще нескольких активистов алии в шпионаже против СССР по заданию ЦРУ. Друзья приходили утешить, а на самом деле — и проститься; корреспонденты — взять последнее интервью. Каждый в глубине души понимал, что арест — это лишь вопрос времени. Они говорили со мной так, как, должно быть, говорят с неизлечимо больным, убеждая и его, и самих себя, что все обойдется.

«Никогда они на это не решатся! Ведь это будет очередное дело Дрейфуса!» — слышал я от друзей еще полчаса назад. И вот — «значит, они все-таки решились!..» Томительное ожидание кончилось, но верить все равно не хотелось. Не снится ли мне это? Не фантазирую ли я? В последние дни я часто представлял себе свой арест, прокручивая его в воображении, словно фильм, — может, и теперь это всего лишь еще один сеанс? Облегчение от того, что кончилась неопределенность, вдруг сменялось надеждой, что происходящее — дурной сон, и надо только заставить себя проснуться; в этой череде обрывочных эмоций не было ровным счетом никакой логики.

На повороте машину занесло. Моя правая рука невольно дернулась, и кагебешник мгновенно, с профессиональной жесткостью, сжал ее в запястье и вернул себе на колено. Я давно знал этого поджарого блондина с простым русским лицом: слежкой за мной он занимался уже не один год. Всегда улыбчивый — такие, кстати, нечасто встречаются среди «хвостов», — на сей раз он был мрачен и заметно нервничал. Сидевший впереди запросил по рации инструкций: ехать через центр или вдоль Яузы. Я говорил себе: «Смотри внимательно, может быть, ты видишь Москву в последний раз», — и пытался запечатлеть в памяти улицы, по которым мы проезжали. Ничего из этого не вышло; впоследствии я так и не мог вспомнить, как мы ехали — через центр или вдоль реки.

Когда машина остановилась у въезда во двор лефортовской тюрьмы и тяжелые железные ворота — первые из двух, никогда не открывающихся одновременно, — стали медленно раздвигаться, у меня вдруг возникло нелепое, а для ситуации, в которой я находился, попросту идиотское опасение: вот сейчас они заставят меня дыхнуть в трубку и узнают, что я пьян. Можно подумать, что меня обвиняли в нарушении правил движения, а не в измене Родине! Час назад я и в самом деле выпил рюмку коньяка — немалую для себя дозу: как правило, я не пью ничего крепче легкого сухого вина. Повод для этого был поистине исключительным.

В квартире Слепаков подходил к концу урок иврита. Все собравшиеся — и учитель Володя Шахновский, и мы, его ученики: Дина и Иосиф Бейлины, Борода — так мы звали Володю Слепака — и я, — пытались вести привычный нам образ жизни; этому не должны были помешать ни обвинения в «Известиях», ни демонстративные действия КГБ после этой публикации — их агенты вышли на свет из тени, в которой таились до сих пор, и следовали за мной, куда бы я ни шел, совершенно открыто, чтобы показать: дни твои сочтены. Так я и передвигался по городу — внутри живой клетки из восьмерых кагебешников. Итак, урок уже подходил к концу. Около шести часов вечера пришли два корреспондента: Давид Сеттер из «Файненшл Таймс» и Хел Пайпер из «Балтимор Сан» с сенсационной новостью: только что АПН сообщило, что доктор Штерн на свободе!

Михаил Штерн, известный в Виннице врач, около трех лет назад был арестован и приговорен к восьми годам заключения по обвинению в спекуляции лекарствами и получении взяток. Все дело с самого начала носило характер демонстративной расправы с уважаемым человеком за его желание эмигрировать и явно имело целью запугать евреев. Обвинения и их обоснования были смехотворными, что лишь подчеркивало зловещий характер процесса. Все эти годы мы активно боролись за освобождение доктора Штерна. Четвертого марта, в тот самый день, когда появилась статья в «Известиях», я организовал для его жены очередную пресс-конференцию. Вскоре в Амстердаме международный общественный трибунал должен был рассмотреть дело Штерна. И вот он на свободе, отсидев лишь около трети срока — случай поистине беспрецедентный! Формулировка АПН «амнистирован по гуманным соображениям, в связи с состоянием здоровья» никого не могла обмануть — это наша общая победа! Такое событие, конечно, следует отметить, но у Бороды в доме нашлось лишь немного коньяка. Я вместе со всеми выпиваю рюмку и даю корреспондентам свое последнее интервью.

— Мы все, конечно, счастливы, что Михаил Штерн на свободе, — говорю я. — Но очень может быть, что этот шаг сделан советским правительством для того лишь, чтобы отвлечь внимание западного общественного мнения от новых нападок на еврейских активистов, обвиняющихся в шпионаже. Не исключено, что именно сейчас могут начаться новые аресты.

— Машины КГБ уехали! — радостно сообщает в этот момент Борода.

— И за дверью «хвосты» больше не сидят, — говорит его жена Маша, выглянув на лестничную площадку.

Я смотрю в окно. Действительно, машины, стоявшей метрах в двадцати от подъезда, нет. Чтобы выяснить, осталась ли вторая, припаркованная вплотную к дому, я встаю на подоконник и выглядываю в форточку. Увы, эта машина не только на месте, она подъехала к самому входу. Да и «хвосты» не исчезли, а лишь поднялись, оказывается, на этаж выше и вроде бы с кем-то там совещаются.

— Что все это значит, по-вашему? — настойчиво спрашивают корреспонденты. Они, как и мы, заинтригованы происходящим, но о своей работе не забывают. Мне и самому не терпится узнать.

— Сейчас выясним это экспериментально, — говорю я и быстро одеваюсь. — Пойду звонить другим журналистам, сообщу о Штерне.

Пайпер и Сеттер, а также Борода, который все эти дни не отпускал меня от себя ни на шаг — «чтобы быть свидетелем, если тебя арестуют», идут со мной.

Возбуждение и коньяк делают свое дело: я забываю взять с собой сумку с теплыми вещами, которую не выпускал до того из рук — на случай ареста.

У лифта происходит заминка. Двое кагебешников сбегают по лестнице и заявляют:

— Поедете с нами.

Такая наглая манера поведения стала для них в последнее время обычной. В лифт разрешено входить только трем пассажирам, хотя поместиться в нем могут и пять человек — так мы часто и ездили. Однако на сей раз нас с «хвостами» шестеро. После небольшого колебания Борода решает, что присутствие корреспондентов рядом со мной важнее. Впервые за эти дни он оставляет меня и поспешно спускается с седьмого этажа. В следующий раз я увижу его только через одиннадцать лет.

В лифте все мы тесно прижаты друг к другу. Я буквально упираюсь носом в рацию «хвоста», висящую у него на груди под пальто. Это тот самый белобрысый весельчак, который будет сидеть в машине справа от меня. Я обмениваюсь с корреспондентами какими-то малосущественными репликами и вдруг замечаю, что согнутая в локте и прижатая к груди рука «хвоста» дрожит.

— Они нервничают — кажется, сейчас что-то произойдет, — говорю я по-английски.

Это мои последние слова на воле. Лифт открывается, я делаю несколько шагов к выходу из подъезда — и, подхваченный множеством рук, пролетаю сквозь двери прямо в машину.

...В Лефортово меня вводят в какой-то кабинет, и я вижу встающего из-за стола, добродушно, по-домашнему улыбающегося пожилого человека в очках.

— Заместитель начальника следственного отдела УКГБ по Москве и Московской области подполковник Галкин, — представляется он, а затем мягко и даже, мне кажется, немного смущенно говорит, протягивая какую-то бумагу:

— Вот, будем работать с вами вместе.

Читаю: постановление об аресте «по подозрению в совершении преступления по статье шестьдесят четвертой — измена Родине: оказание иностранному государству помощи в проведении враждебной деятельности против СССР».

Кладу быстрее листок на стол, чтобы Галкин не заметил, как дрожат мои руки. Заныло сердце, и запершило в горле: несмотря на то, что статья в газете подготовила меня к этому обвинению, до самой последней минуты я надеялся — может, все же не шестьдесят четвертая, а семидесятая — «антисоветская агитация и пропаганда»...

— Наверное, не были готовы к шестьдесят четвертой, думали — семидесятая? — словно прочитав мои мысли, все так же добродушно, почти ласково, спрашивает Галкин.

— Нет, почему же, вы ведь заранее сообщили мне через «Известия», что я шпион. Это было очень любезно с вашей стороны, — отвечаю я, стараясь презрительно усмехнуться. Но голос мой неожиданно срывается на хрип, да и усмешка, кажется, получилась жалкой.

Однако Галкин явно разочарован результатом.

— Ах да, «Известия», — поскучнев, говорит он и тут же обращается к надзирателям уже довольно сухим, официальным тоном:

— Приступайте к обыску.

Входит пожилая женщина в белом халате — фельдшерица. Мне корректно, но решительно предлагают раздеться догола. Начинается личный обыск: осматривают вещи и — так же скрупулезно и бесстрастно — тело, словно оно для них — еще один неодушевленный предмет.

Тебе демонстрируют самым наглядным образом, сколь резко изменилось твое положение. Отныне и впредь не только твои вещи, книги и записи — даже собственное тело тебе больше не принадлежат. В любой момент могут вывернуть твои карманы, сорвать с тебя одежду, залезть пальцами тебе в рот или в задний проход.

Я встречался с людьми, которые провели в ГУЛАГе годы, сотни раз подвергались обыскам, но так и не смогли к ним привыкнуть, каждый раз заново переживая личный обыск как унижение. Человек же, чувствующий себя униженным, потерявший уважение к себе, может стать злобным, мстительным, коварным, но никогда — сильным и стойким духовно. А насильники умело используют его ожесточенность, направив ее против таких же зеков, как он сам, и этим ускоряют его окончательное нравственное падение.

Но это знание пришло ко мне потом. А в тот момент я обратился к своему опыту предыдущих кратковременных арестов на пятнадцать суток, которые тоже сопровождались обысками. Тогда я решил: ничто из того, что они делают со мной, не может меня унизить. Может ли, скажем, оскорбить человека ураган, срывающий с него одежду, или верблюд, плюнувший ему в лицо? Лишь сам я могу унизить себя, если совершу поступок, за который мне потом будет стыдно. Первое время в Лефортово мне пришлось не раз напоминать себе об этом принципе, пока я с ним не свыкся полностью. С тех пор уже ничто: ни обыски, ни наказания, ни даже несколько бесплодных попыток насильственного кормления через задний проход во время моей голодовки в восемьдесят втором году — не могло вызвать во мне ощущения, что меня унизили.

Однако в тот первый час после ареста мне все же не удалось полностью избавиться от некоторого смущения, когда я стоял голым перед тремя старшинами и фельдшерицей. Пока она и один из старшин изучали мое тело, двое других прощупывали каждую складку моей одежды, а сидевший рядом за столом подполковник Галкин перебирал и записывал в протокол изъятия найденные у меня в карманах вещи. Дойдя до фотографии жены, он вдруг расплылся в приторно-сладкой улыбке:

— А вот и Наташа! — и бережно отложил ее в сторону. Повернувшись ко мне, он объяснил:

— Я ведь готовился к встрече с вами, поэтому и с вашей женой по карточкам знаком.

Несколько дней назад, после очередного обыска, в недрах КГБ вместе со всеми моими вещами, документами, письмами Авиталь (так ее стали называть в Израиле) исчезли и все ее фотографии. Эта была последней, снимок сделал папа летом семьдесят четвертого года — за несколько дней до нашей хупы и разлуки. Фотография была мне очень дорога, и я всегда носил ее с собой. Именно сейчас, когда ее у меня отобрали, я вдруг осознал, что остался теперь совсем один, и, не удержавшись, спросил:

— Могу я взять карточку в камеру?

Галкин ответил все так же приветливо, с услужливостью продавца, дающего покупателю дельный совет:

— Она будет храниться на складе личных вещей, и если вы договоритесь с руководством тюрьмы, то ее вам дадут.

«Руководство тюрьмы» не заставило себя ждать: в комнату решительным шагом вошел коренастый полковник лет шестидесяти. В руках он держал газету «Известия» — тот самый номер, как сразу же отметил я.

— Кого это нам привезли? — спросил он Галкина и резко повернулся ко мне. — За какие преступления ты у нас оказался?

Говорил он подчеркнуто грубо. Я попрежнему стоял голый, ждал, когда мне вернут мои вещи; внезапно возникшее ощущение абсолютного одиночества полностью владело мной в тот момент. Но агрессивность полковника задела и вывела из подавленного состояния.

— Вы мне не тыкайте! Если здесь и есть преступник, то не я. А кто я такой — вы прекрасно знаете, недаром же прихватили с собой эту газету.

На несколько секунд воцарилось молчание. Полковник отошел к столу, прочитал постановление об аресте.

— А, да вы же изменник Родины! — опять повернулся он ко мне. — Поставьте его там, — указал он старшинам на противоположный угол комнаты.

Один из них взял меня за руку и отвел туда. Полковник некоторое время пристально рассматривал меня, а я не менее демонстративно разглядывал его.

— Что, давно не видели голых мужчин? — наконец спросил я.

Полковник как-то неопределенно хмыкнул и сказал старшине:

— Уже осмотрели? Дайте ему одежду. Успеет намерзнуться в карцере, — и, обращаясь ко мне, продолжил:

— Я — начальник следственного изолятора КГБ СССР Петренко Александр Митрофанович. У меня разговор с вами будет простой: чуть что — сразу в карцер. А там холодно. И горячая пища только через день. Сразу «мамочка» запищите.

Тут вмешался Галкин, вроде бы извиняясь за грубый тон Петренко:

— Прошу вас, Анатолий Борисович, иметь в виду, что администрация тюрьмы не имеет к нам никакого отношения. Ни они нам не подчиняются, ни мы им.

Я одевался, слушал их и чувствовал, что присутствие духа вновь возвращается ко мне. Агрессивность Петренко, примитивное распределение ролей между ним и Галкиным на «злого» и «доброго» начальников напомнили мне, что я среди врагов и расслабляться не следует.

Петренко между тем не унимался:

— Как это у вас так выходит? Хлеб русский едите, образование за счет русского народа получаете, а потом изменяете Родине? Я за вас, за всю вашу нацию четыре года на фронте воевал!

Что ж, спасибо гражданину Петренко. Последние его слова окончательно вернули меня к реальности, еще раз напомнили, с кем я имею дело. Теперь я уже говорил совершенно спокойно.

— Мой отец тоже воевал на фронте четыре года. Может, он делал это за вашего сына и за вашу нацию?

— Интересно, где это воевал ваш отец?

— В артиллерии.

— В артиллерии?! — он казался искренне удивленным. — Я тоже служил в артиллерии, но таких, как ваш отец, там что-то не видел. А на каких он воевал фронтах?

Я чуть не рассмеялся, вспомнив вдруг рассказ О`Генри о воре, подружившемся на почве общих болезней с хозяином квартиры, в которую он забрался.

Если вначале Петренко с Галкиным разыгрывали определенные роли, то теперь полковник снял маску: он был естественным и в своем антисемитизме, и в понятном желании ветерана поговорить о войне. Но мне беседовать с ним больше не хотелось. Я предпочел восстановить прежнюю дистанцию между нами и сказал:

— По-моему, нам с вами разговаривать не о чем.

— Ах, и разговаривать не хотите! Умный очень! Что ж, поговорим с вашим отцом, когда он придет ко мне. А вы запомните: чуть что — в карцер!

Петренко ушел, а вслед за ним и Галкин.

— Мы с вами еще встретимся на допросе, — сообщил он на прощание тоном, каким утешают друга, обещая ему, что разлука будет недолгой.

Около часа просидел я в этом кабинете с двумя старшинами. Оформлялись какие-то бумаги, велись телефонные разговоры, кто-то входил, кто-то выходил, но все это почти не задевало моего сознания. У меня вновь возникло ощущение нереальности происходящего, и в глубине души теплилась тайная надежда: вот-вот я проснусь и выяснится, что все это было лишь ночным кошмаром.

Наконец меня уводят. Мы идем по тесным коридорам, которые кажутся мне непомерно длинными, останавливаемся иногда у каких-то дверей в ожидании сигнала идти дальше, затем целую вечность поднимаемся по таким же длинным и узким лестницам. До какого этажа мы добрались — не знаю, но такое впечатление, что до седьмого или восьмого. В огромном кабинете, куда меня ввели, сидит Галкин. Над ним на стене — герб СССР, показавшийся мне гигантским хищным ракопауком из фантастической повести Стругацких. Я сижу за маленьким столиком в противоположном от Галкина конце кабинета. На столике передо мной два кодекса: уголовный и уголовно-процессуальный. Галкин предлагает мне ознакомиться с теми статьями УПК, где говорится о моих правах и обязанностях. Я читаю, но мало что воспринимаю. Юридическая терминология: «подозреваемый», «обвиняемый», «право на защиту», «доказательная сила», «улики», «вещественные доказательства», «умысел» и тому подобное — производит на меня угнетающее впечатление. Она принадлежит новому миру, где мне теперь придется жить, но в котором, как я понимаю, я никогда не буду чувствовать себя так уверенно, как мой собеседник. Быстро перелистываю страницы УПК, так и не прочитав толком предложенные мне статьи.

— Теперь ознакомьтесь со статьей шестьдесят четвертой УК РСФСР, по которой вы обвиняетесь, — сказал Галкин.

Во вторую книгу предусмотрительно вложена закладка на соответствующей странице. Хотя эту-то статью я за последние дни выучил буквально наизусть.

— Итак, вы обвиняетесь... впрочем, пока еще подозреваетесь, но обвинение будет вам предъявлено, как и предусмотрено законом, в течение десяти дней, в измене Родине в форме помощи капиталистическим государствам в проведении враждебной деятельности против СССР. Что вы можете сообщить по существу предъявленного вам обвинения?

— Никаких преступлений я не совершал. Моя общественная деятельность как активиста еврейского эмиграционного движения и члена Хельсинкской группы была направлена исключительно на информирование международной общественности и соответствующих советских организаций о грубых нарушениях советскими властями прав граждан, добивающихся выезда из СССР, и находилась в полном соответствии... — я произносил все это почти автоматически, не задумываясь. В последние дни мне часто приходилось отвечать на вопросы о смысле, целях и характере моей деятельности — правда, иностранных корреспондентов, интервьюировавших меня в ожидании скорой развязки. То были репетиции, сейчас — премьера. Впрочем, меня довольно быстро и грубо прервали.

Галкин неожиданно сбросил личину добродушного дядюшки, заговорил вдруг громко, резко, срываясь на крик.

— Это вам не пресс-конференция! — привстав, стукнул он кулаком по столу. — Больше на них вам выступать не придется. Достаточно, поклеветали! Пришло время держать ответ перед народом. Если передавали информацию, то так и говорите — где, когда и кому. Вы, кажется, еще не уяснили себе своего положения. Прочитайте внимательно ... часть статьи.

Какую именно часть — я не расслышал, он произнес незнакомое мне слово — очевидно, какой-то специальный юридический термин. Я догадался, что он имеет в виду, но все же почему-то переспросил:

— Какую часть статьи?

Видимо, мой голос дрогнул, ибо Галкин зло рассмеялся. Быстрота, с которой он перешел от приветливых, доброжелательных улыбок к злобному, поистине сатанинскому смеху, была просто поразительной.

— Прочитайте часть о наказании. Вам грозит смертная казнь. Расстрел!

Впервые после моего ареста прозвучало это слово. В первый раз я услышал его, и сердце мое заныло, сжалось; во рту пересохло. Казалось бы, я должен был ожидать этого. Но все последние дни, обсуждая вероятность ареста по шестьдесят четвертой статье, мы почему-то вообще не говорили о возможности «вышки» — вероятно, каждый из нас понимал, что такой вариант существует, но подсознательно гнал от себя страшную мысль. В наших беседах и даже в моем последнем письме Авиталь, которое я успел отдать Роберту Тоту, корреспонденту «Лос-Анджелес Таймс» и моему другу, за день до ареста, я говорил лишь о вероятности осуждения на десять лет. Не знаю, заметил ли мою реакцию Галкин, но продолжал он с явным воодушевлением:

— Да, да, расстрел! И спасти себя можете лишь вы сами и только чистосердечным раскаянием. На ваших американских друзей можете больше не рассчитывать.

Галкин говорил еще долго, все так же агрессивно и напористо, но я практически перестал его слушать, убеждая себя: «Ты ведь был к этому готов. Ничего неожиданного не произошло». Я чувствовал легкую дрожь в руках и сжимал их между колен, чтобы Галкин не заметил этого.

А тот продолжал на самых высоких тонах:

— Вас уговаривали, предупреждали, а вы продолжали свою преступную деятельность! Но уж теперь ни Израиль, ни Америка вам не помогут! — и долго еще выкрикивал что-то в том же духе.

Кричали на меня в КГБ в первый и, как выяснилось потом, в последний раз.

То был, видимо, пресловутый «час истины» — этим термином в КГБ называют первый допрос захваченного «преступника», когда ему пытаются продемонстрировать, как резко изменилось его положение, надеясь тем самым ошеломить человека и вырвать из него нужные слова: «Да, виноват, каюсь»; на этом фундаменте и будет строиться вся последующая обработка.

Но в чем бы ни была цель Галкина, на меня его крики произвели в конце концов благотворное, отрезвляющее действие — так же, как раньше тирада Петренко о том, что он воевал за моего отца. Момент слабости прошел; я видел перед собой врага, который пытается оторвать меня от всего, что мне так дорого, и вновь обессмыслить мою жизнь.

Тут Галкин совершил свою последнюю ошибку — упомянул Наташу:

— Вас ждет жена. Вы хотите увидеть ее? Это теперь зависит только от вас.

Я сразу же представил себе, как Авиталь где-то в Женеве или Париже вместе со своим братом слушает сообщение о моем аресте. Я вспомнил последний разговор с Израилем, свое огорчение оттого, что не поговорил с ней — Авиталь и Миша, узнав о статье в «Известиях», срочно вылетели в Европу спасать меня, — и еще раз порадовался, что успел передать для нее письмо. Вспомнил — и успокоился.

— Требую записать мое заявление в протокол, — сказал я Галкину.

— Какое еще заявление?

— Которое я сделал вначале.

— Это не заявление, а клевета. Такого мы записывать не будем.

— Тогда нам больше не о чем говорить.

Тут опять последовала длинная тирада, из которой я уловил лишь одно: ему меня очень жаль. Я так устал, что мечтал только о том, чтобы добраться до постели. Галкин наконец вызвал по телефону охрану — отвести меня в камеру. На прощание он повторил, что у меня будет время подумать, что чем скорее я пойму свое положение, тем лучше для меня, и что нам с ним еще предстоит много раз встречаться.

Снова длинные тесные коридоры и узкие крутые лестницы. Как всякого новоприбывшего, меня, прежде чем отправить в камеру, ведут в баню. Мне холодно, знобит, но самому регулировать воду невозможно — нет крана. Я стучу надзирателю, которого по официальной терминологии положено называть контролером, прошу сделать горячей… еще горячей… еще… Вода начинает обжигать тело, но озноб не проходит. «Может, я простудился?» — думаю, и тут же возникает предательская

28

мысль: «Хорошо бы заболеть недельки на две…» Предательская — потому, что она выдает мой потаенный страх. Да, у меня уже нет сомнений: я боюсь. Мне хочется поскорее добраться до постели, чтобы остаться со своим малодушием наедине и побороть его за ночь, ведь завтра — так представляется мне — будет очередной допрос, и к этому времени я должен полностью взять себя в руки.

С матрацем, одеялом, подушкой, миской, кружкой и ложкой — всем моим нынешним имуществом — я вхожу в камеру. Она голая, узкая и холодная, и мне даже не хочется ее разглядывать. Я быстро ложусь под одеяло и натягиваю его на голову. Но надзиратель, открыв кормушку, тут же напоминает мне, что я не дома — с головой укрываться нельзя, несмотря на то, что над тобой горит и будет гореть всю ночь яркая лампочка. Приходится смириться и с холодом, и с таким ярким светом, что он проникает даже сквозь крепко смеженные веки. То, что глаза можно накрыть сложенным вчетверо носовым платком, а форточку захлопнуть, мне в тот момент даже не приходит в голову. Но засыпаю я неожиданно быстро и сплю без снов до самого утра, когда мне впервые предстоит проснуться от крика: «Подъем!» — и вспомнить, что я в тюрьме.

***

Впоследствии, проведя в Лефортово шестнадцать месяцев, досконально изучив и саму тюрьму, и царящий в ней распорядок, чувствуя себя там «как дома», я не раз вспоминал свои первые часы в заключении, первый допрос после ареста и ломал голову: где же он проходил? Лефортовские коридоры и лестницы были вполне обычными, вовсе не такими длинными и узкими, какими тогда показались мне; в корпусе, где размещался следственный отдел, — всего три этажа, а вовсе не семь-восемь; кабинеты, в которых я бывал с тех пор, были самых обычных размеров, и в том огромном, галкинском, мне больше не доводилось сиживать. Не встречал я больше и самого Галкина. Так что, если бы не его подпись под протоколом допроса от пятнадцатого марта семьдесят седьмого года, где записано, что я «отказался отвечать по существу предъявленного обвинения», можно было бы подумать, что все это мне приснилось.

Лефортово

Самое тяжкое в тюремном дне заключенного — пробуждение, особенно в первые недели, когда ты еще весь в прошлой жизни, когда потаенная, противоречащая всякой логике надежда, что этот кошмарный сон вот-вот кончится, особенно сильна.

Пробуждение в первый день после ареста было для меня настоящей пыткой. Проснулся я от каких-то стуков в коридоре и выкриков надзирателя — и сразу все вспомнил. Я попытался снова уснуть — в наивной надежде на то, что когда вновь открою глаза — увижу себя в привычной обстановке квартиры Слепаков. Шум, однако, усиливался. Наконец хлопнула дверца моей кормушки, и надзиратель скомандовал:

— Подъем!

Я сел на нарах. Сердце болело. Голова была налита свинцовой тяжестью, во всем теле — слабость, как во время серьезной болезни. В камере стоял ледяной холод: форточка была открыта. Я осмотрелся и увидел в углу унитаз. Что ж, довольно удобно — не придется далеко ходить. (Я еще не знал тогда, что «удобная» жизнь в клозете растянется для меня на много лет.) Рядом с унитазом — умывальник. Вдоль стен — железные нары. В центре камеры -деревянный столик и табуретка. На окне, помимо решетки, — особые железные жалюзи — «намордник», — практически полностью перекрывающие доступ дневного света. Яркая электрическая лампа под потолком горит круглые сутки. На стене — свод правил поведения, прав и обязанностей заключенного.

Хорошо бы закрыть форточку, но она высоко и мне до нее не дотянуться. Я мерз, но почему-то не догадался поставить табуретку на нары, забраться на нее и закрыть форточку. А ведь такие примитивные задачки на соображение решают даже обезьяны! Гулял я по камере, протискиваясь между нарами и столиком; мне и в голову не пришло попросту отодвинуть его к стене. Видимо, подсознательно я не хотел менять что-либо в этом мертвом и враждебном мне мире, избегал оставлять в нем следы своего присутствия.

Приносят завтрак — черный хлеб, пшенную кашу и чай. Есть не хочется, и я ни к чему не притрагиваюсь. Я жду. Жду немедленного развития событий. Новых допросов, новых угроз. Вялость воли, физическая слабость — но мозг работает лихорадочно. «Необходимо сосредоточиться, подготовиться к будущим допросам, — говорю я себе, — предусмотреть возможные неожиданности», — однако мысль своевольничает и уносит меня далеко от тюрьмы. Вместо того, чтобы трезво проанализировать события и факты, я погружаюсь в мир воображения: представляю себе, как реагируют на мой арест в Израиле и в других странах друзья, корреспонденты, политические деятели, встречавшиеся со мной или с Наташей. Все они знают меня, в курсе наших дел, им известно, чем я в действительности занимался. Никто не поверит, что я был американским шпионом. Волна протестов прокатится по всему миру. У Советов не будет выхода, и они... «Стоп! — останавливаю я себя. — Довольно фантазировать! Надо готовиться к длительной тяжелой борьбе, которая, собственно, уже началась. Сейчас тебя вызовут на очередной допрос, будут запугивать. Подготовься!»

И все же я не могу удержаться и строю все новые и новые гипотезы. Приходит в голову пример Солженицына. Его тоже привезли в Лефортово, обвинили в измене Родине, а на следующий день выслали из СССР. Сейчас давление на Советский Союз должно быть еще больше. Месяц как арестованы Гинзбург и Орлов — мои друзья по Хельсинкской группе; Белый дом протестовал. В этой ситуации мой арест по обвинению в шпионаже — прямой вызов Америке. А ведь впереди — Белградская конференция, продолжение Хельсинкской. Так что шуму будет еще больше. У Советов просто нет выхода. Может быть, нас троих все же посадят в самолет и вышлют?.. Господи, что за ерунда лезет в голову! «У тебя нет времени на пустые мечтания! — снова убеждаю я себя. — Соберись, сосредоточься!»

Вдруг за дверью раздается металлический лязг. Прежде чем она откроется, не менее полуминуты будут отодвигаться засовы и отпираться замки. Этого достаточно, чтобы успеть перебрать разные варианты: берут на допрос? Высылают? Освобождают?

Входит и представляется мне майор Степанов — заместитель начальника тюрьмы по политической части. Выглядит он простым деревенским парнем, забавно окает на волжский лад, однако его простонародная речь засорена бюрократическими штампами, цитатами из Ленина и даже из Плеханова. В любой другой момент этот тип меня безусловно заинтересовал бы, но не сейчас. Чего он от меня хочет? Ах да — есть ли бытовые просьбы.

— Пусть мне вернут фотографию жены.

— Это будет решаться следствием.

— Но следователь сказал — с вами.

— Не знаю, напишите заявление.

— Еще прошу книги из библиотеки, шахматы.

— Зачем вам шахматы, вы же один?

— В правилах указано, что шахматы должны быть в каждой камере, а число людей не оговорено.

До этого я долго вчитывался в висящую на стене инструкцию, но мало что воспринял, однако про шахматы все же запомнил. После долгих препирательств Степанов со мной соглашается и уходит. Вскоре приносят шахматы. Я немедленно расставляю фигуры: уход в мир шахматных баталий — мое давнее и испытанное средство отвлечься от забот. Кроме того, это отличная интеллектуальная зарядка, которая мне сейчас необходима.

Начинаю анализировать вариант французской защиты, которую я люблю еще со школьных лет. Особенность ее в том, что черные отвечают на первый ход белых ходом королевской пешки, но не на два поля, как принято в открытых партиях, а на одно, приглашая тем самым противника занять центр доски и начать атаку. Однако, вызвав на себя первый огонь, черные оставляют за собой возможность успешно контратаковать.

И все же поначалу сосредоточиться никак не удается. Мысль беспокойно мечется, и я, опасаясь, что она опять вырвется из-под контроля моей воли, начинаю быстро передвигать фигуры, как будто играю блиц сразу за обе стороны. Доиграв почти до конца, спохватываюсь, возвращаюсь к интересующей меня дебютной позиции и вновь быстро перевожу партию в эндшпиль.

Проходит десять минут, двадцать, полчаса — и я постепенно начинаю успокаиваться, все медленнее передвигаю фигуры, все больше задумываюсь над каждым ходом. Возникают какие-то идеи, доводы, контрдоводы. Мысль перестает лихорадочно метаться и переключается на неторопливый анализ происходящего на доске.

Опять залязгали замки, заскрежетали засовы. На какое-то мгновение я снова утратил контроль над собой: допрос или освобождение?

Вошел незнакомый офицер. Он принес постановление о передаче моего дела из ведения УКГБ по Москве и Московской области в КГБ СССР. Бумага была подписана лично Андроповым.

Я попросил у офицера разъяснений; из его ответов выяснилось, в частности, что Галкин больше не является моим следователем. Я испытал облегчение: этот хам был мне глубоко неприятен. Очень скоро я понял, насколько был наивен — ведь с крикливым следователем куда проще иметь дело, чем с интеллигентным и вежливым.

Шахматы и постановление, подписанное Андроповым, кажется, окончательно отрезвили меня. Пора, наконец, сесть и подумать. Итак, что же произошло?

Четыре года я был в отказе. Учил понемногу иврит. Ходил на семинары ученых-отказников. Обращался с жалобами в различные советские инстанции. Подписывал, а позже и сам составлял заявления протеста, обращения, обзоры положения евреев в СССР. Выходил на площади Москвы с плакатами «Визы в Израиль вместо тюрем!», «Свободу узникам Сиона!». Меня арестовывали. Отсиживал по пятнадцать суток. Два последних года друзья называли меня «споуксмен» — ответственный за связь с прессой, я регулярно встречался с иностранными корреспондентами, дипломатами и политиками, еврейскими активистами Запада, организовывал пресс-конференции. Тема всех встреч и бесед была одной — положение тех советских евреев, которые борются за право покинуть эту страну. Жизнь алии, судьбы людей, решивших уехать и беспомощно бьющихся в сетях дьявольски жестокой и одновременно кафкиански идиотской советской бюрократической машины, людей, получивших отказ и, во многих случаях, сразу же включавшихся в нашу борьбу за свои права и права других, — все это служило неисчерпаемым источником трагических, иногда трагикомических, но зачастую и героических сюжетов, которые надо было сделать известными Западу. Мир должен был знать о том, что происходит с этими евреями, от этого зависело не только их спасение, но и судьба алии из СССР.

Последние годы я находился под постоянным наблюдением: машина с «хвостами» или «топтунами», как их любила называть Дина Бейлина, сменявшимися каждые восемь часов, сопровождала меня круглосуточно, и я привык к тарахтению постоянно работающего по ночам мотора под моим окном (им, беднягам, надо было как-то греться), как привык в свое время к голосистому соседскому магнитофону в студенческом общежитии. Наблюдение за мной было демонстративным, но и моя деятельность была подчеркнуто открытой — никаких тайн! Когда я шел на встречу с корреспондентом, то предварительно звонил ему и сообщал, адресуясь также и к тем, кто подслушивал его телефонные разговоры, к примеру, следующее: «Шестьдесят советских евреев из шести городов написали заявление в поддержку поправки Джексона. Хотите ли вы получить копию?» Делал я это специально: если КГБ решит задержать меня, пусть задерживает; корреспондент передаст сообщение об аресте и о характере заявления — это лишь привлечет больше внимания к самому документу. Когда же я встречался с журналистами в общественных местах, то передавал им все материалы открыто, на глазах у «хвостов». Никаких секретов!

Конечно же, меня задерживали, вели со мной душеспасительные беседы, предупреждали, угрожали. Сначала часто, потом все реже и реже. «Хвосты» продолжали ходить и ездить, то на расстоянии, то практически вплотную, пользовались фото— и кинокамерами, но не вмешивались ни во что. «Когда едешь верхом на тигре, самое страшное — остановиться», — часто повторял я полюбившуюся мне восточную пословицу. И каждый раз, передавая очередное заявление корреспонденту под угрюмыми взорами «хвостов», я заново наслаждался ощущением свободы, которую мы, небольшая группа евреев-отказников, завоевали для себя в стране всеобщего рабства.

В сентябре семьдесят шестого года меня задержали на вокзале, когда я направлялся в Киев на мемориальную церемонию по случаю тридцать пятой годовщины массового убийства советских евреев нацистами в Бабьем Яру. «Хвосты» привезли меня к своему боссу — кагебешному оперативнику.

— Есть много интересных вещей, которые я мог бы рассказать вам, Анатолий Борисович, — сказал он мне. — Я с удовольствием объясню, почему вам дали отказ в выезде и какие у вас перспективы на этот счет. Но, к сожалению, у вас много друзей, говорящих по-английски, и вы им все рассказываете. Если обещаете, что сохраните это между нами, я объясню вам кое-что.

— Простите, — ответил я, — но я слишком боюсь вашей организации, чтобы иметь с ней какие-либо секреты. Говорите что хотите, но как только я дойду до ближайшей телефонной будки, тут же позвоню иностранным корреспондентам и расскажу им все.

— Ну, пожалуйста, я ведь действительно хочу объяснить вам нечто важное, но вы должны мне обещать, что это останется между нами.

— Я хотел бы это знать, поверьте мне, но это будет секретом лишь до тех пор, пока я не дойду до ближайшей телефонной будки, — повторил я.

Так мы пикировались друг с другом, как пара персонажей из известной оперетты. Наконец он сказал мне со вздохом:

— Я вижу, вы несерьезный человек, с вами трудно иметь дело.

Так я никогда и не узнал, в чем заключалась великая тайна моего отказа. Но у меня не было ни малейшего желания нарушать свои принципы и иметь секреты с КГБ. Это было необходимым условием продолжения «скачек на тигре».

Последние десять месяцев, с момента создания группы по наблюдению за выполнением советскими властями Хельсинкских соглашений, я был ее членом, представляя вместе с Виталием Рубиным, а потом и с Володей Слепаком, прежде всего наше еврейское эмиграционное движение. Мы, естественно, принимали участие в подготовке и передаче западным корреспондентам и дипломатам заявлений в поддержку различных национальных и религиозных групп и отдельных людей: христиан-пятидесятников, крымских татар, украинских политзаключенных, русских диссидентов-демократов — всех тех, чьи права нарушались вопреки положениям Заключительного акта в Хельсинки. Возвращение к национальным корням, приобщение к своему народу, ощущение причастности к его истории — словом, все, составляющее самую суть сионизма, — привело к тому, что мы почувствовали себя свободными людьми. А обретя внутреннюю свободу, человек уже не может не откликнуться на страдания других. Разумеется, и вся наша деятельность в рамках Хельсинкской группы была подчеркнуто открытой.

Нет сомнений, что даже одного интервью иностранному корреспонденту, любого из доброй сотни подписанных мной документов, было достаточно для ареста по обвинению в антисоветской деятельности. Опыт многих подтверждал это, и я постоянно был готов к тому, что меня рано или поздно посадят на скамью подсудимых. Но могут ли подобные эпизоды стать формальной основой для обвинения в измене Родине, — ведь это должно, как нам всем казалось, подразумевать тайную связь со спецслужбами западных стран? Еще за две недели до моего ареста мы все были уверены, что нет. Сейчас я еще раз сказал себе: «Наша деятельность слишком хорошо известна, чтобы они решились строить на ней обвинение в измене».

Сегодня я могу лишь удивляться своему тогдашнему «здравомыслию». Но, может быть, именно оно не позволило страху с самого начала парализовать мою волю.

Итак, решил я, на нашей открытой деятельности КГБ свои обвинения не построит. Можно предположить, что они будут искать в моих контактах с иностранцами что-то тайное. Но были ли тайны? Да, были.

Когда ты передаешь корреспонденту телеграфного агентства заявление, то заранее знаешь, что из него в эфир и в печать попадут в лучшем случае две-три фразы да пара наиболее известных фамилий из числа подписавших. Ну а если мы хотим, чтобы на определенной встрече или конференции был зачитан весь текст? Можно, конечно, передать его по телефону — я, как и многие другие еврейские активисты, практически каждую неделю говорил по телефону с Израилем, Америкой, Англией, Канадой. Но аппараты наши отключались, разговоры глушились, а то и просто не предоставлялись. Зачитать во время такой беседы длинное заявление со множеством подписей — дело весьма сложное и малонадежное. А если речь идет об обзоре эмиграционной политики СССР на пятнадцать-двадцать страниц, какие мы составляли в последние два года примерно раз в шесть месяцев и переправляли в Израиль для публикации, — как его передать? Как отправлять на Запад многочисленные индивидуальные петиции, которые давно уже перестали привлекать внимание большой прессы, но могли представлять интерес для различных организаций, помогавших этим людям в борьбе за выезд? Наконец, как пересылать фотографии, магнитофонные кассеты с записями и другие материалы о жизни и борьбе евреев-отказников в СССР? Другая не менее, а может, и более важная задача — получение из-за рубежа учебников иврита, книг, журналов и газет, издающихся в Израиле на русском языке. Конечно, все это: и передача информации, и получение литературы — дело возможное, но зависящее от случая. Встречаясь с иностранцами, я не мог удовлетвориться крохами случайных удач. Один-два раза в месяц я отсылал толстый пакет с текущей информацией о жизни еврейских активистов, текстами их очередных писем и обращений. Пакеты эти обычно готовила Дина, которая, после отъезда в прошлом году в Израиль Саши Лунца, взяла на себя его миссию: сбор информации о жизни и проблемах отказников. Сведения об узниках Сиона шли от Иды Нудель. Я должен был лишь написать сопроводиловку и переслать все Майклу Шерборну в Лондон, Айрин Маниковски в Вашингтон или еще кому-нибудь из зарубежных активистов движения в защиту советских евреев. А они уже отсылали каждое из полученных писем адресатам, остальные материалы распространяли среди заинтересованных организаций.

Как правило, все эти документы еще до пересылки на Запад получали известность в Советском Союзе, и после этого тайной было только одно: как, когда и кто вывезет их за границу. То же самое и с получением литературы, которая, попав ко мне, расходилась мгновенно, как знаменитые московские «пирожки с котятами», — в основном, через ту же Дину, раздававшую ее евреям из провинции, часто бывавшим у нее дома. Особенным спросом, помимо учебников иврита, пользовались роман Леона Юриса «Эксодус» и израильские русскоязычные журналы и газеты.

Потери были, конечно, велики. Во время обысков еврейская литература изымалась, перечень отобранного вносился в протокол, а затем на свет появлялась очередная бумажка: «Уничтожено путем сожжения в присутствии...» Но самиздат работал все же быстрее. Пока книжка будет найдена и брошена в огонь, ее успеют прочитать десятки людей, размножат на машинке, сделают фото— и ксерокопии.

В наших целях и действиях не было ничего тайного, ничего преступного. Да, мы хотим и будем читать нашу — еврейскую — литературу. Да, мы хотим, чтобы мир знал о наших проблемах. Да, мы хотим, чтобы евреи Израиля и Запада поддержали нас в нашей борьбе, и открыто обращаемся к ним за помощью. Но, понятно, «технические» детали нашей деятельности я сообщать КГБ не собирался.

Как же мне держать себя на допросах? Еще в конце шестидесятых — начале семидесятых годов московским диссидентом Есениным-Вольпиным была детально разработана система поведения свидетеля на следствии в КГБ, которая позднее в популярной форме была описана в самиздатской книжке Владимира Альбрехта «Как быть свидетелем». Альбрехт, кроме того, неоднократно читал лекции на ту же тему различным группам диссидентов, в том числе и нам, евреям-отказникам. Власти, разумеется, ему этого не простили: в конце концов он был арестован по обвинению в антисоветской деятельности и на несколько лет отправлен в лагерь.

Основная идея системы заключалась в том, чтобы, не отказываясь отвечать на вопросы следователя — что преследуется законом, и не давая ложных показаний — за что предусмотрена еще более суровая кара, попытаться использовать те немногие возможности, которые дает тебе УПК: контролировать допрос с помощью протокола, не позволяя следователю фальсифицировать твои ответы или редактировать их, отказываться отвечать на вопросы, не имеющие прямого отношения к делу, отвергать наводящие вопросы, а также такие, ответы на которые могут быть использованы против тебя.

Вот примерная модель диалога между следователем и свидетелем по системе, разработанной Есениным-Вольпиным.

Следователь: Вам предъявляется заявление, под которым, среди прочих, стоят подписи ваша и обвиняемого. Расскажите об обстоятельствах изготовления и передачи за рубеж этого документа.

Свидетель: Мне сообщили, что я допрашиваюсь по делу о противозаконной деятельности Н. Я же не вижу в этом документе ничего противозаконного, а значит, ваш вопрос не имеет отношения к делу, и я на него отвечать не обязан.

Следователь: Но следствие установило, что этот документ является антисоветским и, соответственно, противозаконным. Поэтому вам еще раз предлагается дать показания.

Свидетель: Если следствие так считает, то, очевидно, оно может предъявить аналогичное обвинение и мне, что переводит меня в данном случае из положения свидетеля в положение обвиняемого. А как обвиняемый я не обязан давать вам показания. И дальше — в том же духе.

Ценность этой модели была, как мне кажется, не столько в юридической подготовке жертв КГБ, сколько в психологической. В конце концов закон, с точки зрения советской охранки — да и всей власти в целом, — это всего лишь инструмент, с помощью которого центр управляет элементами системы (по Сталину «винтиками»), именуемыми гражданами, а поэтому всякая попытка допрашиваемого трактовать закон, указывать следователю, что он имеет право и чего не имеет права делать и спрашивать, столь же, если не более, криминальна, как и простой отказ от показаний. Однако — и это особенно важно для начинающего диссидента, полного страха и неуверенности, — изменяется сама атмосфера допроса.

Как он проходит по сценарию КГБ? Ты приходишь к ним, пытаясь подавить в себе безотчетный страх перед этой организацией с ее славным прошлым и не менее героическим настоящим. Сравнительно мягкое начало беседы со следователем может способствовать тому, что ты расслабишься, появится надежда, что еще можно благополучно, сохранив порядочность и самоуважение, выбраться из создавшейся ситуации. Тебе предъявляют какой-то материал — заявление, скажем, или рукопись. Ты начинаешь, держась как можно естественней, излагать заранее разработанную версию. Следователь поддакивает тебе, записывая ее в протокол. А потом, когда худшее вроде бы уже позади, он приводит доказательства, опровергающие твою версию, и сразу же переходит в атаку. Впрочем, если ты достаточно напуган (а сотрудники КГБ — отличные психологи), ему хватит всего нескольких «разоблачений» типа: «там-то вы сказали то-то» или «мы ведь знаем о ваших связях с таким-то». Теперь ты уже лжесвидетель, есть возможность привлечь тебя к суду; кроме того, следствие приходит к выводу, что ты виновен не менее обвиняемого и вам, как выяснилось, есть что скрывать. Но обвиняемый-то, как утверждает следователь, дает показания, а ты нет.

Ты ошеломлен, напуган, растерян… Остальное, как говорят шахматисты, — дело техники.

Совсем иное, когда допрашиваемый заранее решает, что не станет помогать КГБ, но и не будет изобретать различные версии, чтобы не подорвать моральность своей позиции ложью. Выслушав очередной вопрос следователя, он думает лишь об одном: как его отвести, согласуясь при этом с законом. Допрос превращается в своеобразную игру, от которой со временем ты даже начинаешь получать удовольствие. Твоя находчивость вселяет в тебя уверенность, которая помогает победить страх. Эта система — своеобразная подпорка для тех, кто делает первые шаги в борьбе с КГБ и еще не готов просто заявить им: «Вы преследуете людей за их убеждения, а посему находитесь вне закона и морали. Мне с вами говорить не о чем». Тем более естественно так поступить обвиняемому, на которого, в отличие от свидетеля, статья об отказе давать показания не распространяется.

Я давно уже занял в своих отношениях с КГБ позицию «мне с вами не о чем разговаривать», а потому никаких сомнений в том, как вести себя на следствии, у меня до сих пор не было. И в заявлении для печати после появления статьи в «Известиях» я вместе с другими «кандидатами в изменники» — Диной Бейлиной, Александром Яковлевичем Лернером, Идой Нудель, Володей Слепаком — заявил, что не буду сотрудничать с карательными организациями ни на одной стадии ожидаемых судилищ.

Но вот за пять дней до ареста ко мне пришел Валентин Турчин — видный ученый-кибернетик, создавший и возглавивший в начале семидесятых годов советское отделение «Эмнести интернейшнл», — пришел, как и многие другие в те дни, чтобы проститься. И так же, как и остальные, начал с утешений. Он написал мне — ибо не хотел говорить этого в прослушиваемой квартире Слепаков: «Если в ближайшие несколько дней тебя не арестуют, то считай, что пронесло. Ведь сегодня было заседание Политбюро — наверняка решение принималось на нем». Надо сказать, что до смерти Брежнева сообщения о заседаниях Политбюро не публиковались в печати. Но у Турчина были свои источники информации. И действительно, уголовное дело против меня, как выяснилось позднее, было открыто за четыре дня до моего ареста — на следующий день после заседания Политбюро.

Затем мы стали беседовать о вероятном аресте и о том, как мне следует вести себя на следствии. Узнав, что я не собираюсь сотрудничать с КГБ, Турчин воскликнул:

— Но ведь это же обвинение не в антисоветской пропаганде, а в шпионаже! Наверняка будут фальсификации и подтасовки, их обязательно нужно опровергать и разоблачать!

Он высказал то, о чем я и сам думал все эти дни. Да, оставлять без ответа возможные обвинения в шпионаже нельзя, но тогда все становится намного сложнее: теряется простота и универсальность моей позиции. Как отвечать на обвинения и при этом не сказать ничего, что КГБ мог бы использовать, если не против меня, то против моих товарищей? До ареста было, казалось, достаточно времени подумать об этом, но мне так и не удалось тогда заставить себя заглянуть в бездну, на краю которой я стоял.

И вот сейчас нужно было принимать решение. «Их надо опровергать и разоблачать». Но перед кем? Перед судьями и прокурором? Им ведь все ясно заранее. А чем больше говоришь, тем для них удобнее. Аргументы твои они будут отвергать, факты в твою защиту — игнорировать, а какую-нибудь полезную для обвинения фразу или хотя бы слово из твоей речи они обязательно выдернут. Так перед кем же? Перед историей?..

Слова эти, мысленно произнесенные мной с иронией, в попытке посмеяться над пафосом роли, которую отвел мне КГБ в задуманном им спектакле, и освободиться от гнетущего трагизма происходящего, в действительности лишь выдали то, что подспудно давило на меня все эти дни, видимо, не меньше, чем страх: осознание своей ответственности. И чем глубже я анализировал ситуацию, тем острее это ощущал.

Сразу же после появления статьи в «Известиях» мы заявили, что существует реальная угроза новых антиеврейских процессов, аналогичных пресловутому делу врачей-«отравителей» в пятьдесят втором году. Но то была первая, эмоциональная реакция. Угроза осуществилась: мне предъявлено обвинение в измене Родине. И если вчера я знакомился с ним, мало что соображая от усталости, сегодня, глядя на подпись Андропова, я понимал: наши худшие опасения сбылись. Теперь я уже не чувствовал себя «споуксменом» одной лишь небольшой группы людей, называвших себя активистами алии. КГБ избрал меня для новой роли: отвечать на обвинения, касающиеся всех евреев СССР. Подхожу я к ней или нет — было уже не важно: режиссер сделал свой выбор.

Итак, я буду говорить о смысле, целях и характере нашей деятельности, отказавшись при этом сообщать им конкретную информацию: кто и при каких обстоятельствах писал то или иное заявление, кто и как собирал подписи, кто передавал материалы корреспондентам. Ну, а если они положат передо мной один из посланных, скажем, Шерборну пакетов — несколько из них, в том числе и самый последний, не дошли, и я поначалу подозревал, а теперь был уверен, что они перехвачены КГБ, — и спросят: «Ваш пакет?» Предположим, я откажусь отвечать. Они достанут из него заявления, списки отказников и тому подобное: «Ваши документы?» Я и тут промолчу. Что ж, разве это не аргумент в пользу того, что наша деятельность была тайной? Ну, а если я отвечу: да, это пересылал я, — а они прекрасно знают, у кого этот пакет изъят, — не помогу ли я им тем самым топить других людей? Компрометировать помогавших мне иностранцев? Или, к примеру, вытащат они из такого пакета какую-нибудь явную фальшивку — скажем, сообщение о некоем военном объекте. Как доказать, что ее не могло быть там, не ответив при этом на вопрос о том, мне ли принадлежит пакет?

…Долго сидел я за столом, изобретая возможные ситуации и все более запутывая самого себя; страх, что меня могут в любую минуту вызвать на допрос, к которому я не готов, возник вновь. Я нервничал, пытался собраться с мыслями, но мне это не удавалось. Гнетущее сознание свалившейся на меня ответственности, усталость и страх мешали сосредоточиться.

Я посмотрел на шахматы. Для меня это была не только игра. Пять лет назад я защищал в институте диплом на тему «Анализ и моделирование конфликтных ситуаций на примере шахмат-

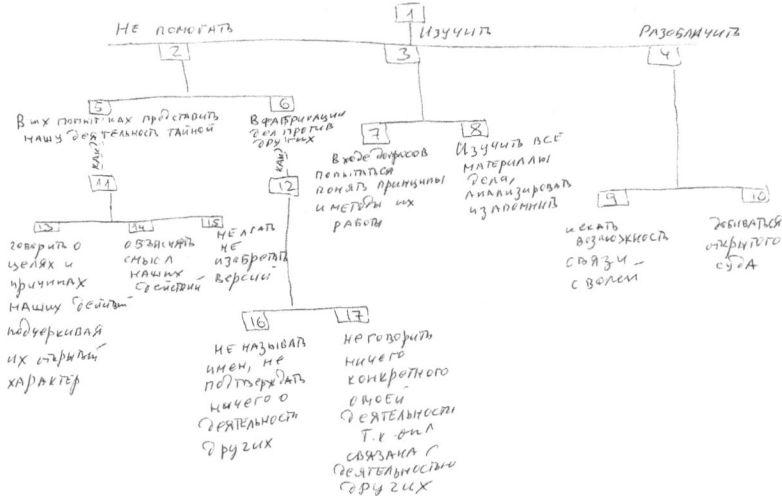

ного эндшпиля». «Создана первая в мире шахматная программа, разыгрывающая эндшпиль», — так, явно выдавая желаемое за действительное, писала в своем заключении о моей работе экзаменационная комиссия.

Важным элементом этой программы был составленный по иерархическому принципу перечень целей, которые ставит перед собой шахматист, и условий их достижения. И вот теперь я решил воспользоваться знакомым мне языком, чтобы попытаться смоделировать свою будущую «игру» с КГБ.

Какие цели стоят передо мной? Ясно, что задача «минимизировать возможное наказание» сразу отпадает: это означало бы сдаться на волю КГБ. После некоторого раздумья я решил, что целей у меня три, и приступил к рисованию древа схемы, начав с его вершины.

1. Помешать им.

2. Изучать.

3. Разоблачать.

Нет, пожалуй, тут я слишком занесся. Помешать — не в моих силах. Я зачеркнул слово «помешать» и вписал гораздо более скромное «не помогать». График постепенно становился все более подробным. Но не помогать КГБ — в чем? В их намерении доказать, что наша деятельность была тайной, и в попытках получить от меня показания на других. Первая цель разложена

43

на более конкретные. Каждую из них теперь надо обусловить способами ее достижения.

Я строил и перестраивал свою схему, которую назвал «дерево целей и средств», пока не сложился окончательный вариант.

НЕ ПОМОГАТЬ ИМ
- В их попытках представить нашу деятельность тайной:
  - говорить о том, что побудило нас организоваться, о наших целях, подчеркивать открытый характер нашей деятельности,
  - разъяснять смысл нашей работы,
  - не лгать, не изобретать версии.
- В фабрикации дел против других:
  - не называть ничьих фамилий, не подтверждать ничего, что будет инкриминироваться другим,
  - не говорить ничего конкретного о собственной деятельности, ибо в ней я всегда был связан с другими.

ИЗУЧАТЬ
- В беседах с КГБ попытаться понять принципы и методы их работы.
- Внимательно читать все материалы дела, анализировать и запоминать.

РАЗОБЛАЧАТЬ
- Искать возможность связи с волей.
- Добиваться открытого суда.

Все это примитивное наукообразие, с помощью которого я попытался организовать свои беспорядочные соображения, может сейчас показаться смешным. Но тогда оно мне помогло. Обращение к привычной методике анализа дисциплинировало мысль, и я впервые почувствовал, что смогу подчинить ей свои эмоции.

Я, конечно, понимал, что главную беспокоившую меня трудность, устранить не удастся: четырнадцатая и семнадцатая вершины «дерева» содержат противоречивые требования. Как разъяснять смысл своей деятельности, умалчивая в то же время о конкретных фактах и обстоятельствах, связанных с ней? Но теперь, когда я сформулировал для себя это противоречие, оно меня смущало уже гораздо меньше. Дело теории — указать на проблему, дело практики — в каждом конкретном случае искать и находить средства ее решения.

Я нарисовал это «дерево целей и средств» на небольшом клочке бумаги, выданным мне утром для туалета. Загремела кормушка: принесли то ли обед, то ли ужин — уже не помню. Я поспешно выбросил эту бумажку в унитаз и спустил воду. Потом я рисовал свой график еще не раз, сверял с ним свои ответы на допросах — и снова выбрасывал, чтобы он не попал в руки кагебешников. И так — до тех пор, пока не отпала необходимость в этой подпорке, пока разработанная система не отпечаталась в подсознании, контролирующем наши слова и поступки.

Так прошло двое суток — шестнадцатое и семнадцатое марта. Я по-прежнему ожидал быстрого развития событий, все еще пытался представить себе, что происходит сейчас на воле: в Москве, в Израиле, в Америке, — но был при этом уже гораздо спокойней. Напряжение спадало, уступая место усталости. Я дремал, сидя за столом или лежа на нарах поверх одеяла, так как расстилать постель днем было запрещено, часто просыпался от холода, с каждым разом все больше привыкая к неприятному моменту пробуждения в тюрьме.

Утром надзиратель открывал дверь и ставил на пол два ведра: одно для мусора, второе для остатков хлеба.

— Хлеб есть?

Я молча отдавал ему всю пайку — полбуханки черного хлеба, ибо практически ничего не ел: не было аппетита.

— Ничего, скоро оставаться не будет, — весело заверял он меня.

Час в день — прогулка во внутреннем дворе, прямоугольном каменном мешке метров пяти в длину и трех в ширину, со скамейкой посередине. Высота стены — примерно два человеческих роста. Сверху, над двориками, расхаживает по мосткам надзиратель, следит, чтобы заключенные не переговаривались и ничего не перебрасывали друг другу. С одной стороны двора — громада самой тюрьмы, с другой — трехэтажное здание следственного отдела. Оттуда доносится стук пишущих машинок, в окнах время от времени появляются люди в галстуках, с сигаретами в зубах; их сдвинутые брови выдают напряженную работу мысли. «Шьют дела», — думаю я и ловлю себя на том, что, несмотря на все мое нетерпение, я предпочел бы, чтобы меня как можно дольше не вызывали на допросы. Неужели боюсь? Или просто вымотался и хочу отдохнуть? Не знаю...

Семнадцатого марта, вечером, — приятный сюрприз. Мне приносят пятикилограммовую передачу: овощи, фрукты, колбасу, сыр. (В этом одно из важных отличий между режимами подследственного и осужденного: находящемуся под следствием разрешается раз в месяц получать пять килограммов продуктов из дома, кроме того — отовариваться в ларьке на десятку. Впрочем, как я довольно скоро убедился, власти при желании могут пытать голодом и на этом режиме.) Самое приятное для меня в передаче — это «сопроводиловка»: перечень продуктов, написанный рукой Раи, жены брата. Долго рассматриваю ее — все-таки весточка из дома, — расписываюсь и неохотно отдаю надзирателю по его требованию. Тут у меня впервые появляется аппетит. Я беру помидор, но только успеваю надкусить его, как дверь снова открывается:

— С вещами!

Я еще плохо понимаю смысл команд. Мне объясняют:

— Собирайте вещи, перейдете в другую камеру.

Новое мое жилье ничем не отличается от предыдущего, за одним существенным исключением: оно обжито. Лежат и висят вещи, в пластмассовой и самодельной, из бумаги, посуде разложены продукты, у входа — половая тряпка, на умывальнике — тряпка для мытья раковины...

— Шнейвас Ефим Абелевич, — оторвавшись от каких-то вычислений, с карандашом в руках, встает и представляется мне человек лет под сорок, среднего роста, с налитым кровью рыхлым лицом; под глазами его — фиолетовые мешки. «Сердце? Давление?» — думаю я. Вскоре выяснится, что и то и другое.

Первая его реакция на меня:

— Аид? Вот здорово! Надоело с гоями сидеть.

Он начинает деловито суетиться: объединяет наши запасы еды (у него продуктов значительно больше), дает массу бытовых советов, объясняет, как лучше поддерживать порядок в камере.

В последующие дни и недели он будет моим проводником по запутанному лабиринту законов и правил тюремной жизни. Я охотно признаю его первенство и авторитет: ведь он сидит уже второй раз. Однако Шнейвас пытается навязать мне свои соображения по поводу того, как вести себя с КГБ, и это настораживает.

Узнав, по какой статье я сижу и кто я такой, Фима — мы быстро перешли на «ты» — выглядит потрясенным:

— Впервые вижу еврея, который с советской властью воюет!

Далее следует серия комплиментов и восторгов, сменяющаяся выражением дружеской — пожалуй, даже родственной — заботы и тревоги: понимаю ли я, что меня ожидает.

— Ведь смажут лоб зеленкой! — говорит он.

— Что это значит?

— Ну, расстреляют.

— А зачем зеленкой?

— Чтоб заражения крови не было! — он громко и долго смеется, довольный, что поймал меня на старую и мрачную тюремную «покупку». Но потом переходит на доверительный тон:

— Я вот, кажется, ушел от расстрела. Теперь до десяти лет спустить бы, а там по половинке на химию выйду...

Но, пожалуй, я лучше расскажу его историю по порядку, так, как она выстроилась передо мной после его ежевечерних рассказов о своей жизни.

Раннее детство Фимы прошло в блокадном Ленинграде. Сначала — голод военных лет, потом — нужда послевоенных. Надо было зарабатывать. Достал он где-то подержанную машину, что тогда, в пятидесятые годы, было непросто. Работал на пару с проституткой: она забирала какого-нибудь пассажира из порта или с вокзала «домой», тот оставлял вещи в машине, и Фима с ними исчезал. Потом он нашел работу посолиднее — прямо около порта принимал от моряков, вернувшихся из дальних стран, чемоданы с дефицитом и немедленно сбывал товар на черном рынке: галстуки-шнурки, дамские туфли на шпильках, нейлоновые рубашки, плащи-«болоньи» — все то, что в годы моей юности являлось предметом вожделения советских людей, прежде всего молодежи, и покупалось с рук за бешеные деньги. В магазинах, конечно, этих шмоток никогда не было.

В начале шестидесятых Фима занялся более серьезной деятельностью. Он стал скупать в одной среднеазиатской республике через высокопоставленного милицейского чина целебное мумие и сбывать его в Ленинграде. На этом в конце концов и попался. Просидел Фима в лагере всего три года, освободился досрочно, переехал в Москву и... стал работать ревизором в торговой сети! «Деньги все любят», — лаконично объяснил он мне такую загадочную метаморфозу.

На работе Шнейвас, по его словам, был «образцом добросовестного отношения к труду», сам не нарушал законов и строго следил за соблюдением их другими. Зарабатывал он около ста пятидесяти рублей, но настоящий его доход очень быстро перевалил за миллион: в свободное от основной работы время Фима был валютчиком. Финансовые операции он проводил крайне редко — не чаще двух-трех раз в году, однако готовил их, судя по его рассказам, тщательно. У одного своего приятеля-американца, представителя какой-то коммерческой фирмы, Фима получал доллары — всякий раз не менее нескольких сот тысяч — и тут же отвозил их скупщику, превращая в советские деньги. Таким образом, операция, готовившаяся несколько месяцев, продолжалась, как правило, не более двух часов.

Шнейвас преуспевал лет десять, завел себе тайники, где держал деньги и приобретенные на рубли золотые николаевские монеты и драгоценности; жил он в достатке, но не роскошествовал: боялся привлечь к себе внимание. В конце концов был арестован один из скупщиков, имевших дело с Фимой, он и выдал Шнейваса; американец же успел уехать из СССР.

До этого места рассказы моего соседа были не только интересны своим сюжетом, но и эмоционально напряженны, полны таких достоверных жизненных деталей, что я не сомневался в его искренности, хотя и не исключал, что Фима дает волю своей фантазии. Однако, начиная с момента его ареста и следствия, они уже больше походили на дешевые детективные истории. Шнейвасу, по его словам, предъявили в КГБ фотографию, где он был запечатлен поднимающим в безлюдном месте на обочине загородного шоссе окурок сигареты. Предыстория якобы такова: американец прилетает из-за границы в аэропорт, садится в оставленный на стоянке автомобиль и едет в город. Наш герой следует за ним в своей машине на некотором расстоянии. На пустынном участке шоссе американец гудит, предупреждая Фиму, и выбрасывает в окно бычок; Шнейвас останавливается и, убедившись, что никого рядом нет, выходит из машины и подбирает его. В окурке — записка с указанием места и условий очередной операции.

Или другой эпизод: КГБ демонстрирует Фиме запись его беседы с тем же американцем. Встреча, по словам Шнейваса, состоялась в «надежной квартире», говорили они в ванной, открыв краны, но «КГБ знает абсолютно все!» — таково главное резюме его рассказов. Бороться с этой организацией, считает мой сосед, невозможно. Сам он несколько месяцев сопротивлялся, пока не понял, что дело может кончиться расстрелом.

— У нас так: если прибыль перевалила за миллион и никаких особых заслуг перед следствием не имеешь, то расстреливают, — пояснил он. — А у меня больше миллиона.

Когда меня впервые ввели в камеру, Фима, как выяснилось, в очередной раз составлял баланс своего предприятия. Это было одним из любимейших его занятий — подсчитывать, не расходится ли сумма доходов, в получении которых он сознался, с той цифрой, которая известна КГБ. Такой подсчет достаточно было сделать один раз, но мой сосед занимался этим вновь и вновь, что выглядело явным мазохизмом: человек не переставая считал деньги, которые ему когда-то принадлежали, и получал от этого несомненное удовольствие.

Теперь Шнейвас сотрудничал со следствием, помогая раскалывать других упрямых валютчиков, как раньше раскалывали его самого.

Каждый раз, когда Фима принимался пугать меня, расписывая яркими красками, насколько страшен и всемогущ КГБ, я чувствовал, что он лично заинтересован в том, чтобы я поскорее сломался. Объяснялось ли это полученным им заданием или же попросту тем, что всякий «падший», — а в последующие годы я таких встретил немало, — хочет поскорее убедиться, что и другие не лучше его, — не знаю. Скорее всего — и то и другое.

Мне, конечно, было хорошо известно, что КГБ использует в камере «наседок» так же, как на воле — стукачей, а самый свежий и болезненный пример с пригретым нами провокатором Липавским, казалось бы, должен был сделать меня вдвойне подозрительным. Но теория теорией, а жизнь жизнью, и мне всегда было очень трудно перенести ненависть к предательству как абстрактному явлению на конкретного человека.

Кем бы ни был мой сосед Фима, его боль от разлуки с женой и детьми была подлинной, и я не мог не отозваться на нее и пытался его утешить. Таким же искренним, как мне казалось, был его интерес к тому, что есть, оказывается, «другие» евреи, многолетние борцы с КГБ, о чем я ему рассказывал.

Тогда, в Лефортово, сидя в камере с моим первым соседом, я решил следовать правилу, которого придерживался на воле: раз я не в состоянии узнать наверняка, кто тот человек, что находится рядом со мной, стану исходить из презумпции невиновности, но у меня должно быть достаточно ума, чтобы не помогать стукачам в их работе.

Особое удовольствие Фима получал от описания своих многочисленных донжуанских похождений и смакования различных интимных подробностей. Напрасно я пытался несколько раз его прервать — такая реакция вызывала у него лишь удивление.

— В лагере уметь поговорить про это — главное дело, — объяснял он, — иначе тебя никто уважать не будет.

С какого-то момента он, устав рассказывать, стал просить меня поделиться своим опытом. Я уклонялся, объяснял, что не люблю говорить на такие темы, но он не отступался. Просьбы сменились требованиями, а затем и угрозами: «В лагере этого не любят. Смотри, там тебе плохо придется!» Пришлось раз и навсегда поставить его на место.

Позднее, узнав из многочисленных примеров о повышенном интересе КГБ к любым подробностям интимной жизни своих «подопечных», о том, как используется подобного рода информация в борьбе кагебешников за души людей (точнее, в их попытках рассорить всех: мужа и жену, друзей и родственников), я начал думать, что настойчивость Шнейваса могла быть вызвана не только простым любопытством.

Следствие начинается

С восемнадцатого марта начинаются систематические — два-три раза в неделю — допросы. Их ведет майор Анатолий Васильевич Черныш, человек лет сорока — сорока пяти, маленького роста — может, чуть выше меня, почти такой же лысый, с крохотными внимательными и умными глазками. Вначале он напоминает мне хомячка, позднее — крысу.

Прежде всего он знакомит меня с постановлением о создании в следственном отделе КГБ СССР специальной группы из одиннадцати следователей (со временем она вырастет до семнадцати человек), которая будет заниматься моим делом. Я ошеломлен и подавлен. «Выходит, дело сворачивать не собираются, совсем наоборот», — думаю я, и сама эта мысль свидетельствует о том, что, несмотря на все доводы рассудка, на все мои вроде бы успешные попытки рационально оценить ситуацию, тайные надежды на чудесное спасение — «прекратят дело», «вышлют» — не покидали меня.

— При таком использовании кадров безработица вам не грозит, — говорю я Чернышу, пытаясь за иронией скрыть свое смятение.

— А что делать? Вы и ваши сообщники много лет занимались преступной деятельностью, а нам теперь приходится всю ее расследовать, — отвечает тот вежливо, но каждое его слово бьет в одну точку — я должен привыкнуть к новой реальности: мои друзья — это сообщники, сам я — обвиняемый, а наша борьба за свободный выезд из СССР и репатриацию в Израиль — преступная деятельность.

Затем Черныш повторяет вопрос Галкина:

— Что можете сообщить по существу предъявленного обвинения?

Я даю тот же ответ, что и раньше. Но Черныш, в отличие от своего предшественника, не взрывается, не возмущается моим ответом, не кричит, не угрожает — он спокойно записывает в протокол мои слова, зачитывая вслух: мол, не ошибся ли он, правильно ли сформулировал, — и переходит к следующему вопросу.

Итак, «информировали международную общественность о...», «привлекали внимание к...» — какими способами?

После недолгого раздумья, сообразуясь со своим «деревом целей и средств», отвечаю примерно так:

— Организовывал пресс-конференции, встречался с корреспондентами, политическими и общественными деятелями Запада, разговаривал с ними по телефону, а также рассылал письма в соответствующие советские инстанции. Все это делал открыто, гласно. Передававшиеся мной материалы предназначались исключительно для открытого использования — по самому своему смыслу.

— Кто вместе с вами участвовал в этой деятельности?

— Отказываюсь отвечать, так как не желаю помогать КГБ в подготовке уголовного дела против других еврейских активистов и иных диссидентов, которые, как и я, не совершали никаких преступлений.

— Но ведь если не совершали, то чего же вам бояться? Работали открыто, так и говорите открыто. Вы же сами заставляете меня подозревать, что здесь есть что-то тайное.

— Да, мы действуем открыто, у вас есть копии обращений с подписями. Эти люди знали, что письма будут опубликованы, — для того-то они и писались, — и вы их уже прочли или прочтете. Однако вам ведь сейчас нужны не доказательства их участия — таковые у вас в избытке, — вы добиваетесь, чтобы именно я дал показания об этом. Зачем?

Черныш недоволен. Он вежливо напоминает мне, что вопросы здесь задает он, а не я. Но и я недоволен собой. К чему пытаться что-то ему объяснить? Я чувствую себя еще слишком неуверенно, еще недостаточно контролирую ситуацию и должен говорить как можно меньше...

— Какие именно письма и обращения вы имеете в виду и когда и кому вы их направляли?

Что там подсказывает «дерево целей и средств»? Я не собираюсь отрицать ничего из того, что делал сам, но и помогать им составлять на нас досье я, естественно, не буду.

— Отказываюсь отвечать, так как не желаю помогать КГБ в оформлении уголовных дел на еврейских активистов, чья деятельность законна и открыта.

Черныш записывает мой ответ, читает его вслух, а потом неожиданно произносит небольшую речь. О том, что он не собирается запугивать меня, что ему неприятно, если это так выглядит, но его долг, как следователя, объяснить мне мое положение. Он вспоминает о делах, которые вел, закончившихся расстрелами подсудимых, говорит о том, как это было ему тяжело, как он всякий раз пытался предотвратить такой исход. И что сейчас, глядя на меня, он думает о моих нереализованных способностях, о молодой жене, которая ждет меня в Израиле, о старых родителях, связывавших со мной столько надежд, и ему при всех наших с ним идейных разногласиях по-человечески тяжело думать, что меня «рас-с-стреляют». Он не покушается на мои взгляды, не собирается меня переубеждать, но я должен понять, что моя жизнь зависит сейчас только от меня самого, от моих ответов следствию.

Черныш говорит долго и неторопливо. Его голос теряет свою официальность, он теплеет, в нем появляется даже легкое волнение. Следователь встает и, продолжая говорить, ходит по кабинету, а потом неожиданно берет стул и, подсев к моему столику, заглядывает мне в глаза...

Я сижу, сложив руки на груди и откинувшись на спинку стула, стараюсь смотреть на него равнодушно, как бы давая понять: я свое сказал, а то, что говоришь ты, меня не интересует.

И действительно, я плохо воспринимаю его речь. То ли Черныш так зловеще смакует слово «рас-с-с-трел», то ли оно само по себе производит на меня такое сильное действие, но свистящий этот звук сверлом ввинчивается в мозг, отдается острой болью в сердце, тело начинает мелко дрожать. Я предельно напрягаю все мышцы, стискиваю меж колен руки, сжимаю зубы, чтобы не выдать своего состояния.

Это слово — «рас-с-стрел» — станет ключевым в последующие недели допросов. Черныш будет часто произносить его, напоминая о том, что ожидает меня в самом близком будущем. Я попрошу, чтобы мне выдали в камеру мой иврит-русский словарик, — следователь удивится:

— Зачем он вам, ведь при таком поведении вас все равно рас-с-стреляют.

Когда после неудачного визита Вэнса в Москву в конце марта Брежнев выступит с очередной антиамериканской речью, Черныш сошлется на его авторитет:

— Читайте, ведь тут черным по белому написано: мы не допустим вмешательства в наши внутренние дела, американцам вас от рас-с-стрела не спасти.

И в то же время он на каждом допросе настойчиво пытается хотя бы чуть-чуть продвинуться вперед, любым способом потеснить меня с моей позиции.

— Ну хорошо, давайте поговорим только о письмах и обращениях в советские организации. Что, когда и куда вы передавали? Я ведь должен это знать, чтобы запросить копии ваших материалов.

Подумав, я решаю, что об этом имеет смысл говорить: есть ли лучшее доказательство открытого характера наших действий и составленных нами документов? Я рассказываю о встречах с министром внутренних дел Щелоковым и с представителем ЦК КПСС Ивановым, перечисляю бумаги, врученные им. Черныш внимательно слушает меня и аккуратно все записывает, но, тем не менее, ни документов этих следствие не запросит, ни о встречах не упомянет — это не в их интересах. Затем следователь спрашивает, кто именно эти документы готовил, и я опять отказываюсь отвечать на этот вопрос.

В следующий раз Черныш предпринимает попытку подобраться ко мне с другой стороны:

— Вы считаете, что ваши обращения, переданные на Запад, не преследовали преступных целей. Допускаете ли вы, что иностранцы могли их использовать в таких целях без вашего ведома?

— Не допускаю. Открытая информация о нарушениях в СССР прав человека не может быть использована в преступных целях. Если все, о чем мы писали, правда, то гласность — лучший метод борьбы с беззаконием; если ложь, то публичное обсуждение — самое подходящее средство опровергнуть ее.

— Были ли с вашей стороны попытки передавать информацию за границу иными способами, кроме указанных?

Здесь надо быть осторожным, помня о принципе: не лгать, но и не помогать им.

— Повторяю, что вся информация, которую я передавал иностранцам, предназначалась только для открытого использования, для привлечения внимания мировой общественности к нашим проблемам.

Он формулирует тот же вопрос иначе, я повторяю свой ответ. Это лишь несколько из типичных вопросов первых недель, запомнившихся мне. Я как-то видел по телевизору, как лиса ходила вокруг свернувшегося в клубок ежа, время от времени осторожно трогая его лапой. Точно так же вел себя и следователь, повторяя одни и те же выпады и следя за моей реакцией: не притупилась ли она, не появились ли у меня признаки страха или расслабленности.

Вопросов каждый раз немного: три-четыре. Протоколы первых допросов занимают всего пару страниц, но сами они продолжаются, как минимум, полдня. Идет психологическая обработка. Черныш приносит мне материалы своего последнего дела. Некий турист из Голландии по фамилии, если не ошибаюсь, Эйтцвиг, был задержан в Москве осенью семьдесят шестого года при передаче антисоветской литературы, изданной на Западе, и ему было предъявлено обвинение по семидесятой статье. Читаю протокол его первого допроса. Эйтцвиг настаивает на своих правах, ссылается на международные законы о свободе слова и печати. Читаю материалы его последнего допроса, состоявшегося через три месяца после начала следствия и записанного, с согласия обвиняемого, на видеомагнитофон. Теперь Эйтцвиг сожалеет о содеянном, понимает, что был неправ, из чтения в камере советских газет убедился, что в Советском Союзе полная свобода печати и недостатки критикуются открыто, просит у правительства СССР и советского народа прощения. В итоге его освобождают. В Голландии Эйтцвиг мгновенно написал книгу под названием, если память мне не изменяет, «Сто дней в Лефортово». «Да, — думаю я со злостью, — шустры люди на Западе: и каются быстро, и книги пишут с той же скоростью».

Во время очередного допроса Чернышу звонит — случайное совпадение! — представитель АПН. Они договариваются о том, что книга Эйтцвига будет переведена на русский язык «для внутреннего пользования», причем расходы КГБ и АПН поделят поровну.

— Конечно, он снова там клевещет на СССР. Боится, наверное, что его засудят за предательство. Ну да Бог с ним, — говорит Черныш, явно подсказывая мне этим: покайтесь, а потом освободитесь и делайте что хотите.

Он знакомит меня с делом другого иностранца, француза — фамилию его я забыл, имя, кажется, Жан-Жак. И этот — турист, и тоже арестован осенью за антисоветскую деятельность. Француз, как и голландец, покаялся очень быстро, написал, сидя в Лефортово, статью, опубликованную в одной из советских центральных газет, был освобожден, вернулся в Париж и прямо в аэропорту отрекся от написанного, заявив, что сознательно сочинил все эти глупости — с тем, чтобы никто на Западе в них не поверил. Вел его дело капитан КГБ Губинский, входивший теперь в группу моих следователей и иногда появлявшийся на допросах.

— Жан-Жак еще в Москве предупредил нас, что в Париже ему придется плохо, — сказал мне Губинский. — Вот он там и спасал свою шкуру. Но это теперь — его дело.

И тут тот же подтекст: покайся, выйди на волю — и ты нас больше не интересуешь.

Я вспоминаю обстоятельства, при которых читал статью этого француза. Было это в октябре семьдесят шестого года в приемной ЦК КПСС, где мы проводили сидячую забастовку, протестуя против избиения наших товарищей, которые несколько дней назад пришли в эту же приемную и потребовали ответить в письменной форме, почему их не выпускают в Израиль.

Рабочий день подходил к концу. Напряжение возрастало. Мы знали, что сейчас нас задержат, кого-то арестуют на пятнадцать суток, а кого-то, возможно, — на годы. В ожидании развязки я взял со столика одну из разложенных на нем газет и увидел эту статью. «Мой друг капитан Губинский, — пишет в ней француз, — сидит в кабинете в худших условиях, чем я в камере» — и так далее, и тому подобное. «Умеют в КГБ людей ломать, — подумал я, предчувствуя скорую встречу с губинскими. — Проклятый француз, и зачем только такие нам помогать суются!».

Здесь же, в приемной, и у входа в нее стояли корреспонденты: Дэвид Шиплер, Дэвид Виллис, Том Кент. Журналисты-профессионалы? Сочувствующие? Друзья? Интересно, как они себя поведут, когда их прижмут в Лефортово. Чувства уверенности, которое раньше вселяло в нас присутствие людей из свободного мира, уже не было...

А почему бы и впрямь не подыграть КГБ? Каялись арестованные Якир и Красин, выступали на пресс-конференции. Каялся в тюрьме Марамзин, обратился с письмом к коллегам на Западе. Сразу после суда уехал во Францию, «перекаялся». К счастью, вопрос этот был продуман мной заранее. Я видел как минимум три причины, по которым этого нельзя делать: ты предаешь друзей, подрываешь их дух, вселяешь в них ощущение безнадежности перед лицом всесильного КГБ; ты подводишь тех, кто поддерживает нас в свободном мире, ослабляешь их решимость помогать нам; ты поощряешь КГБ, даешь им возможность получить высочайшее разрешение на новые репрессии и аресты.

Эти соображения, продуманные мной и взятые на вооружение задолго до ареста, вскоре после суда над Марамзиным в семьдесят пятом году, я сейчас постоянно повторял про себя, пытаясь прикрыться ими как щитом от атаковавших меня следователей. И в то же время мне было ясно, что даже если бы этих причин не существовало, я все равно не стал бы каяться. Наряду со всеми аргументами рассудка душа приводила свои иррациональные доводы — они-то и были самой надежной преградой на пути к капитуляции перед КГБ.

Не было в мире силы, которая заставила бы меня вернуться к прошлой жизни ассимилированного советского еврея, лояльного гражданина, который говорит одно, а думает другое, и старается вести себя «как все». Четыре последних года я был свободным человеком и ни на какие блага на свете не променял бы теперь это чудесное, окрыляющее ощущение воли, наполнившее меня после возвращения к своим национальным корням. В моей жизни появились смысл и цель, я почувствовал наконец, что живу в полном ладу со своей совестью. И хотя время и пространство разделили нас, у меня была Авиталь.

**

Забирают на допрос так: открывается кормушка, и надзиратель направляет на тебя, словно пистолет, огромный дверной ключ: «Фамилия!» Сверяет ее с записью в своем листке. «На вызов!»

Огромное здание тюрьмы имеет форму буквы К. Это одна из так называемых екатерининских тюрем: первых тюрем России, построенных во времена императрицы Екатерины и — в ее честь — имеющих форму букв Е или К. В центре, где сходятся все три коридора, стоит «сигнальщик» с красным флажком. Он регулирует «движение» в тюрьме, следит за тем, чтобы две камеры никогда не открывались одновременно. Махнул флажком — можно открывать камеру, махнул еще раз — можно выводить заключенного. Медленно шагаешь с заложенными за спину руками по длинному коридору рядом с надзирателем, поднимаешься по винтовой лестнице на второй либо на третий этаж, откуда есть переходы в следственный отдел. Лестничный пролет затянут на уровне каждого этажа железной сеткой, чтобы узник не мог, бросившись вниз, покончить жизнь самоубийством.

По коридорам следственного изолятора надзиратель идет, громко щелкая пальцами или, если не умеет, стуча одним ключом о другой. Это сигнал — предупреждение тем, кто, возможно, идет навстречу: веду заключенного. Мы не должны встречаться, не должны разговаривать, не должны видеть друг друга. Если же вдруг из другого конца коридора раздается такой же сигнал, тебя заводят в специальную нишу, тесную, как шкаф, и запирают там, а когда ниши поблизости нет, начинается сложная операция по «разводу» заключенных.

На допрос я каждый раз иду, стараясь скрыть волнение, в постоянном ожидании какого-то странного сюрприза, неизвестного мне документа или неожиданного показания близкого человека — когда, наконец, станет ясно, почему они решились обвинить меня в измене. Но вместо сенсаций — все те же общие вопросы и долгие рассуждения о безнадежности моего положения, о том, что КГБ не шутит, о том, что впереди меня ждет «рас-с-стрел»...

Возвращаешься в камеру. Щелканье пальцев, стук ключей. Усталость. Пытаешься вспомнить свои ответы: все ли было правильно, все ли шло в соответствии с твоим «деревом целей и средств», — но невольно соскальзываешь на другое: что стоит за их вопросами, серьезны ли угрозы...

Однажды следователь приносит выписки из законов западных государств, в том числе и США, об ответственности за измену и подрывную деятельность.

— Видите, действия, направленные против собственной страны, преследуются везде, так что напрасно вы киваете на Запад. У них законы еще суровей наших.

Я читаю. То ли от усталости, то ли по причине юридической безграмотности, но я действительно с первого раза не вижу различия в формулировках и говорю ему:

— Я плохо понимаю всю эту казуистику, но мне известны факты. Если бы на Западе были такие же статьи, как, скажем, ваша семидесятая, то коммунистические партии там давно бы запретили бы, а их членов пересажали.

Немного подумав, Черныш отвечает:

— Конечно, по их законам так и должно быть. Но капиталисты боятся гнева своих народов, а потому терпят коммунистов.

Этот идиотский ответ — мне приходилось слышать такое еще в детском садике, когда был жив «отец народов», — еще раз говорит о том, с какими примитивными людьми я имею дело. Мне остается только презрительно улыбнуться и промолчать.

Но в целом — я в глухой защите, психологически подавлен и мечтаю лишь об одном: чтобы допрос поскорее кончился и меня увели в камеру.

А там сосед взволнованно рассказывает о своем деле, участливо расспрашивает тебя, охает, сочувствует, вспоминает какие-то истории, из которых вывод всегда один: главное — чтобы лоб зеленкой не смазали. Там — «рас-с-стрел», здесь — зеленка… Хочется ничего не слышать, ничего не видеть.

Часто мне это удается. Я ложусь на нары, укрываюсь пальто, поворачиваюсь к стене и засыпаю. В дни, когда меня не вызывают, я сплю почти круглые сутки — с перерывами на еду и прогулку. Когда же меня берут на допросы — сплю после них и даже в перерыве: меня, если допрос затягивается, возвращают в камеру часа на полтора, и я, пообедав, ухитряюсь минут сорок поспать. После этого возвращаюсь на допрос полусонный, с трудом подавляя зевоту. Следователь не верит, думает — притворяюсь, изображаю равнодушие.

Никогда в жизни я так много не спал, как в эти первые три недели после ареста, — в среднем, наверное, не меньше пятнадцати часов в сутки. Отключался я почти мгновенно, но спал беспокойно, и забытье мое было лишь продолжением реальности: мне снились допросы — прошедшие и будущие, родственники и друзья — близкие и далекие, и напряжения эти сны не снимали. Я просыпался, перебрасывался с соседом какими-то репликами, и тут же появлялось желание поскорее снова заснуть.

Так продолжалось дней двадцать. Но вот однажды, проснувшись утром, я неожиданно почувствовал себя свежим и полным сил и с удивлением отметил: спать больше не хотелось. Впервые после ареста я сделал зарядку и облился холодной водой из-под крана, несмотря на то, что в камере было очень холодно и мы спали в теплом белье, укрываясь одеялом и пальто.

Голова была ясной, и желание бежать от реальности в забытье пропало.

Было бы неверным сказать, что я внезапно почувствовал облегчение или вдруг пришел в веселое расположение духа. Бремя ответственности по-прежнему тяготило меня, ситуация пугала своей неопределенностью. Но отгородиться от действительности я больше не пытался. Я ощутил в себе решимость и готовность бороться.

Прежде всего нужно было разобраться в своих ощущениях. В чем причина постоянной тревоги перед встречей со следователем, отчего я во время допроса думаю лишь о том, чтобы он поскорее кончился?

Анализируя наши разговоры с Чернышом, я пришел к малоутешительному, но, увы, очевидному выводу: психологически я не был готов к обвинению по шестьдесят четвертой статье и угрозе возможного расстрела.

Еще лет пять назад, узнав о том, что кого-то осудили, скажем, на три года тюрьмы, я воспринимал это так, как если бы жизнь того человека была погублена навсегда. Но прошло время, и постоянная угроза ареста стала привычной. А встречи с людьми, прошедшими тюрьмы и лагеря, постепенно подготовили сознание к тому, что заключение — хоть и трагический, но все же допустимый, реальный для меня вариант судьбы.

Со временем я приучил себя в беседах с сотрудниками КГБ пропускать мимо ушей их угрозы, сообщать им не то, о чем они спрашивают, а то, что я сам хочу им сказать.

Я мог волноваться, сидя подолгу у телефона в ожидании разговора с Израилем, с Наташей: дадут или нет, мог испытывать нервное возбуждение перед тем, как выйти на площадь и поднять плакат «Свободу узникам Сиона!», ощущал упрямую решимость не отступить, когда надо было передать на глазах «хвостов» очередное заявление иностранным корреспондентам. Но стоило мне сесть за стол перед работником КГБ или милиции — и я чувствовал себя как шахматист, играющий с заведомо более слабым противником. Ведь они говорили именно то, чего я от них и ожидал, предупреждали, угрожали, шантажировали, льстили, что-то обещали. Их ходы я предвидел, был готов к ним, а потому они мне были не опасны. Я чувствовал, что психологически полностью контролирую ситуацию.

Сейчас же это чувство исчезло. «Рас-с-стрел»...

И если я пока не сказал ничего такого, за что мне было бы стыдно, то кто знает, что будет позднее, когда они перейдут от предварительных общих вопросов, от «артподготовки» — так я определял первые допросы Черныша — к решительному широкому наступлению... Словом, я решил, что мне надо срочно привыкнуть к мысли о высшей мере.

Но как этого добиться? Слова «тюрьма», «лагерь», «ссылка», не раз звучавшие на допросах, уже не производили на меня впечатления — я их почти не замечал. Надо, чтобы и слово «расстрел» стало таким же обыденным.

Помню, как удивился следователь, когда я вдруг — почти без всякой связи с его вопросом — заметил: все равно, мол, расстреляете, к чему лишние разговоры. Удивился он, видимо, оттого, что раньше поднимать эту тему было его привилегией, я же затрагивать ее избегал. Он внимательно посмотрел на меня и, похоже, решил, что я его испытываю — проверяю, насколько вероятен такой исход. Черныш стал пространно говорить о том, что это не пустые угрозы, что его долг — не запугивать меня, а помочь мне правильно оценить ситуацию, — и еще что-то в том же ключе. Но с этого дня наши роли на некоторое время переменились. Теперь я сам вставлял в разговор слово «расстрел» при каждом мало-мальски подходящем случае. Поначалу это давалось мне с трудом, приходилось делать над собой усилие, чтобы выговорить страшное слово, но вскоре я с ним свыкся и произносил его все более и более естественно — так постепенно загрубевает пятка от ходьбы босиком по земле.

Прошло недели две-три, и мой план стал оправдываться: я заметил, что ни само это слово, ни разговоры на тему о «высшей мере» меня больше из равновесия не выводят.

***

Привыкание к слову «расстрел» было не единственной частью моего аутотренинга. Как я уже говорил, с первых же дней, если не часов, после ареста я стал «улетать» из тюрьмы в свой мир, думая о близких мне людях и представляя, где они находятся сейчас, что делают. Так получалось помимо моей воли, и каждый раз, «вернувшись» в камеру, я сердился на себя, считая такие побеги от действительности проявлением слабости.

«Надо думать о настоящем, готовиться к очередному допросу, а не расслабляться», — примерно так говорил я себе. Но само-внушение помогало мало.

Как-то во время допроса мой следователь говорил по теле-фону с сыном — судя по всему, подростком лет четырнадцати. Тот просил разрешения пойти в кино, а отец интересовался, сделаны ли уроки. «Так ты их только учил или выучил?» — го-ворил он точно теми же словами и таким же тоном, что и моя школьная учительница лет пятнадцать назад. В другой раз он звонил домой и договаривался с женой пойти в Большой театр. Еще через несколько дней двое из приставленной ко мне коман-ды следователей обсуждали в моем присутствии вопрос о пере-езде с семьей на летнюю дачу. Первой, мгновенной реакцией на такие разговоры было возмущение: они просто резали слух своей неуместностью. Как так — те же люди, что грозят мне рас-стрелом, варганят сейчас очередные черные дела, играют еще и роль добропорядочных отцов семейств?! Это уже слишком!

Но притуплялись боль и гнев, и оставалось лишь сознание того, что за стенами тюрьмы продолжается нормальная жизнь. А эти самые люди, владеющие моим новым «жизненным про-странством», включающим в себя только камеру, коридор и ка-бинет следователя, живут одновременно и в том измерении. Они, наверное, так же любят своих детей, как и мои родители, так же любят своих жен, как я Наташу. Они читают книги, ходят в театр и кино — значит, способны сопереживать и сочувство-вать. Так неужели им и вправду хочется меня убить? Они ведь проявляют такое участие ко мне, такой интерес к моей личной жизни, к моим увлечениям шахматами и математикой, такое уважение к критической направленности моего ума! Может, они и в самом деле хотят избежать трагедии, помочь мне найти приемлемый для всех компромисс?

Тут я останавливался. Возмущался собственным мыслям, издевался над собой. Ведь подобная философия была мне хоро-шо знакома, я всегда знал, что именно так рассуждает человек накануне сдачи позиций, именно такие соображения приводит, когда, поддавшись страху, убеждает себя отступить.

То, что я, несмотря на весь свой опыт общения с КГБ за по-следние годы, опыт, давший мне, казалось бы, основание для уверенности в себе, оказался не защищенным от страха, — стало ясно с первых дней. Но то, что я могу повторять эти смехотворные аргументы, которыми еще совсем недавно так возмущался, слыша их от других, было еще одним малоприятным сюрпризом.

Мне в свое время повезло: я учился на чужих ошибках. Когда в семьдесят третьем году я стал активистом борьбы за алию, а затем отказником, все круги московского диссиденства находились под впечатлением покаяния двух недавних лидеров демократического движения — Якира и Красина, которые выступили на многолюдной конференции, передававшейся по телевидению и радио, и осудили все, что делали до сих пор: выпуск «Хроники текущих событий», передачу заявлений в иностранную прессу и другие «антисоветские» поступки. Последовал суд, и обоим были вынесены демонстративно мягкие приговоры; в то же время состоялись куда более жесткие суды над другими, не пожелавшими капитулировать или раскаявшимися не до конца.

Следователи, допрашивавшие упрямцев, приводили им в пример Якира и Красина. А эти двое между тем написали письмо Сахарову, вызвавшее бурю страстей в диссидентских кругах. Смысл его был таков: мы хотим спасти других и берем все на себя; КГБ обещает нам, что никто не пострадает, но вы должны прекратить сейчас правозащитную деятельность.

Попытки сломавшихся представить себя героями, их вера в то, что КГБ ведет с ними честную игру, лихорадочные поиски почетного компромисса — такое мне довелось впоследствии наблюдать не раз, и за всем этим стояло одно: страх. Но отступничество Якира и Красина явилось первым звеном в этой цепи, предательство было явным, и последствия оказались весьма поучительными: КГБ на какой-то срок удалось деморализовать диссидентов, выпуск «Хроники» временно прекратился, а репрессии против инакомыслящих не только продолжались, но и усилились.

Еврейское движение было тогда на подъеме. В Конгрессе США обсуждалась поправка Джексона, принятая Сенатом чуть позже, осенью семьдесят четвертого года и связавшая предоставление Советскому Союзу статуса наибольшего благоприятствования в торговле со свободой выезда из СССР. Эмиграция росла, связи активистов алии с представителями Запада укреплялись. Ничто, казалось, не угрожало ни движению в целом, ни его лидерам. Однако работа «на индивидуальном уровне» велась непрерывно. И когда потом мне приходилось слышать, что надо, дескать, попытаться найти общий язык с КГБ, ведь там в конце концов тоже люди, просто у них такая работа, такие функции, — я вспоминал Якира и Красина. Как правило, подобные разговоры не предвещали ничего хорошего: человек был накануне «сотрудничества» или, точнее, предательства.

Я понимал, что суть нашего конфликта с властями не в том, что стремление евреев уехать в Израиль противоречит официальным советским доктринам, — в его основе лежит нечто гораздо более серьезное: разница в мировоззрении. Для них человек — лишь средство для достижения определенной цели, которая настолько важна, что ради нее можно пожертвовать любым числом людей, искалечить столько душ, сколько необходимо. Наша же цель — возрождение человека, возврат из состояния духовного рабства к свободе, к гармонии мыслей и чувств, а всего этого можно, как мы считали, достичь только одним способом: обратившись к национальным еврейским ценностям, вернувшись к своим истокам.

Да, между мной и КГБ — непреодолимая стена. Я постоянно ощущал это и знал, что душа моя им неподвластна, а потому не боялся их. Но сейчас я внезапно почувствовал, что стена эта может развалиться, и первая трещина в ней — опасная, демобилизующая мысль: они — тоже люди. Я понимал, что недостаточно замазать эту трещину, необходимо найти причину ее появления. И я стал искать ее.

Вот какие результаты дал мне самоанализ.

В течение нескольких лет я жил в огромном, новом для меня мире, в котором добро вышло на открытую войну со злом; в мире жестоком и опасном, но открытом и для надежды, и для любви. В этом мире я больше не был одиноким и беспомощным: миллионы людей поддерживали меня и моих друзей — во всяком случае, нам так казалось.

Каждый раз, когда мы с товарищами выходили на демонстрацию с требованием свободного выезда из СССР, мы знали, что наши друзья в Израиле и на Западе беспокоятся за нас, и ежедневно чувствовали их поддержку. Я передавал информацию о происходящем западным корреспондентам — и уже вечером того же дня радиостанции свободного мира распространяли ее по всем континентам; материалы Хельсинкской группы о нарушениях прав человека в СССР немедленно становились для мировой общественности предметом самого серьезного обсуждения.

Туристы-евреи и американские сенаторы, западные дипломаты и израильские спортсмены — все они были нашими соратниками в борьбе со злом, воплощенным в тоталитарном режиме, подавляющем свободу людей и лишающем их элементарных прав. КГБ мог сколько угодно повторять свои угрозы, отключать телефоны, конфисковывать литературу: мы знали, что не одиноки в нашей борьбе и что справедливость и сама История — на нашей стороне.

И вот внезапно этот огромный мир свободы, в котором я жил, сжался до размеров тюремной камеры и кабинета следователя. Что можно делать и что нельзя, когда и что есть, когда одеваться и когда раздеваться — все теперь решают за тебя. Узник не распоряжается своей жизнью. Ты полностью изолирован от близких и соратников. Единственный источник информации о том, что происходит на воле, — газета «Правда», которую приносят на четверть часа и отбирают, проверив, нет ли внутри записей. Но и ее дают в камеру не каждый день. Почему — пока остается лишь догадываться.

Итак, следователи КГБ, сидящие перед тобой, — по существу, единовластные хозяева твоей судьбы. Возможно, никто, кроме них, тебя не услышит до самой смерти, до «рас-с-стрела». Никто, кроме них, тебе помочь не может: от внешнего мира ты изолирован навсегда; во всяком случае, это тоже зависит от их решения. И тогда естественный страх, возникающий у каждого, чья жизнь в опасности, заставляет искать выход там, откуда, казалось бы, только и брезжит слабый свет надежды. Ты начинаешь внимательно прислушиваться к каждому их слову, присматриваться к каждому их жесту, наблюдать за выражением лиц, пытаясь понять истинные намерения твоих следователей. Когда ты появился здесь, у тебя были твердые взгляды, устоявшееся мировоззрение, надежно защищавшее от них твою душу. Но мир, в котором эти взгляды сложились, и люди, которые их разделяли и поддерживали, оторваны от тебя навсегда. Осталась лишь абстрактная система ценностей, пока еще связывающая тебя с тем миром.

А представители государства, от которых зависит твоя жизнь, — вот они, напротив. Говорят с тобой о твоей судьбе. О других людях. Приводят примеры из своей практики. Менторствуют. Курят. Пьют чай. Обсуждают с друзьями свои семейные проблемы. Звонят женам. Прислушайся к ним, присмотрись: может, еще есть выход.

И вот ты уже постепенно начинаешь понимать своих палачей. Возникает мысль: они такие же люди, и — как естественное ее продолжение — может, с ними все же можно договориться. До этой, следующей, я еще не дошел, но знал и чувствовал, что она где-то рядом и что я в опасности.

Следовательно, я обязан удержаться в своей системе ценностей. Мне необходимо во что бы то ни стало сохранить связь с моим миром. Я должен восстановить и сохранить стену, которая была между мной и КГБ, только тогда они мне снова не будут страшны. А значит, я должен не гнать от себя воспоминания о прошлой жизни и дорогих мне людях, а, наоборот, — жить ими, жить своей жизнью, а не той, которую навязывает мне КГБ.

Как-то Володя Слепак учил меня расслабляться и отдыхать — так, чтобы силы быстро восстанавливались. Ложишься на спину и, мысленно переключаясь с одной группы мышц на другую, приказываешь им расслабляться, внушаешь себе: «Я спокоен, совершенно спокоен, моя левая рука обмякла, теплеет...» — и так далее. Демонстрируя это, Борода почти мгновенно засыпал. У меня же поначалу все получалось наоборот. Если я хотел спать, то стоило мне заняться самовнушением, как те мышцы, которые я пытался расслабить, напрягались, а сон проходил. Кроме того, поначалу было трудно сосредоточиться на одном участке тела. Тогда постичь мудреную науку мне так и не удалось — помешал арест. И только через несколько лет, в камере чистопольской тюрьмы, я, кажется, овладел-таки этой техникой.

Сейчас же я использовал методику Бороды совсем для другого. У меня уже не было потребности спать целыми днями, но разговаривать с соседом по камере мне хотелось еще меньше. Поэтому я притворялся спящим и медленно, очень медленно, чтобы не упустить какую-нибудь важную деталь, начинал двигаться назад по вектору своей жизни — той, что осталась за воротами тюрьмы и к которой я сейчас пытался прорваться. Я «тормозил» мысль, смаковал дорогие мне эпизоды прошлого, каждый раз восстанавливая в памяти все новые и новые детали. Я опять жил среди близких мне людей, снова рвался мечтой в Израиль, был, как и раньше, полон желания помочь тем, кто во мне нуждался.

Точка опоры

Самые дорогие воспоминания были связаны с Наташей. Первой остановкой в моих путешествиях на «машине времени» всегда был один и тот же день: тринадцатое октября семьдесят третьего года — день нашей первой встречи у Большой Московской синагоги.

Прилегающий к синагоге отрезок улицы Архипова уже давно превратился в постоянное место встреч московских евреев, готовившихся к отъезду в Израиль. Немало было среди них тех, кто уже подал заявление в ОВИР и ждал решения своей участи; попадались и совсем свежие отказники. В этой толпе можно было встретить и ветерана войны из Минска, приехавшего установить контакт со столичными единомышленниками, и грузинского еврея в громадной кепке, именуемой «аэродромом», и лощеного ленинградского профессора. Всех приходивших по субботам к синагоге можно было разделить на две категории: тех, кто нуждался в помощи, и тех, чьей задачей было этим людям помогать. Последние, понятно, исчислялись единицами.

За неделю до той памятной даты, тоже в субботу, я встретил у синагоги двухметрового красавца с библейской бородой; на нем были потертые джинсы и латанная-перелатанная кожаная куртка. Мы познакомились. Миша Штиглиц — так звали гиганта — попросил меня подключить его к демонстрациям, которые мы проводили с требованием выпустить нас в Израиль, — он тоже хотел в них участвовать. Сам я лишь за день до нашей встречи впервые вышел на такую демонстрацию, отделался штрафом и теперь, естественно, чувствовал себя ветераном, готовым помочь «новобранцу» присоединиться к нашей борьбе.

Мы с Мишей начали было перешептываться — чтобы информация о дате и месте проведения очередной демонстрации не достигла ушей агентов КГБ. Но тут же выяснилось, что мы друг друга не слышим: высоченный Миша стоял на тротуаре, а я — на мостовой. Тогда мы поменялись местами, но и это не помогло! Я пригласил Мишу к себе домой, усадил его на стул и, стоя перед ним (теперь мы были «на равных»), сообщил, где и когда будет очередная акция протеста. В итоге Миша, приняв «боевое крещение», с ходу заработал пятнадцать суток ареста.

Прошедшая со дня нашего с ним знакомства неделя многое изменила в жизни евреев: началась война Судного дня. Это были тревожные и волнующие дни: наша борьба за выезд в Израиль как бы слилась с борьбой самого Израиля за право на существование.

…Итак, в субботу, тринадцатого октября, я стоял у синагоги на улице Архипова и собирал подписи желающих сдать кровь для воинов израильской армии. Это была одна из наших «тихих» публичных акций, которыми мы пытались продемонстрировать солидарность с родной страной в пору разгула в СССР санкционированной свыше кампании осуждения «сионистского агрессора».

Вдруг я увидел в толпе совсем молоденькую девушку, высокую и стройную, с красивым смуглым лицом; увидел и уже не мог отвести глаз. Она подошла ко мне и представилась. Оказалось, что это — Наташа Штиглиц, Мишина сестра. Наташу интересовало, что грозит арестованному брату и чем родственники могут в таких случаях помочь.

С первого же взгляда она произвела на меня сильное впечатление. Со своей экзотической внешностью Наташа выглядела в советской толпе как иностранка. В тонкой куртке она была похожа на бутон какого-то южного цветка, по ошибке попавшего в промозглую московскую осень, который и хотел бы раскрыться, да боится погибнуть от холода. Я сразу почувствовал ее прямо-таки болезненную стеснительность, но при этом смотрела Наташа мне прямо в глаза, и, встретив ее взгляд, я понял, что передо мной свободный человек.

Я ответил ей на все вопросы и попытался успокоить: такие передряги, как та, в которую попал Миша, являлись частью нашей повседневной жизни. Я добавил, что некоторые из отказников получили разрешение на выезд именно после пятнадцатисуточной отсидки. Так, кстати, было и с Мишей: он уехал в Израиль в конце ноября.

— Ты учишь иврит? — спросил я Наташу.

— Пыталась учить самостоятельно, — ответила она, — но совсем не продвигаюсь...

— На каком ты уровне?

— А ты? — спросила она, уклонившись от прямого ответа.

— Я знаю около тысячи слов.

— И я в точности на том же уровне, — не задумываясь сказала Наташа.

— Присоединяйся к нашему классу, — предложил я.

Прошло совсем немного времени, и я обнаружил, что она преувеличивает объем своих знаний раз в двадцать; мне стало ясно, что Наташа присоединилась к нашей группе только для того, чтобы быть рядом со мной. Я, конечно, был на седьмом небе от счастья, но старался не показывать этого из педагогических соображений.

Поначалу мы с ней встречались только на уроках да у синагоги. Я мог бы попытаться ускорить развитие событий, но не хотел искушать судьбу. С первого же дня знакомства я почувствовал, что наши души — половинки одного целого, и им суждено объединиться. Наташа была для меня знаком, поданным с Небес и свидетельствовавшим о том, что я избрал верный путь, — потому что никогда не встретил бы я ее в своей прошлой жизни: для нее там попросту не было места.

Тринадцатого ноября семьдесят третьего года, ровно через месяц после первой встречи, Наташа перевезла свои вещи в маленькую комнатушку, которую я снимал.

Эти дни были самыми счастливыми в моей жизни. У меня оказалось сразу столько всего: любовь, друзья, цель, ради которой стоило сражаться; единственное, чего мне не хватало, — разрешения на выезд в Израиль.

Щемящие сердце воспоминания уводили меня далеко за грань, отделяющую прошлое от настоящего, фантазию — от реальности. Я вместе с Авиталь и Мишей летел из Швейцарии в Нью-Йорк, присутствовал на их встрече с Джерри Стерном — американским евреем, с которым познакомился вскоре после отъезда Авиталь, — первым в длинном списке евреев свободного мира, боровшихся за то, чтобы меня выпустили в Израиль. Я был с ними в Вашингтоне, где Джерри устроил Авиталь и Мише встречи с Джавитсом, Хемфри, Драйненом и другими сенаторами и конгрессменами, посещавшими нас во время своих визитов в Москву. Я беседовал со знакомыми дипломатами и корреспондентами, которым наша деятельность была известна не понаслышке, — мы вспоминали основные события прошедших лет.

Воспоминания уносили меня в Москву, в прошлое, к моим последним интервью и аресту. Но, возвращаясь в камеру после таких «побегов», я больше не чувствовал себя одиноким: мои друзья были со мной. «В конце концов, что изменилось? — говорил я себе, — тебя переместили на несколько километров от твоего дома, но жизнь продолжается. Твои друзья и близкие в Иерусалиме, Нью-Йорке, Лондоне и Москве продолжают бороться вместе с тобой. Ты прожил несколько лет свободным человеком, и только от тебя зависит, сумеешь ли ты сохранить свою свободу здесь, в тюрьме».

Теперь я мог вернуться в свой мир в любое время — и постоянно так поступал на протяжении всех лет заключения.

Часто вспоминал я своих друзей среди активистов алии. Как-то сложилось, что самыми близкими мне стали несколько человек, составившие так называемую группу «политиков».

Саша Лунц, пятидесятилетний математик, — один из руководителей движения за репатриацию в Израиль. Его квартира была постоянно полна людей, приезжавших к нему со всех концов страны. Саша искренне интересовался судьбой каждого, кто подал заявление в ОВИР и вступил в отчаянную борьбу с тупой и жестокой бюрократической машиной. Он составлял списки, в которых, в частности, указывал, по какой причине человеку отказано в выезде, нуждается ли семья в материальной помощи — и так по всем городам СССР. Именно в его квартире я впервые встретился с несколькими иностранными корреспондентами, аккредитованными в Москве, и постепенно, незаметно для самого себя, стал «споуксменом». Сейчас Саша Лунц был уже в Израиле.

После отъезда Саши его работу по сбору информации об отказниках взяла на себя Дина Бейлина. Она встречалась с людьми в любое время суток, давала им советы, помогала составлять письма и заявления. Дина была требовательной к себе и другим; к своей работе она всегда относилась самым серьезным образом и частенько сердилась на меня, легкомысленного и несобранного: почему не помог такой-то? Почему пропустил встречу с таким-то? Все, что происходило вокруг, она принимала близко к сердцу. Мы, бывало, крепко цапались и даже ссорились, но назавтра вновь вместе выходили на борьбу с властями. Я всегда знал, что на Дину можно положиться.

Иду Нудель мы прозвали «матерью узников Сиона». Она знала все: в какой тюрьме сидит каждый из них и в каких условиях, когда у ребят дни рождения, разрешают ли им свидания с семьей, сколько времени осталось провести в карцере «нарушителю внутреннего распорядка». Ида была в постоянном контакте с заключенными и их родными, вела обширную переписку с нашими друзьями за рубежом, бомбардировала своими протестами и заявлениями советские организации — короче, делала все, чтобы перекинуть мост через пропасть, отделявшую ГУЛАГ от воли.

Володя Слепак был одним из ветеранов движения, знаменитым на Западе. Квартира его постоянно кишела гостями из-за рубежа. С утра до вечера беседуя со всей этой пестрой публикой, Борода проявлял поистине безграничное терпение — казалось, он может просидеть так двадцать четыре часа подряд, попыхивая своей неизменной трубкой и давая выговориться гостям. «Да ведь он же дремлет во время встреч!» — утверждали те, кто завидовал его известности. «Это его дело», — отвечал я им. У нас хватало талантливых ораторов и гениальных составителей заявлений протеста, а таких, как Борода, — борцов с КГБ, несокрушимых как скала — были единицы. Даже милиционеры и тайные агенты, должно быть, ощущали его внутреннюю силу, ибо относились к нему с осторожной почтительностью.

Александр Яковлевич Лернер — крупный ученый-кибернетик, один из самых известных деятелей науки, обратившихся в ОВИР, — организовал семинар по прикладной математике для ученых-отказников, в котором участвовал и я. Его советы по поводу стратегии и тактики нашей борьбы были для меня неоценимы. Мнение Александра Яковлевича было мнением человека, знающего советскую систему изнутри, и я всегда принимал его в расчет — даже если придерживался другой точки зрения. А когда у меня выпадало свободное время между двумя встречами, я всегда старался заскочить к Лернерам еще и потому, что Юдифь Абрамовна, жена профессора, изумительно готовила.

Любил я бывать и у Виталия и Инны Рубиных. Виталий был известным специалистом по древнекитайской философии, и запрет властей, наложенный на выезд его из страны, вызвал волну гневных протестов среди ученых Запада. Получив отказ, Виталий основал семинар по изучению Израиля и еврейской философии и истории. Немало нового для себя узнал я на тех встречах, где всегда яблоку негде было упасть: радушный и покладистый характер хозяина, открытость Виталия другим мнениям привлекали в его дом многих. Там можно было встретить и отказников, и диссидентов, и иностранных дипломатов и журналистов. Однако, то, чем покорил Виталий мое сердце, — его совершенно детская непосредственность и восторженность. Однажды за нами шли четверо «хвостов»: двое — за мной и двое — за ним. Когда я обратил внимание своего спутника на то, что и он с «эскортом», Виталий даже подпрыгнул от радости, как маленький ребенок: «Смотрите, — воскликнул он, — они принимают меня всерьез, как и вас!»

В семьдесят пятом году я вызвался помочь академику Андрею Дмитриевичу Сахарову в его контактах с иностранными корреспондентами и многочисленными гостями из-за рубежа. Я чрезвычайно высоко ценил и любил этого великого человека, чьи выступления и статьи влияли на мои мысли и поступки задолго до того, как я его узнал лично.

В жизни Андрей Дмитриевич оказался очень приветливым, внимательным и доброжелательным человеком, но тем не менее и после двух лет знакомства я всякий раз волновался при встрече с ним, ибо видел, что он отмечен печатью святости.

Прежде всего меня покоряла абсолютная честность Андрея Дмитриевича. Помогая ему в качестве переводчика на многочисленных встречах и пресс-конференциях, я внимательно наблюдал за ним. Отвечая на вопрос, он долго обдумывал свой ответ, — как истинный ученый, привыкший тщательно анализировать проблему, прежде чем высказать свое мнение о ней, — и в словах его никогда не было ни малейшей рисовки, желания подыграть, понравиться, попыток уклониться от ясного ответа. Андрей Дмитриевич был очень мягким человеком, но абсолютно нетерпимым ко лжи, фальши, демагогии. Казалось, он готов был вместить в свою душу всю боль людей, страдавших в этом мире и приходивших с этой болью к нему.

Время от времени власти разжигали в стране кампанию ненависти к «академику-отщепенцу». Рабочие и ученые, дипломаты и юристы, пользуясь одними и теми же словесными штампами, поливали грязью своего великого соотечественника. Как-то в разгар такой кампании мне понадобилось срочно заехать к Андрею Дмитриевичу на дачу в подмосковный поселок Жуковка, где он отлеживался после очередного сердечного приступа. Таксист запросил бешеную цену, и когда я, не имея выхода, согласился, он повеселел и всю дорогу не закрывал рта. Но пока я был у Сахарова, где Елена Георгиевна — жена и ближайшая соратница Андрея Дмитриевича — впихивала в меня в промежутках между разговорами бутерброды, мой таксист разговорился с водителем «Чайки», стоявшей у соседней дачи. В результате он, естественно, узнал, в чей дом привез пассажира. На обратном пути шофера как подменили: он будто воды в рот набрал — так испугался. Но когда я, расплатившись, вышел из машины, таксист догнал меня, вернул деньги и сказал: «От вас я не возьму ни копейки. Дай Бог вашему другу здоровья и удачи», — а потом прыгнул в машину и рванул с места с такой скоростью, будто боялся, что кто-то успеет записать его номер.

Мне часто казалось, что Андрей Дмитриевич очень одинок, и хотелось думать, что этот таксист — представитель «молчаливого большинства», а попросту — того самого народа, от имени которого вещали советские правители.

Когда меня арестовали, в СССР бушевала очередная антидиссидентская и антисахаровская истерия. И сейчас, сидя в тюрьме, я испытывал такое беспокойство за Андрея Дмитриевича, будто это он, а не я, арестован.

Вскоре после ратификации Хельсинкских соглашений, включавших в себя обязательства по защите прав человека, я предложил известному физику Юрию Орлову и писателю-диссиденту Андрею Амальрику, которым давал уроки английского, вместе подумать о том, как затруднить советским властям невыполнение этих соглашений. В результате обсуждений, длившихся с перерывами три-четыре месяца, Юрий выдвинул идею создания общественного комитета по контролю над соблюдением Хельсинкских соглашений во всем, что касается прав человека, и я стал одним из учредителей этой группы.

Конечно же, моя «машина времени» увозила меня и в более отдаленные времена: в детство, которое прошло в украинском городе Донецке, в школу и шахматный кружок, в наш дом, к молодым еще папе и маме; потом она медленно возвращалась назад, останавливаясь по пути в моей студенческой юности, — и вот я вновь обнаруживал себя лежащим на нарах в холодной камере следственной тюрьмы.

Я часто думал о родителях, представлял себе их — стареньких, обремененных болезнями. Вся моя прошлая жизнь — с Наташей и друзьями, работой и увлечениями, концом прежней и началом новой судьбы — служила мне точкой опоры в той ситуации, в которой я оказался. Это мой мир, и его у меня никому не отнять. Но мысли о папе и маме, о том, что я стал невольным виновником их терзаний, не давали мне покоя. Их любовь ко мне поддерживала меня, но сам я так и не стал для них опорой.

Примерно в те же дни я составил для себя короткую молитву на иврите, в которой обращался к Всевышнему: «Благословен Ты, Господь, Бог наш, Владыка вселенной! Даруй мне счастье жить вместе с любимой женой Авиталь в Эрец-Исраэль. Даруй ей, моим родителям, всей нашей семье силы преодолеть трудности и дожить до дня встречи. Даруй мне силу, мужество, разум, удачу и терпение, дабы выйти из тюрьмы и добраться до Эрец-Исраэль прямым и достойным путем». Каждый раз по дороге на допрос я успевал произнести эту молитву дважды, а когда гулял во дворике или сидел в карцере — распевал, как псалом. Со временем у меня вошло в привычку читать ее перед сном; и так я поступал в течение девяти лет.

Кнут и пряник

Закладывать своих — это, конечно, «западло», последнее дело. Но и о себе подумать нужно. Если чекистам кость не бросишь — обязательно зеленкой лоб смажут: им ведь тоже отчитываться надо. А ты как думал? В жизни только так: ты — мне, я — тебе. Сам сперва для себя реши, что можешь им сказать, а чего — нет. И не на допросе колись — мало ли что еще они там из тебя выжмут, — лучше напиши заявление генеральному прокурору. Расскажи все, что считаешь нужным, а дальше — молчок. Больше, дескать, ничего не знаю. Но после этого уже не расстреляют — ведь следствию помог.

Так говорил мой сосед Фима. Примерно с начала апреля он стал настойчиво убеждать меня написать генеральному прокурору — так, мол, все умные люди делают. Сначала я отсыпался, затем усиленно занимался аутотренингом, но слова Фимы все же до меня доходили. Они навели меня на мысль: а почему бы и впрямь не написать заявление генеральному прокурору? Конечно, не в том духе, как советует Фима. Я четко сформулирую в нем свою позицию и в дальнейшем буду просто ссылаться на это заявление. Не придется каждый раз придумывать ответ и, главное, можно тогда не опасаться, что на него повлияет обстановка на допросе.

Узнав, что я наконец-то собрался писать генеральному прокурору, мой сосед обрадовался и засуетился. Он взял на себя внеочередную уборку камеры, не позволял мне вставать к кормушке за едой — все делал сам, приговаривая:

— Ты пиши, пиши, не отвлекайся — свою жизнь спасаешь, это тебе не шутки!

В своем заявлении я подробно перечислил нарушения прав человека в СССР, вынудившие нас заняться сбором информации об отказниках, подчеркнул, насколько важно для их судеб и судеб всех других людей, чьи права нарушаются, внимание к ним мировой общественности. Я писал, что наша деятельность от начала и до конца была открытой и законной, однако я не намерен обсуждать ее в деталях, ибо не хочу помогать КГБ готовить «дела» на других еврейских активистов и диссидентов. «В свете публикаций в газете „Известия", — добавил я, — обвинивших нас еще до ареста в измене Родине, не приходится сомневаться в исходе расследования моего „преступления", а потому я не вижу смысла в сотрудничестве со следствием, заранее знающим, к каким результатам оно придет». Это все не было простой риторикой — ведь хорошо известно, что в советской истории суд ни разу не оправдал того, кто обвинялся в политическом преступлении.

Жизнь я себе этим заявлением, конечно, не пытался спасти, но процедуру допросов упростил до предела. С тех пор, подтверждая каждый раз свое участие в деятельности еврейского движения и Хельсинкской группы, я произносил в конце одну и ту же фразу:

— От конкретных показаний по данному вопросу отказываюсь в силу причин, изложенных в моем заявлении на имя генерального прокурора от девятнадцатого апреля сего года.

Реакция Черныша была спокойной:

— Что вы такими заявлениями хотите доказать? Все бравируете, о жизни своей не думаете.

Мой же сосед по камере и вовсе не стал комментировать этот поступок, он просто больше не заводил разговоров о письме прокурору. Зато буквально на другой же день появилась новая тема, поинтереснее.

Когда я вечером пришел с допроса и мы сели ужинать, Фима зашептал мне на ухо:

— Сегодня я начал переговоры с ментом. Хочу, чтобы он отнес моей жене ксиву. Она ему там заплатит сотню, а он мне ответ принесет. Надо ее кое о чем предупредить... — дальше шли намеки на какие-то незавершенные коммерческие комбинации.

Я удивился:

— Подкупить кагебешника сотенной?

— Ты жизни не знаешь! — ответил самодовольно Фима. — Деньги все любят и все берут — уж поверь мне. А этот вертухай уже имел дело с моим предыдущим сокамерником: носил ему ксивы за плату. Тот их прочитывал и при нем же сжигал. Так что мент мне доверяет. Тебя он, понятно, боится, будет подходить ко мне только тогда, когда ты на допросе.

Надзиратель, о котором шла речь, был самый старый из всех, лет под шестьдесят, длинный, тощий и угрюмый. Всезнающий Фима утверждал, что в сталинские времена тот работал «исполнителем», но это был скорее всего обычный тюремный треп. Дежурил этот надзиратель, как и все остальные, так: два дня — в первую смену, с семи утра до трех, два дня — во вторую, с трех до одиннадцати вечера, два дня — в третью, с одиннадцати до семи утра, а после этого — двухдневный отдых. В ночную смену переговоры вести нельзя: я в камере, и вообще — открыть кормушку, не вызвав подозрения со стороны корпусного, надзирателю очень трудно. В утреннюю и вечернюю — только если меня вызовут на допрос в его дежурство и при этом не будет никакого начальства в коридоре. Словом, переговоры с надзирателем Фима предполагал вести без спешки и осторожно.

Однако все пошло как по маслу. Меня в течение недели вызвали на допрос трижды, и каждый раз — в смену старика. Фима тем временем обо всем с ним договорился: он передаст письма в один из ближайших дней, утром, когда тот будет разносить по камерам туалетную бумагу. В самый последний момент Шнейвас обратился ко мне:

— Слушай, тебе, наверно, связь нужнее. Если хочешь и если есть что-то срочное, давай я для начала передам твою ксиву. Заодно и канал проверю. Да и потом — все же евреи мы, должны друг друга выручать. Авось и ты мне когда-нибудь пригодишься: может, и я решу из этой страны сваливать.

Этого предложения я, разумеется, ждал — и все-таки огорчился: ведь оно не оставляло никаких сомнений в том, что Фима — стукач. Знаю, что многих старых зеков эта фраза возмутит: да какие еще могут быть сомнения! Разве самых первых его слов — о том, что «лоб зеленкой смажут», — недостаточно?! Но я уже объяснял, что выработал однажды — и на всю жизнь — свой взгляд на такие вещи: не спешить с выводами, и пока есть хоть какая-то крупица надежды — не считать человека стукачом.

Я подумал — и принял «великодушное» предложение Фимы, решив так: как бы ни был мал шанс сообщить друзьям о том, что со мной происходит, я должен его использовать. Ведь если обвинение, предъявленное мне следствием, станет достоянием гласности, это заставит КГБ отказаться от угрозы расстрела.

Так во всяком случае мне тогда представлялось. А если письмо попадет в руки органов, что скорее всего, то в конце концов только от меня зависит, найдут ли они в нем что-то полезное для себя.

Мой сокамерник попросил лишь об одном: приписать в конце несколько фраз для его жены. Фима открыл мне свою тайну: в ожидании ареста он договорился с женой об условном коде — вкладывая в ежемесячную передачу определенные сорта мыла, сыра и других вещей и продуктов, она сообщает ему о событиях на воле.

— А у тебя вообще была уйма времени подготовиться к аресту. Но ты-то, небось, до такого не додумался, — сказал он мне снисходительно, внимательно следя при этом — или мне только казалось? — за моей реакцией.

— Да, — удрученно согласился я. — Я действительно сглупил, упустил такую возможность и не договорился ни о какой связи, ни о каких условных фразах. Теперь придется писать все открытым текстом.

Не знаю, поверил ли он мне, но я ему не врал. Действительно, имея столько времени в запасе, давая в течение одиннадцати дней «прощальные» интервью и обсуждая с друзьями возможные варианты развития событий, я не сделал самого естественного и простого — не договорился о связи типа той, какую разработал Фима Шнейвас.

Я написал письмо Володе Слепаку — по-английски, по предложению Фимы, «чтобы мента не спугнуть», сообщил, какое обвинение мне предъявлено, что спрашивают на допросах, чем грозят, какова моя позиция; особо подчеркнул необходимость публично разъяснять, что в наших действиях не было ничего секретного; передал привет родственникам и друзьям.

В течение нескольких дней отдать письмо не удавалось. То старика посылали дежурить в другой конец коридора, то рядом с ним оказывался его коллега, и мент подавал Фиме сигнал: мол, будь осторожен. В результате у меня каждый день возникала проблема — приходилось переписывать послание заново. Оставлять его в камере на день опасно: рутинные обыски проводились примерно раз в две недели, с внеочередными могли нагрянуть в любой момент. Опыта писать микроскопическими буквами на крошечных листках, которые в случае опасности можно быстро проглотить или уничтожить, у меня тогда еще не было. Фима тоже рекомендовал избегать лишнего риска, поэтому вечером, перед самым отбоем, я писал текст заново, а утром, после очередной неудачной Фиминой попытки передать записку, она уничтожалась.

Не знаю, чем это объяснить, но игра в нелегальную связь с волей все больше захватывала меня. Если в первый раз я писал Бороде, почти не сомневаясь в том, что письмо попадет в КГБ, то с каждым разом возбуждение от мысли: «А вдруг?!» — нарастало, и возможность установления связи с волей уже не казалась такой нереальной.

Наконец вертухай взял записку. Произошло это утром, двадцать девятого апреля. Старик открыл дверь и внес большое ведро.

— Мусор есть?

Его партнер (по инструкции дверь камеры открывается лишь в присутствии как минимум двух контролеров — обычно дежурного по коридору и корпусного) был далеко, я, как и договорились, лежал, отвернувшись к стене, и читал книгу. Фима высыпал в ведро мусор, протянул руку за туалетной бумагой, и одновременно передал письмо. Может, это все же не провокация?

Ждать ответа придется очень долго. Сейчас у вертухая два дня выходных. Кроме того, из-за майских праздников может произойти перестановка в расписании. Двадцать девятого меня на допрос не вызывают. Тридцатого, первого и второго — выходные и праздники, мертвые дни в тюрьме.

Воображение между тем разыгрывается. Я представляю себе, как Борода получает письмо, связывается с моей семьей, срочно созывает друзей, через иностранцев пересылает его Наташе в Израиль. Пресс-конференции, заявления, протесты... Так ли все будет? И вообще — передаст ли вертухай записку? Если да, то должен принести ответ. Я стараюсь успокоиться и скрыть свое нетерпение, играя с сокамерником в шахматы и шашки.

С Фимой же происходит что-то странное. Довольно быстро успокоившись после передачи записки и вроде бы совсем забыв о ней, он вдруг опять — после долгого перерыва — начинает предаваться воспоминаниям о своих амурных успехах. Но тридцатого апреля к полудню его настроение резко меняется. Он взволнованно мечется по камере, возбуждение его все нарастает. Затем он сообщает мне, что решил сознаться в существовании еще одного тайника с золотыми монетами на балконе его квартиры. Это должно, прежде всего, снять со Шнейваса последние подозрения в «несотрудничестве» с КГБ — ведь его дебет и кредит все еще не сходятся. Во-вторых, он таким образом сумеет съездить домой, на вскрытие тайника, и увидит жену и детей, что для него очень важно.

Шнейвас садится и пишет заявление на имя своего следователя. Он пытается передать его через корпусного, но тот отказывается принять: все заявления подаются по утрам, и к тому же сегодня суббота, выходной день.

— Подайте после праздников, третьего мая, — говорит корпусной. Фима вызывает дежурного офицера, который замещает отсутствующего начальника тюрьмы, объясняет, что это — в интересах следствия, требует, чтобы довели до сведения... Он волнуется, умоляет, почти кричит. Фимино и без того повышенное давление резко подскакивает: он багровеет, держится за сердце. Приходит медсестра, дает ему лекарства. Заявление Шнейваса в конце концов забирают, а через несколько часов уводят его на допрос. Возвращается он усталый, но, похоже, умиротворенный.

— Сразу после праздников повезут домой, на изъятие, — сообщает он мне.

В течение последующих трех дней контакта между Фимой и нашим вертухаем не происходит. Хотя тот и появился, но, к сожалению, в другом конце коридора — мы обнаруживаем это, когда идем на прогулку.

— Наверное, заменяет кого-то из-за праздников. Ничего, скоро вернется на свой пост, — говорит Фима.

Третьего мая, сразу после завтрака — раньше обычного — надзиратель заглядывает в камеру и направляет на Шнейваса ключ:

— На вызов!

— Все ясно, еду домой, — радуется Фима и быстро одевается: костюм, белая рубашка, ботинки. (В этом, кстати, еще одно отличие следственного изолятора от обычной тюрьмы: пока тебя не осудили, ты можешь ходить в гражданской одежде. Конечно, без галстука, ремня и шнурков — все это отбирается во избежание попыток самоубийства). Сосед прощается со мной и уходит.

Примерно через два часа пришел корпусной и сказал:

— Где здесь вещи Шнейваса? Отдайте их контролеру.

И все. Больше я Фиму не встречал. И, наверное, уже не встречу. И так и не узнаю, была ли вся эта история провокацией. А если да, то участвовал ли в ней и Фима или только один вертухай. И чего испугался Шнейвас тридцатого апреля, зачем ему так срочно понадобилось встретиться со следователем. И почему надо было в такой спешке отсаживать его от меня, даже не дав самому забрать свои вещи… Сколько подобных вопросов накопилось у меня за годы заключения после встреч с самыми разными людьми! Как много было среди них запутавшихся, темных личностей и как мало таких, о ком я мог твердо сказать: он друг, он свой, — или наоборот: он враг. Со временем — к счастью, довольно скоро — я понял: лучше вообще не пытаться искать ответы на такие вопросы, а просто быть самим собой, не зависеть от обстоятельств, поверять свои поступки совестью и рассудком, а жизнь в свое время расставит все по местам.

Но сейчас я был заинтригован, в возбуждении ходил по камере, перебирая различные варианты и находя такие объяснения, которые подсказывала мне надежда. Нас так внезапно и поспешно разбросали — может, это результат каких-то внешних событий, неожиданных для КГБ? А если так, то разве не естественно предположить, что причиной тому — заявление моих друзей, сделанное после получения письма? И теперь КГБ пытается выяснить, как произошла утечка информации, и начав допрашивать об этом Шнейваса, они уже не могут вернуть его ко мне в камеру…

Возможно, такая примитивная логика, такие грубые натяжки в рассуждениях кого-то и удивят, но только не бывшего зека. Позднее я много раз замечал, как люди в условиях изоляции начинают верить во все, во что им хочется верить, даже в самые фантастические вымыслы, и как умело играет на этом КГБ.

Итак, возможность того, что моя записка дошла, стала представляться вполне реальной. Правда, тут же возникла мысль, которая подействовала как ушат холодной воды: как же я теперь получу ответ — вертухай-то ко мне не подходит, он имеет дело только со Шнейвасом? Но я успокаивал себя: ничего, через несколько дней попробую закинуть удочку, если он действительно передал Бороде письмо, то, может, и клюнет…

Вдруг я обнаруживаю, что Фима забыл в камере свою коробку с сахаром. Зову надзирателя, прошу передать сахар Шнейвасу. Тот долго размышляет и наконец докладывает корпусному. Корпусной — дежурному офицеру. Этот принимает соломоново решение. Если Шнейвас запросит, они ему сахар передадут. Все ясно: боятся, что это — условный знак. Я и в этом их опасении вижу хороший признак: раз боятся связи между нами, значит, им есть в чем подозревать Фиму. Но вдруг тот вел двойную игру, помогая и КГБ, и мне, «сгорел» на вертухае и вышел у них из доверия? Тогда моя записка сейчас здесь, у них. Утешаю себя тем, что ничего интересного для себя они в ней не найдут, и тут же начинаю искать противоположные доводы — в пользу того, что записка все же ушла на волю.

Все эти скачки фантазии неожиданно прерываются. Открывается кормушка.

— На вызов!

Что такое? Уже пятый час, скоро ужин, а в следственном отделе — конец рабочего дня. Так поздно меня до сих пор никогда не вызывали. Да и что это за допрос на тридцать-сорок минут?

За время следствия меня вызывали на допросы сто десять раз. Некоторые из них продолжались по десять-двенадцать часов. Какие-то я запомнил чуть ли не слово в слово, другие — только в общих чертах, были и такие, которые вообще не оставили в памяти никакого следа.

Этот допрос был, наверное, самым коротким — я вернулся в камеру часа через два, и я его запомнил, кажется, наизусть. Потом я не раз анализировал его буквально по фразам.

…По дороге в следственный корпус я медленно читаю свою молитву, обычно это помогает сосредоточиться. Но на этот раз вхожу в кабинет и сажусь на свое место за маленьким столом в углу, метрах в пяти от следователя, едва сдерживая нетерпение: сейчас я узнаю, что же произошло с моей запиской.

Черныш берет со стола конверт, достает оттуда какую-то бумагу и медленно идет ко мне. Записка? Ответ?

— Вам предъявляется для ознакомления документ, находящийся в распоряжении следствия. Что вы можете сообщить по этому поводу?

Он кладет передо мной листок бумаги, а сам садится напротив и внимательно следит за моей реакцией. Я опускаю глаза. Сразу узнаю почерк Инны — жены Виталия Рубина. Это письмо, адресованное мне: «Дорогой Толя...», дальше — несколько теплых слов о Наташе, выражение надежды на нашу с ней скорую встречу; Инна сообщает, что посылает мне одновременно с этим письмом вырезку из какой-то газеты — кажется, из «Маарива», — где говорится обо мне. И все. Нет, еще постскриптум: вопросы, перечисленные на обороте, хорошо бы передать на семинар Марка Азбеля ученым-отказникам, добивающимся выезда из СССР. Такая анкета может помочь им заранее подыскать в Израиле работу по специальности.

Переворачиваю листок. Несколько вопросов, отпечатанных на машинке: фамилия, имя, отчество, возраст. Образование — что и когда кончал. Какие курсы повышения квалификации или переподготовки проходил. Когда и где работал, чем занимался. Какие научные труды — статьи, книги — написал, где они были опубликованы. Какими языками владеет. Какой областью науки хотел бы заниматься и в какого рода работе обладает наибольшим опытом -исследовательской, конструкторской или практической...

Вот, наконец-то, началось главное! — примерно такой была моя первая, разумеется, невысказанная реакция. С самого начала следствия, отвечая на вопросы о встречах с западными корреспондентами и политиками, о документах еврейского движения и Хельсинкской группы, о демонстрациях и пресс-конференциях, я продолжал в слепой наивности убеждать себя: нет, вся эта открытая деятельность не может стать основанием для обвинения в измене Родине. КГБ лишь отвлекает мое внимание от главного обвинения, которое фабрикуется в большой тайне и скорее всего будет основано на какой-то липе.

Я помнил наиболее зловещую инсинуацию в «Известиях»: Лернер, мол, получил через Рубина задание от ЦРУ собрать информацию о секретных предприятиях в СССР и поручил это выполнить мне. «Как они собираются доказывать подобную чушь?» — недоумевали мы все после появления статьи. Тот же вопрос я задавал себе в Лефортово практически каждый день. Сейчас передо мной лежал невинный листок, который — я сразу это понял — мог оказаться верхушкой айсберга, синтезированного в недрах КГБ. Вопросник Инны выглядел вполне безобидно. Приехав в Израиль, я проверил: да, это вопросы стандартной анкеты, которую заполняют в Министерстве абсорбции новые репатрианты, ищущие работу.

Адресованное мне письмо было, безусловно, написано Инной — я хорошо знал ее почерк, — однако я видел его впервые. Может, они нашли его среди моих бумаг? Я, наверное, получил с оказией очередную порцию писем, торопился, сунул его куда-нибудь в стол, да так и забыл прочесть. Сомнительно, конечно, но...

Что им ответить? Что это — фальшивка? А если письмо подлинное, тогда я только помогу им продемонстрировать, что в нашей деятельности есть что скрывать. Сказать, что я его получил и прекрасно помню? Но кто знает, что за сюрпризы готовят они в связи с этим вполне невинным посланием?

— Где оно было найдено? — спрашиваю я у Черныша.

— Узнаете со временем.

— Но вы до сих пор не предъявили мне список изъятых у меня на квартире вещей и документов. И, между прочим, по закону обязаны были проводить обыск в моем присутствии, — тяну я время, пытаясь заставить его проговориться: было ли письмо Инны среди моих вещей. Но из этого, конечно, ничего не выходит.

— Не волнуйтесь, Анатолий Борисович, сейчас составляется опись всего изъятого у вас в Москве и Истре, и вскоре вы будете с ней ознакомлены. Но, надо думать, вы сами лучше других знаете, какие документы писали и какие письма получали, — и Черныш снисходительно, слегка иронически улыбается, но в то же время — я это вижу — нетерпеливо ждет ответа.

— Так что же? — торопит он меня.

Ну нет, спешить мне некуда. Я беру листок чистой бумаги и начинаю не торопясь составлять ответ, согласуя его со своим «деревом целей и средств», в частности, с пунктами «не лгать» и «не помогать им в их попытках представить нашу деятельность тайной».

— Предъявленное мне письмо я вижу впервые. Однако если оно действительно написано Инной Рубиной, то ее желание помочь ученым-отказникам в установлении профессиональных контактов с коллегами и в поисках работы в Израиле кажется мне совершенно естественным. Ведь и сам Виталий Рубин, прожив много лет в Москве после необоснованного отказа, сумел продолжить свои исследования в Иерусалимском университете. Кроме того, именно солидарность коллег Рубина, ученых, выступавших в его защиту, помогли ему в конце концов выбраться из СССР и приехать в Израиль, где он буквально с первых дней продолжил свою работу, — зачитываю я Чернышу свой ответ с листа бумаги.

Следователь, однако, пытается записать его своими словами, и у него получается так: «Это письмо написано Инной Рубиной, и ее желание помочь...» Я протестую, диктуя ему свой текст еще раз.

— Что же вы — не знаете почерк Инны Рубиной? — раздраженно говорит Черныш.

Я в пререкания не вступаю, продолжаю диктовать. От ответов на дальнейшие вопросы — не занимался ли, к примеру, кто-нибудь сбором подобной информации на семинарах ученых — я отказываюсь по стандартной формуле.

После нескольких неудачных попыток отредактировать мой ответ Черныш говорит:

— Ладно, сейчас я пойду к машинистке отпечатать текст допроса, а вы подождите здесь.

Он вызывает одного из следственной группы, чтобы тот посидел со мной. Это выглядит странным: обычно Черныш, который сам печатать не умел, отправлял меня в таких случаях в камеру и, если рабочий день кончался, предлагал мне подписать листы допроса в следующий раз. Меня это вполне устраивало, так как давало возможность лучше продумать формулировки своих ответов и в случае необходимости настаивать на их уточнении.

Итак, Черныш уходит, а минут через пять в кабинете появляется — якобы в поисках Черныша — полковник Виктор Иванович Володин. Этого человека я видел мельком раза два, но имя его слышал многократно. Должность Володина — помощник начальника следственного отдела КГБ СССР, а фактическая его роль — координатор всех политических диссидентских дел, которыми занимается КГБ. В тот момент Володин был куратором моего дела, но вскоре стал и его формальным руководителем. Часто во время допросов Черныш отвечал на его звонки, сообщал, у кого находится та или иная интересовавшая Володина бумага, относящаяся к моему делу, а иногда даже, оставив меня на попечение другого следователя, убегал к нему на отчет. В ожидании его возвращения я гадал: к чему такая спешка? Или все это лишь представление?

Сейчас, узнав, что Черныш у машинистки, Володин осматривается, «случайно» замечает меня и, дружески улыбаясь, подходит к моему столику.

— А, Анатолий Борисович! Здравствуйте! Как здоровье, как настроение? О чем сегодня беседовали с Анатолием Васильевичем?

Полковник строен, поджар, спортивен, и даже седеющая и редеющая шевелюра не мешает ему выглядеть значительно моложе своих пятидесяти с хвостиком.

Еще не остыв после борьбы с Чернышом, я продолжаю занимать оборонительную позицию.

— Если вы имеете право меня допрашивать, то делайте это по закону, с протоколом. А без протокола нечего со мной беседовать.

— Я, конечно, имею право при необходимости и допросить вас, но сейчас хотел просто поговорить. И вы напрасно пытаетесь со мной с самого начала поссориться. От меня ведь многое зависит.

— Я не хочу с вами ни ссориться, ни мириться. Я просто не желаю иметь с вами никаких отношений, — отвечаю я по инерции, но, еще не окончив фразы, жалею о том, что занял такую жесткую позицию. А почему бы и впрямь не поговорить? Желание узнать, что произошло с моей запиской Слепаку и какие козни затевает сейчас КГБ, побуждает меня к разговору с Володиным. Кроме того, я наконец чувствую в себе — может быть, впервые после ареста — спокойную уверенность, как когда-то, во время предыдущих встреч с КГБ, и мне хочется испытать себя, проверить результаты аутотренинга. Однако ответ дан, и отступать я не собираюсь. Но и Володин явно не торопится отказаться от намерения побеседовать со мной. Он садится напротив, задумчиво и изучающе смотрит на меня, подперев подбородок руками.

В этот момент входит Черныш с отпечатанным протоколом моего допроса. Володин оживляется, берет у него листы, читает, а потом восклицает в сердцах:

— И это честный ответ борца за права евреев! Я бы на вашем месте ответил: да, я занимался такого рода деятельностью, проводил такие-то опросы с такими-то людьми...

— Пожалуйста, можете записать свой ответ в протокол, — прерываю я его.

— Нет, я говорю, каким должен быть ваш ответ, если вы хотите, чтобы вам верили.

— Мои показания вы держите в руках, а подсказки мне не нужны.

— Вот так всегда с этими господами диссидентами. Кричат на весь мир о свободе слова, дискуссий, об открытой деятельности, а как к нам попадают — словно в рот воды набрали. И куда только весь ваш ораторский пыл девается?

Я возмущаюсь:

— Да-а, вот уж действительно у вас здесь свобода слова по-советски. Схватили, закрыли понадежнее от всего мира, приставили к груди пистолет, а теперь говорите: давайте свободно подискутируем.

Володин не только не обижается — он, кажется, даже доволен.

— А вы-то понимаете, что вас ждет? — спрашивает он.

— Мне уже объяснили, что непременно расстреляют, — говорю я, улыбаясь. Тренировка приносит свои результаты: мне больше не надо притворяться, я говорю о расстреле как о чем-то постороннем.

— Раз вы говорите о расстреле с улыбкой, значит, еще не понимаете серьезности своего положения.

И тут Володин разражается длинной, по крайней мере, минут на пять, речью. Я говорил уже, что этот допрос и беседу после него запомнил буквально наизусть. Но монолог Володина я не смог удержать в памяти — слишком продолжительным он был. Однако общий смысл его и основные положения я усвоил хорошо.

Володин говорит о том, как долго КГБ терпел враждебную деятельность сионистов, о том, как нас мало.

— Лернер, Бейлина, Слепак, Лунц, Рубин, Браиловский... — перечисляет он поименно моих «сообщников». — Я могу вам назвать их всех, не так уж вас много, как вы думаете. Но вред вы приносите огромный. Вы вступили в настоящий заговор с сионистами Америки и Израиля. Вы чернили нашу Родину ежедневно, ежечасно. С помощью американских сионистов вы заставили Конгресс США принять поправку Джексона, нанеся этим огромный ущерб нашей стране. Да неужели вы полагали, что никому не придется отвечать за это?! — восклицает он с пафосом, глядя куда-то поверх меня, будто выступая с трибуны. — Вы собирали секретную информацию и передавали ее на Запад...

Тут я перебиваю его:

— Уж кто-кто, а КГБ, безусловно, знает, что никакой секретной информации я не собирал. Вся моя деятельность была открытой.

Володин делает паузу, а потом говорит:

— Открытой? Не было никаких секретов? Даже тогда, когда вы сидели вдвоем с американским корреспондентом в машине, плотно закрыв окна? Анатолий Васильевич, — обращается он к Чернышу, — когда дойдете в допросах до этой темы, напомните Щаранскому его слова, — и продолжает, — мы долго терпели, не раз предупреждали вас и ваших друзей. Но и наше терпение не безгранично. Теперь вспомните советскую историю, ведь вы ее, полагаю, должны знать. Еще не было случая, чтобы человек, которому предъявлены такие обвинения, как вам, и который не раскаялся, не был бы расстрелян. Впрочем, нет, — поправляется он. — Так было в период, когда смертную казнь отменили и максимальным наказанием был двадцатипятилетний срок... Так что вам не грозят, а лишь объясняют ваше положение. Это долг следователя.

Я слушаю его — и радуюсь. Радуюсь тому, что я снова, как когда-то, могу спокойно слушать запугивающего меня кагебешника. Что страх не туманит мой разум. Что я сейчас не думаю о том, насколько серьезны угрозы моего собеседника, а просто изучаю его, смотрю на происходящее со стороны, уже не только как участник драмы, но и — в определенном смысле — как режиссер.

Володин тем временем настойчиво предлагает мне подумать о моем положении, но в какой-то момент начинает, похоже, выдыхаться. Я решаю подзадорить его, подкинуть полено в угасающий костер беседы:

— Да о чем же мне думать? Ведь все решено заранее! Я был объявлен в советской прессе шпионом еще до ареста!

Должно быть, эти слова кажутся Володину криком отчаяния. Во всяком случае он становится цинично откровенным.

— Тем более вы должны осознавать серьезность своего положения и наших намерений. Действительно, мы объявили на весь мир, что вы государственный преступник, и от своих слов, естественно, никогда не откажемся. Так что ваше положение безнадежно. Вы не из породы героев, готовых пожертвовать своей жизнью, и чем раньше это поймете, тем лучше. Вот Красин — какой был гусар, каким петухом к нам пришел! И смертная казнь ему не грозила. А хватило его на три месяца. Вы же и трех месяцев не продержитесь. Куда вам до Красина, — и он пренебрежительно машет рукой в мою сторону.

Наверно, и это — часть их игры, но теперь им меня своими дешевыми методами не достать. Однако напоминание о Красине было приятной неожиданностью. Ведь именно судьба Якира и Красина, как я уже говорил выше, стала для меня поучительным предостережением: никогда не играй с КГБ по их правилам!

Отложив в сторону кнут, Володин вытаскивает пряник.

— Но мы не кровожадны. (Эти слова мои следователи почему-то особенно любили и часто повторяли.) Наша цель проста: защитить интересы государства. Вы молоды, вас ждет жена в Израиле. Если поможете нам пресечь антигосударственную деятельность сионистов и так называемых диссидентов, то получите очень короткий срок — ну, скажем, три или два года — или даже выйдете на волю сразу после суда. Обо всем можно договориться. Мы, конечно, приговоров не выносим, но вы сами понимаете, что судьи к нам прислушиваются. Выйдете — и уедете в Израиль, к жене.

Я чувствовал себя как шахматист, навязавший партнеру хорошо знакомую позицию. Ведь Володин сейчас ясно сформулировал то, на что его подчиненные до сих пор только намекали: условия моей сдачи. Я давно этого ждал — именно этих аргументов, именно этих примеров — и могу теперь не сдерживать иронию:

— Ну, а зачем же ждать суда? — спрашиваю я. — Должно быть, можно освободиться и раньше — как Ирина Б.? (Эта женщина, соратница Якира и Красина, после очередного ареста покаялась, и была особым указом помилована еще до того, как суд признал ее виновной.)

Но Володин иронии не понимает.

— Конечно, можно и до суда. Все зависит только от вас. Значит, вы помните дело Якира и Красина? Мы не обманули ни их, ни Б., все обещания выполнили в точности. Их дело, кстати, вел я. (Это было для меня интересной новостью.) Красин долго держался, но я доказал ему, что более чем в семидесяти случаях в его документах содержалась клевета, и он признал, что был неправ. С Якиром тоже пришлось не раз беседовать, напоминать ему о его знаменитом отце... В итоге оба выступили на пресс-конференции, признали свои ошибки — и были освобождены. А Красин захотел уехать из СССР — и уехал.

Володин продолжает говорить, а я вспоминаю не о той пресс-конференции, а о другой, созванной Красиным в Нью-Йорке незадолго до моего ареста. На ней он каялся и просил прощения у своих товарищей, утверждал, что был запуган и обманут. И тут мне приходит в голову устроить Володину под конец маленькую ловушку.

— А правда, что вы обещали им не использовать их показаний против других диссидентов и не сдержали слова? Так они, во всяком случае, утверждали: обманул, мол, нас КГБ.

Володин, опасаясь, видимо, что я усомнюсь в том, что на их слово можно положиться, возмущенно восклицает:

— Это клевета! Я мог по тем материалам посадить десятки людей! Но мы не кровожадны. Мы арестовали только тех, кто категорически отказался прекратить враждебную деятельность. Однако я никаких обещаний такого рода не давал!

— Я так и думал, что Красин лгал оба раза: и на пресс-конференции в Москве, где обвинял диссидентов, и в Нью-Йорке, клевеща на КГБ. Так зачем же мне лгать дважды? Лучше я вообще не буду лгать, — и я, довольный тем, что успешно довел разговор до конца, добавляю: — Однако мой ужин давно остыл. Мне пора.

Только теперь Володин осознает, что неправильно оценил ситуацию, что не он был хозяином положения во время нашей беседы.

— Геройствуете? — говорит он зло и грубо. — Что ж, геройствуйте. Но только запомните: героев мы из Лефортово живыми не выпускаем.

Он произносит эти слова чеканно и громко, чтобы они надолго запомнились мне.

Я возвращаюсь в камеру возбужденный. Еще много дней я буду анализировать нашу беседу, вспоминать каждую фразу Володина и свои ответы.

Я очень доволен собой: не уклонялся от разговора, спокойно выслушал все угрозы, и они никак не повлияли на мое состояние, полностью контролировал ход беседы, не позволил следователям поднимать интересовавшие их темы и заставлял говорить о том, что сам хотел услышать. Словом, я, кажется, опять обрел прежнюю форму. «А значит, — самонадеянно говорю я себе, — самое трудное позади». И, конечно же, ошибаюсь.

Интересно, что я, увлеченный беседой с Володиным, совсем забыл о записке Слепаку, судьба которой меня так волновала еще несколько часов назад. Но хорошо помню, что, засыпая, поймал себя на мысли: может, она все-таки дошла?..

***

Вопреки недвусмысленным угрозам Володина, наша с ним беседа от третьего мая заметно улучшила мое настроение. Я чувствовал, что вновь могу смотреть на КГБ «со стороны», не подпуская их к себе. Необходимое условие для этого — не воспринимать их уж очень серьезно, сохранять способность смеяться над абсурдностью их поведения и претензией на абсолютную власть над умами людей в этом мире.

Юмор и ирония давно стали моим оружием в удержании КГБ «на дистанции». Ведь эта организация в действительности может быть прекрасной мишенью для насмешек из-за своего двусмысленного положения. КГБ в повседневной жизни как бы не присутствует, должен постоянно скрывать или, во всяком случае, преуменьшать свою роль. В то же время такие советские «столпы власти», как милиция, суды, прокуратура, Верховный Совет — всего лишь фикции, чье влияние при соприкосновении с КГБ существует лишь на бумаге. На уровне «хвостов» это выражалось в том, что их приказу подчинялся милиционер любого ранга, правил уличного движения для их машин просто не существовало, и в то же время... они сами тоже вроде бы не существовали, что и создавало немало комических ситуаций.

Еще одна причина для смеха — противоречие между «благородными» целями КГБ и ничтожеством исполнителей.

Впервые я обнаружил освобождающий эффект насмешки над кагебешником осенью семьдесят третьего года, когда застрял в сломавшемся лифте с двумя своими «хвостами» — мужчиной и женщиной. Был выходной день, и даже «уокитоки» моих спутников не помогли — прошло немало времени, прежде чем появился монтер и починил лифт.

Я тогда еще не очень привык проводить время в обществе «хвостов», они тоже пока не нашли со мной нужного тона, и некоторое время в лифте царило напряженное молчание. Наконец я попытался разрядить ситуацию:

— Плохая у вас работа! Вместо того, чтобы сидеть, выпивать с друзьями — висите в лифте...

Мужчина напряженно улыбнулся и, поколебавшись, перешел на одну из их стандартных тем: есть столько хороших советских евреев, почему бы мне не быть одним из них?

— А как насчет вас? Ваше еврейство вам не мешает в КГБ? — неожиданно для самого себя спросил я.

— А что, разве вы не видите, что я не еврей? — удивился курносый, белобрысый, без малейшей примеси семитских черт собеседник.

— Ну, вы можете обманывать кого угодно, только не меня. Мне сразу ясно, что в вас есть еврейская кровь, но не огорчайтесь — среди евреев тоже много хороших советских граждан, — вернулся я к его теме.

Мой собеседник очень разволновался. Игнорируя мои реплики, он напряженно вглядывался в свое отражение на глянцевой стене лифта. А когда лифт починили, бросился к машине и стал пристально изучать свое лицо в смотровом зеркале.

Когда я впервые увидел «хвостов» КГБ, следующих за отказником, то испытал невольный страх. Но к этому привыкаешь, как и ко многим другим вещам. Позднее, когда «хвосты» проводили со мной большую часть времени, я чувствовал себя даже безопаснее в их присутствии, особенно ночью. А если они, боясь упустить меня, втискивались вслед за мной в такси, я непременно заставлял их платить половину стоимости проезда. Платили они, как правило, всегда новенькими, прямо из банка, деньгами, которые доставали из конверта, а сдачу клали себе в карман.

Формально, конечно, эти люди не существовали. И когда бы я ни упоминал о «хвостах» в разговорах с официальными сотрудниками КГБ или прокурором, их реакция всегда была одной и той же: «Никто за вами не ходит. У вас, похоже, мания преследования». Но «хвосты» были не только реальностью, временами — чуть ли не частью семьи. Как-то в автобусе я завязал разговор с одним из них, уже много лет «обслуживавшим» нас.

— Где сейчас Валера? — спросил тот о нашем товарище, которого когда-то «опекал».

— Он уже два года в Израиле и очень доволен жизнью.

Мой собеседник стал выяснять подробности — о работе, квартире, зарплате. Неожиданно женщина, прижатая к нам толпой пассажиров и вынужденная слушать наш разговор, принялась кричать:

— Позор! Почему мы должны выслушивать всю эту сионистскую пропаганду? Убирайтесь в свой Израиль, только не мешайте нам жить!..

Весь юмор ситуации был в том, что свой гнев она направила не на меня, а на моего «хвоста», приняв его за «колеблющегося сиониста», что очень смутило его и повеселило меня.

Подобных забавных историй было много, но самое большое удовольствие «за счет КГБ» я получил 7 ноября семьдесят четвертого года. Я собирался в тот день уехать из Москвы в Ригу и Минск для подготовки сообщения о положении евреев-отказников в этом регионе. Но за неделю до этого меня вызвал мой начальник в Институте нефти и газа, где я работал в то время.

— Как вы знаете, во время праздников в институте должен быть дежурный. Вы отказываетесь ездить на картошку, не выходите на ленинский субботник, поэтому дирекция решила назначить вас ответственным дежурным по институту во время демонстрации трудящихся.

Обычно такое поручение давалось одному из руководителей или особо доверенным лицам в институте. А тут вдруг выбрать для этого единственного в нем диссидента?! Было очевидно, что КГБ хотел держать под надежным контролем на время ноябрьской демонстрации потенциальных нарушителей порядка.

— Я буду дежурить, если получу за это два отгула, — ответил я, сообразив, что это дает мне возможность продлить мою командировку в Ригу и Минск. Босс поспешно согласился.

Седьмого ноября, с десяти утра до четырех дня, я занимал удобный кабинет директора института, а длинный список служебных телефонов на случай ЧП лежал передо мной. Три «хвоста» проводили меня на работу: в КГБ знали, что вечером я уеду из Москвы в Минск, и выделили мне эскорт. Но в сам институт вход по пропускам, а без лишней нужды сотрудники КГБ внимания к себе не привлекают. Поэтому они сидели в своей машине у входа в здание, ни на минуту не выключая мотор, — грелись. Я же наслаждался теплом и роскошью директорского кабинета и сознанием того, что «отщепенец» стал на несколько часов начальником.

Вскоре зазвонил телефон; на проводе — инструктор райкома партии.

— Что у вас происходит? — начал он грозно. — Ваши транспаранты еще не доставлены.

— Прошу прощения, но меня эта проблема не волнует, — ответил я и повесил трубку.

Через минуту мой собеседник, видимо, решив, что ошибся номером, позвонил снова.

— Я говорю с ответственным дежурным Института нефти и газа?

— Да.

— Тогда выясните, где транспаранты, которые вы должны были доставить для районной колонны.

Он продолжал что-то объяснять, но я не слушал. На улице было очень холодно, шел снег (фактически в тот день, позднее, из-за холода даже отменили демонстрацию, предварительно продержав солидарных трудящихся пару часов на морозе), и я ничего кроме жалости ко всем, кто был вынужден находиться на улице, не испытывал.

— Позвольте объяснить вам еще раз, — сказал я терпеливо, — меня ваши проблемы не интересуют. У меня свои дела, так что оставьте меня, пожалуйста, в покое.

Я повесил трубку, но после короткой паузы телефон зазвонил опять.

— Что там у вас происходит? Вы уже напились?

На этот раз голос инструктора райкома дрожал от гнева.

— Нет, я совершенно трезв.

— Вы коммунист?

— Нет.

— Комсомолец?

— Слава Богу, нет.

— Тогда кто же вы, черт побери?

— Сионист.

Мой собеседник бросил трубку.

Но телефон зазвонил вновь. На сей раз это была вахтерша. Она сообщила мне, что группа лиц, сидевших долгое время в машине у входа в институт, зашла в вестибюль погреться. Хотя она попросила их выйти, они настаивают, что у них есть право здесь находиться. Конечно, вахтерша ничего не знала о действительной функции этих людей.

— Я проверю, — пообещал я.

Среди телефонов, оставленных мне директором института, был и телефон дежурного по районному отделению КГБ. Я с удовольствием им воспользовался.

— Говорит Щаранский Анатолий Борисович. Я ответственный дежурный по Институту нефти и газа. В вестибюле института находятся три сотрудника КГБ, которые осуществляют наблюдение за гражданином Щаранским Анатолием Борисовичем. Они утверждают, что у них есть право находиться в нашем здании, но это противоречит нашим правилам. Вы дали им указание войти в институт?

После напряженной паузы я услышал:

— Как, вы говорите, вас зовут?

— Щаранский Анатолий Борисович.

— А за кем наши люди следят?

— За Щаранским Анатолием Борисовичем.

— Что? Дурака валяете? Еще только двенадцать часов, а вы уже пьяны? Думаете, что если звоните из телефонной будки, мы вас не найдем? Выругавшись, он бросил трубку. Я позвонил вахтеру.

— Скажите этим людям в вестибюле, что я говорил с их начальником и он не подтвердил их слов. Если они немедленно не покинут институт, я вызову милицию.

Через пять минут дежурная сообщила мне, что непрошенные гости ушли. Я выглянул в окно. Да, бушует снежная метель, а мои «хвосты» мерзнут в машине.

Со временем я даже стал ощущать некоторое чувство ответственности за их поведение. Как-то в автобусе один из них был явно навеселе и вел себя оскорбительно. Меня возмутило то, как он выполняет свою ответственную государственную миссию: ведь мне ничего не стоило убежать от него. Вместо этого я подошел к ближайшей телефонной будке и позвонил дежурному КГБ.

— Говорит Щаранский Анатолий Борисович. Ваш сотрудник, который ходит за мной, пьян.

— Наши люди ни за кем не ходят, — последовал стандартный ответ.

— Я нахожусь около метро «Кировская»; ваш сотрудник в нескольких метрах от меня, да и ваша машина здесь недалеко. Я подожду минут десять, а потом позвоню иностранным корреспондентам.

Прошли считанные минуты, и один из подоспевших новых «хвостов» быстро выскочил из машины и сменил своего нетрезвого коллегу, который на много месяцев выбыл из команды моих «телохранителей».

Конечно, смеяться над «хвостами» было куда легче, чем над следователями КГБ, имевшими сегодня власть над моей жизнью. Но, взяв, наконец-то, верный тон в разговоре с Володиным, я твердо решил не воспринимать моих тюремщиков слишком всерьез.

Враги и друзья

Я полагал, что тема «сбора секретной информации по заданию ЦРУ», поднятая третьего мая, будет в последующие дни развиваться. Однако Черныш продолжал задавать вопросы о поправке Джексона, о наших демонстрациях, поездках в другие города, встречах с иностранцами, интервью корреспондентам, работе Хельсинкской группы. Правда, теперь они носили уже не общий, а вполне конкретный характер. Мне предъявляли различные документы, изъятые во время обысков у отказников и членов Хельсинкской группы в последние недели перед моим арестом. Иногда вместе с текстом документа следователи показывали мне вырезки из западных газет, где говорилось о нем, и спрашивали: «Когда это написано? Где? Чья идея? Кто печатал? Кто собирал подписи? Кто и как передал на Запад?»

Обсуждать обстоятельства составления документов я отказывался, говорил лишь о причинах их появления, подтверждал свое авторство. Но каждый такой документ, независимо от того, когда он появился на свет — четыре года назад или за несколько дней до моего ареста, — вызывал поток воспоминаний. Я заново переживал события последних лет, полнее ощущая связь двух миров — того, что остался за стенами тюрьмы, и того, в котором я жил сейчас.

На одном из допросов меня ожидает сюрприз. Сначала следователь показывает мне бюллетень «Протоколы Конгресса США» с выступлением сенатора Джексона, где тот полностью приводит заявление большой группы отказников из разных городов СССР в поддержку поправки. Среди семи десятков подписей есть и моя. Я подтверждаю свое авторство, опять говорю о причинах, вынудивших нас, евреев, желающих уехать из СССР, искать поддержки у мирового общественного мнения и, в частности, у Конгресса США. Попытки допросить меня о конкретных обстоятельствах появления этого заявления и его передачи Джексону я отклоняю стандартной формулой.

Затем Черныш дает мне тот же документ с подписями, отпечатанными на машинке. И наконец черновик — сильно измятый листок с печатным текстом и фамилиями под ним, большинство которых внесены туда моей рукой. Я опять отказываюсь говорить о конкретных обстоятельствах. Но помню-то я их отлично.

В конце семьдесят пятого — начале семьдесят шестого годов в Америке вновь — возможно, в связи с предвыборной кампанией — обострилась дискуссия вокруг поправки Джексона. Киссинджер утверждал, что от нее больше вреда, чем пользы, что она только ухудшила положение советских евреев. Высказывания такого рода были опасны не только потому, что, по нашему глубокому убеждению, не соответствовали истине, но еще и по той причине, что советские власти воспринимали их как своего рода указания к действию и немедленно начинали доказывать правоту противников поправки новыми репрессиями.

Потому-то в феврале семьдесят шестого года мы и отправили еще одно послание Конгрессу США. В очередной раз пришлось мне посредничать между различными группировками в алие для согласования текста и сбора подписей. Впрочем, особых трудностей в тот раз не было.

После того, как к тебе попадают наконец все копии письма с подписями под ним — один листок, к примеру, принесли с семинара ученых, другой — с улицы Архипова, — остается лишь перепечатать еще раз окончательный текст, свести под ним воедино все подписи и передать его корреспондентам.

Где-то в середине февраля сообщение об этом заявлении появилось в западной прессе. Прошло месяца два, и вдруг Айрин Маниковски — руководитель вашингтонского отделения «Юнион оф коунслз фор соувьет джуэри» — срочно запрашивает у меня письмо: Джексон хочет зачитать документ в Конгрессе, просит у Айрин текст, а его нет. Не знаю, как это получилось, — то ли я допустил накладку, то ли очередной мой пакет затерялся по дороге...

Туристы, которые взялись передать Айрин заявление, уезжали утром следующего дня, а копии с окончательным списком подписавших у меня не было. Я порылся в своих бумагах, нашел копии этого заявления, полученные от разных групп отказников, переписал на отдельном листе его текст, вновь сведя воедино все подписи, и понес его к Виталию Рубину, у которого была пишущая машинка. Тот под мою диктовку отпечатал заявление в нескольких экземплярах, а черновик я скомкал и выбросил в мусорное ведро. Сейчас этот черновик, тщательно разглаженный, лежал передо мной. Теперь я вспоминаю, что, выходя из квартиры Рубина, я столкнулся с Липавским — тем самым человеком, который через год опубликует в «Известиях» свой донос на нас.

Черныш, чувствуется, очень ценит этот документ. Однако меня мало заботит, что в руках у КГБ вещественное доказательство, убедительно свидетельствующее, что заявление написал я. Ведь мой принцип, которого я придерживаюсь на каждом допросе, прост: даже если вся наша деятельность будет приписана мне одному, я не стану этого отрицать. Я считаю ее правильной, полезной, абсолютно законной и не намерен помогать КГБ уточнять, чем занимался тот или иной активист алии. Но бумажка эта важна для меня по другой причине: теперь я знаю, что уже год назад Липавский рылся в наших мусорных ящиках и относил свою добычу в КГБ. Выходит, он предал нас не накануне моего ареста, подписал заявление, опубликованное в «Известиях», не под влиянием наркотиков или угроз. Значит, это давно уже внедренный к нам агент.

***

Статья в «Известиях» Сани Липавского, предавшего всех нас, не оставляла сомнений в том, что именно он будет основным свидетелем обвинения против меня.

Сейчас уже не помню точно, где мы с ним познакомились, — скорее всего, у Рубиных, семейным врачом которых он был. Липавский часто приходил в этот гостеприимный дом, где к нему относились как к родному сыну. По его словам, он получил отказ под тем предлогом, что в течение некоторого времени жил в непосредственной близости от центра космических исследований. Повод для отказа был, конечно, достаточно бредовым, как, впрочем, и у большинства из нас.

Саня был милейшим человеком, услужливым добряком, всегда готовым придти на помощь и снискавшим тем самым всеобщее доверие. Лечил он не только Рубиных, но и многих других отказников, нуждавшихся в постоянном медицинском контроле. Он даже ездил несколько раз в Минск к больному Ефиму Давидовичу, в прошлом полковнику, разжалованному и уволенному из армии за желание уехать в Израиль. Если кто-то из нас нуждался в услугах специалиста, Саня обращался к своим знакомым врачам, и те лечили пациента за символическую плату, а то и вообще не брали денег.

Липавский оказывал нам существенную помощь и в других вопросах — например, с телефонами. Мы постоянно искали людей, согласных предоставить свою квартиру для одноразового разговора с заграницей, ибо после нескольких звонков с одного и того же аппарата телефон отключали. Саня нашел нетривиальное решение: один из его приятелей-гинекологов, занимавшийся подпольными абортами, просил у каждой из оперируемых разрешения воспользоваться ее телефоном, — а те, как правило, были только рады оказать такую мелкую услугу своему врачу, который в будущем еще не раз им пригодится.

Часто мы нуждались в особо питательных продуктах для наших товарищей в сибирской ссылке, и именно Липавский всегда доставал высококачественную колбасу, которой не было даже в крупнейших московских магазинах. Теперь-то я понимаю, что попадала она к нам прямо из закрытого спецраспределителя КГБ...

Мы с ним никогда не были близкими друзьями, возможно потому, что поначалу у нас было мало точек пересечения, — я был увлечен политическими аспектами нашей борьбы, а он, ничем не привлекая к себе внимания, занимался врачеванием. Кроме того, со временем я почувствовал что-то настораживающее, скользкое в поведении Сани и инстинктивно стал сторониться его. Но как было не ценить ту немалую помощь, которую он нам оказывал?..

Только теперь, в камере, размышляя о Липавском, я припомнил кое-какие детали, которые в свое время должны были нас насторожить, мы не имели права оставить их без внимания — и все же оставили.

В семьдесят шестом, когда Рубины получили в конце концов разрешение на выезд в Израиль, Виталий сказал мне, что Саня весьма заинтересован в том, чтобы стать вместо Рубина членом Хельсинкской группы. Мне тогда показалось это странным: ведь Липавский всегда старался держаться в тени — что это он вдруг решил сунуть голову прямо в львиную пасть? Я рассердился, но больше на Рубина, чем на его протеже: зачем он пытается продвинуть Саню на роль, которая тому заведомо не подходит? Надо сказать, никто не принял предложение Виталия всерьез, и оно само собой отпало. Я решил тогда, что членством в Хельсинкской группе Липавский рассчитывал увеличить свои шансы на выезд.

Еще один тревожный сигнал прозвучал в начале семьдесят седьмого года, когда Дина попросила Липавского слетать в Узбекистан, чтобы присутствовать на суде над отказником Амнером Завуровым, — Саня в прошлом жил в Ташкенте и говорил по-узбекски. Это был один из редчайших случаев, когда ему поручили «политическое» задание.

Взяв на себя эту миссию, Липавский пропал, несколько дней не звонил, хотя мы ждали от него сообщения, а когда наконец объявился, рассказал совершенно неправдоподобную историю: его якобы задержали в московском аэропорту сотрудники КГБ, приказали вернуться домой, а телефон его, как назло, был то ли испорчен, то ли отключен. Никто Липавскому, конечно, тогда не поверил. Мы решили, что он просто струсил, лишь Дина полагала, что за всем этим стоит нечто более серьезное, — у нее было обостренное чувство на ложь и фальшь. Вспоминаю, что и Рая, жена моего брата, которая была далека от нашего движения и знала моих товарищей только в лицо, однажды сказала мне: «Толя, я не понимаю, что делает среди вас этот человек, Саня. Он совершенно не похож на остальных твоих друзей и вообще довольно темная личность». «Может быть, ты и права, — ответил я. — Нет сомнения, что среди нас есть стукачи, но если мы займемся их выявлением и разоблачением, этому конца не будет, и вся работа остановится».

Липавский, несомненно, был человеком, не похожим на нас, причем даже внешне. Он всегда придавал большое значение тому, как выглядит: тщательно ухаживал за своими густейшими усами, носил солидные костюмы, всегда повязывал галстук. Кроме того, он был одним из немногих отказников с собственной машиной — объяснял, что купил ее на деньги, присланные родственниками из-за границы.

Последний раз мы виделись в начале семьдесят седьмого года. Я искал жилье, и когда Саня пригласил меня жить вместе с ним в комнате, которую он снял в центре Москвы, сразу же согласился. «Вот везение! — думал я. — Этот парень всегда тут как тут, когда в нем есть нужда». В середине февраля я переехал к нему, и он сразу же исчез — уехал, по его словам, на несколько дней устраивать какие-то важные семейные дела. В следующий раз он объявился уже на страницах «Известий».

Липавский был не единственным сексотом внутри нашего движения. С Леонидом Цыпиным я познакомился в семьдесят третьем году, в самом начале своего долгого пути в Израиль. Отказники, участвовавшие в демонстрациях, сразу же произвели на меня большое впечатление, хотя я и обратил внимание на то, что далеко не все в движении за алию разделяют мои восторги, что некоторые отказники с большим стажем нарекли буйную молодежь «хунвейбинами», считая, что демонстрации лишь мешают «высокой политике», а последние презирали «бонз» за их осторожность. Пропасть между двумя группами углубилась еще больше, когда после одной из демонстраций «хунвейбины» были жестоко избиты в тюрьме, а «бонзы», узнав об этом, поддержали их лишь формальным протестом. Двое из молодых «хунвейбинов», Леонид Цыпин и Аркадий Лурье, были самыми воинственными и непримиримыми противниками «бонз» — гораздо более крайними, чем их товарищи. Они протестовали против любых попыток перебросить мост между лагерями. «Никогда мы не сядем с этими людьми за стол переговоров!» — кричали они. В конце концов выяснилось, что и тот и другой — стукачи и провокаторы, которым КГБ поручил следить за нами и попытаться деморализовать движение изнутри.

Лурье был разоблачен на относительно раннем этапе. Цыпин же продержался до семьдесят шестого года. Когда я познакомился с ним, ему было только двадцать лет, но он утверждал, что уже два года в отказе. Должен признаться, что этот рыжебородый юноша в очках был для меня поначалу образцом смелости — ведь я видел, как бесстрашно он вел себя во время демонстраций, лицом к лицу с милиционерами и агентами КГБ. Из песни слова не выкинешь — меня, новобранца, вдохновляло «мужество» провокатора, которому, как выяснилось, никогда ничто не угрожало...

После разоблачения Цыпина один из наиболее уважаемых «бонз» сказал мне, что все последние годы подозревал его. «Почему же вы не предостерегли нас?» — спросил я. «Можно подумать, что вы бы меня послушали!» — ответил тот. К моему большому сожалению, он был прав. Взаимная неприязнь двух лагерей, возникшая в немалой степени благодаря тому же Цыпину, была так остра, что мы, конечно, не поверили бы обвинениям в его адрес со стороны «бонз». Кроме того, Цыпин от имени «хунвейбинов» поддерживал связь с иностранными корреспондентами, и это придавало ему особый вес в наших глазах и ставило выше любых подозрений.

Несмотря на все, мы знали, что Цыпин — человек трудный. Он частенько напивался, проворачивал какие-то сомнительные финансовые операции. Он не был хозяином своему слову. Иногда Леонид обещал передать документы корреспондентам, а через какое-то время нам становилось известно, что они так и не дошли до адресата. При этом Цыпин клятвенно заверял, что поручение выполнил. В семьдесят четвертом году, когда несколько наших товарищей собралось в дальние поездки, чтобы составить отчет о положении отказников в других городах СССР, мы предложили Леониду ехать с напарником: боялись, что он будет пьянствовать, если отправится в путь в одиночку. Цыпин устроил страшный скандал, категорически отказывался от попутчика и добился своего: поехал один.

Все свидетельствовало в пользу того, что Цыпин — осведомитель, но нас смущало одно: можно ли представить себе, что КГБ будет держать в своих рядах человека столь неосторожного, расхлябанного, да к тому же запойного пьяницу? Хотя мы и подозревали его, нам все равно трудно было поверить, что подобный тип может быть провокатором. Конечно, мы ошибались, предполагая, что КГБ заботится о моральном облике своих стукачей. Однако, даже если Цыпин и был таковым — как бросить в лицо ему столь тяжелое обвинение при отсутствии прямых доказательств?

В конце концов, когда наши предположения переросли в уверенность, я сказал Льву Гендину, многолетнему отказнику, с которым мы были давно знакомы и который тоже подозревал Цыпина: «Слишком многое говорит в пользу того, что он провокатор. Давай соберем все факты, сведем их воедино и избавимся от него».

Вскоре Гендин рассказал мне о своей беседе с девушкой, которая несколько лет назад жила с Цыпиным. «Да, — сказала она Льву, — я знала, что он работает на КГБ». По ее словам, телефон в их квартире время от времени звонил, и мужской голос спрашивал одно и то же: «Это кинотеатр „Байкал"?» «Вы ошиблись номером», — отвечал Цыпин и сразу же выходил из дома на встречу со своим связным. Когда девушка поняла, что происходит, и сказала об этом Цыпину, тот открыл ей страшную тайну: он — израильский агент, и его задача — внедриться в КГБ. Подруге Цыпина было только восемнадцать лет, и она поверила ему. Чтобы придать своему рассказу большую достоверность, Цыпин по ночам включал радио, ловил на коротких волнах «Голос Израиля» и делал вид, что записывает какие-то шифрованные сообщения. Рассказывая все это Льву, девушка с надеждой спросила: «Может, он все-таки говорил правду?»

Почему Липавский и Цыпин стали провокаторами? Что привело их к этому? Преданность советской системе? Ненависть к своему народу? Ответ почти наверняка отрицательный. Полагаю, что возможно лишь одно объяснение: и в том и в другом случае — это результат сделки с КГБ.

О том, что отец Липавского был осужден за так называемые «экономические преступления» на пятнадцать лет, мы знали; мне даже кто-то говорил, что поначалу ему был вынесен смертный приговор. Связь между этим событием и предательством Липавского стала очевидной только в семьдесят девятом году, когда Дэвид Шиплер, в течение двух лет перед моим арестом руководивший в Москве корреспондентским пунктом «Нью-Йорк Таймс», послал в свою газету информацию из Иерусалима. В Израиле он встретился с репатриантом из СССР, бывшим прокурором, и тот рассказал ему, что отец Липавского был приговорен к смерти за кражу тканей с текстильной фабрики, и тогда, чтобы спасти жизнь отца, Саня предложил свои услуги КГБ. Это было в шестьдесят втором году, за пятнадцать лет до статьи в «Известиях»! В то время, когда я сидел в Лефортово, ЦРУ официально признало, что Липавский работал на них с семьдесят пятого года, поставляя информацию о советских ученых. В своей статье он упомянул о связях с ЦРУ, и было совершенно ясно, что они устанавливались по заданию КГБ. Интересно, чем он занимался в первые тринадцать лет своей службы в органах? Очевидно, активисты алии были не единственными его жертвами...

Нечто в этом же роде произошло и с Цыпиным. В конечном счете нам стала известна его история. В семнадцатилетнем возрасте Цыпин был задержан КГБ с какой-то то ли еврейской, то ли диссидентской литературой. Угрозами парня заставили стать осведомителем. Когда мы разоблачили его, он пропал и больше не показывался нам на глаза. Через несколько месяцев на какой-то вечеринке соседка спросила меня, знаком ли я с Цыпиным. Я ответил утвердительно. «Вы знали, что он работает на КГБ?» «Да, — сказал я. — А вам это откуда известно?!» Выяснилось, что Цыпин сейчас «учится» (точнее — работает) в педагогическом институте неподалеку от Москвы. Руководство этого института симпатизировало диссидентам, и многие из них, исключенные из других учебных заведений или снятые с работы за инакомыслие, оказались там. Цыпина же взяли по настоянию так называемого «первого отдела». Взять-то взяли, но кто-то из администрации предупредил студентов и преподавателей: осторожно — провокатор!

Я понимал, что и на следствии, и на суде мне еще предстоит встретиться с ними обоими.

***

Три дня после внезапного исчезновения Фимы Шнейваса я провел в камере один. Но вот знакомая команда:

— С вещами!

Когда я переступил порог своей новой камеры, ее обитатель сидел за столом и меланхолично переставлял костяшки домино — как выяснилось, раскладывал пасьянс.

— Тимофеев Михаил Александрович, — представился он. Это был худой высокий человек лет пятидесяти, с тоскливым взглядом и усталым печальным лицом. В каждом движении Тимофеева, во всем его поведении чувствовались неторопливость и основательность старого зека и в то же время подавленность, свойственная тому, кто попал в большую беду. И действительно, выяснилось, что он провел в Лефортово больше двух лет под следствием и судом, затем около года — в зоне. И вот сейчас его привезли для проведения следствия по другому делу, где он проходит в качестве обвиняемого.

Когда я сказал, что арестован по шестьдесят четвертой статье, он спросил:

— Это еще что?.. — и тут же сам себя перебил, удивленно воскликнув. — Измена Родине?! Никак границу перейти пытался?

— Да нет, я сионист, — кратко ответил я.

— Сионист? Вот это да-а, — протянул он ошарашенно. И, подумав, добавил, — приятелей-евреев у меня было много, а сиониста вижу впервые.

Он смешал костяшки, вытянулся на нарах, дал мне несколько толковых советов по устройству на новом месте и устало прикрыл глаза.

— Сейчас я плохо себя чувствую, но еще будет время — поговорим, — сказал он.

Времени для разговоров действительно оказалось более чем достаточно: мы с ним провели вдвоем в одной камере почти десять месяцев — вплоть до окончания следствия по моему делу.

Тимофеев оказался не просто лояльным советским гражданином — может быть, самым лояльным из всех, кого я встречал в ГУЛАГе, — он был еще и убежденным коммунистом сталинской закалки, хотя, конечно, его, как и всякого арестованного, исключили из партии.

Родители Тимофеева были крупными чинами НКВД, и свою принадлежность к элите он с детства воспринимал как нечто само собой разумеющееся: все эти спецраспределители, спецобслуживание, прочие льготы были для него естественной платой за преданность власти, за «идейность», которая являлась предметом его особой гордости. Тимофеев удивительным образом сохранил уверенность в том, что Сталин был великим человеком, которого оклеветали завистники, что советская власть — самая справедливая и демократическая в мире, а все эти Сахаровы и Солженицыны — иуды, продавшиеся капиталистам за тридцать сребреников. Теперь он с удивлением и недоверием присматривался ко мне.

Интересно, что, несмотря на свой дубовый догматизм, Тимофеев так толком и не вписался в советскую систему и не сделал той карьеры, которая ему по праву причиталась. Прежде всего потому, что, как ни странно, сама по себе карьера его не интересовала. Он, конечно, любил Сталина и советскую власть, но кроме этого, оказывается, — еще и женщин, и интересную мужскую компанию, и футбол, и гитару, и даже стихи. Он и сам писал: я выслушал сотни его стихотворений и должен сказать, что среди них были вовсе не плохие, пронизанные живым чувством.

Вот такой попался мне сосед. Иногда по вечерам, если позволяло здоровье — у Михаила Александровича было больное сердце, диабет, язва — и налетало вдохновение, он устраивал настоящие концерты с чтением чужих и своих стихов и пением лирических песен, которые когда-то исполнял под гитару в компании друзей.

Обычно же Тимофеев предпочитал убивать долгие лефортовские вечера игрой в «тюремное очко» — карты в местах заключения запрещены, и вместо них изобретательные зеки приспособили домино. Мой сосед оказался на редкость азартным игроком и не потерял интереса к игре даже тогда, когда я стал его систематически обыгрывать.

Как же этот лояльный человек оказался в тюрьме? Его посадили за то, что он, выручая из беды двух своих приятелей, между прочим, евреев, посредничал в передаче взяток большому чину в прокуратуре РСФСР. В это самое время КГБ готовил крупное дело против взяточников — работников прокуратуры и держал их всех на прицеле. Замешанный в так называемое «дело прокуроров», Тимофеев получил восемь лет лагеря.

В зоне он находился на сравнительно легком режиме, занимая одну из важных номенклатурных должностей: был Тимофеев председателем совета коллектива колонии, пользовался, как и на воле — в «большой зоне» — «спецраспределителем», то есть жил в лучших, чем другие, условиях. Он уже собирался подавать на помиловку, но тут вдруг его снова «дернули» в Лефортово и предъявили новое обвинение: в разглашении какой-то служебной информации. Повод был смехотворным, но моему соседу было не до смеха. И когда после первых жестких допросов ему дали понять, что и это дело может быть закрыто, и помиловка по предыдущему удовлетворена, если он поможет КГБ в подготовке процесса против своих бывших сослуживцев из Комитета по охране авторских прав, где Тимофеев работал юрисконсультом до своего ареста, — тот не заставил долго себя упрашивать.

Теперь он был правой рукой своего следователя, майора Бакланова, консультантом и экспертом по валютным операциям, которые проворачивали с зарубежными издательствами его бывшие друзья. Какие инструкции затребовать, как их трактовать, как лучше строить допрос того или иного провинившегося чиновника, Бакланов решал на основании советов Тимофеева. Бакланов был парторгом следственного отдела КГБ, Тимофеев — тоже бывший партийный работник. Оба — юристы. Оба — большие любители скабрезных анекдотов и спорта. Словом, поговорить им было о чем. К тому же за разговором можно выпить чашку кофе, послушать по радио музыку, просмотреть «Советский спорт». Так что нет ничего удивительного в том, что вскоре Тимофеев стал ждать очередного допроса, как молодой влюбленный — свидания.

С первого же дня после возвращения в Лефортово Михаил Александрович стал получать больничное питание. Здоровье у него и впрямь было плохое, но, как я впоследствии убедился, подобное условие отнюдь не является достаточным для получения калорийной пищи. Как, впрочем, и наоборот — зачастую оно даже не является необходимым для этого.

При всей разнице наших взглядов, убеждений, позиций, занятых нами на следствии, мы довольно неплохо уживались: делились продуктами и вещами, пытались отвлечь друг друга от грустных мыслей. По вечерам, играя в «тюремное очко», рассказывали друг другу о прошедших допросах, соблюдая, конечно, при этом максимальную осторожность: мы ни на минуту не забывали о том, что отнюдь не являемся единомышленниками.

Но провокатор ли Тимофеев? Я внимательно слушал все, что он говорил, но никаких попыток узнать что-либо, заставить меня изменить свою позицию мой сосед не предпринимал, и потому я не спешил с выводами.

***

Тринадцатого июня я был вызван на очередной допрос. На сей раз Черныш не заводил разговоров на общие темы, не прощупывал мое настроение. Его интересовало только одно: мои отношения с корреспондентом газеты «Лос-Анжелес Таймс» Робертом Тотом.

Познакомился я с Бобом летом семьдесят четвертого года, вскоре после его приезда в Москву, на квартире Саши Лунца. Это был далеко не первый иностранный корреспондент, с которым мне к тому времени довелось беседовать, а когда через несколько месяцев я стал «споуксменом» алии, встречи с западными корреспондентами следовали одна за другой. Со многими из моих собеседников у меня сложились дружеские отношения, но ни с кем из них я не сошелся так быстро и близко, ни с кем не проводил столько времени, как с Бобом Тотом.

Роберт посылал в газету две статьи в неделю по актуальным проблемам, так что большая часть текущей информации о преследовании евреев в СССР не могла попасть в его публикации. Однако вскоре после нашего знакомства выяснилось, что нет более надежного человека, чем Боб, для передачи на Запад такой информации. Его интерес к нашим проблемам был глубоким и искренним. Кстати, его жена Пола была еврейкой, у них было трое маленьких детей — Джессика, Дженни и Джон, — и Боб, сам не еврей, в шутку называл себя «примкнувшим к клану».

Я любил приходить к Тотам, играть с детьми, беседовать с Бобом и Полой. Надо сказать, что Боб был обладателем двух дипломов Гарвардского университета — по химии и журналистике, и при чтении его статей сразу становилось ясно, что написаны они человеком, причастным к точным наукам, которые дисциплинируют мышление: все материалы, выходившие из-под пера Тота, отличались концептуальным подходом к затронутым в них темам. Если он, скажем, писал о чистках в советских институтах философии и социологии, то непременно уделял место анализу более общей проблемы: возможно ли в принципе развитие в Советском Союзе гуманитарных наук. Если в статье Роберта речь шла о запрете властями еврейской культуры, то завершалась она подробной оценкой той роли, которую играет государственный антисемитизм в глобальной политике СССР. Мне всегда было приятно помогать Бобу в сборе материалов для его статей; случалось, что я подбрасывал ему и новые темы.

Было соблазнительно думать о корреспондентах как наших союзниках, но, и это терпеливо объяснял мне Боб, дело обстояло не так просто. Хотя большинство западных журналистов симпатизировали отказникам и диссидентам, проблема прав человека в СССР была для них лишь одной из многих тем, которые они должны освещать, и зачастую — не из самых важных. Даже тогда, когда пресса Запада публиковала материалы о делах алии, она не могла служить простым усилителем нашего голоса, в отличие от советской, которая всегда была рупором властей. Более того, западные корреспонденты должны были отражать в своих материалах разные, лучше всего — диаметрально противоположные, конфликтующие точки зрения, даже тогда, когда это могло повредить нашему «имиджу».

Вот, например, что произошло в июне семьдесят пятого года. В Москве гостила группа американских сенаторов. Еще до их приезда в СССР стало известно, что перед своей встречей с Брежневым они хотят побеседовать с представителями нашего движения. Это была уникальная возможность привлечь внимание к положению советских евреев, обратиться напрямую к американским политикам и, при их посредничестве, — к советскому правительству. Ответственность за контакты с сенаторами лежала на мне, но тут неожиданно возникла серьезная проблема.

Дело в том, что уже несколько месяцев в среде лидеров движения за алию существовал серьезный внутренний конфликт, который привел к расколу: образовались две группы, условно именовавшиеся «политиками» и «культурниками». Первые считали основной задачей борьбу за свободу репатриации, вторые — развитие еврейской культуры в СССР. Лунца, Слепака, Лернера, Бейлину, Нудель и меня причисляли к «политикам». Я действительно считал, что опасно смещать акцент в нашей борьбе с алии на культуру, — в этом случае властям было бы гораздо легче обмануть Запад показной либерализацией: именно так они пытались прикрывать гонения на верующих христиан с помощью официальной советской церкви.

В то же время я, как и мои старшие друзья-«политики», постоянно использовал наши каналы для получения и распространения еврейской литературы, считая, что это и есть реальный вклад «политиков» в дело просвещения еврейства Советского Союза. Среди «культурников» у меня было немало друзей, а врагов, кажется, не было вовсе, тем более что как «споуксмен» я должен был поддерживать деловые связи со всеми еврейскими активистами. Я не сомневался, что дискуссия между двумя группами могла бы носить вполне академический характер, — в конце концов, и «культурники» всегда понимали безусловную важность борьбы за репатриацию, и «политики» считали, что следует поощрять деятельность своих оппонентов. Однако, как это часто случается, конфликт усугублялся личными амбициями и уязвленным самолюбием...

И вот перед самым приездом сенаторов я неожиданно узнаю, что «культурники» собираются просить у гостей отдельной встречи. Все оставшееся время я провел в лихорадочных попытках убедить их отказаться от этой затеи — но, увы, усилия мои не увенчались успехом. Просьба дошла до сенатора Джавитса, который решил эту проблему одной мудрой фразой: «У меня в номере две комнаты. Каждый может сидеть в той, в которой пожелает». В итоге мы пришли вместе, сидели в одной комнате, и встреча восемнадцати отказников с десятью влиятельными американскими сенаторами прошла вполне успешно. Это еще раз подтвердило очевидный факт: никаких принципиальных политических разногласий между двумя группами не было.

Но в результате тайное стало явным. Корреспонденты, до которых уже давно доходили слухи о наших спорах, неожиданно осознали глубину и остроту конфликта. Роберт Тот среагировал первым. «Я пишу статью о расколе в еврейском движении», — сообщил он мне. Я ужаснулся и расценил это чуть ли не как предательство: «Боб, не делай этого!» — мои представления о свободе прессы были тогда все еще далеки от принятых на Западе. «Если я промолчу, — последовал ответ, — то на эту тему напишет кто-нибудь другой. Вот, скажем, корреспондент А. был рядом с Джавитсом, когда тому передавали просьбу „культурников" об отдельной встрече».

В итоге Тот взял интервью у Марка Азбеля и Саши Лунца, в которых оба высказывали взаимные претензии, и вскоре появилась очередная статья Роберта под заголовком «Во время приезда американских сенаторов выяснилось: среди еврейских активистов — раскол».

Многие отказники были встревожены, а некоторые — возмущены. Кое-кто из наших оппонентов, похоже, подозревал, что статья инспирирована мной, хотя правда состояла в том, что я до последнего момента противился ее появлению. Однако случись вся эта история несколькими месяцами позже, когда у меня было уже больше опыта в общении с иностранными корреспондентами и я стал лучше понимать роль прессы в свободном мире, — я, пожалуй, не стал бы отговаривать Боба. Бессмысленно избегать обсуждения принципиальных вопросов и разногласий на страницах независимых изданий. Надо только стараться вести спор достойно, не опускаясь до уровня сведения личных счетов.

Весьма поучительной была для меня и реакция американских евреев на эту статью. Конечно, организации, поддерживавшие нас, были поначалу очень встревожены, но вскоре страсти улеглись, а обсуждение проблемы «эмиграция-культура» продолжалось по обе стороны границы уже на качественно ином уровне. И когда много месяцев спустя один из моих основных тогдашних оппонентов признал, что его поведение в те дни было ошибкой, я подумал: значит, Боб был прав, когда утверждал, что в итоге его статья принесет пользу. Такова она, свободная пресса: острая публикация может стать и ножом, поражающим жертву в самое сердце, и приносящим больному облегчение скальпелем. Статья Тота вскрыла нарыв, и наши страхи оказались напрасными.

Зарубежные журналисты в Москве работают с людьми, чья ментальность сложилась в условиях тоталитарного режима. И если первой моей целью было уяснить себе и помочь понять моим товарищам, в чем заключаются интересы западных корреспондентов, с тем, чтобы извлечь из сотрудничества с ними максимальную пользу для дела, то второй не менее важной и сложной — убедить самих корреспондентов считаться с нашими интересами, принимая во внимание специфику условий, в которых нам приходилось действовать. И то и другое было, повторяю, непросто; слишком велика пропасть между мирами, в которых мы жили, встречаясь время от времени на узком и шатком мостике, перекинутом через бездну.

В ноябре семьдесят шестого года Боб сообщил мне, что задумал статью об отказниках, которые работали на предприятиях, сотрудничавших с западными фирмами. Чтобы получить доступ к западной технологии, советская организация должна была подтвердить, что не работает «на оборону», что не мешало, естественно, КГБ давать отказы на выезд бывшим сотрудникам этих предприятий «по соображениям секретности». Добиться хоть сколько-нибудь внятного разъяснения властей, в чем же эта секретность, никогда не удавалось.

После бурных октябрьских событий — избиений евреев, потребовавших в приемной Президиума Верховного Совета СССР дать им письменное объяснение причин отказов, демонстраций, последовавших за этим арестом, протестов лидеров западных государств — вопрос об отказах под предлогом секретности стал самым актуальным.

Боб, Дина и я сидели несколько часов, просматривая списки отказников и отбирая наиболее вопиющие примеры. Когда же через несколько дней я раскрыл газету со статьей Тота, то буквально обомлел. Ее заголовок гласил: «Россия косвенно раскрывает свои секретные исследовательские центры». После этого я уже саму статью не мог воспринимать объективно; малосущественные неточности казались мне ужасными ошибками, весь материал — неудачным и неумным. Я позвонил Бобу, встретился с ним и закатил настоящий скандал. В первый и последний раз я позволил себе так разговаривать с западным корреспондентом.

— Как ты мог дать такой заголовок? — кричал я — Мало того, что он противоречит логике самой статьи, он ведь буквально призывает КГБ: пресеките связи отказников с Западом!

— Этот заголовок не мой, — оправдывался Боб. — Его придумал редактор «Геральд Трибьюн», перепечатавший статью из нашей газеты, где материал называется иначе.

Тоту было неприятно видеть меня огорченным, но он искренне считал, что я преувеличиваю опасность. Через несколько дней мой приятель, американский дипломат, с которым мы заговорили на эту тему, сказал: «Это в тебе говорит советский человек, который возмущается всякий раз, когда точка зрения другого не совпадает с его собственной. Да как же ты не понимаешь, что для вас такая статья гораздо полезнее, чем нудное повторение набивших читателю оскомину аргументов!» Мне, понятно, очень хотелось, чтобы он оказался прав, но согласиться с ним я не мог.

Когда через пять месяцев меня арестуют, то, конечно, произойдет это не из-за статьи Боба. К тому времени, как выяснилось впоследствии, подготовка моего дела шла уже полным ходом. Очевидно, однако, что Тот, сам того не желая, подкинул КГБ еще один предлог для обвинения по шестьдесят четвертой статье...

Много позднее, сидя в камере лефортовской тюрьмы в ожидании суда, я читал вслух моему соседу, профессиональному мошеннику, текст обвинительного заключения. Когда я дошел до названия статьи Боба, сосед прервал меня:

— Погоди, погоди, ты же говорил, что этот Тот — твой друг? Как же он такую статью написал?

Я повторил ему аргументы Боба и других американцев.

— А заголовок?! — воскликнул он.

Я объяснил, что заголовок дал редактор.

— Ну, знаешь! Корреспондент, редактор — тебе-то что до этого? С людьми, которые не понимают советской жизни, я бы никогда дела не имел. Думаешь, в Политбюро кто-то читает эти статьи? Подсунул им Андропов один заголовок, сказал: «Пора сажать за измену», — те и согласились.

Этот мошенник не занимался политикой, не встречался с иностранцами, но механизм советской государственной системы он понимал гораздо лучше, чем профессиональные американские советологи...

...И вот Черныш кладет передо мной статью Тота. Что ж, этого следовало ожидать. Я повторяю наши доводы: власти отказывают в выезде людям, не связанным с секретностью, под предлогом режимных соображений, не предъявляя при этом никаких доказательств. Вот отказникам и приходится искать аргументы, разоблачающие явную ложь.

Черныша, однако, интересует лишь одно: кто именно дал Тоту информацию для его статьи.

— Бейлина? — выпаливает он, пристально глядя мне в глаза.

«Он что — знает о том, что списками отказников занимается Дина, или пытается угадать?» — начинаю я лихорадочно соображать, но тут же резко обрываю себя. Да что я — с ума сошел? Ни в коем случае не влезать в эти вычисления — «знают-не знают»! В наших действиях нет ничего преступного, и обсуждать их с ним я не стану.

Я лишь напоминаю Чернышу, что списки отказников мы показывали не только иностранным корреспондентам, — в течение многих лет активисты алии передавали их в официальные советские инстанции: в ЦК КПСС, в Президиум Верховного Совета, в МВД, — и никто до сих пор не находил в них никакой секретной информации. И добавляю, как всегда, что обсуждать с КГБ подробности нашей законной деятельности не собираюсь.

Черныш же на сей раз явно решил произвести на меня впечатление своей осведомленностью. Он достает какой-то разграфленный листок, похожий издали на турнирную таблицу, и говорит:

— Может быть, вы все же расскажете нам о конспиративных встречах Тота с советскими гражданами? — следователь делает драматическую паузу и, саркастически улыбаясь, медленно-медленно произносит, глядя то в таблицу, то на меня. — С Наумовым — на квартире по улице Маши Порываевой такого-то числа, с Зиновьевым — на его квартире такого-то, с Аксельродом — на квартире Льва Улановского такого-то, с Петуховым...

Он останавливается, как бы переводя дыхание, ждет моей реакции. Я, в свою очередь, жду продолжения, но нет, больше ему сказать мне, похоже, нечего.

— Как видите, нам все известно, — говорит он. — Так что вы можете сообщить об этих встречах?

Что ж, ничего секретного в них, конечно, не было. Ни одному из людей, перечисленных Чернышом: ни популяризатору парапсихологии Наумову, ни философу и писателю Зиновьеву, ни врачу Аксельроду, ни моему приятелю-отказнику Леве Улановскому — не приходилось опасаться скомпрометировать себя связями с иностранными корреспондентами. Все четверо уже давно были в списках КГБ как отказники или диссиденты. Каждого из них Боб в последние полгода интервьюировал для своих статей, приглашая меня в качестве переводчика. Исключением был один Петухов — лояльный советский ученый, боявшийся афишировать свои встречи с Тотом и в то же время настойчиво добивавшийся их. «Ну вот, — думаю я, — теперь еще один невинный пострадает из-за ерунды, из-за страстного желания видеть свои труды опубликованными на Западе...» — и отвечаю Чернышу:

— Я действительно иногда помогал Тоту в качестве переводчика, когда ему нужно было взять интервью. Говорить же об этих встречах отказываюсь, поскольку это касается не меня, а других лиц. Хочу лишь подчеркнуть, что в моем присутствии никогда не шла речь о чем-либо, связанном с государственными секретами.

Следователь отсылает меня в камеру, но через полчаса, перед самым обедом, вызывает снова. Перейдя на неофициальный тон, он сообщает, что договорился с начальником тюрьмы, и мне вернут фотографию жены, чего я добивался с первых дней заключения. Кроме того, он говорил по телефону с моей мамой: дома все здоровы, — и тут, уже торопясь, как бы между прочим, он сует мне на подпись отпечатанный протокол допроса:

— Быстренько подпишите — и на обед.

Я внимательно вчитываюсь и довольно быстро обнаруживаю, от чего именно пытается отвлечь мое внимание Черныш: по протоколу выходит, что не он в своих вопросах, а я сам перечисляю, с кем, у кого и когда встречался Тот; отказ же от дачи конкретных показаний и объяснение его причины вообще не внесены в текст. Я протестую, а Черныш возмущается:

— Я для вас старался, из-за какой-то карточки носился как мальчишка, а вы у меня время отнимаете своими капризами, придираетесь к пустякам! Свою позицию вы уже много раз излагали — к чему повторяться? Какая разница, кто сказал, с кем встречался Тот, — я или вы? Раз там ничего секретного не было, чего вам бояться?

Я плохо слушаю его, меня интересует лишь одно: для чего ему понадобилась такая подтасовка?

Меня уводят в камеру и сразу же после обеда вызывают на допрос вновь — подписывать измененный вариант протокола. На сей раз все, связанное со встречами Тота — и вопросы Черныша, и мои ответы, — просто-напросто исчезло из него.

— Какой смысл все это оставлять, если вы вообще не желаете давать показания! — обиженно говорит следователь.

Я пожимаю плечами и ставлю свою подпись. «Что означают все эти метаморфозы с протоколом?» — ломаю я голову в камере. И тут вдруг меня осеняет догадка, которая вроде бы объясняет все: они хотят кому-то показать протокол допроса, убедить кого-то, что я даю показания. Именно поэтому им было так важно, чтобы я, а не Черныш, говорил о встречах Тота, чтобы не был зафиксирован мой отказ от дачи показаний. Я твердо решаю следить впредь не только за тем, чтобы мне не были приписаны чужие слова, но и за тем, чтобы ни вопросы следователя, ни мои ответы не сокращались и не вычеркивались.

Но кому они хотели показать протокол? Дине? Петухову? Тоту? Мысль о том, что они могут допрашивать Боба, кажется просто нелепой.

Больше всего я боялся, что дело мое будет вестись в полной тайне и на все запросы Запада у КГБ найдется один ответ: деятельность Щаранского связана с такими государственными секретами, что мы не вправе сообщить ничего. Поэтому в глубине души я даже желал, чтобы моих друзей вызывали и допрашивали по тем же эпизодам дела, — тогда, по крайней мере, из вопросов следователей им станет ясно, что мне инкриминируют.

Но и в этих мечтаниях я в тот момент не мог зайти так далеко, чтобы представить себе совершенно невероятную картину: западный корреспондент, вызванный в КГБ, допрашивается по моему делу...

Побег

В конце июня Черныш, решив, видимо, что терять время на малопродуктивные беседы может кто-нибудь и пониже его рангом, перешел к общей координации следствия и допросу наиболее ценных свидетелей. Сменил его старший лейтенант Александр Самойлович Солонченко. Из всех семнадцати следователей, занимавшихся теперь моим делом, он был самым младшим по званию и, вероятно, самым молодым по возрасту — чуть постарше меня. В то же время, как вскоре выяснилось, он лучше остальных разбирался в подробностях деятельности еврейских активистов. До меня он допрашивал Липавского и Цыпина, хорошо изучил донесения стукачей о взаимоотношениях между отказниками и впоследствии на допросах не раз проявлял осведомленность в наших делах.

Пятьдесят восьмой кабинет, в котором вел мои допросы Солонченко, был, пожалуй, самым роскошным в следственном отделении (говорили, что его используют для допроса иностранцев). Много свободного пространства, хрустальная люстра под потолком, мягкий диван — как раз рядом со столиком допрашиваемого. Над столом следователя — стандартный портрет Ленина, на столе — фотография дочки.

Сам Солонченко — широкоскулый здоровяк с маленькими глазками на круглом лице — старался держаться со мной корректно, но не формально. Он любил подчеркивать, что у нас с ним немало общего, а потому мы могли бы понять друг друга. Когда я спросил как-то о его возрасте, он ответил уклончиво: «Немного старше вас».

С первого же допроса он всячески демонстрировал мне, что ничто человеческое ему не чуждо, вспоминал свои студенческие годы.

— Я помню, как это было трудно — весь день сидеть над книгами и конспектами, готовясь к экзаменам, — говорил он. — Поэтому, если вы вдруг устанете, не стесняйтесь встать из-за стола, размяться.

Ему не пришлось просить меня дважды. Я принялся на допросах регулярно заниматься гимнастикой, выбирая для этого наиболее напряженные моменты беседы. Задает мне Солонченко какой-то каверзный вопрос — я, записав его на бумажку, задумываюсь над ответом. Потом говорю:

— Пардон, я, кажется, ногу себе отсидел.

Встаю и начинаю массировать мышцы. Он ждет. Я приседаю раз десять. Он начинает нетерпеливо постукивать пальцами по столу. Я делаю у стены стойку на голове.

— Ну, это уж слишком, Анатолий Борисович!

— Ничего не слишком, — невозмутимо говорю я, продолжая стоять вниз головой. — Это очень помогает. Вы же заинтересованы в том, чтобы я дал вам полноценный ответ, верно?

Наконец я возвращаюсь на место и даю очередной «полноценный» отказ от дачи показаний. Настроение у меня при этом отличное.

В итоге Солонченко довольно скоро взял свое великодушное предложение назад, заявив, что разминки запретило начальство.

В целом же он по-прежнему старался держаться неформально: то расскажет анекдот, то вспомнит со смехом, как во время нашей с ним юности ретивые комсомольские патрули ловили стиляг и разрезали им штанины прямо на улице — чтобы не носили слишком узкие брюки… Сам Солонченко одевался, по его собственным словам, «модно и практично». Как-то он сообщил мне, что недавно его коллега купил дачу.

— Приобретать у нас сейчас, слава Богу, разрешено все, что угодно, как вы знаете. Лишь бы честным путем, — говорил он самодовольно.

За всей его болтовней стояло одно: мы, мол, с вами относимся к молодому поколению, не догматики, могли бы, кажется, договориться. При всем этом он, естественно, не забывал напоминать мне о безнадежности моего положения.

Я же в ответ старался показать ему, что его кажущаяся свобода куда ограниченнее моей. Так, на его анекдоты я, как правило, отвечал своими. Причем, если его шутки крутились вокруг темы секса, я проверял его реакцию на «политику». Для начала рассказал ему старую шутку о Брежневе: «Брежнев вызывает руководителей космической программы:

— Американцы первыми сели на Луну! Позор! Политбюро приняло решение провести посадку на Солнце.

— Но Леонид Ильич! Космонавты сгорят!

— Вы что думаете, в Политбюро сидят идиоты, что ли? Мы все продумали — лететь надо ночью».

Солонченко хоть и сдержанно, но смеялся. Однако когда я рассказал ему другую шутку: «Сообщение ТАСС: Сегодня в Кремлевском Дворце Леонид Ильич Брежнев принял английского посла за французского и имел с ним беседу», — в присутствии еще одного моего следователя, Чечеткина, воцарилось напряженное молчание. И в последующие дни Солонченко был крайне осторожен со мной в выборе тем для разговоров.

Я видел, что следователь часто бросает нежный взгляд на фотографию своей пятилетней дочки, и как-то, когда он в очередной раз стал объяснять мне, сколь безнадежно мое положение и как важно мне думать о будущем, я решил уколоть его в ответ побольнее:

— А вы-то думаете о своем будущем?

— Что вы имеете в виду, Анатолий Борисович? Что со временем свергнете советскую власть? — усмехнулся Солонченко.

— Да нет, что делать с советской властью — это ваша проблема, а вот представьте себе, что лет через пятнадцать ваша дочь узнает, что ее отец засадил в тюрьму... ну, допустим, Андрея

Дмитриевича Сахарова. Ведь она вас стесняться будет, фамилию сменит.

Впервые Солонченко выглядел слегка ошеломленным, но быстро пришел в себя, нервно рассмеялся и сказал:

— Как же вы далеки, Анатолий Борисович, от нашей действительности, от нашего народа — и вы, и Сахаров, и все остальные диссиденты! В нашем народе вам союзников не найти.

Но весь тот день он был, как мне тогда показалось, грустным и задумчивым.

Шутки с Солонченко, конечно, помогали мне держать КГБ «на дистанции». Но изоляция в Лефортово была полной, и я прилагал максимум усилий, чтобы использовать все, что могло помочь мне остаться в моем мире. «Если бы они только выдали мне мой иврит-русский словарь!» — думал я, хотя понимал, что надежды на это нет. Но как-то вечером я сообразил, что уж коль скоро могу сохранять связь с друзьями, не видя их, то наверняка сумею совершенствовать иврит без словаря. Я стал составлять список всех слов на иврите, которые удавалось припомнить — из уроков, из книг, из случайных разговоров. Это заняло недели две-три, и мой словарь в итоге превысил тысячу слов. Теперь следовало найти способ активизировать эту лексику, что было непросто в мире, где твои единственные собеседники — Солонченко и Тимофеев. Тогда я стал переводить про себя все, что слышал и читал. Естественно, это затягивало допросы, ведь я к тому же записывал вопросы Солонченко и не торопился с ответами.

— Минуточку, — говорил я следователю, — мне нужно перевести ваш вопрос на иврит.

— Может, сделаете это потом? — терпеливо интересовался он. — У нас время ограничено.

Но мне некуда было спешить.

***

Несмотря на очевидную неудачу с пересылкой записки Слепаку, подсознательная и совершенно беспочвенная надежда связаться с волей не покидала меня. Как-то утром, гуляя по прогулочному дворику, я в очередной раз взглянул на окно «моего» пятьдесят восьмого кабинета. Он находился на втором этаже, и его большое окно было хорошо видно из крайнего дворика. В глаза бросилась деталь, не привлекавшая ранее моего внимания: кусок старой ржавой водосточной трубы, спускавшейся с крыши и обрывавшейся как раз на уровне окна в полуметре от него.

Я вспомнил, как карабкался по такой же примерно трубе, игнорируя вскрики и предостережения Наташи, в комнату на третьем этаже, которую мы снимали. Тогда я забыл ключи от двери, и пришлось проникать в комнату через окно. Сейчас воображение включилось почти автоматически. Я увидел себя высунувшимся из окна... нет, дотянуться мне рукой до трубы не удастся. Тогда я быстро представил себе, как прыгаю, оттолкнувшись от подоконника, хватаюсь за трубу, подтягиваюсь, упираюсь ногами в выступы стены, ползу вверх.

В первый раз я, кажется, разгореться воображению не дал, прогнал пустые мечтания. Но — ненадолго. На прогулке я невольно изучал каждую выбоину в стене дома на отрезке от окна до крыши. Проходя по коридору следственного изолятора, пытался понять по виду из окна, куда можно спуститься по водосточной трубе с противоположной — фасадной — стороны дома. Находясь в кабинете следователя, я представлял себе, как он вдруг выйдет на секунду за дверь, а она захлопнется, или он вдруг брякнется в обморок (нередко лицо Солонченко наливалось кровью; он был гипертоником), или — это самый невероятный вариант, но и он чем дальше, тем чаще всплывал в голове — следователь отвернется, а я вскочу и трахну его по голове, скажем, графином...

Все это была чушь, нелепая фантазия, но она завладела мной полностью. Итак, в кабинете вместо «я и следователь» на какой-то момент — только «я». Сколько мне надо времени? Считаю: сбросить ботинки — секунда; открыть или разбить окно — три секунды; допрыгнуть до трубы, вскарабкаться по ней, вылезти на крышу — около минуты. Бесшумно пробежать по черепице на другую сторону (вот для чего надо было сбросить ботинки) — еще полминуты. Спуститься по водосточной трубе с противоположной стороны, а затем броситься в ближайший переулок, схватить такси...

Но как объяснить таксисту, что я без ботинок и денег у меня нет? Воображение особенно разыгрывалось после отбоя, когда я засыпал, или утром — перед самым подъемом. Итак, я говорю таксисту: мол, случайно захлопнулась дверь — надо срочно ехать к родичам за ключами, там и расплатимся. Нет, ботинки, пожалуй, я возьму с собой и надену после приземления. Для остального такое объяснение сойдет.

Но куда ехать? Как только мое бегство будет замечено, все дома друзей окажутся под колпаком. После долгих переборов решаю ехать к нашей дальней родственнице. Ее квартира вроде бы должна быть вне подозрений. Продумываю наиболее безопасный маршрут по городу, в обход центра, в обход больших магистралей. Недалеко от этой родственницы живет мой друг, отказник Феликс Кандель. Я посылаю к нему «гонца». Он приглашает к себе нескольких корреспондентов (может, и родителей? Нет, их трогать нельзя. Они-то наверняка будут под пристальным наблюдением). Я прихожу к Феликсу, рассказываю о своем деле и... вместе с корреспондентами иду в КГБ. Ведь мое дело — разоблачить КГБ, а не прятаться. Уходить в «подполье» я не собирался: как тогда бороться за выезд в Израиль?

Начинался новый день. Я решительно отбрасывал все эти полубредовые мечтания, но, уходя к следователю, вдруг замечал, что... забыл зашнуровать ботинки (чтобы легче было снять при побеге). Я говорил себе: ладно, что время тратить, завяжу их в кабинете следователя. Но почему-то делал это всегда уже в конце допроса, когда должен был возвращаться в камеру. Сердился на себя, издевался над своими фантазиями, но — опять забывал завязать шнурки... И так — до тех пор, пока труба не оборвалась окончательно (или же ее сняли за ненадобностью).

Готовность достойно пройти до конца свой путь, не рассчитывать на случайность, везение, не жить каждую минуту в ожидании чудесного избавления как-то странно сосуществовала с почти бессознательной решимостью использовать любой шанс, который может мне предоставить судьба для достижения моих целей: не помогать, изучить, разоблачить.

***

Как это ни покажется удивительным, в лефортовской тюрьме была уникальная библиотека мировой классической литературы.

В конце тридцатых годов, в разгар сталинского террора, один за другим исчезали из жизни московские интеллигенты:

и те, кто уцелел от старых времен, и молодая поросль — лояльные граждане, преданные режиму, самозабвенно создававшие советскую культуру, воспитывавшие «нового человека» и так и не успевшие понять, почему гомункулус поднял на них руку. Все их имущество конфисковывалось — разумеется, вместе с библиотеками; в итоге на складах КГБ оказалась масса ценнейших книг, заполнивших полки библиотек различных учреждений системы госбезопасности, в том числе и лефортовской тюрьмы. Понятно, что лучшие из них руководство отобрало для себя, — в кабинете Петренко, например, я видел уникальные дореволюционные собрания сочинений классиков в издании Брокгауза и Эфрона. Конечно, со временем все больше книг приходило в негодность и списывалось, а то и просто разворовывалось всякой мелкой сошкой. Даже за те шестнадцать месяцев, что я провел в Лефортово, можно было заметить постепенное исчезновение произведений мировой классики и замещение их современной литературой: производственными романами, книгами о передовиках, о героях целины, биографиями советских руководителей, военачальников и космонавтов. И все же запасы, сделанные в тридцатых годах, оказались достаточно велики, чтобы и нам, посаженным в Лефортово через сорок лет, кое-что перепало.

Интересно, что дореволюционные издания были в гораздо лучшем состоянии, чем скажем, книги издательства «Academia», выпускавшиеся перед войной. Дело в том, что в этих последних были вырваны предисловия или комментарии, вырезаны или вычеркнуты фамилии из перечня лиц, готовивших книгу к изданию, — все эти люди оказались «врагами народа», и кагебешные библиотекари с помощью ножниц и чернил приводили свои книжные фонды в соответствие с новой реальностью, В изданиях же времен проклятого царизма имен врагов народа не было, потому-то они и остались нетронутыми. На всех без исключения книгах имелись многочисленные печати с таким текстом: «Внутренняя тюрьма НКВД. Отметки, надписи и подчеркивания в тексте карандашом, спичкой или ногтем строго запрещены и ведут к немедленному прекращению выдачи книг». Это — для пресечения возможной связи между камерами.

С детства я не выпускал книги из рук. Читал я почти исключительно классику. Но от юношеского чтения Гомера, Вергилия и других античных авторов у меня в голове оставалось ровно столько, сколько нужно, чтобы понимать расхожие метафоры типа «между Сциллой и Харибдой». Даже Дон-Кихот был лишь символом: благородный борец с ветряными мельницами, равно подходящий и для книги, и для балета, и для оперы, и для мюзикла. Настоящая литература начиналась для меня где-то с XVIII века.

Но сейчас время стало двигаться по-другому. Некуда больше нестись, можно и нужно тщательно и неторопливо все обдумывать, взвешивать, анализировать, подводить итоги, прощаться со многим, а может быть, и со всем. И оказалось, что этот новый масштаб времени и иное пространство гораздо лучше подходят для бесед со «знакомыми незнакомцами»: Гомером, Софоклом, Аристофаном, Вергилием, Сервантесом, Рабле и многими другими.

Поначалу, убедившись, что моих любимых Достоевского, Чехова, современных западных писателей в библиотеке практически нет, я, совсем в духе прежней жизни, решил: «Ладно, буду заполнять пробелы в образовании, освежать в памяти забытые сюжеты». И первые дни и недели буквально продирался сквозь толщу и пыль времен, стараясь убежать хотя бы ненадолго из своей камеры. Продирался с трудом, читал внимательно комментарии, сетуя на вырванные предисловия, то есть изучал иную жизнь, иную литературную традицию с большого расстояния — а значит, оставался на своем месте.

Прорыв произошел случайно, на сущем пустяке. Читал какую-то комедию Аристофана, где один герой говорит другому что-то вроде: «Ага, у тебя коринфская ваза? Так ты изменник?» (Коринф тогда воевал с Афинами — родиной Аристофана), рассмеялся и вдруг ощутил общность своей судьбы с судьбами людей, от которых я отделен двадцатью пятью веками. Контакт наладился.

«Многоумный» Одиссей, с его упрямством и любопытством на краю бездны (иногда во время следствия мое любопытство было так сильно, что, казалось, полностью вытесняло всякий страх); выламывающийся из всех рамок могучий хохочущий Гаргантюа; не желающая отказаться от простых и вечных истин Антигона; Дон-Кихот, живущий подлинной жизнью фантазера на фоне играющих свою скучную роль трезво мыслящих статистов; Сократ... — все они как будто спешили ко мне на помощь из разных книг, из разных стран и веков на помощь со словами: «Да, в этом мире на самом деле нет ничего нового, но зато как много в нем чудесных вещей, ради которых стоит жить и не жалко умереть».

Солонченко настойчиво советовал мне читать УК и УПК. Но я не торопился, не желая «играть на чужом поле». Конечно, в конце концов я эти книги просмотрел. А когда пришлось быть собственным адвокатом, то, пожалуй, ощутил все же в некоторых вопросах недостаток юридического образования. Но безусловно, чтение книги, скажем, Ксенофонта о суде над Сократом принесло мне гораздо больше пользы, чем штудирование любых кодексов.

Четвертое июля: от хупы до карцера

Как ни важны были книги, но лучшим оружием против изоляции оставалась моя память, тем более что приближалось четвертое июля — особый день в моей жизни, третья годовщина нашей с Авиталь свадьбы. С тех пор каждый год в этот день случалось что-то важное, остававшееся в моей судьбе знаменательной вехой. Чем ближе подходила эта дата, тем больше думал я о Наташе, мысленно возвращаясь в то памятное лето семьдесят четвертого года...

Когда мы пришли в загс и попросили расписать нас, служащая предупредила, что придется ждать месяц. Однако уже на следующий день она позвонила нам и сказала:

— Я очень извиняюсь, но произошла ошибка. Из-за большой разницы в возрасте вы записаны в другую очередь, где ждут четыре месяца.

Я был вне себя от возмущения и досады. В самом разгаре обсуждение поправки Джексона; мы, окрыленные этим событием, преисполнились оптимизма и ожидали со дня на день разрешения на выезд, и четыре месяца казались нам вечностью. Мы не сомневались, что задержка эта инспирирована охранкой: разница в возрасте составляла у нас всего три года, и даже в таком кафкианском государстве, как СССР, отсрочка не могла быть вызвана подобной причиной.

Тогда у нас с Наташей родилась новая идея: вместо гражданского брака — чисто формальной бюрократической процедуры, лишенной какого бы то ни было духовного содержания, — мы поженимся по еврейскому закону. Это событие должно было ознаменовать для нас начало новой жизни — как евреев и израильтян. Бракосочетание обрело в наших глазах иной, почти мистический смысл: мы решили, что если добьемся своего, то уже ничто и никогда не сможет нас разлучить.

Придя в синагогу, я разыскал главу еврейской общины и рассказал ему о нашей проблеме.

— Власти запретили мне помогать антисоветским элементам, — заявил он, — а вы известны им как сионист и нарушитель порядка. Обращайтесь в официальные инстанции. Сожалею, но помочь ничем не могу.

Девятнадцатого июня, накануне приезда в Москву Никсона, меня арестовали в Институте нефти и газа, прямо на работе, и посадили на пятнадцать суток в тюрьму подмосковного города Волоколамска. Как выяснилось впоследствии, превентивному заключению подвергся целый ряд активистов алии: власти пытались предотвратить демонстрации протеста во время визита президента США.

Спустя неделю после моего ареста Наташа получила долгожданное разрешение на выезд к брату в Израиль. Срок действия визы истекал пятого июля, и первым побуждением Наташи было отказаться от нее. Однако каждый отказник знал неписаное правило: получил визу — бери и не капризничай, ибо другой, может статься, ты не получишь никогда.

В последних отчаянных попытках разыскать кого-то, кто поженил бы нас сразу же после моего освобождения, Наташа вновь пришла в синагогу и разговорилась с Григорием Ефимовичем Маневичем, пожилым человеком, принимавшим активное участие в жизни московской еврейской общины. Выслушав ее рассказ, Маневич сказал, что ничем помочь не может, ибо руководство синагоги не хочет раздражать КГБ. Однако когда Наташа показала ему мою фотографию, его лицо расплылось в улыбке:

— Так твой жених — Толя? Я его хорошо знаю и устрою вам хупу.

В свое время я помог Григорию Ефимовичу переправить в Израиль его рукопись; он проникся ко мне симпатией и любил беседовать со мной — а я, в свою очередь, всегда с удовольствием общался с пожилыми людьми, отнюдь не избалованными вниманием молодежи.

Энергичный и обязательный, Маневич быстро нашел раввина для проведения хупы — свадебного еврейского обряда — и сам стал обучать Наташу необходимым законам и правилам. Несмотря на то, что вся наша жизнь была связана с еврейством, ни я, ни мои близкие и друзья ни разу в жизни не присутствовали на свадьбе, устроенной по предписаниям Торы.

Сидя в волоколамской тюрьме, я, понятно, ничего не знал о развитии событий на воле. Третьего июля меня привезли в Москву, в районное отделение милиции, где сотрудник КГБ прочел мне лекцию о том, как следует себя вести.

— Что я скажу у себя на работе? — спросил я.

— Что вы были на своем рабочем месте, — ответил он с улыбкой. Несмотря на то, что голова моя в тот момент была занята лишь одним: как побыстрее добраться до дома, — я по достоинству оценил этот блистательный образчик кагебешного юмора.

У нас я застал маму, которая сквозь слезы сообщила мне, что Наташа должна покинуть СССР в течение тридцати шести часов. Вскоре вернулась и сама невеста с радостной новостью: со свадьбой она все уладила.

Весь следующий день помнится мне весьма смутно. У Наташи оставалась масса дел, связанных с отъездом, но все они отошли на второй план перед основной задачей — хупой. Мы как очумелые носились по городу, купили обручальные кольца, наприглашали гостей, многие из которых тоже только что вернулись из заключения, и в конце концов все приготовления были благополучно завершены.

Хупа состоялась на нашей квартире. Раввин предупредил нас, что церемонию следует начать до захода солнца, потому что был четверг, в пятницу и субботу евреи свадеб не устраивают, а с воскресенья — семнадцатого тамуза — запрещено веселиться в течение трех недель, по Девятое ава включительно — день траура в память о разрушении Храма. Мы все нервничали, ибо считали крайне желательным, чтобы во время хупы присутствовал миньян — десять взрослых евреев, — а нас было всего девять. Я выскочил на улицу в отчаянной попытке найти десятого, но тут, на наше счастье, появился запыхавшийся Леня, мой брат, и мы помчались наверх: надо было спешить, потому что солнце уже заходило.

Большая часть того вечера стерлась из моей памяти, но я помню себя стоящим рядом с Наташей под свадебным балдахином, произносящим положенные слова и разбивающим каблуком стакан — в знак того, что даже в радости мы не забываем о горьких минутах в жизни нашего народа. Именно эти чувства и переполняли наши сердца — радость от того, что мы теперь муж и жена, и горечь от осознания скорой разлуки... Вскоре после хупы стали приходить все новые и новые гости, многие из которых только что освободились из тюрем, и веселье продолжалось до поздней ночи.

На следующий день рано утром мы взяли такси и поехали в аэропорт. Сильные, сложные и противоречивые эмоции обуревали меня, в душе была полная сумятица. Мы приблизились к финишу отчаянного забега на время, и КГБ не удалось нас настичь. Вчерашняя хупа была нам наградой за победу, свадебный балдахин — нашим лавровым венком, и теперь мы всегда будем вместе. Сделан еще один, может быть, самый важный шаг к свободе: через день-другой Наташа будет в Израиле.

До этого момента я был настолько погружен в борьбу, что у меня просто не оставалось времени для сомнений. Теперь же, сидя в такси, я дрожал как в лихорадке: не совершаем ли мы страшную ошибку? Что если этот шаг приблизил нас не к свободе, а к краю пропасти?

Держа Наташину руку в своей, я сказал:

— Приеду самое позднее через полгода.

Стараясь говорить размеренно и громко, чтобы скрыть от жены свое волнение, я успокаивал ее, приводя те же доводы, что и обычно: обещания ОВИРа, приближение срока действия поправки Джексона... Наташа, опустив голову, молчала, и я чувствовал, что слова мои до нее не доходят. Одна рука ее лежала в моей руке, в другой она держала ктубу — брачный договор; именно он, а не мои прогнозы, был для нее залогом нашего будущего в Эрец-Исраэль.

Наташа заговорила о том, чем будет заниматься по приезде в Израиль: сначала — в кибуц, отдохнуть, потом — к нашим друзьям Илане и Биньямину Бен-Йосеф в Тверию, после этого — интенсивный курс иврита, а тогда...

— Никакого «тогда» не будет! — отрубил я. — Еще до того, как ты кончишь курсы, я приеду. Найдем квартиру и начнем нормальную жизнь.

— Где?

— В Иерусалиме, конечно...

Таможенники в аэропорту буквально обалдели, увидев, что Наташа едет с одним маленьким чемоданчиком. Мы беспокоились о судьбе ктубы, потому что по советским законам запрещено вывозить через таможню оригиналы документов. Но проверяющий лишь спросил, что это такое, и, услышав ответ, сказал:

— Порядок.

Наша ктуба, похоже, уже начала демонстрировать свою магическую силу. Вся процедура досмотра, продолжающаяся обычно несколько часов, заняла у Наташи всего пятнадцать минут.

Уже объявили посадку на Наташин самолет, но мы все никак не могли разомкнуть объятия. Наконец я отстранился от жены и сказал:

— До скорой встречи в Иерусалиме.

Расстояние между нами все увеличивалось. На мгновение, когда Наташа делала первые шаги по длинному коридору, — но только на мгновение, — я ощутил страшную беспомощность, как во сне, когда ты порываешься бежать к кому-то, но не в силах сдвинуться с места...

В аэропорту я взял такси и поехал домой. Было всего два часа дня, но я рухнул на кровать и заснул как убитый.

***

...Во вторую годовщину нашей свадьбы, четвертого июля семьдесят шестого года, произошло одно из величайших событий в современной еврейской истории: отряд особого назначения израильской армии, приземлившись в угандийском аэропорту Энтеббе, уничтожил террористов, угнавших туда самолет компании «Эр-Франс» с пассажирами, и благополучно вернулся домой вместе со спасенными от неминуемой гибели заложниками. Все же несколько человек погибло, среди них — командир отряда Йонатан Натаньягу.

Для меня, как и для всех советских евреев, события в Энтеббе были исполнены особого смысла. Когда стало известно, что бандиты захватили самолет, где было много евреев, мы буквально впали в прострацию. Но вот наступила счастливая развязка, и радости нашей не было предела. Омрачалась она только гибелью людей. СССР, как мы и ожидали, открыто выступил в поддержку воздушных пиратов, среди которых были арабы и немцы. Газеты прямо фонтанировали ненавистью к Израилю, представляя операцию по спасению заложников «агрессией против миролюбивой Уганды», утверждали, что наши ребята убивали ни в чем не повинных людей и что пассажиров французского лайнера силой погрузили в израильские транспортные самолеты и доставили в Лод против их желания.

Но мы, просиживая часами у приемников и слушая передачи западных радиостанций, знали правду. А четвертого вечером моим родителям в Истру, где в тот день был и я, позвонила Наташа.

— Вы слышали, что произошло? — спросила жена прерывающимся от волнения голосом. Она рассказала нам подробности этого беспримерного по смелости рейда, а потом поднесла трубку к окну, и мы услышали ликующие голоса иерусалимцев, запрудивших улицы нашей столицы.

Наташа и я восприняли происшедшее в Энтеббе как подарок Небес к годовщине нашей свадьбы.

— Если Бог творит для евреев такие чудеса, — сказала мне жена, — то и нам с тобой нечего опасаться.

Вскоре Роберт Тот принес мне «Геральд Трибьюн» с большой фотографией Йони; я вырезал ее и повесил на стену в своей комнате. Подолгу всматривался я в прекрасное лицо этого парня, погибшего геройской смертью, — ему было двадцать девять лет. Мне на год меньше, но когда угроза расстрела нависла надо мной, я стал его ровесником.

***

Итак, приближение этой даты — четвертого июля — пробудило во мне дорогие для меня воспоминания, я вновь остро ощутил свою связь с Авиталь и с моей страной. Будут ли сюрпризы и на сей раз, четвертого июля семьдесят седьмого года?..

В самом конце июня в нашей камере был проведен внеочередной обыск. Тюремщики изъяли лишь одну вещь: мою зубную щетку. Кроме нее вертухаи ничем не заинтересовались. Они объявили мне причину изъятия: пластмассовая ручка щетки была слегка заточена с одного края. Действительно, мой сосед, у которого своей щетки не было — зубы у него вставные, — накануне вечером взял мою и провел ручкой несколько раз по железной раме нар. Теперь мы могли резать мягкие продукты, полученные из дому, — сыр, колбасу. Ведь ножей заключенным иметь не полагается, они запрещены в тюрьме.

— Зачем им это понадобилось? — спросил я Тимофеева. — Чего теперь ожидать?

С высоты своего трехлетнего лефортовского опыта тот ответил:

— Все так делают, и обходится. Конечно, если ручка заточена, как настоящий нож, то могут и отобрать. Но для этого надо очень постараться.

— А если отбирают — этим все и кончается?

— Конечно. А через несколько дней зек покупает себе другую щетку и затачивает ее по новой.

Прошло несколько дней. Наступило четвертое июля. После полудня, по распоряжению Петренко, я был водворен на десять суток в карцер «за изготовление холодного оружия». Надо сказать, что по шкале наказаний, которым можно подвергать подследственного, это было самым суровым. Мне могли объявить выговор, строгий выговор, лишить на месяц права приобретать продукты в ларьке или получать с воли посылки. Но у КГБ были свои расчеты.

Сюрпризы в тот день, впрочем, начались еще раньше, с самого утра, на допросе. Солонченко вернулся к теме, впервые поднятой Чернышом тринадцатого июня, — о моих отношениях с Робертом Тотом, предложил мне рассказать о встречах Тота с диссидентами и отказниками. Не дождавшись с моей стороны помощи, он сам стал перечислять те же фамилии, которые называл Черныш: Аксельрод, Зиновьев, Наумов, Петухов, — каждый раз как бы в шутку спрашивая:

— Ну, а сколько Тот заплатил вам за помощь при этой встрече?

— Нехорошо считать чужие деньги, — отвечал я ему в том же тоне. — И вообще — сколько бы он мне ни заплатил, это была настоящая валюта, а не какие-то там жалкие рубли.

Но Солонченко не был намерен ограничиться обменом шутками. Он зачитал мне отрывки из показаний Петухова; они звучали, мягко говоря, несколько странно. Я хорошо помнил, что инициатором встреч с Тотом являлся сам Петухов, из его же показаний выходило, что все было как раз наоборот. Впрочем, такое поведение можно понять: Петухов, вероятно, счел, что американскому корреспонденту ничего не сделают, а оправдаться перед властями за «преступную связь с иностранцем» как-то нужно. Мою роль в его общении с Тотом Петухов тоже несколько преувеличивал. По его словам получалось, что я, а не он, стремился скрыть эти встречи от властей. Несмотря на все это, я предпочел не менять своей позиции и отказался давать показания.

Тут Солонченко стал говорить о том, как западные спецслужбы через своих агентов, засланных в СССР под видом дипломатов и корреспондентов, используют в своих интересах диссидентов и сионистов. Это, по его словам, факт установленный и доказанный, и остается лишь уточнить, кто помогал им по наивности, не понимая, что делает, а кто — вполне сознательно.

— После того, как я ознакомился со всеми материалами о шпионской деятельности Тота, мне просто-таки трудно поверить, что такой умный человек, как вы, ничего не знал и не подозревал, — сказал следователь.

Эти слова подействовали на меня подобно удару тока. «Ничего особенного, „шпионская деятельность“ — это просто их обычный штамп», — пытался я успокоить себя. Но Солонченко, улыбаясь одновременно снисходительно и злорадно, скаламбурил:

— Этот ваш Тот-еще-корреспондент находится сейчас у нас, под арестом, и, естественно, дает показания.

«Боб арестован?! Не может быть! Блеф, конечно», — говорил я себе, но впервые после двухмесячного перерыва появилось ощущение, что я утратил контроль над ходом допроса.

— По какому же делу он дает показания?

— И по своему, конечно, и по вашему. Поймали его с поличным — деваться некуда. Жить-то хочется. Когда человек работает не из идейных соображений, а ради денег, он быстро колется.

— Что ж, интересно будет познакомиться с протоколом его допроса, — сказал я как можно более равнодушно. Но Солонченко мне не удалось обмануть.

— Зачем же мне его вам читать — ведь вы все равно откажетесь от показаний. Поймите, Анатолий Борисович: умный человек не может быть догматиком. Вы выбрали определенную позицию, но ситуация ведь изменилась. Подумайте: в ваших ли интересах молчать, когда иностранцы, которые вас использовали, выкладывают все начистоту, спасая свою жизнь?

Следователь говорил долго и возбужденно, а мне хотелось одного: поскорее вернуться в камеру, чтобы сосредоточиться и все обдумать.

И вот наконец я лежу на нарах и анализирую ситуацию. Итак, они утверждают, что арестовали Тота и он дает показания. Скорее всего, лгут. А если это и правда, то что такого особенного КГБ может узнать обо мне от Боба? Опять они заставляют меня решать дурацкие шарады! Нет уж, больше я не позволю им запугать меня! Разве я отвечаю за то, чем занимается западный журналист или дипломат, пусть даже мы с ним и приятели? Важна лишь наша с ним совместная деятельность — но я-то ведь точно знаю, что ничего криминального в ней не было! Мне-то ведь достоверно известно, что никаким шпионажем я не занимался! А что же я делал? Интервью давал? Давал. Статьи писать помогал? Помогал. О чем? О еврейской эмиграции. О причинах отказов. О еврейской культуре в СССР. Об Ильинке — глухой деревушке в Воронежской области, населенной иудеями, которых власти не выпускают в Израиль. О жизни узников Сиона в тюрьмах, лагерях и ссылке. О новом романе Юрия Трифонова. О чистках в Институте социологических исследований. О советской цензуре. К счастью, об этих последних статьях пока на допросах речи не было. К счастью — потому что интервьюировал-то для них Боб вполне лояльных граждан, соглашавшихся давать ему информацию при условии полной анонимности. Но даже если КГБ и эти контакты Тота известны, то что преступного в беседе о советской литературе или социологии?

Правда, была еще эта пресловутая статья с идиотским заголовком... Но в конце концов, что Боб получил для нее от нас? Те самые списки отказников, которые мы в течение нескольких лет рассылали в десятки организаций — и советских, и западных! Эти списки уже давно можно найти чуть ли не в каждой американской синагоге! Более того — за два года до моего ареста конгрессмен Йетс передал их по нашей просьбе лично Брежневу! Так чего же мне бояться?

Интересно, почему они говорят лишь о четверых из тех, с кем встречался Боб? Не знают о других или просто не раскрывают пока всех карт? Но и тут КГБ вроде бы нечем поживиться. Вот только странные показания Петухова смущают меня. Вспоминаю, как все было на самом деле.

Где-то в конце осени член Хельсинкской группы Люда Алексеева познакомила меня с парапсихологом Валерием Петуховым. Он, оказывается, прослышал об интересе Роберта Тота к проблемам, над которыми Петухов работает, и хотел бы встретиться с корреспондентом. Валерий сказал, что предпочитает сделать это, не привлекая особого внимания, ибо занимает ответственный пост в одном из научно-исследовательских институтов АН СССР. Из его визитной карточки следовало, что он доктор наук и начальник отдела. Я рассказал о нем Бобу, который, как оказалось, слышал о Петухове и с готовностью согласился побеседовать с ним.

Встреча состоялась у меня дома. Выяснилось, что Валерий прекрасно говорит по-английски: он, оказывается, работал какое-то время в ООН. Петухов рассказал Тоту об опытах, проводимых его лабораторией, с помощью которых он надеется доказать, что клетки живого организма излучают биоволны. В СССР, по словам Валерия, парапсихологию зажимают, к его работе не относятся всерьез, и он был бы рад опубликовать свои труды в США. Петухов вручил Бобу какой-то материал, попросил передать его в американский журнал, название которого я уже не помню, и обещал, что по завершении серии опытов Тот станет первым западным журналистом, который получит информацию об их результатах.

Следующий раз мы встретились с Петуховым примерно через месяц — причем, казалось бы, совершенно случайно. Поздно вечером мы с Бородой говорили по телефону с Израилем из рабочего кабинета Сани Липавского. Выйдя на улицу, я стал ловить такси — торопился к Лернерам по какому-то важному делу. Вдруг около меня остановилась машина. Водитель распахнул дверцу:

— Щаранский, шалом! Вам куда?

Это был Петухов. Я, правда, не сразу вспомнил его — последние дни были насыщены событиями и встречами. Оказалось, что нам по пути. Валерий явно хотел, чтобы я взял его с собой, и мне с трудом удалось отвертеться — уж слишком навязчивым, даже нахальным был этот доктор парапсихологических наук.

В третий раз Петухов всплыл в середине февраля, в напряженные дни после ареста Гинзбурга и Орлова. Он разыскал меня и попросил помочь встретиться с Тотом.

— Позвоните ему сами, — сказал я, — ведь вы знакомы, а у меня, уж извините, совершенно нет времени.

Но Валерий просил, даже настаивал, говорил, что у него к Тоту дело первостепенной важности, а самому ему звонить неудобно, — короче, он меня уломал.

Я жил в те дни в квартире Слепаков — Бороды с Машей не было в Москве. Там и состоялась вторая встреча Тота с Петуховым, поразившая и Боба, и меня своей полной бессмысленностью. Петухов, оказывается, получил из американского журнала гранки своей статьи — той самой, которую он в свое время передал Тоту, — но редактор просил его дать другой заголовок. Об этом-то и хотел посоветоваться с Бобом наш ученый — как назвать статью.

Я их торопил: мне нужно было срочно ехать в городскую прокуратуру, чтобы выяснить судьбу арестованных товарищей.

— Как продвигаются ваши опыты? — спросил Петухова Боб. — Вы, помнится, обещали мне «право первой ночи»...

И тут вдруг ни с того ни с сего Петухов стал торопливо перечислять все исследовательские центры, где занимаются парапсихологией, и добавил в конце:

— Кажется, есть еще в Зеленограде, в одном институте. У меня там друзья, если хотите, могу узнать точнее.

— Боб, Зеленоград — режимный город. Тебе туда соваться незачем, — вмешался я.

В Зеленограде действительно было много закрытых предприятий, и об этом знал каждый москвич. А я со времени подачи документов на выезд в Израиль старался быть подальше от всяких «ящиков», даже от любых разговоров о них. Однако не только этим объяснялась причина моего грубого вторжения в чужую беседу. С каждой фразой Петухов все больше раздражал меня. Ну, сами посудите: я спешу, происходят такие серьезные, трагические события, а этот тип морочит голову какими-то глупостями — парапсихология, статья, заголовок... Мне попросту хотелось поскорее от него отвязаться. Конечно, у осторожного человека уже давно возник бы целый ряд вопросов. Почему, например, Петухов так хотел, чтобы встреча с Тотом состоялась в моем присутствии? И может ли советский ученый такого ранга позволить себе пересылать статью в иностранный журнал, не испросив на то разрешения у многочисленных вышестоящих инстанций? Но время, повторяю, было горячее, Петухов — лишь один из сотен людей, промелькнувших на периферии моей жизни в последние месяцы перед арестом, а о своем принципе я уже говорил: быть готовым к провокациям КГБ, но не пытаться их предотвратить — если охранка захочет, то всегда найдет для этого подходящую возможность.

В тот день Боб, к счастью, тоже куда-то спешил, и сразу же после моего вмешательства мы разошлись.

Последний раз я говорил с Петуховым по телефону за несколько дней до появления статьи в «Известиях». Он снова хотел встретиться с Тотом и опять непременно в моем присутствии. Я отказал ему, сославшись на занятость, — и это было чистой правдой: мы подавали в суд на авторов антисемитского фильма «Скупщики душ», готовили пресс-конференции по делам узников Сиона; Хельсинкская группа, руководителем которой я фактически стал после ареста Орлова и Гинзбурга и эмиграции Люды Алексеевой, разрабатывала свой очередной документ — короче, ни минуты свободной у меня не было, тем более для него.

— Хорошо, я подожду, пока у вас появится время, — смиренно сказал погрустневший Петухов.

В его показаниях, которые мне сейчас прочел Солонченко, упоминались все эти эпизоды, однако свидетель утверждал, что Тот сам искал встреч с ним, проявляя при этом крайнюю заинтересованность в информации о проводимых им исследованиях.

Кто же он, Петухов? Честолюбивый парапсихолог, мечтавший прославиться на Западе и струсивший при первом же столкновении с КГБ, или обычный провокатор? Да мне-то что до этого! Ведь ничего преступного я не совершал! Но если Боба действительно посадили, то одно из двух: либо он попался на удочку их провокации, либо... Нет, о том, что он мог и впрямь быть шпионом, я и думать не желал. А может, все это чистый блеф, и никаких показаний Тота в действительности не существует? Солонченко ведь отказался мне их процитировать, сославшись на то, что я не сотрудничаю со следствием.

Что заставляет человека изменить свою позицию, отступить? Страх. Это он, мобилизуя себе в помощники разум, совесть и логику, нашептывает тебе на ухо убедительные и соблазнительные аргументы в пользу сдачи завоеванного с таким трудом плацдарма. Сколь изобретателен бывает при этом ум, сколь гибка совесть, сколь изворотлива логика, я узнал впоследствии, в течение девяти лет наблюдая за людьми, находившимися в экстремальных условиях. Говорят, что дурак учится на собственном опыте, а умный — на чужом; чужой опыт там, в Лефортово, мне еще не был известен, и пришлось наживать свой. КГБ мог торжествовать: я сделал шаг навстречу ему. Положим, не шаг, а шажок, да и последствий он, слава Богу, не имел, и все же досадно, что это случилось. Но как прививка предотвращает серьезную болезнь, так и моя маленькая уступка заставила меня остановиться над самым обрывом и трезво разобраться в том, что со мной происходит.

Меня пугала неизвестность, страшно хотелось знать, существуют ли на самом деле показания Тота. И я нашел для себя такие доводы: разве я не обязан пресекать попытки КГБ представить мою деятельность как секретную? Если Петухов под диктовку следователей оговорил меня, а Тот и на самом деле увяз в какой-то неприятной истории, разве мое молчание не сыграет им на руку? Значит, надо отвечать на их вопросы — но, естественно, с умом, чтобы не подвести других. (В действительности на все это есть лишь один ответ, остальное — от лукавого: что бы ты ни говорил на допросах, КГБ возьмет из твоих показаний лишь то, что подкрепляет их версию. Ты им не в состоянии помешать; единственное, что ты можешь, — не помогать им.)

Когда после обеда я вернулся в кабинет следователя и Солоченко вновь принялся журить меня за глупое и недальновидное поведение, я сделал вид, что мучительно размышляю, и наконец сказал:

— Что ж, я, пожалуй, готов в виде исключения, выслушав показания Тота и тех, кто с ним встречался, подтвердить или опровергнуть приведенные в них факты, касающиеся меня лично. Предупреждаю, что о других я, как и раньше, не скажу ни слова.

Вряд ли мое предложение показалось Солонченко особо щедрым. Но все-таки это был явный знак, свидетельствовавший о том, что я начинаю поддаваться нажиму. Следовательно, давление нужно усилить. Солонченко изобразил возмущение:

— Мы же здесь не в игрушки с вами играем! Если хотите, чтобы к вам относились всерьез, рассказывайте все, что знаете, а мы уж сами сравним ваши слова с показаниями других. Если будут расхождения, я вам на них укажу, вот тогда и опровергайте сколько душе угодно. А привередничать, как английская королева, здесь нечего! Уж больно вы, Щаранский, капризны; к нам у вас слишком много претензий, а к себе — слишком мало.

Отступать дальше я не собирался, а потому мы с Солонченко вскоре расстались, отложив партию в той же позиции.

Через час в камере появился заместитель начальника тюрьмы по политчасти Степанов и обратился ко мне:

— Вы, надеюсь, не забыли еще, что нарушили режим содержания? Знайте, что у нас с этим строго. Советую морально подготовиться к наказанию.

Прошло еще четверть часа, и меня увели в карцер. Перед этим два вертухая предложили мне раздеться. Тщательно исследовав мою одежду, они вернули мне трусы, майку и носки и выдали тонкие рваные штаны и куртку, а также предложили на выбор — тапки или огромные тяжелые ботинки без шнурков. Я выбрал ботинки.

Помещался карцер в подвале. Закуток в три квадратных метра — два на полтора — с цементным полом и цементным же пеньком посередине, таким маленьким, что долго на нем не высидишь. Света нет, лишь тусклая лампочка над дверью — чтобы надзиратель видел тебя в глазок. Стены влажные, в потеках, штукатурка свисает с них клочьями. Сырость сразу же проникает сквозь одежду. Пока еще, кажется, не холодно, но уже ясно, что ночь будет нелегкой. К стене, как полка в железнодорожном вагоне, прикреплена массивная грубо отесанная доска. Перед отбоем в карцер вошел надзиратель, отомкнул замок и опустил ее. В подвальном коридоре полдюжины камер, но остальные свободны. Неподалеку от моей стоит стол, за ним всю ночь сидят двое вертухаев в тулупах, пьют чай, беседуют.

В карцере холодней, чем в коридоре. И тулупа нет. И чая, чтобы согреться. Встаешь, делаешь энергичную зарядку — отличные это были времена, когда хватало сил на зарядку в карцере! — и, разгоряченный, снова ложишься. Ты понимаешь, что хорошо бы побыстрей заснуть — до того, как снова замерзнешь, — но нет, не получается. Подтягиваешь к животу ноги и растираешь мышцы, не вставая с нар. Как будто помогает, но только до тех пор, пока снова не вытянешься. Наконец решаешь не обращать внимания на холод, пытаешься расслабиться и думать о том, что произошло на следствии. Но тут вдруг еще не закаленные карцером мышцы начинают конвульсивно дергаться. Особенно странно ведут себя ноги: независимо от моей воли они занимаются гимнастикой сами по себе — поднимаются и падают, поднимаются и падают... При этом тяжелые ботинки, которые я решил не снимать — в них все же теплее, — стучат по нарам.

— В чем дело? Почему шумите? — заглядывает в глазок надзиратель.

У меня нет желания отвечать ему. Ноги продолжают «шуметь»... Прошли годы. Я научился десяткам маленьких хитростей: как пронести в карцер карандаш, как распределять еду между «голодным» днем и «сытым», как, натянув рубаху на голову, согревать себя собственным дыханием; научился «качать права» — требовать в камеру прокурора, градусник, теплое белье (которое положено по инструкции при температуре ниже восемнадцати градусов, что практически никогда не выполняется), научился не думать о еде даже на сотые сутки карцера. И все же к одному я так никогда и не смог привыкнуть: к холоду.

…Подъем. Наконец-то! Надзиратель закрывает нары на замок, выводит меня в коридор — умываться. Господи, как же здесь тепло! К чему им тут тулупы?! Я медлю у рукомойника, чтобы подольше не возвращаться в свою душегубку.

Вернувшись, делаю зарядку, жду завтрака. Но тут мне объясняют, что в карцере горячая пища — через день, и то — по пониженной норме. Сегодня мне положены лишь хлеб и вода. Впрочем, голода я пока не чувствую. Главное — кружка кипятка, которым можно согреться. Сажусь на пенек, делаю несколько глотков, а потом приставляю кружку к груди, к ногам, даже, немыслимо извернувшись, — к спине. Это помогает, и меня начинает клонить в сон. Сонному же на пеньке не удержаться — опоры-то ведь нет, — и я сползаю с него. Но на цементном полу сидеть — тоже удовольствие маленькое… И тут я вдруг слышу: «На вызов!» — и с ужасом осознаю, что эти два слова сделали меня почти счастливым. Прочь из этой холодной темницы, прочь! О том, что ждет меня на допросе, я и не думаю — это все неважно, лишь бы поскорее согреться.

На допрос меня брали из карцера ежедневно, только в воскресенье делали перерыв. За все одиннадцать месяцев следствия меня никогда не допрашивали так интенсивно, как в этот период.

Я заходил в роскошный кабинет в своих карцерных лохмотьях, садился на стул, и тело мое еще долго сводила судорога — так медленно выползал из меня холод. Солонченко участливо спрашивал о самочувствии, сетовал на жестокость Петренко.

— Жаль, Володин болеет, — сокрушался следователь, — только он может этого самодура на место поставить. Ну ничего, сейчас чайку попьем, — и Солонченко разливал в стаканы горячий ароматный чай, пододвигал ко мне блюдце с печеньем или вафлями и несколькими кусочками сахара. — Только Петренко не проговоритесь, что мы тут ваш режим нарушали, меня за это по головке не погладят.

К концу нашей трапезы он начинал суетиться, поспешно убирая со стола пустые стаканы и блюдца со следами запрещенных для меня лакомств. И когда эта комедия повторилась во второй или третий раз, я не выдержал:

— Знаете, когда-то в детстве я видел немало примитивных фильмов о войне. Эсэсовцы там проводили обычно допросы так: один зверски избивает человека, а потом подходит другой, обязательно в белых перчатках, склоняется над избитым, говорит: «Ай-ай-ай, какие сволочи», — вызывает врача, дает бедняге воды и начинает его допрашивать, всячески демонстрируя свое дружелюбие. Но ведь это были очень слабые фильмы сталинских времен. Неужели в наши дни вы не могли найти режиссера поизобретательней?

Солонченко решил было обидеться, но, подумав, сказал с неожиданным для него, поистине христианским, смирением:

— Да, я вас понимаю. Вам сейчас трудно и хочется на ком-нибудь злость сорвать. Понимаю и не обижаюсь. Поверьте: моей вины в том, что вы оказались в карцере, действительно нет. Мне гораздо приятней допрашивать вас, когда вы в форме, а не такой сонный и промерзший до костей.

Так что и следующий допрос начался с чая и вафель. Тогда я попробовал вывести его из равновесия другим способом:

— Да что вы мне все вафли да печенье... А колбасы и сыра у вас в буфете нет, что ли?

Следователь рассмеялся, развел руками и сказал:

— Ну, Анатолий Борисович, от скромности вы не умрете!

Ни колбасы, ни сыра я от него так и не дождался, зато в какой-то момент Солонченко предложил мне:

— Если хотите, садитесь на диван, там теплее.

Я пересел; пружины мягко подались под моим телом, голова закружилась, и я почувствовал, что полностью теряю контроль над собой. Очередные свидетельские показания, которые читал следователь, доходили до меня как сквозь сон. Я встал, размялся и больше никогда не садился на этот проклятый диван.

В те дни Солонченко еще продолжал свои попытки убедить меня давать показания. Но увидев, что отступать я не намерен, принял мои условия и согласился зачитать мне протокол допроса Тота о его встречах с парапсихологами Петуховым и Наумовым, философом Зиновьевым, врачом Аксельродом, а также их собственные показания.

Как только он взял в руки протокол допроса Боба, я спросил его:

— От какого числа?

— Вас допрашивали о Тоте тринадцатого июня, а его — четырнадцатого.

Теперь все стало ясно. Вот почему они так спешили тогда получить от меня нужные им показания, вот кому они собирались предъявить «отредактированные» ими тексты допроса, которые я, к счастью, не подписал!

— В качестве кого допрашивается Тот? — попытался я извлечь из следователя максимум информации, положенной мне по закону.

— По вашему делу в качестве свидетеля, — сказал Солонченко, конечно же, легко догадавшись о том, что меня волнует. — Ну а по другим делам — это пусть он сам разбирается со своим следователем, — добавил он насмешливо.

В показаниях Боба нет ничего опасного для меня. Однако это безусловно его показания, а значит, хоть в чем-то они не блефуют.

Вернувшись в карцер, я часами крутился вокруг пенька, натыкался на стены и переваривал новости; всю ночь я не спал и, трясясь от холода, думал о Бобе.

Мне вспоминалось, как он опубликовал статью о ходе переговоров об ограничении стратегических и наступательных вооружений (ОСВ-2), приведя в ней данные, которые еще не были известны другим журналистам. Те поздравляли его с чувством завистливого восхищения. На мой вопрос: «Как тебе удалось разузнать это?» — он ответил, заговорщицки подмигнув: «Я никогда не сообщаю своих источников информации». Хотя сказано это было шутливо, фраза запомнилась: она была характерна для Боба, на которого всегда можно было положиться. Так почему же он вдруг заговорил — и где? — в КГБ! — о своих беседах с советскими гражданами, называя их имена? Ведь в разговорах этих не было ровным счетом ничего преступного, и он мог спокойно послать следователей подальше, приведя тот же аргумент: я никогда не сообщаю своих источников информации. Боб этого не сделал, а значит, — неужели Солонченко прав? — там, на воле, в большой зоне, что-то изменилось, что-то произошло.

Я искал объяснение поведению Тота. Ясно, что КГБ еще до его допроса знал о тех самых четырех встречах — ведь Черныш говорил со мной о них тринадцатого, а показания Боба — от четырнадцатого. Скорее всего, они дали ему понять, что я рассказал об этих встречах, и Роберт поверил — ведь у него не было нашего опыта общения с КГБ — и решил доказать, что ничего криминального в них не было.

Я не собирался повторять ошибок Боба. Следователь зачитывал мне очередной кусок его показаний. Иногда, после моих настойчивых требований, показывал мне тот или иной лист.

— Но тут нет его подписи!

— Это ведь перевод на русский, а Тот подписывал английский оригинал.

— Тогда покажите мне его, — и я убеждался в том, что подпись подлинная. Но то, что они не хотели показывать мне весь текст, обнадеживало: значит, не все шло по их плану и на его допросах.

Я постоянно требовал, чтобы следователь каждый раз записывал в протокол, что он зачитывал мне показания Тота и какие именно, — это был еще один способ убедиться в том, что Солонченко не блефует. Ведь по закону ему запрещено давать допрашиваемому ложную информацию. Лгут они, конечно, постоянно, но фиксировать свое вранье в протоколах, как правило, избегают.

Выслушав показания Тота и его собеседника, я обычно подтверждал то, что касалось лично меня:

— Да, я действительно помогал Роберту Тоту в этой беседе в качестве переводчика. О деталях разговора говорить отказываюсь. Заявляю лишь, что ничего, касающегося секретов государства, при мне не обсуждали.

Но Солонченко не оставлял надежды расшатать мою позицию. Он нашел маленькие противоречия между показаниями Тота и его собеседников и попытался сделать из меня арбитра. Я, понятно, отказался. Но в одном случае эти расхождения были принципиальными, и после долгих колебаний я решил отреагировать и заявил, выслушав еще раз свидетельства Петухова и Боба, что ни одна из их встреч не происходила по инициативе Тота. Я продиктовал следователю фразу, а потом весь вечер и всю ночь мучился угрызениями совести, ибо в споре двух людей, преследуемых КГБ, взял сторону одного из них. В том, что у Роберта серьезные неприятности, я уже не сомневался, но, может, положение Петухова — этого действительно подозрительного и малосимпатичного типа — в тысячу раз хуже? Может, теперь КГБ использует мое заявление, чтобы «додавить» его? Разве я не нарушил свой принцип не давать показаний о других людях?

Терзания мои кончились на следующий день, когда Солонченко попросил меня подписать протокол этого допроса: мое заявление в нем отсутствовало. Значит, следствию оно почему-то невыгодно. Тогда я стал настаивать на включении этой фразы и после нудных препирательств добился своего.

В итоге я оказался прав: поддержка нужна была Бобу, а не Петухову. В то время, когда я грыз себя — не подвел ли я его, — Петухов получал в своем институте очередную благодарность. Надо думать, что КГБ не оставил его своей милостью: ведь именно Петухов месяц назад помог им провести операцию по захвату Тота «с поличным». Но всего этого я тогда не знал. Так или иначе, никогда больше во время следствия я не отступал от своего правила не давать показаний на других.

Большую часть времени во время наших встреч Солонченко тратил на рассказы о том, как западные спецслужбы собирают в СССР секретную информацию с помощью своих журналистов и дипломатов.

После очередной бессонной и холодной ночи — засыпать я стал только на восьмой день карцера, да и то ненадолго, максимум на час, — отогретый чаем, я во время его монологов дремал, положив голову на руки.

— Я вам не мешаю, Анатолий Борисович? — спрашивал Солонченко с иронией.

— Ничего, ничего, продолжайте, не обращайте на меня внимания, — отвечал я, не поднимая головы от стола.

Следователь тратил свое красноречие попусту — я его просто не слышал. Но когда он вытаскивал меня из вязкого болота дремоты и я возвращался к реальности, одна лишь тревожная мысль занимала меня, не давая покоя: что произошло в Москве за эти три месяца? Действительно ли КГБ удалось впутать нас в какую-то шпионскую историю?..

В карцере у меня между тем нашлось интересное занятие. С детства я отличался абсолютным отсутствием слуха. Помню, как в садике во время музыкального часа, когда мы разучивали какую-нибудь простенькую песенку, воспитательница, уставшая бороться с моим неуправляемым баском, говорила:

— Подожди, Толенька, ты споешь потом.

Я обиженно умолкал и ждал своего часа. Затем была школа, летние лагеря, институт, но мой час так все не наступал. Как только я присоединялся к поющим хором, всем становилось ясно, что мне лучше «спеть потом»… В последние годы не петь я не мог: израильские песни стали необходимой частью нашей новой жизни. Каждый раз, включаясь в хор, я видел, что мои друзья в экстазе еврейской солидарности прощают мне мою музыкальную бездарность, и все же чувствовал себя так неловко, что на этой почве у меня развился тяжелый комплекс вокальной неполноценности.

И вот как-то во время одного из своих «побегов» на волю, к друзьям, я стал напевать песню на слова поучения раби Нахмана из Браслава: «Коль гаолам куло — гешер цар меод, вэгаикар — ло лефахед кляль…» («Весь мир — узкий мост, и самое главное — ничего не бояться»), и тут почувствовал, что пришел мой час, наступило то самое «потом», которое мне обещала воспитательница.

Наконец-то я мог петь во весь голос, не боясь оскорбить чей-либо слух, нарушив музыкальную гармонию. Страдать от моего пения мог только вертухай — что ж, так ему и надо!

Я вспоминал все новые и новые песни на иврите, которые знал, и это оказалось самым простым, быстрым и легким способом побороть одиночество.

Почти каждый день у дверей карцера появлялся Петренко.

— Как Щаранский ведет себя? — спрашивал он у дежурного.

— Нормально.

— Что делает?

— Поет.

— Что поет?

— Непонятно поет, не по-нашему.

Петренко открывал дверь.

— Ну что, Щаранский, поете? — весело спрашивал он.

Я продолжал петь.

— Нарушать еще будем?

Я пел.

— Обратно в камеру не хотите?

Я пел.

— Ну, раз поет, значит ему здесь нравится, пусть еще сидит, — говорил Петренко и уходил.

Через некоторое время появлялся Степанов.

— Вы бы, Щаранский, записались на прием к начальнику, объяснили ему, что сожалеете, пообещали, что больше не будете, — он наверняка освободил бы вас из карцера.

Степанов не Петренко, с ним можно и поговорить.

— Что я больше не буду?

— Как что? Ножи делать. Вам же здесь плохо. А Петренко — начальник строгий, но справедливый.

Как-то Степанов заметил, что пол в карцере усыпан штукатуркой, и обратился к дежурному:

— Почему так грязно? Дайте ему веник, пусть подметет.

— Мне веник? — удивился я. — А вдруг я из него ружье сделаю?

— Юмор — это хорошо. Это мы понимаем, — натянуто улыбнулся Степанов, но, уходя, сказал на всякий случай вертухаю:

— Отставить веник!

Его посещения и уговоры сказать Петренко «больше не буду» повторялись чуть ли не ежедневно. Интересно, думал я, как бы они поступили, если бы я и впрямь покаялся? Обманули бы и не выпустили из карцера? Но ведь они хотят, чтобы я им верил, и на таких пустяках вряд ли станут себя дискредитировать. Выпустили бы? Но ведь посадили-то меня сюда не по капризу Петренко, а в «высших интересах» следствия, которое пытается использовать для давления каждый час, проведенный мной в карцере. Позднее, с опытом, пришел и ответ. Да, пожалуй, Солонченко с компанией согласились бы потерять несколько карцерных дней, если я бы уступил Петренко. Обнаружить в человеке первые признаки слабости, угадать его желание пойти на «почетный компромисс», поощрить его в этом, а потом сломить окончательно — в этом кагебешники большие мастера.

На седьмой день карцера чтение показаний Тота и людей, с которыми он встречался, прекратилось. Я ожидал, что Солонченко перейдет теперь к злосчастной статье Боба, но он предъявил мне один из вариантов списка отказников, изъятый у кого-то на обыске. Списка этого я не помнил, но не увидел в нем ничего подозрительного. Были в нем стандартные сведения: фамилия, имя, отчество, семейное положение, количество детей; работает ли человек или уволен после подачи заявления на выезд — это важно для решения вопроса о материальной помощи; когда и с какой формулировкой получен отказ. В последней графе можно было увидеть и расхожее — «не соответствует интересам государственной безопасности», «отсутствует разрешение ближайших родственников», и экзотическое — «принято решение, что вам лучше жить в СССР»; кроме того, в ней содержалась информация, которую сам отказник пожелал включить в материалы опроса в подтверждение необоснованности своего отказа. Например: «Работал в таком-то НИИ, институт открытый, поддерживает научные контакты с такими-то американскими институтами» или «Работал на закрытом предприятии до 1965 года».

Я просматривал этот список и пытался определить, подлинный ли он, нет ли в нем подделок. Будь рядом Дина, она бы решила эту задачу в два счета. Но где она сейчас? Может, тоже здесь, в Лефортово?

— Кто, когда и как составлял этот список? — спросил Солонченко и записал в протокол стандартную формулу отказа от показаний. После этого он протянул мне еще два листа со списками отказников — один из них был заполнен Дининым почерком. Я молча вернул их ему.

Когда следователь на следующий день дал мне на подпись отпечатанный протокол этого допроса, я нашел в нем такую фразу: «Я ознакомился с предъявленным мне документом, являющимся черновиком списка отказников, машинописный текст которого был мне предъявлен ранее. Показания давать отказываюсь по причинам…» — и так далее.

— Помилуйте, откуда вдруг появились слова о черновике? Ничего подобного я не говорил, просто отказался от показаний!

— Говорили, говорили, Анатолий Борисович, я лучше помню, а вы просто очень устали. Впрочем, если настаиваете, припишите в конце: «Следует читать так-то».

— Спасибо за совет. Я действительно очень устал, — сказал я и в конце протокола, где обычно пишется: «С моих слов записано правильно, замечаний нет», — написал: «Данный допрос проходил на седьмой день моего пребывания в карцере, где я ни минуты не спал из-за холода и получал горячую пищу через день. Читаю я его на восьмой день карцера. Мое физическое состояние таково, что я не могу подтвердить подлинность текста — как в целом, так и отдельных его частей». Расписавшись, я сказал следователю:

— А впредь давайте мне протоколы в тот же день, чтобы не было разночтений.

Солонченко прочел написанное, помрачнел, вызвал девушку из машбюро и попросил быстро перепечатать последнюю страницу допроса — в моей редакции...

О том, как КГБ в буквальном смысле «шьет» дела, можно написать многотомное исследование. Они работают с помощью ножниц и клея, составляя из полученных показаний нужную им картину, заботясь в то же время и о том, чтобы соблюсти видимость законности. Если допрашиваемый — неопытный человек или просто разява, протоколы бесед с ним непременно будут сфальсифицированы. Для этого есть много способов.

Следователь, например, запишет свой вопрос в форме ответа свидетеля; тот возмутится и откажется подписать лист допроса. «Это вы сделать обязаны, — скажут ему, — но в конце протокола можете изложить свои возражения». Излишне говорить, что последний лист останется лежать в папке, а другим допрашиваемым будет предъявлен именно тот, который согласился подписать обманутый КГБ человек. Необходимо следить даже за тем, как переносятся твои ответы с листа на лист при перепечатке. На одном из моих допросов, например, появился прокурор и спросил, есть ли у меня претензии к следователю и хочу ли я дать кому-либо из них персональный отвод. В своем ответе я ясно выразил свое отношение к КГБ и к так называемому следствию, лишь оформляющему заранее решенное дело, и добавил: «Так как не вижу никакой принципиальной разницы между одним сотрудником органов и другим, то никаких персональных отводов следователям КГБ у меня нет». Читая через много месяцев протокол допроса моего брата Леонида, я, к удивлению своему, обнаружил такое заявление следователя: «Вы везде говорите, что не доверяете КГБ. Вот показания вашего брата, где он утверждает обратное». Тут я вернулся к протоколу своего допроса. Ну и фокусники! Отпечатанный текст был расположен таким образом, что вопрос прокурора и «острая» часть моего ответа оказались в конце одного листа, а слова «никаких персональных отводов следователям КГБ у меня нет» — в начале следующего, последнего, под которым стоит стандартное: «С моих слов записано правильно, замечаний нет» — и моя подпись. Леня был так взволнован, впервые после долгих месяцев увидев мой почерк, что не обратил внимания на подвох. Впрочем, убедить моих родных и друзей в том, что я сотрудничаю со следствием, фокусникам из КГБ все равно не удалось...

Итак, машинистка ушла печатать, а Солонченко надолго замолчал. По виду его было похоже, что он готовит мне какой-то очередной сюрприз. Так оно и оказалось.

— Напрасно вы стараетесь выгородить Бейлину. Ей все равно уже никто не поможет, — сказал он вдруг и разразился длинным монологом, из которого следовало, что Дина арестована, что ситуация после задержания Тота и высылки Прессела — американского дипломата, с которым я был в приятельских отношениях, — в корне изменилась, что умные люди, чувствующие ответственность за свою семью и за других людей, от имени которых они позволяли себе говорить, переоценили свою позицию...

— Мне нет смысла лгать вам, — продолжал Солонченко. — И вас, и Тота мы арестовали только после того, как собрали у себя на руках все козыри. Теперь мы можем позволить себе играть с открытыми картами.

В это время в кабинет вошел Володин, пожал руку вскочившему следователю и остановился напротив меня, разглядывая мой карцерный наряд.

— Ах, Анатолий Борисович, ну как же это вы так! — сокрушенно всплеснул он руками. — Я болел, только сегодня на работу вышел, и на тебе — мне докладывают, что вы в карцере! Если бы я был на месте, непременно бы вмешался, постарался предотвратить... Но Петренко — мужик самоуправный, нас совершенно не слушается. Да, карцер — это не подарок... — и он присел на диванный валик в полуметре от меня. — Знаете, если даже все для вас обойдется и вы попадете в лагерь, приезжать с уже подпорченным личным делом — это очень плохо!

— Да что это — то расстрел, то испорченное личное дело, — рассмеялся я. — Вы уж чем-нибудь одним пугайте.

— Никто вас не пугает, — поспешно сказал Володин, — просто объясняем вам ваше положение. Я же сказал — если обойдётся, если не расстреляют... Ну, да все зависит от вас. Так когда перестанете с огнем играть, когда будете давать нормальные показания?

— Я даю вполне нормальные показания.

— Ну конечно, то у вас такая память, что вслепую в шахматы играете, на пресс-конференциях столько цифр наизусть приводите, а как попали сюда — память напрочь отказала, ничего не помните, ничего не знаете!

Тут уж я и впрямь обиделся:

— Простите, но вы меня с кем-то путаете, Виктор Иванович! Конечно, что-то я, может, и подзабыл, так в таких случаях всегда прямо говорю: забыл, не помню. Но, как правило, память мне не изменяет, и я честно заявляю: отказываюсь отвечать. Чего-чего, а лжи в моих показаниях не найдете.

Володин добродушно рассмеялся, показывая, что оценил шутку:

— Честно, стало быть, отказываетесь? — и продолжил развивать ту же тему: — Вот и у Бейлиной что-то с памятью случилось. Как только эти борцы за права человека попадают к нам, — обернулся он к Солонченко, — так обязательно у них память портится. Ну ладно, Бейлина, Нудель — они бабы, истерички, твердят свое как заводные. Но вы-то мужчина, интеллектуал, человек мыслящий, а ведете себя, как трусливый и глупый страус, спрятавший голову в песок: ничего не вижу, ничего не знаю...

Я молчал, внимательно слушая Володина, пытаясь понять, куда он клонит. А тот, видимо, вдохновленный интересом, который я проявлял к его словам, продолжал, причем речь его становилась все напористей и драматичней:

— Вы считаете себя героем, борцом за интересы евреев. А сами предаете эти интересы — хотя бы тем уже, что вам не хватает мужества взглянуть правде в глаза. За то время, что вы в Лефортово, очень многое изменилось. Мы, конечно, не можем показать и рассказать вам сразу все — интересы следствия не позволяют. Но и лгать нам ни к чему. Вы уже слышали отрывки из показаний Тота. Со временем прочтете все целиком. Но неужели и того, что вам стало известно, недостаточно, чтобы понять: ситуация сейчас совсем иная. Прессел, Тот, Ocнoc, Крымски, Френдли — все эти дипломаты, корреспонденты и другие ваши друзья разоблачены как сотрудники ЦРУ. Мы следили за ними давно, но интересы государственной безопасности заставляли нас выжидать. Теперь же, когда эта компания выведена на чистую воду, как выглядят все наши местные «борцы за права человека», которые им помогали — пусть даже по наивности? Хотя что же это за наивность — мы ведь всех их, и вас в том числе, неоднократно предупреждали, кем на деле являются ваши западные друзья! И как должны сегодня мы, советские люди, относиться к так называемым еврейским активистам, которые напрямую связаны со шпионами? Если вы считаете себя представителем интересов евреев, желающих уехать в Израиль, если позволяли себе выступать от их имени, — хотя, замечу, никто вам такого права не давал, — не чувствуете ли вы теперь себя обязанным ясно заявить этим людям, которых вы поставили в такое трудное положение: «Я не враг СССР. У меня были честные намерения. И потому я осуждаю использование нашей деятельности в антисоветских целях». Хотите уехать в Израиль — что ж, ваше дело. Но отрекитесь от всех этих ваших тотов и пресселов, управлявших вами как марионеткой! Этим вы и свое положение облегчите, и, главное, поможете тем евреям, кто слушал вас, доверял вам, а оказался в такой двусмысленной ситуации. В этом и проявится подлинное мужество!

Речь Володина была так длинна, что запомнить ее целиком не представлялось возможным; я старался сохранить в памяти лишь самое важное для последующего анализа.

— Вот Лернер — это вам не Бейлина или Нудель, — продолжал он. — Профессор — человек ответственный, уже понял, в какое болото вы затащили евреев. Теперь думает, как их оттуда извлечь, пока не поздно. У него, как вам, наверное, известно, желания насолить советской власти было больше, чем у кого-либо другого, — ведь и вы из-за него сюда попали. Но теперь он дал задний ход, признал, что ошибался, что позволил западным спецслужбам использовать себя в преступных целях.

— Ну что ж, — прервал я его, — если так, устройте мне с Лернером очную ставку. Может, он действительно объяснит мне то, чего я сам до сих пор не понимаю.

Конечно же, заявление это было с моей стороны провокационным: мол, врете вы мне все; если бы Лернер покаялся, вы наверняка дали бы мне с ним встретиться.

Но Володин, после небольшой паузы, неожиданно сказал:

— Что ж, пожалуй, это можно устроить, — и обратился к Солонченко. — Александр Самойлович, согласуйте с теми, кто у нас работает с Лернером, дату очной ставки и поставьте в план.

Солонченко что-то записал себе в блокнот. Настроение у меня испортилось: значит, не блефует? Володин, похоже, угадал мою мысль:

— Скоро, скоро, Анатолий Борисович, вы встретитесь с профессором. Но к чему время терять? Все равно ведь придется каяться! Чем раньше вы это сделаете, тем лучше и для вас, и для других.

Я, недовольный собой, снова прервал его.

— Вы ведь однажды мне предсказывали, что я дольше Красина не продержусь, — а прошло уже три месяца. Надеюсь, ошибаетесь и на этот раз.

Володин долго молчал, а потом произнес в растяжку:

— Все геройствуете, геройствуете...

То же он сказал мне и во время предыдущей беседы, правда, тогда закончил ее такими словами: «Героев мы из Лефортово живыми не выпускаем». Сейчас — другими, бросив мне грубо и презрительно:

— Ничего, увидите пистолет, сразу укакаетесь.

Это детское слово показалось мне до смешного неуместным. Я хмыкнул, сразу почувствовав себя гораздо уверенней, чем раньше, и повернулся к Солонченко:

— Гражданин старший лейтенант, по-моему, гражданин полковник выдохся, исчерпал все свои аргументы. Я его больше не задерживаю.

Пока Солонченко сидел, не зная как реагировать, Володин первым громко расхохотался, вскочил на ноги и, воскликнув:

— Ай да Анатолий Борисович, ай да юморист! — пружинистой спортивной походкой пошел к дверям. У порога он остановился и повернулся ко мне: — Так что, может, мне поговорить с Петренко, чтобы выпустил из карцера?

Тон его был исключительно дружеским, и я ответил ему в том же ключе:

— Да стоит ли вам, Виктор Иванович, доставлять Петренко такое удовольствие из-за каких-то двух ночей? Уж как-нибудь перебьемся.

Володин еще раз приветливо улыбнулся, произнес:

— Если что надумаете — скажите Александру Самойловичу. Я сразу же к вам приду, — и исчез за дверью.

***

О чем меня допрашивали в последние два дня, проведенные мною в карцере, я забыл напрочь — очевидно, никаких сюрпризов беседы эти не содержали. Зато хорошо помню, что днем все свободное время я как заведенный шагал вокруг пенька, а ночью лежал без сна на холодной доске — и думал, думал, думал... Изолированный от внешнего мира, лишенный возможности связаться с близкими, до сих пор я старался вопреки всему оставаться сердцем и памятью среди дорогих мне людей, живущих в единой со мной системе ценностей. Сейчас я начал опасаться, что тот мир существует лишь в моем воображении, — вместо поддержки, которой я ожидал от него, он посылал мне сигнал бедствия.

Володин мог, конечно, врать, но я и сам чувствовал, что на воле что-то произошло, — ведь не мог же КГБ допрашивать Боба без всяких на то оснований! Слова Володина о моей ответственности за судьбы движения — демагогия и ханжество, но они задели меня. Я пытался убедить себя в том, что он лгал: если все для них идет так хорошо, зачем им я? Но на смену этой мысли приходила другая: а ведь верно — ни на Дину, ни на Иду логика КГБ впечатления не произведет. Если кто-то в принципе и способен на компромиссы, так это Александр Яковлевич. Он кибернетик, математик, сделал в науке немалую карьеру, уважает логику и привык доверять доводам рассудка; володинские аргументы, возможно, подействовали на него... Что ж, если Володин не блефует и будет очная ставка, на ней многое прояснится.

Интересно, вызывают ли на допросы других западных журналистов и дипломатов? Как они держатся? Впрочем, тут оснований для оптимизма немного: если даже такой человек, как

Боб, дает показания, то чего ждать от остальных? Я думал о них, и память изобретательно подсовывала мне только те факты, которые доказывали, что ни на одного из них нельзя полностью положиться.

С Дэвидом Шиплером из «Нью-Йорк Таймс» мы были близки почти так же, как с Бобом, он показал себя верным и надежным товарищем. Но не сломается ли он в экстремальных обстоятельствах? Вспоминаю, как долго колебался однажды Дэвид, когда я попросил его об одной важной услуге.

Питер Оснос, корреспондент «Вашингтон Пост», знал меня очень хорошо, но и с Липавским был весьма близок. Статья в «Известиях» перепугала Питера настолько, что он позвонил мне и спросил: «Ведь это все, конечно, неправда?» Как будто и сам не понимал!

После статьи Липавского Прессел, который всегда безотказно принимал от нас документы для передачи на Запад, сказал мне, когда я попросил его о встрече: «Спрошу в посольстве, нет ли новых инструкций».

А что с западногерманским журналистом, испугавшимся взять интервью у трех советских немцев, которые так же, как и мы, боролись за свое право на репатриацию? Они тайно приехали в Москву в надежде передать на Запад списки желающих переселиться в ФРГ, и я договорился с этим корреспондентом о том, что он с ними встретится. По дороге на квартиру, где остановились его соплеменники, он заметил кагебешную машину, висевшую у нас на хвосте, и сказал: «Нас преследуют! Встретимся с ними в следующий раз». «Да ведь слежка ведется за мной, а не за вами, — попытался я успокоить корреспондента, — а эти люди проехали полстраны, чтобы с вами поговорить!» — но было заметно, что картинка в зеркальце заднего вида произвела на него большее впечатление, чем мои доводы. Короче, к немцам я пришел один и, объясняя, что произошло, испытывал огромную неловкость. Надеюсь, они мне поверили.

КГБ мог записать в свой актив еще одно очко: ему удалось заронить в моей душе сомнения в порядочности людей, с которыми я был в тесном многолетнем контакте и чья дружба поддерживала меня все эти годы.

В математике, в теории игр, есть теорема об оптимальной стратегии, обеспечивающей минимальные потери. Такая стратегия оказывается возможной благодаря факту, доказанному в иной математической области — топологии — и гласящему: как бы ты ни заменял одну систему координат другой на сфере, всегда останется по меньшей мере одна общая для них неподвижная точка.

На протяжении всех лет заключения я искал свою собственную оптимальную стратегию, и она зависела от существования одной неподвижной точки. Системы координат моей жизни менялись неоднократно, и были моменты, когда я сомневался почти во всем. Архимеду нужна была неподвижная точка, чтобы перевернуть мир. Двенадцать лет я неизменно полагался на свою собственную точку опоры — Авиталь, даже тогда, когда наш земной шар бешено вращался, перебрасывая нас из одной ситуации в другую.

Игра

Одиночество и страх — два основных союзника КГБ в Лефортово. С первых же дней я не стал загонять страх вглубь, вывел его наружу, поставил под контроль — и он, похоже, больше не представлял для меня опасности. Усилием воли, мысли, души я пробил стену, отгораживающую мир КГБ, в котором я оказался, от моего, и жил, как и прежде, среди близких мне людей в общей для нас системе нравственных координат, а то, что тело мое было заперто в каменном мешке, значило в сравнении с этим не так уж и много. Но после беседы с Володиным я понял, что начинаю терять с таким трудом обретенную уверенность; мне не без успеха пытались внушить, что румяное спелое яблоко моего мира изъедено изнутри червями, и цель при этом у КГБ была одна: изолировать меня не только физически, но и духовно.

Как же противостоять им? Вот я уже отошел от своих принципов и подтвердил показания Тота. Пока никаких последствий это не имело. Но чем же все кончится, если я уже сейчас, через четыре месяца после ареста, начинаю колебаться, прислушиваться к аргументам кагебешников, теряю контроль над ситуацией? Ведь следствие может продлиться и год, и полтора...

Мысли мои бежали по кругу: «На воле что-то изменилось». — «Как это узнать?» — «А зачем узнавать, разве я в чем-то неправ, чтобы менять свою позицию?» — «Но что же все-таки могло там произойти?» — я никак не мог вырваться из этого замкнутого круга, что лишь усиливало мой страх.

Было ясно, что прежде всего необходимо избавиться от давления КГБ. Я видел лишь два пути к этому. Первый — прекратить с ними всякое общение, не слушать их, не думать над их словами; короче — забаррикадироваться наглухо. Второй — попытаться узнать, что на самом деле происходит на воле, или хотя бы убедиться: они мне врут. В этом случае сразу должно стать легче: я знал бы тогда истинную цену каждому их новому аргументу, пусть даже самому убедительному.

Первый способ привлекателен своей простотой. Но как долго удастся мне держать такую глухую оборону? Второй таит в себе опасность: как бы не заиграться, не поддаться соблазну вступить с ними в торговые отношения — вы, мол, мне дайте очную ставку, а я вам отвечу на ваш вопрос... Всякие игры такого рода — это попытки обмануть не их, а себя самого, найти моральное оправдание уступкам. Но как узнать, врут они или нет, не вступая с ними в подобные игры?

Я вспоминал все беседы с Солонченко и Володиным и приходил к однозначному выводу: самое главное для КГБ — заставить меня им поверить; и кнут их, и пряник — оба служат только этой цели.

Фраза «они хотят, чтобы я им верил» все чаще и чаще крутилась в моей голове. «Дохаживая» последние часы по карцеру, и потом — по дороге в камеру, я начал выстраивать такое рассуждение: если они хотят, чтобы я им верил, а я скажу им что-то, якобы известное мне, — например: «Я знаю, что Бейлина на свободе», — они не станут этого отрицать. В том, конечно, случае, если так и есть на самом деле. «Ошибка!» — обрываю я себя. Если они поставят в этой игре на то, что я ничего не знаю наверняка, а лишь пытаюсь угадать, то, конечно же, будут отрицать. Они даже будут рады, поняв, что я гадаю: значит, у меня есть сомнения. Нет, так не пойдет.

Я и сам не заметил, как увлекся новой — не политической, не моральной — чисто логической задачей, обрадовавшись, что можно наконец отдохнуть, отвлечься, позабавиться знакомыми с детства упражнениями. Скоро я перешел к такой схеме: я как бы случайно проговариваюсь, что мне известен некий факт. Для следователей важно, чтобы я верил им, а потому они не станут этот факт отрицать — но только в том случае, если он и на самом деле соответствует действительности, и, кроме того, если они поверят, что у меня и впрямь была возможность его узнать. Для этого требуется вызвать у них подозрение в том, что я связан с волей. Как этого добиться? Сообщить им достоверный факт, который, с их точки зрения, мне никак не мог быть известен!

Я всегда знал, что актер из меня никудышный, а потому и не собирался всерьез разыгрывать представление. Более того, я полагал, что именно тем и силен, что все время остаюсь самим собой, никаких ролей не играю. Но эта простая логическая задача так увлекла меня, что я невольно, с чисто теоретическим к ней интересом, стал ее решать.

Итак, я беру какую-то последовательность фактов, упорядоченную по степени вероятности их истинности. Первый из них должен иметь место со стопроцентной вероятностью, но следствие необходимо убедить в том, что он мне не был известен до ареста. Начиная с него, я с некоторым интервалом во времени «проговариваюсь» о каждом из этих фактов. С самого начала у КГБ возникнет подозрение, что у меня есть источник информации, раз от раза оно будет укрепляться, и таким образом выполнится второе условие; а каждый раз, когда будет выполнено и первое, — то есть окажется, что названный мной факт впрямь имел место, — следователи, если этот логический механизм сработает, будут подтверждать мою правоту.

Сейчас все это представляется мне примитивной схематизацией. Но тогда, как и в случае с «деревом целей и средств», я, видимо, чисто инстинктивно пытался выбраться из мрачной и запутанной ситуации, призвав на помощь ясный и хорошо знакомый мне мир чистой логики.

В карцер меня сажали для того, чтобы усилить эффект психологического давления на следствии. Вышло, однако, наоборот: одиночество, холод и голод лишь помогли мне сосредоточиться. Но как только я вернулся в камеру, то сразу же размяк: заботливый сосед, припасший для меня продукты, его жалобы на неудавшуюся семейную жизнь, пересказы допросов, анекдоты, традиционное домино по вечерам... Я нежился в тепле, получал удовольствие от еды, читал библиотечные книги — и идея начать с КГБ игру уже казалась мне детской и несерьезной. И я решил: если вновь утрачу уверенность в себе, то просто перестану с ними разговаривать.

Тем временем судьба улыбнулась мне: в очередной июльской передаче из дома я обнаружил, кроме продуктов, книгу математических головоломок известного американского популяризатора науки Гарднера. Я в восторге перелистывал книжку: вот и еще одно убежище от КГБ появилось у меня! Потом с ней стал знакомиться мой сосед. Разделы, где была хоть какая-то математика, он и смотреть не стал, остановился на логических задачках, прочитал одну-другую и стал удивляться: да разрешимы ли они? Ведь говорится в них об одном, а спрашивается совсем другое! На самом деле это были элементарные упражнения для школьников тринадцати-четырнадцати лет, и я доставил ему удовольствие: он читал мне условие, а я тут же выдавал ответ. Михаил Александрович был в восторге. Мне нравилось его поражать, но, конечно же, не приходило в голову переоценивать свой успех.

Неожиданно я подумал: вот передо мной человек, окончивший советский юридический институт — тот же, что и мои следователи, — и у него так плохо с логикой. Вряд ли они отличаются от него. Я ведь с детства люблю решать логические задачи, я столько играл в шахматы — к чему все это, если не решусь сейчас сыграть партию с этими типами? Чего будут стоить приобретенные мной знания и навыки, если я не применю их на практике хотя бы один раз, когда жизнь сама подталкивает меня к тому?

В редакционных примечаниях к книжке, среди прочего, приводился интересный пример, обобщающий логические задачи определенного типа.

В городе — N семей. Все их главы — мудрецы. Все жены им изменяют. Каждый мудрец знает о неверности всех жен, кроме собственной. В городе действует такой закон: каждый муж, узнавший, что жена ему неверна, убивает ее в тот же день. Распорядок дня у мудрецов такой: по утрам они принимают решения, а днем приводят их в исполнение. Как-то в город пришел путник, посмотрел-посмотрел и заявил во всеуслышание: «Э, да в городе есть неверная жена!» Ровно через N дней все N жен были убиты своими мужьями. Требуется объяснить ситуацию.

Задача эта решается так. Представим себе, что N 2. Семей только две. Тогда легко воспроизвести рассуждения мудрецов утром следующего дня: «Если мой сосед не убил свою жену, значит, он считает, что изменяет не его жена, а моя. Но в городе нас всего двое. Следовательно, моя жена мне с ним изменила». Доказательство завершается для произвольного N с помощью метода полной математической индукции.

Задача эта — пример тому, что сообщение даже известной всем информации может иметь важные последствия, ибо анализ теперь проводится не только на основе ее самой, но и с учетом реакции на нее других лиц. В предстоящей игре я возьму на себя роль путника: брошу в омут камень и посмотрю, что оттуда выплывет. Но при этом придется быть крайне внимательным, чтобы игра не отразилась на моей позиции. Моя цель — создать себе максимальный психологический комфорт на время следствия, но ни в коем случае не искать точек соприкосновения с КГБ.

Итак, что я хочу от них узнать? Правда ли, что арестован Тот? Бейлина? Правда ли, что Лернер кается? Правда ли, что выслан Прессел? Необходимо выяснить хотя бы что-то одно, чтобы уличить их во лжи. Но для начала надо узнать о событии, которое наверняка произошло на воле, но мне, с точки зрения КГБ, не может быть известно, — и «проговориться» о нем, возбудив у них подозрения в том, что у меня есть источник информации. Вот тут и должна начаться сама игра.

Какие же события, имеющие отношение ко мне, произошли за это время на воле? Перебрав многочисленные варианты, останавливаюсь на следующих предположениях:

— на конференции в Белграде был поднят вопрос об Орлове, Гинзбурге и обо мне;

— Авиталь побывала в Вашингтоне и встретилась с рядом политиков, в частности, с конгрессменом Драйненом;

— во время допросов свидетелей по моему делу им говорят, что я шпион, за что и буду судим, а моя деятельность еврейского активиста была лишь прикрытием.

Первое предположение хорошо тем, что почти на сто процентов реально. На Западе наверняка были протесты в связи с разгромом Хельсинкской группы в СССР, сомневаться в этом не приходится. Но зато и КГБ нетрудно понять, что я мог легко это вычислить и без всякого контакта с волей.

Второе для них не так очевидно. За несколько дней до ареста друзья сообщили из Израиля, что Авиталь и Миша срочно вылетели в Европу, а оттуда, видимо, полетят в Америку. Я, конечно, и без того ни минуты не сомневался, что они не будут сидеть сложа руки. А уж если они приедут в Вашингтон, то ясно, что отец Драйнен, с которым мы сдружились в Москве и который позднее тепло принимал Авиталь в столице США, включится в их борьбу. Но КГБ, безусловно, знает о том телефонном разговоре и может догадаться об остальном.

Третье же предположение не столь очевидно, чтобы строить на нем игру.

Обдумывая все это, я в конце концов решил бросить им реплики по всем трем пунктам в короткий промежуток времени — от одного до трех допросов, — тогда, как бы они ни просчитывали все варианты, сомнения у них возникнут непременно. Но удастся ли мне сделать это естественно, не пережать? Как только я представлял себя во время предстоящего дебюта, у меня появлялся страх провала на сцене, свойственный, должно быть, каждому начинающему актеру.

Не знаю, чем бы это кончилось, если бы фортуна не улыбнулась мне вновь. Двадцатого июля во второй половине дня надзиратель вел меня на допрос, как всегда щелкая пальцами: предупреждал идущих навстречу о том, что ведет зека. Но произошла редкая накладка: в тот момент, когда я должен был свернуть в коридор, где находился «мой» кабинет, за спиной хлопнула дверь. Я обернулся и увидел надзирателя, двух следователей КГБ и — как мне показалось — худое лицо и лысину Вениамина Григорьевича Левича, известного ученого-физика, члена-корреспондента Академии наук СССР, обладателя самого высокого научного звания среди евреев-отказников. Я не успел остановиться, приглядеться — мой надзиратель подтолкнул меня, мы повернули за угол, и видение исчезло.

На допросе я долгое время не мог собраться с мыслями, находясь под впечатлением встречи с «призраком» из «большой зоны». Но полной уверенности в том, что я не обознался, у меня не было.

На сей раз Солонченко интересовался сбором информации о положении отказников в разных городах Советского Союза. В связи с этим он зачитал показания все тех же Липавского и Цыпина, а потом опять произнес сакраментальную фразу об изменившейся ситуации.

— По показаниям, которые я выслушал, этого не скажешь, — заметил я. — Все тот же тандем: Липавский да Цыпин. Слабовато у вас со свидетелями обвинения, что бы вы там ни утверждали.

Этим я постоянно «подкалывал» его, пытаясь заставить открыться, назвать еще какие-то фамилии, прочесть еще чьи-то показания.

— Ничего, скоро вы убедитесь в обратном, — сказал следователь. К самому концу допроса он припас для меня маленький сюрприз:

— В следующий раз поговорим с вами о гостинице «Россия». Расскажете, как вы там с сенаторами встречались.

— Ну, я, как всегда, предпочту послушать. Интересно, что сочинили ваши осведомители о встрече, на которой они не присутствовали.

— И послушаете, и расскажете, Анатолий Борисович. А главное — думайте, думайте, как выбраться вам из положения, в котором оказались.

Этим «думайте, думайте» завершались все наши последние беседы. Сюрпризом здесь было то, что Солонченко заранее предупредил меня о теме следующего допроса. Сделал он это в первый и последний раз. Во всех остальных случаях он начинал стандартной фразой:

— Следствие располагает данными о... — делал долгую паузу, загадочно глядя на меня, и лишь после этого переходил к вопросу, который всегда был неожиданным, ибо ни логической, ни хронологической последовательности в тематике бесед никогда не наблюдалось. Чем была вызвана в тот раз смена тактики — не знаю. Должно быть, фортуне очень хотелось создать мне подходящие условия для начала игры. Если так, то ей это удалось.

Вновь оказавшись в камере, я стал размышлять: если это и впрямь был Левич, то о чем его могли допрашивать? Ведь Вениамин Григорьевич отличался от остальных отказников не только широкой известностью в научных кругах, но и крайним индивидуализмом. Он очень редко подписывал коллективные письма, предпочитая бороться самостоятельно. Так что под подавляющим большинством документов, которые я передавал корреспондентам или пересылал на Запад, подписи Левича не было. Он не участвовал в наших демонстрациях, хождениях по приемным; не пересекался я с ним и на встречах с иностранцами, за исключением одной-единственной: с теми самыми американскими сенаторами в июле семьдесят пятого года. Можно было предположить, что именно по этому поводу его и допрашивают.

В следующий раз я был вызван к следователю двадцать пятого июля.

— Ну, с какого номера тандема начнем? — спросил Солонченко, охотно перенимавший в наших беседах мою терминологию.

— С первого, естественно.

— С первого так с первого. Я ведь всегда иду вам навстречу, — и он стал читать показания Липавского о том, как тот возил меня на телефонные переговоры за несколько часов до встречи с сенаторами в гостинице «Россия». Рассказ свидетеля о поездке изобиловал неточностями и домыслами, явно продиктованными ему КГБ, а сведения о самой встрече с американцами были скудными и приблизительными, что и немудрено: ведь Липавский, как и Цыпин, чьи показания тоже были мне зачитаны, знал о ней лишь с чужих слов.

Я вел себя как обычно: признал, что участвовал в этой встрече, отказался комментировать услышанное и аккуратно конспектировал все, не забывая отметить даты допроса свидетелей.

Солонченко записал мой ответ в протокол, встал, прошелся по кабинету и, вернувшись к своему столу, сказал:

— Вы все жаловались, что вам скучно слушать показания одних и тех же свидетелей. Что ж, мы учли ваши пожелания.

Послушаем теперь, что рассказывает другой человек, не из этого тандема, к тому же — участник той встречи.

Он медленно протянул руку к каким-то бумагам, лежавшим перед ним, выжидающе глядя на меня и самодовольно улыбаясь. Вот он, мой шанс! Опустив глаза к своим записям и стараясь говорить как можно более равнодушно, я произнес:

— Левич Вениамин Григорьевич. От какого числа, говорите, допрос?

Сказал — и испугался: естественно ли получилось? Не поймет ли следователь, что я блефую? Но, подняв глаза, сразу же увидел: удар достиг цели. Солонченко все так же пристально смотрел на меня, но уже без улыбки, вопросительно и зло, и был похож на человека, неожиданно лишенного заслуженной награды. Он, не глядя, положил протокол допроса Левича на стол и сказал:

— Минуточку, минуточку! Вот вы, кажется, и проговорились, Анатолий Борисович. Откуда вы знаете, что речь идет о Левиче?

Это были, наверное, самые приятные слова, услышанные мной от кагебешника с момента ареста. Клюнули! И не просто клюнули, раз сказали: «Вот вы, кажется, и проговорились», — значит, подозревали. А если подозревали, что я как-то связан с волей, то никаких фундаментальных расхождений между моей позицией и позицией моих друзей, скорее всего, нет!

Радуясь легкой победе и одновременно боясь поверить в нее, я осмелел и произнес с наигранным раздражением:

— Вы сами мне сказали сейчас, что будете читать показания Левича. Я и спрашиваю: от какого числа? Имею я право это знать или нет?

Солонченко сел и стал медленно раскачиваться на задних ножках стула, постукивая при этом пальцами по столу, — это была одна из его любимых поз во время наших бесед.

— Так-так, — протянул он задумчиво, — так-так... Ну что ж, я выясню, откуда это вам стало известно, можете не сомневаться.

Он что-то записал в свой блокнот и, снова взяв в руки протокол допроса Левича, зачитал мне из него пару отрывков. Как я и думал, ничего «разоблачительного» в этих показаниях не было. Наоборот, Вениамин Григорьевич, лаконично рассказывая о встрече с сенаторами, старался как можно реже упоминать имена ее участников, а мою роль сводил лишь к переводу нескольких выступлений. Прочел это следователь явно с другой целью: убедить меня в том, что число людей, дающих показания, отнюдь не ограничивается тандемом стукачей. Но сюрприз сорвался, и Солонченко, записав мой отказ от комментариев, отправил меня в камеру.

За обедом я напряженно размышляю: надо развивать успех немедленно, пока Солонченко не узнал, что Левича я встретил в коридоре. Докопается ли он до этого? Признается ли надзиратель в своей промашке? В любом случае рисковать нельзя. Вся идея игры в том, чтобы после того, как они станут подозревать меня в связи с волей, «проговориться» о чем-то интересующем меня как о факте, который мне известен, и посмотреть на их реакцию. О чем? О том, что Боб на свободе? Нет, этого КГБ сейчас ни за что не признает. Нужно, чтобы их подозрения в существовании у меня контакта с волей переросли в уверенность, — тогда посмотрим. О том, что больше никто из отказников не арестован? А вдруг это не так? В конце концов я останавливаюсь на Лернере. Они утверждают, что он раскололся, сотрудничает с ними, обещают очную ставку... Я решаю начать с этого.

Первые же слова Солонченко после перерыва действуют на меня как холодный душ. Он берет со стола листок бумаги и говорит:

— Двадцатого июля вас допрашивали с двух часов, а Левича — с двух часов двадцати минут. Так что вы вполне могли встретиться с ним в коридоре. Вот и вся загадка, верно? — улыбается он, с вызовом глядя на меня.

— Да? А разве можно встретиться с кем-то в коридоре? — изображаю я удивление, но чувствую себя при этом как шахматист, размечтавшийся о красивой комбинации и получивший детский мат.

Впрочем, это пока еще только шах, ибо в голосе Солонченко нет уверенности. Похоже, он высказывает предположение и хочет найти ему подтверждение.

— С другим обвиняемым, находящимся в следственном изоляторе, вы, конечно, встретиться не можете, — говорит он, внимательно следя за моей реакцией, — но со свидетелем иногда могут быть накладки.

— Ага! Значит, все, кого я до сих пор встречал в коридоре, — свидетели, а не обвиняемые! Спасибо за важную информацию!

— Вы хотите сказать, что таких встреч было много?

— Да десятка два, пожалуй.

Мы оба посмеиваемся. Тут Солонченко опять заводит речь о заявлениях и списках отказников, о передаче их американским сенаторам и конгрессменам. Но я слушаю очередные обличения тандема вполуха, меня интересует лишь одно: развеялись ли сомнения следователя или нет.

— Кстати, — говорит он, — когда Левичу показали списки отказников, он был очень недоволен, найдя там свое имя, и осудил такого рода деятельность.

— Правда? А мне он говорил в коридоре прямо противоположное, — весело реагирую я, пытаясь перевести предположение следователя в сферу абсурда.

— Так я был прав, вы таки встретились с ним? — вырвалось у него, и я обрадовался: значит, сомневается.

— Ну, ясное дело, — смеюсь я. — Откуда поступает ко мне вся информация? От вас, Александр Самойлович, от людей, которых я встречаю в коридоре, да от телепата Наумова. Вот уж на кого можно положиться! Каждое утро в одно и то же время выходит на связь.

Я несу эту чепуху легко, почти не задумываясь, — вошел в роль. Мы оба представляем себе несчастного, непризнанного и гонимого популяризатора парапсихологии Наумова, усилием мысли посылающего мне информацию сквозь толстые лефортовские стены, и дружно хохочем.

Допрос идет к концу. Я понимаю: действовать надо немедленно. Пока мой противник не избавился от сомнений, нужно запускать пробный шар — ведь не исключено, что к следующему допросу он уже будет знать наверняка о моей встрече с Левичем. Понимаю — но никак не могу решиться. Вот уже Солонченко поднимает телефонную трубку и вызывает надзирателя, который отведет меня в камеру; у меня осталось всего каких-нибудь пять минут. «Сейчас или никогда», — думаю я и слегка охрипшим от волнения голосом говорю:

— А все-таки как приятно видеть, что вы, сотрудники КГБ, отнюдь не так всесильны и всемогущи, как вам хотелось бы, что далеко не над всяким вам дано властвовать.

— Кого вы имеете в виду — себя, что ли?

— Не только. Возьмем того же Лернера. Как вам хотелось сломить его, заставить с вами сотрудничать! И очную ставку, которую мне обещали, вам страшно хотелось бы провести. Ан нет, не вышло, не будет никакой очной ставки. Не по зубам вам пока что этот человек.

На словах «пока что» я делаю ударение. Это моя домашняя заготовка: я пытаюсь облегчить ему признание, подсказываю ответ. Солонченко перестает качаться на стуле и постукивать пальцами по столу, пристально смотрит на меня — и вдруг начинает краснеть. Я тоже не свожу с него глаз, самодовольно усмехаясь: ну как, мол, уел я тебя? — но сердце колотится, нервы напряжены: жду его ответа. И надеюсь, что мысль следователя устремилась именно в то русло, которое я для нее проложил: если Щаранскому действительно все это известно, а я сейчас совру, то больше он мне никогда не поверит…

После долгой, очень долгой паузы мой противник начинает говорить, и я вижу, что рыба заглотнула приманку.

— Вот именно — пока что. Пока что он нам не нужен. Но когда ему придется отвечать за свои грехи, он будет вести себя гораздо умнее, чем вы, уж поверьте мне. А что касается очной ставки, то можете не сомневаться: она нам просто сейчас ни к чему. Мы решили не помогать вам спасать себя. Вы человек умный, полностью отвечающий за свои поступки, сами должны трезво оценить собственное положение и положение других отказников и решить, что для вас и для них лучше…

Он все говорит и говорит в ожидании надзирателя, говорит медленно, но без пауз, будто боится, что я вставлю слово и вновь чем-нибудь его озадачу; я же и не думаю прерывать Солонченко. Для меня его слова — как музыка, я просто в восторге! Радуюсь за Александра Яковлевича: все, что они тут пели про него — вранье; рад за всех наших: если клеветали на Лернера, то и все, что говорили об остальных, тоже почти наверняка ложь. Доволен я и самим собой: мои абстрактные логические построения, к которым я до самой последней минуты не относился всерьез — они были для меня, скорее, еще одним способом отвлечься от мрачной действительности, — неожиданно дали вполне конкретный — да еще какой! — результат.

Сама та легкость, с которой я добился успеха, свидетельствовала о том, что я в своем анализе был прав. Они опасаются, что у меня и впрямь может быть связь с волей, — значит, мое поведение дало им к этому основания. Они хотят, чтобы я им верил, — и начинают колоться, разоблачая собственную ложь. Дальше эта схема: подозрение в том, что я получаю от друзей информацию, — боязнь, что я перестану им верить, — подтверждение моих очередных «оговорок» — твердое убеждение в том, что связь существует, — должна работать еще надежнее. Нужно лишь играть внимательно, тщательно готовить каждый ход.

Конечно, впереди было еще семь месяцев напряженных допросов, и ближайшие же из них несколько отрезвили меня. После окончания следствия в течение трех с половиной месяцев я знакомился с материалами дела, когда прежняя цель — не помогать КГБ — уступила место следующей: изучать их методы. Впереди была борьба против казенного адвоката и за открытый суд, ждало меня, наконец, и само судилище, где я попытался осуществить третью поставленную перед собой задачу: разоблачить охранку, сфабриковавшую мое дело. Словом, настоящая война с КГБ в ту пору только начиналась. Всякое бывало потом: колебания и усталость, разочарования и потери, — но никогда больше не возвращался ко мне тот страх первых месяцев, когда кажется, что от тебя ничто не зависит, когда сомневаешься, хватит ли сил устоять, когда чувствуешь себя беспомощной жертвой в руках злодеев.

Атмосфера допросов изменилась полностью и навсегда. Я внимательно слушал Солонченко, не пропуская ни одного слова и пытаясь извлечь из того, что он говорил, максимум информации. Но ни угрозы его, ни аргументы, ни намеки, ни обещания больше не действовали на меня. У КГБ была своя игра, а у меня своя. А потому я чувствовал, что являюсь уже не только участником этого спектакля, но и его режиссером.

«Думайте, думайте, Анатолий Борисович», — талдычил Солонченко в конце каждого допроса после дежурной лекции о могуществе КГБ и безвыходности моего положения. Я и думал, но только о том, как еще больше укрепить их уверенность в моей связи с волей и как добиться от них новой информации.

Со временем мне стало известно многое: что Прессел не выслан, что никто из отказников, кроме меня, не арестован, что и с Тотом они блефовали. Ну и что? А если бы я этого не узнал, что-то изменилось бы? Надеюсь, что нет. И протоколы моих допросов остались бы такими же куцыми — ведь на них моя игра никак не отразилась. Когда позднее в лагере и тюрьме я рассказывал об этом периоде, ребята останавливали меня: «Да что ты все о каких-то пустяках говоришь, о розыгрышах каких-то! Кагебешники, может, и вовсе не заметили эту твою игру — они дело клепали. Вот о том, как они это проворачивали, ты нам и расскажи». Я напрягал память и с удивлением обнаруживал, что плохо помню ход допросов, даже тех, которые были связаны с центральными эпизодами обвинения. Все в конце концов укладывалось в стандартную формулу отказа от дачи показаний.

Да, надеюсь, протоколы остались бы теми же. Но сколько душевных сил сэкономила мне моя игра! При этом важно подчеркнуть: она удалась именно потому, что возвела стену между мной и КГБ и помогла мне замкнуться в своем мире. На протяжении долгих лет, проведенных в тюрьмах, я общался со множеством зеков и пришел к выводу: каждый, кто осмеливался начинать с органами игру «на сближение», неизменно терпел поражение, независимо от цели, которую ставил перед собой, — будь то поиск общего с ними языка, попытка сделки или стремление к почетному компромиссу, — ибо подобные игры, свидетелем которых я был, о которых слышал, ставили заключенного на одну ступень с его палачами, и, в конечном счете, он оказывался в их руках.

***

От людей старшего поколения, сидевших при Сталине, от авторов «самиздатских» мемуаров узнали мы, родившиеся в сороковых, какой страшный смысл заключен в таких аббревиатурах как ЧК, НКВД, КГБ, таких невинных названиях как Лефортово, Лубянка, Бутырка, таких расхожих понятиях как следствие или допрос; о жестоких побоях и изощренных пытках, в результате которых узники подписывали все, что было нужно органам, сознаваясь в несовершенных преступлениях и давая показания на своих близких.

Теперь пытки официально запрещены. КГБ — витрина советского правосудия. Это вам не милиция, здесь рукам воли не дают, нецензурно не выражаются. Время от времени, правда, тебя могут «законно» пытать голодом и холодом в карцере, но и там будут обращаться к тебе исключительно на «вы». И шагая по коридорам лефортовской тюрьмы, в которых всегда царила могильная тишина, мимо суровых, но вежливых старшин, я и представить себе не мог, что вон там, в самом конце, у грузового лифта, есть камера под названием «резинка», ибо стены ее обиты мягким упругим материалом, ударившись о который, не получишь ни перелома, ни простого синяка. Если того требовали «государственные интересы» и КГБ был уверен, что о судьбе жертвы не станет беспокоиться мировая общественность, зека заводили в нее и били. Били те самые вежливые старшины, обращавшиеся ко мне на «вы». А в то время, когда следователи уверяли меня, что психиатрия в СССР не используется для репрессий, тем, кого допрашивали в соседних кабинетах, показывали снимки людей с искаженными от невыносимой боли, страшными лицами, в которых ничего человеческого уже не оставалось. «Не хотите сесть, как они, на „вечную" койку — давайте показания», — говорили следователи. Обо всем этом я узнал только года через три, встретившись с теми, кто через это прошел.

Со мной же, как и с другими известными на Западе диссидентами, было иначе: долгие беседы, намеки, обещания, угрозы... Нас пытались сломить не физическим воздействием, а только — спасибо им! — психологическим.

Но и я после первых успехов в игре почувствовал себя неплохим психологом. Теперь, укрепившись на завоеванном плацдарме, нужно было сделать новый бросок вперед: дать им еще одно доказательство своей осведомленности и проверить их реакцию. В то же время я ожидал и от КГБ какой-нибудь тактической новинки — ведь не могут же они не понимать, что проиграли не только с Лернером, что у меня теперь есть основания сомневаться в каждом их слове. Стало быть, чтобы усилить свое давление на меня, КГБ следует немедленно пойти с козыря. С какого? Я ждал продолжения с интересом, но и с некоторым страхом, который, впрочем, старался преодолеть, говоря себе: чем раньше я заставлю их выложить все козыри, тем лучше.

Мое нетерпение объяснялось еще и тем, что я получил постановление о новом продлении срока следствия — сразу на четыре месяца (предыдущие были соответственно на два месяца и на три), и мне хотелось кое-что сказать Солонченко по этому поводу.

— Почему КГБ затягивает следствие? — спросил я его сразу же, как только вошел.

— А как же вы думали? — следователь был явно доволен, услышав этот вопрос; он, конечно, ожидал его. — Это показывает, насколько серьезно мы относимся к вашему делу. Всех сообщников допросить, все улики собрать и проанализировать, исповедь каждого покаявшегося записать и проверить — такая работа требует времени.

— И сколько же вы собираетесь этим заниматься?

— Да уж думаю, год-полтора нам наверняка дадут. Наш долг — выяснить все детали, дать верную оценку поведения каждого из ваших приятелей — и до его ареста, и на следствии.

— Год так год, дело ваше. Жаль только, что обещаний не выполняете. Говорили, что буду сидеть с сообщниками, а приходится весь такой длинный марафон бежать в одиночестве.

Снова, как и после реплики о Лернере на предыдущем допросе, последовала напряженная пауза. Солонченко прямо сверлил меня взглядом, пытаясь определить, что мне известно. Впрочем, пауза на этот раз показалась мне не такой долгой и страшной, как в прошлый раз, и я выдержал взгляд следователя, довольно нагло при этом ухмыляясь.

Улыбнулся, наконец, и Солонченко, но холодно как-то, скривив губы:

— Ничего, главное, что к финишу вы придете не один. Так что не переживайте.

— Надеюсь, что, по крайней мере, в группе лидеров?

— О, на этот счет можете быть спокойны. Место среди призеров вам обеспечено.

Мы оба посмеялись, вроде бы радуясь, что такую острую тему свели к шутке. Тут я вдруг почувствовал легкую дрожь в руках — на сей раз от радостного возбуждения: ведь он сейчас фактически подтвердил, что никто из моих друзей не арестован! Игра продолжалась — и как легко я добивался успеха!

Еще немного похмыкав («Какая у него натянутая, неестественная улыбка», — злорадно говорил я себе), следователь резко сменил тон на строго официальный и, перейдя к допросу, извлек из конверта очередной «преступный» документ. На этот раз — наше письмо Марше и Берлингуэру, руководителям французских и итальянских коммунистов.

***

Во второй половине семьдесят пятого года, после совещания в Хельсинки, интерес средств массовой информации на Западе к вопросу о правах человека в СССР снова заметно возрос. В кампанию критики преследования инакомыслящих в СССР неожиданно включились и лидеры крупнейших европейских компартий. Таким способом еврокоммунизм пытался утвердиться в качестве независимого движения, доказать, что он избавился от родимых пятен коммунизма советского образца. Конечно же, осуждение европейскими компартиями «большого брата» носило скорее характер деликатной педагогической укоризны, однако почему бы нам не попытаться нажать на советские власти и с этой стороны? Когда такая мысль пришла мне в голову, я сел и написал проект письма Марше и Берлингуэру. Было это в январе семьдесят шестого года. Впоследствии обращаться к еврокоммунистам с посланиями такого рода стало делом обыденным, но в то время подобный шаг выглядел по меньшей мере экстравагантным.

Письмо было коротким и сдержанным; я постарался сделать все, чтобы адресатам было трудно отвергнуть его как «грубую антисоветскую клевету». В нем приветствовался интерес коммунистических партий Запада к проблеме прав человека в СССР, предлагалось провести встречу активистов алии с руководителями итальянской и французской компартий, которые вскоре должны были приехать в Москву на съезд КПСС, и выражалась надежда на то, что в этот раз нас не подвергнут превентивному аресту, как это было перед началом прошлого съезда.

Сбор подписей я начал с Виталия Рубина. Известный ученый, общавшийся с представителями самых широких кругов московской интеллигенции, принимавший у себя по четвергам диссидентов всех мастей, он, как мне казалось, был из тех, кто открыт нестандартным идеям. И я не ошибся: Виталий пришел в восторг. Мы быстро отредактировали и отпечатали письмо, поставили под ним наши подписи и вместе пошли убеждать других. В тот же день к нам присоединились Борода,

Лунц, Лернер, а вечером я уже звонил корреспонденту «Юманите», фамилию которого теперь, к сожалению, не помню. Наш диалог был уникальным в моей практике общения с западными журналистами.

— Алло, господин N, простите, я плохо говорю по-французски. Какой язык вы предпочитаете — английский или русский?

— Говорите по-русски, пожалуйста.

— Несколько советских граждан написали письмо Жоржу Марше. Если вас интересует его текст, я готов передать вам копию.

— О да, это очень интересно. Приезжайте ко мне. А о чем письмо?

— Его авторы — евреи, добивающиеся выезда в Израиль, — предлагают Жоржу Марше встретиться в феврале, когда он прибудет в Москву на съезд КПСС. Так когда и куда мне подъехать?

Тут последовала долгая пауза.

— Хм... Видите ли, я полагаю, что будет лучше, если вы пошлете мне это письмо по почте.

— А вы уверены, что оно дойдет? Может, все же надежнее, если я вручу вам его лично?

— Нет-нет, лучше по почте! — повторил корреспондент и повесил трубку.

Копию нашего обращения я ему, конечно, тут же выслал заказным письмом. Еще одну, и тоже заказным, — в Париж, самому Марше. Но полагаться на советскую почту я не стал и, конечно, правильно сделал: письма эти не дошли — во всяком случае, так впоследствии утверждали адресаты.

Сразу же после звонка в «Юманите» я встретился с корреспондентом «Ле Монд» Жаком Амальриком и передал ему текст письма. Оно попало в прессу, его читали по радио, а через день мне сообщили, что со мной хочет встретиться корреспондент газеты «Унита», которому я перед тем тоже звонил, но не дозвонился. Я пришел к нему домой. Условия жизни представителя коммунистической прессы не шли ни в какое сравнение с «комфортабельным» бытом «буржуазных» журналистов. Часто бывавший в «гетто для классовых врагов», я на сей раз попал в обычный советский дом. Нет милиционеров, проверяющих документы и передающих сотрудникам КГБ всякого, кто приходит один, без сопровождающего его западного корреспондента или дипломата. Нет «хвостов», которые увязываются за тобой, когда ты выходишь на улицу. Квартира, правда, раза в два больше обычной московской. Но ведет себя хозяин как осторожный советский чиновник: тщательно взвешивая каждое слово, говорит, что письмо немедленно уйдет к адресату, что, возможно, Берлингуэр и захочет встретиться, но сам он ничего обещать не может, ведь его дело — только передать послание.

В итоге Марше вообще на съезд не приехал, прислал своего заместителя. Берлингуэр пробыл в Москве лишь сутки, произнес достаточно резкую критическую речь и тут же отбыл восвояси. Как уверял меня корреспондент «Унита», его патрон мечтал с нами встретиться, но дела не позволили.

Тем не менее затея наша принесла-таки свои плоды: впервые за всю историю движения за выезд ни одного из активистов не подвергли превентивному аресту, хотя слежка, и очень назойливая, конечно же, была. Никто, понятно, не мог знать наверняка, в чем причина такого редкостного «либерализма», но нам приятно было думать, что письмо наше сыграло в этом не последнюю роль.

Сейчас Солонченко зачитал мне показания тандема, из которых явствовало, что КГБ придает нашему документу особое значение. «Провокация Щаранского направлена на подрыв международного коммунистического движения», — так оценивал письмо Цыпин. «Щаранский постоянно генерировал все новые и новые антисоветские идеи, и письмо к коммунистам Запада — наиболее яркий тому пример», — заявлял Липавский. Оба они, как я понимал, говорили то, что им диктовали.

— Весьма польщен тем, как высоко ценит КГБ мои скромные усилия по установлению диалога с коммунистами, — сказал я следователю.

Но Солонченко, похоже, только того от меня и ждал. Он быстро вынул из другого конверта и предъявил мне еще один документ: письмо генеральному секретарю французской социалистической партии Франсуа Миттерану, посланное нами где-то через месяц после предыдущего. В нем подробно описывалось положение евреев, добивающихся выезда в Израиль, говорилось о государственном антисемитизме в СССР. В отличие от послания Марше и Берлингуэру это было гораздо более агрессивным по тону — как в отношении советских руководителей, так и в отношении партнеров французской социалистической партии — коммунистов, оставивших наше к ним обращение без ответа. Эта идея принадлежала Виталию. Теперь уже написал черновик он, взял меня в союзники, и мы обошли всех других «соавторов», собирая подписи. Последним, кого мы посетили, был Лернер.

Я с интересом перечитал письмо и вернул его следователю, который тем временем раскрыл очередной конверт и вынул еще один листок. «Ну и аккуратисты эти кагебешники! — подумал я. — Каждая бумажка у них в особом конверте!»

— Так вы утверждаете, что устами Липавского и Цыпина говорит КГБ? Ну, а кто говорит устами этого человека? — и Солонченко прочел следующее: «Если раньше мы вышли на коммуникации Брежнев-Марше, то теперь можем выйти на коммуникации Марше-Миттеран, что для Марше может оказаться даже чувствительней».

Он смотрел на меня не отрываясь: пытался определить по выражению лица, вспоминаю ли я эту фразу.

— Вот вам и еще одно свидетельство провокационного характера ваших действий. Что вы об этом скажете?

Фразу эту я вспомнил сразу — возможно, из-за слова «коммуникации», которое вообще-то не из моего лексикона. Цитата из нашего разговора с Лернером в его доме была записана кем-то абсолютно точно. Были мы там втроем: Александр Яковлевич, Виталий и я; беседовали, в частности, о том, чего мы можем ожидать от письма Миттерану. В том, что квартира Лернера прослушивается, никто из нас не сомневался; случалось, что мы даже использовали это в своих целях.

Итак, удивляться тому, что мои слова стали известны КГБ, не приходилось. Но разговор тот не содержал вроде бы ничего криминального — это была очередная беседа о том, как вовлечь в дискуссию о положении советских евреев широкие круги западной общественности. Однако фраза, вырванная из контекста, прозвучала здесь, в кабинете следователя КГБ, как-то жутковато. А главное — они впервые продемонстрировали, как можно использовать против меня уже не чьи-то слова, а мои собственные.

Немного подумав, я сказал Солонченко:

— Прошу занести в протокол ваш вопрос с указанием, какой именно документ мне зачитан, когда он составлен и тому подобное.

Смысл этого требования был прост: если они собираются использовать против меня пленки с записью подслушанных разговоров, то пусть открыто скажут об этом. Я ведь хорошо знал, что оперативники КГБ не любят оставлять следы и что оправдать подслушивание ссылками на закон им будет не так просто.

И действительно, Солонченко сразу же пошел на попятный:

— Но разве вы не знаете, чьи это слова? — а когда я повторил свое требование, поспешно спрятал документ в конверт и сказал. — Ну ладно, это неважно. Я имею в виду для нашего допроса. Хотел проверить, как у вас с памятью.

Однако через некоторое время, уже закончив допрос, он вдруг позволил себе откровенность:

— Надеюсь, вы понимаете, что бывают случаи, когда прокурор дает разрешение на прослушивание разговоров. Есть разница между безответственной болтовней, даже клеветой, и изменой Родине. Ну, да мы с вами еще дойдем до этого. А пока — думайте, думайте!

Обвинение в шпионаже

Прошло около недели. Не помню, допрашивали ли меня в те дни; если допросы и были, то никакого следа в памяти они не оставили.

Запомнилось мне лишь то, что я постоянно возвращался в мыслях к разговору с Солонченко, гадая, какие из бесед, в которых я участвовал, записаны в КГБ, вертел и так и сяк ту или иную фразу, пытаясь представить себе, какой смысл она может обрести, если ее вырвать из контекста. Глупое, конечно, это было занятие, и я корил себя: чепухой увлекся, самоедствуешь; скроить уголовное дело они могут и из докладов, прочитанных на съезде КПСС, а не то что из наших разговоров; лучше думай о том, какую бы ловушку им еще подстроить, какая информация тебе нужна. Но никак не удавалось мне победить свои страхи, отогнать одно неприятное воспоминание, которое было им причиной.

Месяца за два до моего ареста московский диссидент Марк Морозов стал навещать активистов одного за другим, сообщая каждому по секрету сенсационную новость: сотрудник оперативного отдела КГБ предлагает инакомыслящим свою помощь, готов поставлять им информацию. Сначала Марку никто не верил, а наиболее горячие головы так и вовсе выгоняли его из своего дома, считая все это провокацией охранки. Тем временем кагебешник стал предупреждать Марка о предстоящих обысках и даже арестах, и вскоре мы убедились, что по крайней мере часть этой информации была достоверной. Так, Марк сообщил Бороде о предстоящем обыске за два часа до прихода группы. Юрий Орлов заранее узнал о том, что решен вопрос о его аресте. Правда, почти в каждом случае было и свое «но»: когда Володя узнал об обыске, агенты КГБ уже дежурили у подъезда, и вынести из квартиры большую часть материалов, за которыми они охотились, ему не удалось. Орлов, получив предупреждение Морозова, в тот же вечер ушел от слежки и покинул Москву, отсрочив свой арест на неделю. Но тем временем был арестован Александр Гинзбург. А самое главное — как выяснилось, КГБ внимательно следил за теми, кто, узнав о предстоящем обыске, спешил перенести друзьям на хранение самиздатскую литературу. Словом, оснований считать, что Морозов стал невольным помощником органов в их очередной провокации, было вполне достаточно. Тем не менее я продолжал общаться с ним, полагая, что в любом случае полезно знать, какую именно информацию КГБ хочет нам сообщить.

Последний раз я встретился с Марком в начале марта, за два дня до статьи в «Известиях». Он позвонил мне и сказал, что нам необходимо срочно увидеться. Я вышел из дома и обнаружил за собой сразу трех «хвостов».

Дней за десять до этого они оставили меня в покое, и вот появились снова. Шли все трое почти вплотную ко мне, не прячась, но и не пытаясь завести со мной разговор, как случалось раньше. «Хвосты» — что могло быть привычнее! Но я почему-то сразу подумал, как только увидел их: пришел, кажется, и мой черед. Предчувствие меня не обмануло. С тех пор они демонстративно сопровождали меня до самых ворот ГУЛАГа.

Ну, а пока что «хвосты» проводили меня к Морозову, поднялись вместе со мной в лифте и остались сторожить у дверей его квартиры. Заперев за мной дверь, Марк сразу же, ни слова не говоря, ибо опасался подслушивания, написал и сунул мне в руку записку, где сообщал две неприятные новости: во-первых, кто-то из моих друзей — стукач экстра-класса, постоянно поставляющий информацию КГБ; во-вторых, у органов есть запись нашего разговора с Робертом Тотом, который мы вели в его машине при закрытых окнах и который, как они считают, может быть использован для компрометации нас обоих.

Я вышел от Морозова, сел в такси. Один из «хвостов» подошел к шоферу и предупредил:

— Мы из МУРа, следуем за вами. Езжайте медленно, не пытайтесь скрыться.

К такой наглости мне еще предстояло привыкнуть в последующие две недели. Было очевидно, что они пытаются запугать меня, деморализовать.

Я решил тогда, что и предостережение, переданное КГБ через Морозова, — из той же оперы. Но когда через два дня появилось открытое письмо Липавского, я подумал: если первая часть информации оказалась правдивой, то не следует пренебрегать и второй. На всякий случай я пересказал Бобу слова Морозова о том, что какая-то из наших с ним бесед в машине записана КГБ, не назвав, естественно, имени человека, предупредившего меня.

Мы стали гадать, о чем может идти речь, но ничего такого в наших разговорах, что КГБ могло бы использовать против нас, припомнить не смогли. «Скорее всего, просто пугают, хотят, чтобы мы их боялись», — сказал я Бобу, и он со мной согласился.

Но сейчас, в Лефортово, я вспоминал слова Володина: «Не было никаких секретов? Даже тогда, когда вы сидели вдвоем с американским корреспондентом в машине, плотно закрыв окна?» Вспоминал я и то, что сказал Солонченко об исключительных случаях, когда прокурор дает разрешение на подслушивание разговоров, свою фразу из беседы, состоявшейся в доме Лернера и записанной на магнитофон, и все пытался угадать: что же они выкроят из моих разговоров с Тотом?

***

Следующий хорошо запомнившийся мне допрос был в начале августа, в воскресенье. Вызов в выходной день явился для меня полной неожиданностью.

— Я сегодня дежурю, заодно и с вами решил встретиться, — объяснил Солонченко.

Никаких вопросов он не стал задавать, но предложил мне ознакомиться с постановлением о проведении графологической экспертизы. Текст его был примерно таков: «14 марта 1977 года дворник-сантехник гражданин Захаров, проводя уборку во дворе дома номер такой-то по улице Садово-Самотечная, в котором находится московское бюро газеты „Лос-Анджелес Таймс“, нашел машинописные материалы с правками от руки, которые сдал 15 марта 1977 года в приемную КГБ СССР. Рассмотрев эти материалы, следователь КГБ Шерудило направляет столько-то страниц на экспертизу для выяснения, исполнены ли рукописные правки текста почерком корреспондента газеты „Лос-Анджелес Таймс“ Роберта Тота».

Далее шло стандартное для протоколов такого рода описание каждой из страниц: «Страница 1-я начинается с таких-то слов и кончается такими-то», — и так далее. О содержании материалов не говорилось ничего, но по начальным и завершающим словам каждой страницы можно было понять, что речь там шла о КГБ, отказниках, диссидентах, обо мне и моем аресте.

«Вот наконец-то и детектив начинается», — подумал я. Солонченко, улыбаясь, смотрел на меня и приговаривал:

— Вот так-то, Анатолий Борисович, вот так-то!

Лишь недавно почувствовав себя хозяином положения во время допросов, я не собирался позволять ему вновь изменить психологическую атмосферу наших бесед и потому, заглушая тревогу, сказал с иронией:

— До чего ж толковые дворники у вас на службе — найдут все что угодно, только прикажите да текст продиктуйте.

Однако следователь на сей раз хорошо подготовился к разговору. Он, казалось, только и ждал такой реакции.

— Захаров — конечно, случайность. Найти мог и кто-нибудь другой, но вот то, что бумаги эти были найдены и переданы нам, — это уже, разумеется, не случайность. Помните дело Локкарта — заговор послов?

Я машинально кивнул. Вдохновленный Солонченко сел на диван рядом с моим столом и продолжал:

— Тогда тоже все началось с маленькой бумажки, которую выронила из своей сумочки некая мадам. А за ней шел случайный прохожий, солдат Красной Армии; он поднял бумажку и, прочтя текст, передал ее в ЧК. Феликс Эдмундович так тогда и заявил: «То, что именно этот солдат нашел документ, — это случайность, но то, что заговор разоблачили, — закономерность. Потому что весь советский народ стоит на страже интересов нашей страны». Тогда, как вы помните, мы не остановились перед арестом дипломатов. Сейчас ситуация схожая. Так неужели вы думаете, что нас остановят какие-то корреспондентские карточки, угрозы американских сенаторов? Шпионскую деятельность ваших друзей мы пресекли. У нас есть достаточно материалов, доказывающих, что и ваши отношения с ними отнюдь не так невинны, как вы пытаетесь изобразить. Одни только беседы с Тотом в машине чего стоят!

Опять эти загадочные беседы в машине — то, над чем я ломаю голову все последние дни!

— Неужели забыли, Анатолий Борисович? Ничего, скоро вспомните. Пора бы уж вам понять, что мы с вами здесь не в бирюльки играем, что речь идет о безопасности советского государства! Если вы оказались невольным сообщником американских шпионов, то чем скорее вы от них отмежуетесь, тем лучше и для вас, и для других евреев, от чьего имени вы выступали.

Было очевидно, что Солонченко пытается перейти в наступление после неудач последних недель. Я же, повторяю, не хотел уступать ему инициативу, снова уходить в глухую оборону, как в первые месяцы допросов, и, уставившись в «найденные» Захаровым листки, лихорадочно соображал, как отразить атаку следователя, как сбить с него спесь.

Вдруг мне бросились в глаза два слова: «арест Щаранского», и я внезапно понял, какую они допустили оплошность. Обрадовавшись, я поступил как последний идиот...

— До чего же замечательная, однако, метла у вашего дворника! Меня не успели арестовать, впереди целые сутки, а он уже нашел материалы Тота о моем аресте! Вот уж действительно — случайностей в вашей работе не бывает!

Солонченко подошел к моему столику и склонился над бумагами. Я увидел его растерянное лицо и только тогда понял, какую сморозил глупость, обратив внимание следователя на накладку, которая у них получилась. Теперь-то они уж найдут способ ее устранить.

Пока я ругал себя последними словами, Солонченко молчал, а потом, наконец, сказал:

— Не придирайтесь к техническим деталям, Анатолий Борисович. Вы же не знаете, о чем там у Тота идет речь, — должно быть, о предстоящем аресте, ведь вы ожидали его, не правда ли? Все эти мелочи несущественны, важно то, что американская шпионская сеть раскрыта, что ЦРУ потерпело провал. У нас есть серьезные улики, подтверждающие связь сионистов, в том числе и вашу, с этой сетью, а потому судьба всего движения за выезд в Израиль — в ваших руках. Не говоря уже о вашей собственной жизни. Так что думайте, пока поезд не ушел.

Все это было сказано уже без того пыла, с которым он начал допрос. Солонченко заметно нервничал и быстро отправил меня в камеру.

Должен признаться, что я еще в детстве был ужасным болтуном. Помню, как папа забирал нас с Леней из детского садика — мне было четыре года, брату — шесть — и вел в кино. По дороге домой мы с папой, который тоже любил поговорить, бурно обсуждали содержание фильма, а мой суровый старший брат, стыдясь за нас перед прохожими, зло шипел на меня: «Замолчи, болтун проклятый!»

Сейчас, возвращаясь в камеру, я повторял про себя эти слова. Удержаться бы, промолчать, а потом на суде — открытом суде, если, конечно, такого удастся добиться, — продемонстрировать им, насколько грубо они работают!

«И детектив свой со мной и другими отказниками в главных ролях они сочиняют бездарно — значит, ничего серьезного у них против нас нет, — говорил я себе. — Правда, есть еще этот загадочный разговор с Бобом в машине...»

Волновался я напрасно: пленка с его записью так и не появилась ни в ходе следствия, ни на суде. Это был блеф, шантаж — ведь если бы КГБ и вправду располагал подобным материалом, компрометирующим нас и дающим им основания для обвинения в измене Родине, они уж как-нибудь нашли бы способ «легализовать» его через прокуратуру.

Расчет, надо полагать, был простой: разговоров у нас с Тотом состоялось немало, среди них наверняка и такие, о которых я предпочел бы не распространяться. Так, может, я испугаюсь и стану оправдываться, рассказывать, о чем мы с ним на самом деле беседовали?.. Впоследствии мне довелось познакомиться с людьми, которых следователи ловили таким примитивным способом. Так что после суда, когда стало ясно, что КГБ блефовал, я уже не сомневался: вся история с Морозовым и кагебешником, который якобы решил сотрудничать с диссидентами, была провокацией охранки. Пройдет немало времени, пока жизнь докажет мне, что я ошибался.

Показания тандема

Детективные сюжеты из наших бесед с Солонченко исчезли. В течение августа и сентября темой допросов вновь стала жизнь алии во всех ее проявлениях: составление списков отказников, связь между отказниками разных городов, встречи с иностранцами, самиздатские журналы, семинары, празднование знаменательных еврейских дат, демонстрации. Следователя интересовало все: кто и как собирал данные об отказниках, у кого эти материалы хранились, как осуществлялась связь между городами, какими путями поступала из-за рубежа сионистская литература (сюда, естественно, включались учебники иврита и книги по иудаизму), как организовывались демонстрации, кто поддерживал связь с корреспондентами, кто ходил на семинары к Рубину, к Лернеру, к Азбелю, кто делал там доклады и на какие темы, присутствовали ли на них иностранцы, передавались ли им тексты докладов...

Вопросов — и самых разных — было много, ответ же — лишь один. Записав его в протокол, следователь приступал к чтению показаний Липавского и Цыпина, которые нарисовали красочную картину нашей «преступной» деятельности.

Зачастую их свидетельства противоречивы, но КГБ это не смущает, следствие рассматривает показания тандема как взаимно дополняющие друг друга. Цыпин, скажем, описывает систему дежурств у московского ОВИРа для регистрации новых отказников; по его словам, она существует с самого начала семидесятых годов, и сбор информации организовывал я — и не только в Москве, но и по всей стране. Липавский же утверждает, что списки эти стали составляться с осени семьдесят шестого года по указанию ЦРУ, переданному корреспондентом «Вашингтон Пост» Питером Осносом Виталию Рубину; Лернер якобы поручил сбор информации Бейлиной, а отправку списков за рубеж — мне. Липавский говорит, что списки были величайшей тайной, известной только ЦРУ, а Цыпин рассказывает о визите конгрессмена Драйнена в семьдесят пятом году и его встрече с Лунцем — у каждого из них, сообщает Цыпин, был свой список, и Лунц вносил в драйненовский изменения и уточнения.

Я вспоминаю, как привел отца Драйнена, с которым мы на удивление быстро подружились, к Саше Лунцу и как в разгар нашей беседы явился Цыпин. Никаких дел у него к Саше не было, он посидел, попил чаю, послушал и ушел. Вспоминаю о таких же внезапных его появлениях и во многих других случаях — тоже без особых на то причин, но всегда во время визитов известных иностранцев. А ведь мы его уже тогда подозревали, почти не сомневались, что он стукач, но почему-то не гнали от себя.

О денежной помощи из-за рубежа семьям отказников и Липавский, и Цыпин говорят много и с нескрываемой завистью; оба утверждают, что есть какой-то специальный фонд, но толком ничего не знают. Цыпин считает, что я имел к этому фонду прямое отношение, Липавский же докладывает, что я от участия в распределении денег отказался.

Об организации демонстраций Цыпин говорит долго и подробно. Еще бы, ведь он с семьдесят второго года в течение трех с лишним лет, пока не утратил наше доверие, являлся одним из самых активных «хунвейбинов», был даже их «споуксменом». По его словам, мы действовали в соответствии с инструкциями ЦРУ, от которого получали указания, когда и где демонстрировать.

Несмотря на то, что в показаниях Цыпина полно вранья, память на детали у него удивительная. Описывает он, к примеру, наши встречи в семьдесят четвертом году на квартирах Лунца и Владимира Давыдова, где мы обсуждали разные вопросы, в том числе о демонстрациях и о поездках по стране для сбора информации о положении отказников. Как всегда, самое главное мы не говорили вслух, а писали: даты, адреса, названия городов, имена и тому подобное. Цыпин абсолютно точно перечисляет всех присутствовавших, вспоминает порядок выступлений и безошибочно излагает их содержание. «Я бы, пожалуй, так не смог», — с завистью думаю я, но тут же соображаю, что Цыпин, скорее всего, по свежим следам составлял свои донесения, а сейчас, через четыре года, попросту зачитывает их для протокола допроса.

Иногда у Солонченко появляется возможность подтвердить показания тандема каким-нибудь документом, в таких случаях он заметно оживляется. Вот он кладет на стол письмо, изъятое у Лунца осенью семьдесят четвертого года во время его поездки в Дербент.

— Читайте! — торжествует следователь. — Это перевод с английского. Некий Джо призывает Лунца искать новые способы для сбора и передачи информации, с помощью которой можно было бы потребовать от СССР дальнейших уступок. Теперь видите, на кого вы работали? Может, хотите узнать, в какой организации работает Джо?

— Хочу, — говорю я серьезно, но при этом с трудом сдерживаю смех и прикусываю язык, чтобы не сболтнуть лишнее, как в случае с Захаровым.

— Со временем узнаете, — многозначительно говорит Солонченко. — Это все друзья вашего Тота.

Бедняга! Он не знал, что его подвел переводчик, который не смог правильно прочесть слово «Lou» — «Лу» — сокращение от имени Луис. Так звали Розенблюма, физика из Кливленда, одного из первых начавших в Америке борьбу за советских евреев. Если бы КГБ это знал, то обрадовался бы, может, еще больше. А так им пришлось шантажировать меня несуществующим Джо, делая вид, что за этим именем скрывается некто из ЦРУ.

Впрочем, сверив перевод письма с подлинником, я обнаруживаю вещи посерьезнее. В ожидании принятия поправки Джексона Лу Розенблюм призывал нас собирать информацию, с помощью которой можно было бы проверить, как СССР соблюдает договоренность, достигнутую в ходе переговоров Киссинджера и Громыко. Но при переводе с английского слова «full compliance with» — «полное соблюдение» — превратились в «дальнейшие уступки».

— Вот в чем была ваша цель! Даже если бы мы согласились на требования Джексона, вы вместе с вашими американскими сообщниками собирались требовать дальнейших уступок!

Тут уж я промолчать не мог и написал заявление, в котором указал на явное искажение смысла письма и потребовал исправить перевод. Ответ гласил, что следователь английского языка не знает, а к концу следствия документ будет еще раз проверен переводчиком. Все это не помешало КГБ приобщить письмо к делу неисправленным и упомянуть о нем в приговоре в доказательство моей и моих «сообщников» изменнической деятельности.

Целью научных семинаров ученых-отказников, по показаниям тандема, было то же, ради чего мы составляли списки: перекачивание советских тайн на Запад. На эти семинары, по их словам, приезжали под видом ученых представители тамошних спецслужб и увозили с собой собранную для них секретную научную информацию.

Я выслушивал всю эту мешанину фактов и домыслов, фамилий реальных людей и поручиков Киже и думал: так что же опасней, что хуже — попытки впутать меня в какой-то пошлый детектив или извращенное толкование нашей деятельности? Если в первом случае КГБ надо проявить определенную изобретательность, то во втором и придумывать ничего не надо: заявления мы писали, списки составляли, на демонстрации ходили, в семинарах участвовали. Десятки московских, ленинградских, рижских, кишиневских, минских евреев уже сегодня могут быть обвинены в том же, в чем и я.

А почему, собственно, «могут» — наверняка уже обвиняются! Пусть даже пока никто не арестован, но, без сомнения, идут допросы, на людей оказывают давление, их шантажируют. На это указывали и темы, которые Солонченко поднимал на допросах в августе и сентябре.

Обычно, покончив с чтением показаний тандема, следователь начинал рассуждать о том, какой размах приняла наша деятельность, сколько людей по всей стране было вовлечено в нее.

— Я, конечно, понимаю, — говорил он, — что вы не могли быть главной фигурой во всем этом, однако нет ничего странного в том, что и Липавский, и Цыпин, и другие свидетели отводят вам в движении центральную роль. Допрашиваем-то мы их по вашему делу, а человек так уж устроен: всегда пытается переложить ответственность с себя на другого.

Затем следователь, как правило, пересказывал различные эпизоды из жизни алии последних четырех-пяти лет, проявляя при этом немалую осведомленность. Цель его очевидна: внушить мне, что один из моих коллег — трус, другой — бабник, третий — стяжатель, четвертый — честолюбец... Должен признаться, что в его характеристиках не все было взято с потолка: стукачи свое дело знали, да и подслушивание велось вполне квалифицированно.

Я же в описании следователя выглядел на фоне остальных чуть ли не ангелом: и в материальных дрязгах отказывался участвовать, и к друзьям относился лучше, чем они того заслуживали, и умен-то я, и добр, и вообще, если бы не мои ошибочные взгляды, то был бы я отличным малым. Никогда не приходилось мне получать от КГБ столько комплиментов, как в эти недели, но я прекрасно понимал, что льстят они мне неспроста.

Вывод, к которому подводил меня Солонченко, был следующим; грешили все, кто больше, кто меньше, но главные злодеи теперь продолжают наслаждаться жизнью в Израиле и в Москве, а мне одному придется за них держать ответ — экая несправедливость! Это давление оказалось куда более слабым, чем предыдущий натиск, но зато было длительным и нудным. Лихая атака захлебнулась; противник избрал тактику осады моих позиций, подвергая их интенсивному, но не слишком опасному артобстрелу.

План КГБ, судя по всему, был прост: заставить меня усомниться в друзьях, ослабить мою внутреннюю связь с ними, а затем, уловив момент, когда одиночество и ощущение безысходности станут угнетать меня особенно сильно, вновь предложить мне искать выход в сотрудничестве с ними.

Но у КГБ был свой сценарий, у меня — свой, у них свои цели, у меня — свои, у них своя игра, у меня — своя, так успешно начатая двадцать пятого июля. И чем больше я увлекался ею, тем меньше было у меня времени и желания размышлять над аргументами Солонченко и компании.

В десятых числах августа я получил дополнительное подтверждение тому, что игра моя развивается успешно. Надзиратель принес мне очередную, положенную раз в месяц, пятикилограммовую посылку из дома и выложил продукты на стол. Обычный порядок был таков: мне давали «сопроводиловку» — опись вложенного, составленную отправителем, я сверял с ней содержимое посылки и расписывался в получении. Но на сей раз надзиратель протянул мне лист чистой бумаги:

— Сами составьте список продуктов и распишитесь.

Я запротестовал: ведь видеть почерк кого-либо из родственников — единственная возможность убедиться, что он еще жив.

— Таков теперь новый порядок, — сказал вертухай.

Вскоре выяснилось, что новшество это почему-то не распространилось ни на моего соседа, ни на других обитателей Лефортово. Пока же, делать нечего, я стал составлять опись и тут же обнаружил, что все этикетки оторваны, — узнать сорт сыра или название зубного порошка было невозможно. Я обрадовался. Еще недавно КГБ сам объяснял мне через Шнейваса, как передавать информацию с воли, заранее договорившись с домашними о том, что будет означать тот или иной продукт и о чем скажет то или иное его количество. Я тогда признался ему, что не додумался до этого, но теперь стало ясно: они не верят мне и подозревают, что у меня есть связь с волей. Стало быть, я получил еще одно убедительнейшее доказательство тому, что мои «оговорки» и о Лернере, и о том, что никто не арестован, соответствуют действительности.

Потерять возможность лишний раз увидеть почерк близкого человека было, конечно, обидно, но я убеждал себя в том, что приобрел вместо этого нечто большее: уверенность в правильности моей стратегии. Если бы между догадками, которые я выдавал за достоверное знание, и истинным положением вещей на воле были противоречия, следователи не сомневались бы, что я блефую, и не пытались столь явно пресечь мою связь с внешним миром.

Между тем кагебешники продолжали демонстрировать вновь и вновь, насколько они поверили мне. Во второй половине августа с интервалами в несколько дней последовали три обыска, беспрецедентные по тщательности. Забрали на проверку все библиотечные книги и мои записи, отклеивали каждую этикетку с вещей и продуктов, складка за складкой прощупывали одежду, простукивали стены, жалкую тюремную мебель; с помощью одного прибора искали металлические предметы, с помощью другого — полости в дереве... Я держался спокойно, стараясь скрыть радость и злорадство, и лишь время от времени бросал им:

— Да что мы, прятать не умеем, что ли? — или нечто иное в том же духе.

Но сосед мой в раздражении сказал ищейкам:

— Четвертый год в Лефортово, а такого не видел. Что вы ищете здесь, приемник?

Главный среди них внимательно посмотрел на него, схватил за руку и быстро спросил:

— А почему вы заговорили о приемнике?

Бедный Михаил Александрович страшно перепугался. Сразу после обыска его вызвали на беседу; вернувшись в камеру, он долго настороженно присматривался ко мне, а вечером, во время игры в домино, вдруг тихо сказал:

— Или я ничего в людях не понимаю и вы совсем не тот, кем кажетесь, или наш КГБ сам себя свел с ума шпионскими историями. Приемник — придумать же такое!

Он фыркнул, но объяснять ничего не стал. Впрочем, я и не спрашивал, только посоветовал ему:

— Не принимайте все это близко к сердцу, Михаил Александрович. Ведь вас жена ждет. Кстати, ваш ход.

А через несколько дней, когда мне пришлось в очередной раз утешать его, расстроенного семейными неурядицами, отвлекать от тяжелых мыслей, он вдруг сказал:

— Говорят, вы готовы родного отца продать, только бы увидеть свою фамилию в западных газетах. Неужели это правда?

— Судите сами, Михаил Александрович.

Наши отношения продолжали носить тот же осторожно-ровный, полуприятельский характер.

***

Единственным трофеем, который кагебешники захватили в результате серии обысков, была маленькая скрепка, завалившаяся когда-то за подкладку пиджака. Скрепка — предмет металлический, острый, а потому для хранения в камере запрещенный. Пиджак у меня был старый, с многочисленными дырами в карманах, и провалиться сквозь них мог и пистолет, не то что скрепка. Однако когда меня привезли в тюрьму, то всю одежду тщательно проверили и не нашли ничего подозрительного. Сейчас же Петренко грозно вопрошал:

— Откуда у вас скрепка?

— Я за качество работы ваших служащих, обыскивавших меня после ареста, не отвечаю. Вы, кстати, сами там присутствовали, — напомнил я ему, — и должны были контролировать своих подчиненных.

Петренко пропустил все это мимо ушей.

— Не хотите жить с нами в мире — пеняйте на себя; будете строго наказаны.

Стало ясно, что скрепка для них — только предлог. Я не знал тогда, что незадолго до этого, в середине августа, следственный отдел КГБ СССР направил руководству тюрьмы официальное письмо с требованием пресечь мою связь с волей, но понять, что история со скрепкой — реакция на эту несуществовавшую связь или даже месть за нее, было нетрудно.

Опять идти в карцер мне не хотелось; я решил предпринять кое-какие превентивные меры и при очередной встрече с Солонченко заявил:

— Мне это распределение ролей на доброе следствие и плохого Петренко надоело. Раньше — зубная щетка, теперь — скрепка. Петренко, конечно, откровенный антисемит, но я понимаю, что действовать независимо от вас он не может. Если меня снова посадят в карцер, я буду рассматривать это как очередную попытку следствия давить на меня и откажусь выходить на допросы вплоть до полной смены всех семнадцати следователей.

Солонченко молча выслушал меня и что-то себе записал. На следующий день я повторил то же самое в заявлении на имя Генерального прокурора.

Срок между составлением рапорта о нарушении и постановлением о наказании по закону не должен превышать десяти дней. Где-то на восьмой день, во время обеда, в камеру ворвался начальник тюрьмы. Я не сразу узнал его: Петренко был в гражданском костюме и плаще, возбужденный и запыхавшийся.

— Щаранский, — торопливо заговорил он, — есть ли у вас какие-нибудь претензии к администрации?

— Конечно, есть.

— Какие?

— Ну, например, мне, вопреки правилам, не выдают фотографию жены.

— Безобразие. Я разберусь. Выдадут, — выпалил он скороговоркой. — Если возникнут еще проблемы или вопросы, записывайтесь ко мне на прием, будем их решать. Я пришел сказать вам, что администрация тюрьмы никаких претензий к вам не имеет. Если у нас были раньше недоразумения с вами, то я об этом сожалею. Продолжайте обедать. Приятного аппетита.

Отбарабанив все это, Петренко повернулся и пулей выскочил из камеры. Хохочущий Тимофеев повалился на нары:

— Извиняющийся Петренко! Нечто невиданное!

Я еще не успел сообразить, что все происходящее означает, как открылась кормушка: принесли фотографию Наташи. У меня даже руки задрожали от радости.

Но, как известно, аппетит приходит во время еды. Почему бы теперь не потребовать в камеру иврит-русский словарь Шапиро, который мама безуспешно пыталась передать мне через руководство тюрьмы? Я еще не знал, что толстый, страниц на шестьсот, словарь этот как раз в те самые дни у мамы все же взяли. Правда, до меня он не дошел — его, видимо, распотрошили в поисках все той же тайной информации.

— Куй железо, пока горячо, — посоветовал мне сосед, и я уже на следующее утро подал на имя Петренко заявление с просьбой принять меня. К моему удивлению, никакой реакции не последовало. На следующий день я повторил попытку — и снова с тем же результатом. Только на третий день мне сообщили, что Петренко подал в отставку с поста, который занимал в течение пятнадцати с лишним лет, и сдает дела своему заместителю, подполковнику Поваренкову.

Больше я никогда Петренко не видел. Как ни соблазнительно было думать, что к крушению его карьеры причастен и я, реализм во мне возобладал над гордыней. В советской системе, особенно на уровне партийной и кагебешной элиты, людей не снимают с работы за допущенные ими ошибки. Падение их объясняется интригами, борьбой различных групп за власть, за влияние. А когда чья-то судьба уже предрешена, тогда этому человеку и предъявят длинный список допущенных им прегрешений — даже если он совершал их по заданию своего более удачливого начальства; свалят на него и чужую вину.

Видимо, что-то подобное произошло и в этом случае. Когда Петренко решили «уйти», его, надо думать, обвинили и в том, что он плохо изолировал меня от внешнего мира, и в том, что дал мне повод обвинять КГБ в антисемитизме, и, может быть, даже в том, что своим неумным поведением ожесточил меня и затруднил работу следствия. Во всяком случае, в дальнейшем следователи и даже прокурор не раз говорили мне, что осуждают методы Петренко и что не случайно ему пришлось покинуть свой пост.

Но рановато они поставили на нем крест. Через пять лет, встретившись в чистопольской тюрьме с новым лефортовским пополнением, я узнал следующее. В восемьдесят первом году в Лефортово произошло ЧП. Арестованный — видимо, по обвинению в шпионаже — польский генерал покончил жизнь самоубийством: когда его вели на прогулку, он сумел взбежать на мостик, с которого надзиратель наблюдал за зеками, и бросился головой вниз на асфальт. За это кто-то должен был ответить. В итоге Поваренков исчез, а на его месте вновь появился Петренко.

По разным сценариям

Итак, допросы в августе-сентябре проходили по двум параллельным сценариям: КГБ и моему. Следователи пытались посеять во мне недоверие к друзьям, я же, не слушая их, играл в совершенно другую игру. В соответствии с моим сценарием допросы шли примерно так.

Я вхожу в кабинет улыбаясь, вдохновленный молитвой, которую, как всегда, успел по дороге из камеры произнести дважды, и, с начала сентября, — с фотографией жены в боковом кармане пиджака.

— Что, Анатолий Борисович, опять отличное настроение?

— Конечно, Александр Самойлович. Такие хорошие вести поступают с воли, как не радоваться!

— Правда? Ну, и откуда же они на этот раз к вам поступили?

— Как всегда: Наумов каждый день на связи. Молодец, аккуратный человек!

Мы оба весело смеемся, но каждый при этом не спускает глаз с противника.

— Что же вы сегодня расскажете, Анатолий Борисович?

— О, Господи! Да что же это случилось, Александр Самойлович? Почему вдруг я должен вам рассказывать? У нас же с вами полное взаимопонимание: вы говорите, а я слушаю.

— Ну, знаете, может, для разнообразия поменяемся разок ролями, и вы мне расскажете? Позвольте мне сегодня послушать.

— Нет уж, позвольте вам не позволить...

И дальше — в том же духе.

Я эту вводную часть допроса называл про себя «подпрограммой Манилов-Чичиков»: именно так топтались у дверей герои «Мертвых душ», уступая друг другу право войти первым. Но если у Гоголя эти двое в конце концов входили, толкаясь, одновременно, то в нашем сюжете я ни разу не позволил себе нарушить этикет, и первенство всегда принадлежало Солонченко.

— Следствие располагает данными о...

Упоминается какой-нибудь документ, заводится речь о демонстрации, пресс-конференции, зачитываются показания тандема, задаются стандартные вопросы, на которые я отказываюсь отвечать или повторяю сказанное раньше.

Затем начинается «вольная» часть допроса, к которой каждый из нас припас свои «домашние заготовки». Пока Солонченко рассуждает о моральных качествах моих «сообщников», я караулю подходящий момент, чтобы напомнить ему: о происходящем на воле мне известно больше, чем он полагает. Вот следователь говорит о том, что Прессел делал с Рубиным какие-то гешефты втайне от остальных. Я бросаю реплику:

— Ну что ж, как бы то ни было, у вас ведь не нашлось достаточных оснований выслать его. Кончился у дипломата срок — он и уехал, значит, не такими страшными были его проступки.

Солонченко замолкает. Когда-то он пытался убедить меня, что Прессел выслан, но с тех пор многое изменилось.

— А зачем высылать? Дипломат ведь не корреспондент, арестовать его нельзя. Мы вышлем американца, они — нашего, только лишние хлопоты. Главное — быть в курсе их преступной деятельности и вовремя ее пресекать.

В другой раз речь заходит о конгрессмене Драйнене, о его визитах со мной в качестве переводчика к Сахарову, к Лунцу.

— Вот ведь интересно: в то время, когда вы его тут чуть ли не в сообщники мне клеите, в «Правде» его — как и некоторых других американцев, знакомство с которыми вы мне еще припомните, — хвалят как борцов за мир. Знали бы они, что проходят у вас в качестве участников сионистского заговора, еще активнее за мое освобождение боролись бы. Впрочем, Драйнен и так первый помощник моей жены в Вашингтоне.

Я не сомневался, что священник Драйнен продолжает помогать Наташе: ведь он включился в ее борьбу еще до моего ареста. Но я и представить себе не мог, что попал в самую точку: в Вашингтоне, оказывается, был организован комитет в мою защиту с Драйненом во главе.

— Не надейтесь, — криво улыбнулся Солонченко. — Что бы ваша жена ни делала, ей никого обмануть не удастся, пусть даже ей и помогают ваши друзья. Их, кстати, становится все меньше.

Молодец следователь — подтвердил, что Авиталь не бездействует и что она в своей борьбе не одинока!

Как-то в середине сентября Солонченко стал рассказывать мне о том, насколько напуганы и деморализованы моим арестом все отказники, как у них сейчас языки развязываются:

— Ведь каждый понимает: измена Родине — это не шутка, а тут его вызывают на допрос и предупреждают об ответственности за дачу ложных показаний. Вы скажете, полгода принудительных работ за это — не срок? Но человеку объясняют, что эти шесть месяцев он проведет в закрытом районе, рядом с военными объектами, после чего еще лет десять не выедет из СССР. Думаете, это не действует? Еще как действует!

Хотя я хорошо знал цену словам моих следователей, я не сомневался, что КГБ может угрожать еще и похлестче, и сказал ему:

— Вот ведь любопытно: почему мне вы рассказываете о том, что все там напуганы и сотрудничают с вами, а моим друзьям говорите, что я трясусь от страха и выкладываю все как на духу? От правды вы, надо думать, далеки в обоих случаях.

Помолчав, Солонченко сказал как-то особенно холодно и надменно:

— На вашем месте, Анатолий Борисович, я бы не полагался на какие-то сомнительные источники информации. Вы же на собственном примере испытали, как опасно им доверять: сколько раз, скажите, друзья уверяли вас, что мы не решимся на ваш арест, — а вы вот сидите.

Здорово! Он уже не только не сомневался, что у меня есть связь с волей, но и не считал нужным это скрывать, ему хотелось только заставить меня усомниться в надежности источника информации.

Да, лишение возможности видеть почерк родных, серия обысков, повышенное внимание к моей скромной особе, новые угрозы со стороны Петренко — все это было, конечно, издержками затеянной мной игры. Но зато — сколько положительных эмоций!

Однажды во время очередного исполнения «подпрограммы Манилов-Чичиков» я решил продемонстрировать уступчивость:

— Ну ладно, хотите, чтобы мы поменялись разок ролями, — я согласен. Но тогда давайте и местами поменяемся, хотя бы минут на десять. Я сяду за ваш стол, а вы — за мой.

— А зачем это вам? — не понял Солонченко.

— Ну, например, воспользуюсь вашим телефоном, позвоню, скажем, в бюро «Нью-Йорк Таймс» — они, должно быть, уже соскучились по моему голосу.

Цель этого хода была простой. Солонченко, как я предполагал, скажет: напрасно вы надеетесь, они все там уже боятся вашего имени; друзей ваших давно в бюро нет — или еще что-нибудь в этом же роде. А я, в зависимости от ответа, попробую продемонстрировать свою осведомленность: это, мол, не так; и, может, даже вверну слово о Бобе, чтобы узнать, где он теперь и что с ним. Однако следователь припас другую «заготовку»:

— Я давно хотел поинтересоваться, Анатолий Борисович: вы, наверно, театр любите?

— Да, очень.

— «Таганку», я полагаю?

— Опять угадали, — пытаюсь я уловить, куда это он клонит.

— Ну, а какой жанр вам больше всего по душе? — спросил он, улыбаясь иронично, но добродушно и сделав круговое движение рукой: дескать, и у нас с вами тут сцена.

— Вы правы, Александр Самойлович, — подхватываю я его невысказанную мысль, — мой любимый жанр — фарс, а любимый спектакль — «Тартюф» в театре на Таганке. Но вы ведь меня по театрам не водите — приходится удовлетворяться этими постановками.

— Так вот, я хочу вам сказать, Анатолий Борисович, что вы забываете законы драмы. Помните, как говорил Чехов: если в первом акте на стене висит ружье, то в последнем оно обязательно должно выстрелить. В первом акте вам его показали. Вы же ведете себя так, как будто последний акт никогда не наступит. Но, уверяю вас, всякая пьеса имеет свой конец. И эта — тоже.

Голос Солонченко к концу его хорошо подготовленной тирады стал жестким, улыбка исчезла. До самого конца встречи он держался сухо, официально и даже, вопреки обыкновению, не раскачивался на стуле.

Однако этот допрос был исключением. Если бы посторонний человек заглянул в те дни в кабинет номер пятьдесят восемь, он решил бы, что видит двух старых приятелей, которые, раскачиваясь на стульях, вспоминают веселые деньки из прошлого и обмениваются понятными только им шуточками и намеками. При этом Солонченко раскачивался на двух ножках стула, а я, пользуясь тем, что сижу в углу — даже на одной, отталкиваясь то плечом от стенки слева, то спиной от стенки сзади. Мои упражнения с казенной мебелью закончились печально: однажды ножка сломалась; я, имитируя ужас, попросил Александра Самойловича не выдавать меня Петренко, и он великодушно обещал взять вину на себя.

— Если Петренко узнает и об этом, вам не выйти из карцера вплоть до суда, а то и до зеленки, — хохотнул он.

Фарс продолжался.

Я уже отмечал, что Солонченко прекрасно разбирался в делах алии. Тем удивительней была его безграмотность, когда речь заходила о юридических аспектах проблемы, которой он занимался.

Как-то, когда он заговорил о наших «клеветнических» утверждениях об отсутствии свободы эмиграции из СССР, я сказал ему:

— А что, собственно, еще надо доказывать, если эмиграция из СССР вообще вне закона?

— То есть как это?

— Очень просто. Если вы приходите в ОВИР и говорите, что хотите уехать из страны, от вас потребуют приглашение от родственников из-за рубежа. Без него вы вообще не можете возбудить ходатайство о выезде, ибо в СССР формально разрешена не эмиграция, а лишь воссоединение семей, которого фактически тоже нет.

Солонченко иронически хмыкнул и сказал:

— Ну знаете, Анатолий Борисович, здесь-то зачем антисоветской пропагандой заниматься? Оставьте уж это для своих пресс-конференций, если они у вас еще будут. Что значит — нельзя возбудить ходатайство об эмиграции? Возбуждайте на здоровье и, если интересам государства ваш выезд не противоречит, — уезжайте!

— И все же выясните это для себя, Александр Самойлович. Вы уже столько месяцев готовите дело против нашего движения — и не знаете даже самых элементарных юридических норм вашей страны в вопросе эмиграции. Зато вам точно известно, что все наши документы — клеветнические. Вот отличная иллюстрация вашей подлинной роли в следствии!

Через несколько дней я напомнил ему о нашем разговоре и поинтересовался, что же он выяснил.

— Ах да, действительно, нужно приглашение от родственников, — сказал он и продолжал, ничуть не смущаясь: — Но это и правильно: зачем нам эмиграцию из нашей страны поощрять?

— А как же быть с правами человека?

— А что с правами человека? Прежде всего мы должны заботиться о правах советских людей, а не перебежчиков, Я хочу жить в социалистическом государстве, хочу, чтобы дети мои жили при коммунизме, хочу, чтобы и другие народы — например, народ Анголы, — которые стремятся к той же цели, могли осуществить свою мечту. Каждый же, кто уезжает из социалистического государства в капиталистическое, ослабляет наши позиции и уменьшает тем самым шансы моих детей жить в коммунистическом обществе. Так зачем же мне подрывать мои собственные права и права моих детей?

Уверенность Солонченко в том, что руководство СССР поступает правильно, не разрешая эмиграцию, была столь же абсолютной, сколь и совсем недавняя убежденность в том, что оно право, разрешая ее. После таких разговоров я особенно остро чувствовал, что, несмотря на общий язык, мы с ним по-разному устроены и принадлежим к разным мирам.

Для классификации наших документов о выезде из СССР, для суда над нами КГБ даже не нужно знать, разрешают ли советские законы эмиграцию. Достаточно лишь быть уверенным в том, что каждый желающий уехать — враг. Точно так же для вынесения суждения по любому эпизоду, фигурирующему в деле, нет необходимости разбираться, что происходило в действительности; надо лишь ясно представлять себе, кто из его участников — враг, и юридически оформить против него обвинение.

Как можно составить протокол с полным соблюдением всех формальностей, но без малейшего соответствия с тем, что было на самом деле, сотрудники КГБ наглядно продемонстрировали мне где-то в конце сентября — начале октября.

В кабинете кроме Солонченко находились еще двое: следователь из «моей» группы подполковник Чечеткин и какой-то человек в штатском. Чечеткин был коротышкой и носил ботинки на высоченных каблуках, лицо его было отмечено печатью дегенеративности: узкий лоб и мощная нижняя челюсть. Когда-то он занимался боксом, и все его интересы сосредоточились лишь на этом виде спорта. Он очень напоминал чилийского генерала Пиночета, каким изображали последнего советские карикатуристы, и однажды в разговоре с Солонченко я назвал его «Пиночеткин»; с той поры все коллеги Чечеткина именовали его за глаза только так. Второго, пухленького бесцветного мужичка, представили мне как майора Масленникова и сообщили, что у меня сейчас будет с ним очная ставка.

Очных ставок у меня до сих пор не было, но я знал, что их очередь рано или поздно наступит, и полагал, что прежде всего встречусь с Липавским и Цыпиным.

Сейчас же передо мной сидел человек, ни имя которого, ни внешность ничего мне не говорили. Но уже после первых его слов все стало ясно.

Ровно за два года до этого произошло событие, радостное для всех отказников: на чемпионат мира по штанге приехали спортсмены Израиля. Многие из нас были участниками драматически окончившихся встреч с израильскими атлетами на Универсиаде семьдесят третьего года, сопровождавшихся стычками с КГБ, которые стали для меня первым «боевым крещением». На этот раз во Дворце спорта мы выкрикивали на иврите нашим ребятам слова поддержки, бурно аплодировали им, и власти не вмешивались. Один из тренеров израильской команды заметил нас, поднялся на трибуну, мы стали обмениваться впечатлениями от игры — и никто нас не остановил. Тогда мы пригласили команду отпраздновать вместе Суккот в подмосковном лесу. «Реайон тов» («хорошая идея»), — сказал тренер. «Даже „айн“ выговаривает!» — с тихим восторгом отметил я про себя.

Несколько раз в году, в религиозные еврейские праздники и в День независимости Израиля, мы выезжали на излюбленную нами лесную поляну неподалеку от Москвы, брали с собой мячи, шахматы, еду и, конечно же, магнитофоны с записями еврейских песен. На этот раз с нами был даже маленький оркестр.

Число израильтян в последний момент увеличилось: к четырем или пяти штангистам присоединились борцы, возвращавшиеся с соревнований, которые проходили в Минске. Еще поехали с нами несколько туристов из Канады и двое американских студентов. Всего собралось человек сто. Как всегда, к поляне нас сопровождали кагебешники; добравшись до места, они расположились по кругу на опушке и снимали все происходящее кино- и фотоаппаратами.

Мне показалось, что кагебешники держатся более напряженно, чем обычно; среди них крутились милиционеры — это говорило о возможных задержаниях и арестах. За деревьями, метрах в пятидесяти от нас, стояли два «воронка».

Празднование началось с доклада о том, что такое Суккот; потом были игры, танцы, люди пели еврейские песни, заводили беседы с гостями. В какой-то момент мы прикрепили к дереву израильский флаг. Кагебешники, казалось, только того и ждали: одни бросились фотографировать тех, кто стоял под флагом, другие с кем-то связывались по рации... К нам подошел майор милиции, сопровождаемый несколькими штатскими — хорошо известными мне «хвостами».

— Я начальник местного отделения милиции. Немедленно снимите и отдайте нам флаг государства, с которым у СССР нет дипломатических отношений, и покиньте территорию района! Местные жители возмущены вашим поведением.

Аборигенов изображали все те же «хвосты», так как никаких других людей в штатском в лесу не было. Пока я переводил заинтересованным канадцам и американцам слова майора и объяснял, что происходит, кто-то из наших ребят вышел вперед и заявил, что никаких законов мы не нарушаем, отмечая еврейский религиозный праздник, и что тут присутствуют спортсмены, представляющие Израиль на официальных соревнованиях.

— Флаг Израиля висит сейчас перед Дворцом спорта. Почему же он не может быть поднят здесь? — спросил он.

— Отдайте флаг и уходите, — повторил майор.

Тут появилось подкрепление: милиция, кагебешники. Кинокамеры работали без остановки. Мы были вынуждены принять бой. Флаг, к которому уже подбирались милиционеры, сняли с дерева; один из израильтян поднял его над головой. Несколько кругов танцующих хору сомкнулись вокруг него, заиграл наш оркестрик, заглушая крики «блюстителей порядка».

Неожиданно из-за деревьев появились «воронки» и, включив сирены, помчались на толпу. Мы продолжали танцевать и петь, не оборачиваясь, крепко обняв друг друга за плечи. Машины остановились в двух шагах от нас.

— Отберите у них флаг! Разгоните их! — кричали милиционерам кагебешники; сами они грязной работой не занимались и стояли в стороне. Те стали наваливаться на нас сзади, пытаясь разорвать живую цепь; мы пассивно сопротивлялись, отталкивая их ногами, — но вот уже упал один из нас, потом другой, увлекая за собой милиционеров, однако цепь смыкалась вновь, и люди продолжали танцевать и петь.

— Это же международная провокация! Здесь ведь иностранцы! Будет большой скандал! — раздавались возмущенные голоса.

Меня тоже выдернули из круга; я упал на траву, но быстро вскочил на ноги и осмотрелся. Рядом со мной стоял «воронок»; один из кагебешников подбежал к нему и стал быстро-быстро что-то говорить по рации. Услышав, очевидно, ответ, он пошептался с двумя-тремя своими товарищами, те мгновенно собрали остальных, и доблестные чекисты покинули поле боя. Машины вновь взвыли и скрылись в глубине леса, милиционеры отступили к опушке, и только съемки продолжались.

Еще часа два мы продолжали веселиться на поляне, а потом отправились по домам. Люди опасались провокаций, но все было спокойно. По дороге одна из канадок сказала мне:

— Я просто потрясена! Конечно, и у нас полиция вмешивается, если демонстрации в городе угрожают порядку. Но поехать за нами в лес, чтобы помешать праздновать!..

Я предложил ей:

— А почему бы вам не поделиться своими впечатлениями с западными корреспондентами в Москве? Я, конечно, в любом случае с ними свяжусь, но думаю, что послушать вас им гораздо интересней.

Канадцы и американцы согласились, и когда мы приехали в город, я пригласил к ним в гостиницу журналистов. Утром следующего дня «Би-би-си» и «Голос Америки» уже передавали о том, что произошло в подмосковном лесу. А еще через несколько часов представители советских спортивных организаций выразили израильтянам сожаление по поводу «досадного недоразумения» и надежду на то, что случившееся не омрачит дружественных отношений между спортсменами двух стран.

И вот сейчас я слышу из уст Масленникова — того самого майора, который формально руководил операцией два года назад, — следующий рассказ:

— Жители моего района позвонили в милицию и сообщили, что большая группа хулиганов устроила на опушке леса пьяный дебош, мешает им отдыхать. Мы приехали и увидели множество перепившихся людей, которые пели нецензурные песни; на траве валялись бутылки водки, лежала закуска — в основном, черная икра. (Черная икра для русского человека — символ богатого застолья. Откуда было знать бедному Масленникову, что она не кошерна, и потому ее не могло быть у нас на Суккот!) — Я спросил, кто старший, — продолжает майор. — Мне указали на гражданина, который сидит сейчас передо мной. Я предложил ему вместе с дружками немедленно покинуть район. Тогда он развернулся и сильно ударил меня в лицо. Это послужило сигналом для остальных: началась драка. В конце концов наш патруль рассеял их по лесу. Я приказал арестовать зачинщика; его искали, но не нашли. В результате удара, нанесенного мне Щаранским, у меня была травма переносицы.

Тут же мне предъявляют заключение судебно-медицинского эксперта, подтверждающее слова Масленникова.

Итак, против меня сфабриковано еще одно обвинение: в злостном хулиганстве и нанесении травмы работнику милиции.

Я несколько теряюсь от такой быстрой переквалификации из шпиона в хулигана, и первые мои вопросы к свидетелю носят защитный характер: где я стоял, когда он подошел, кто мог ему жаловаться на наше поведение, если в лесу больше никого не было. Но вскоре я спохватываюсь: противно играть роль ягненка, доказывающего волку, что вовсе не нападал на него, — и делаю заявление следствию:

— Ряд сотрудников КГБ вели в лесу кино- и фотосъемки всего происходящего. Один из их кинооператоров находился рядом с майором. Наверняка на пленке зафиксирован и удар в лицо, если таковой имел место. Поэтому я требую приобщить этот материал к делу.

Следователи не успевают и рта раскрыть, как Масленников выпаливает:

— Но ведь я стоял к объективу спиной, и поэтому на пленке ничего не видно.

Я от души хохочу. Конечно же, КГБ не только не приобщит пленку к делу, но и никогда официально не признает, что такие съемки велись, — ведь «хвосты» существуют лишь в воображении шизофреников, одержимых манией преследования.

— Прошу зафиксировать в протоколе очной ставки мое ходатайство и реплику гражданина Масленникова о том, что он стоял спиной к кинооператору, — говорю я.

Тут в разговор вступает Чечеткин:

— Но когда вы давали мне показания, — обращается он к Масленникову, — то ни о каких кинооператорах не вспоминали. Может быть, съемки вели сами евреи?

Поняв свою ошибку, майор заливается краской. Он, конечно, прекрасно помнит, что эти кинолюбители не только снимали происходившее, но и руководили его собственными действиями. Однако долг офицера милиции — не давать правдивые показания, а помочь КГБ соблюсти юридические формальности при составлении требуемого протокола. И он отвечает смущенно:

— Ну, я точно не знаю, наверное, это были евреи.

К разговору подключается и Солонченко. Тон его явно издевательский.

— Что это вам, Анатолий Борисович, постоянно привидения мерещатся? То за вами кто-то ходит, то вас фотографируют... Может, с психикой не все в порядке? Впрочем, если вы сообщите нам фамилии и адреса людей, которые якобы вели съемки, мы попробуем их найти.

Я все же добиваюсь своего: они записывают в протокол то, что мне необходимо. Вернувшись в камеру, я пишу письмо прокурору, указывая в нем, что многие из людей в штатском, руководившие действиями милиции в лесу и снимавшие нас, мне хорошо известны, я знаю их в лицо: ведь они в течение нескольких лет ходили за мной, дежурили под окнами, сидели рядом в транспорте и даже застревали вместе со мной в лифте. Фамилии и адреса их, понятно, назвать не могу, однако один из кинооператоров, которого мы называли между собой «Банионис» за сходство с популярным актером, в марте семьдесят седьмого года сопровождал меня в «Волге» в лефортовскую тюрьму. Поэтому я требую устроить мне очную ставку с людьми, участвовавшими в моем аресте, чтобы я имел возможность опознать того человека.

Я, безусловно, понимал, что ничего из этого не выйдет, но мне в то же время было хорошо известно, что КГБ избегает любых выяснений по поводу своих «хвостов», которых официально попросту не существует.

То ли это мое заявление подействовало, то ли они, спохватившись, решили, что не следует включать в обвинение эпизод, свидетелями которого стали иностранцы, — но в итоге «хулиганство» мое было прощено, и о нем больше не упоминалось.

Новый натиск

Серия допросов внезапно прервалась в начале октября. Целый месяц следователи, казалось, не вспоминали обо мне, однако и в пятьдесят восьмом кабинете, и в двух кабинетах над ним, где работала «моя» группа, каждый вечер горел свет: это говорило о том, что дело двигается. Именно тогда, когда меня перестали вызывать на допросы, я во время прогулок в тюремном дворе заметил: окна этих кабинетов были освещены и в субботу, и даже в воскресенье. Группа работала без выходных! Что бы это значило? Следствие подходит к концу? Всякое не зависящее от тебя изменение рутинного порядка, к которому ты успел привыкнуть, вызывает вопрос, а в тюрьме, да еще во время следствия — тысячу вопросов, волнует, пробуждает надежды, заставляет искать объяснения — конечно же, как правило, в твою пользу.

Прошла внеочередная сессия Верховного Совета СССР, на которой была принята новая конституция — брежневская, сменившая сталинскую. Теперь выходным днем стало седьмое октября, а пятое декабря — обычным рабочим. Именно в те дни меня перестали вызывать на допросы. Нет ли здесь связи? Может, правительство решило сделать красивый жест в честь принятия новой конституции?

С трудом заставляю себя выбросить всю эту чушь из головы, однако от другой иллюзии избавиться труднее: из «Правды» мне известно, что конференция в Белграде продолжается; очевидно, именно поэтому газету нам дают читать все реже и реже. Но даже из тех номеров, которые попадают в камеру, ясно, что

Советам не нравится происходящее там. Может, идет какая-то торговля? Может, Запад требует освободить членов Хельсинкской группы — Орлова, Гинзбурга, меня?

Мысль о том, что Юрий сидит здесь же, в Лефортово, почему-то успокаивает: все-таки рядом близкий, дорогой мне человек, хотя я, конечно, предпочел бы, чтобы он остался на воле, подальше отсюда. Нет сомнения, что и он, и Алик держатся хорошо, — иначе мне давно бы уже процитировали их показания. Я вспоминаю Буковского, Амальрика — и чувствую себя менее одиноким. Конечно, статья у них была полегче — не шестьдесят четвертая, а семидесятая... Но вот Эдик Кузнецов получил смертный приговор, а как достойно вел себя в тюрьмах и лагерях, какой дневник сумел переслать на волю!

О жизни в ГУЛАГе я прочел в свое время немало, но как жаль, что никто не написал — во всяком случае, мне такой не попадалось — подробной книги о следствии! Поучиться бы на чужом опыте — насколько сейчас было бы легче! К счастью, есть много других доступных мне книг, и сплошь и рядом оказывается, что накопленный в них человеческий опыт для меня ничуть не менее полезен. А потому в октябре я читал много как никогда, получая книги из тюремной библиотеки.

...Итак, весь этот месяц я и мои кагебешники отдыхали друг от друга, но моего соседа продолжали вызывать на допросы. Впрочем, как я уже писал, он был скорее консультантом, чем подследственным, и его встречи со следователем проходили совсем иначе, нежели мои.

Приходя в кабинет Бакланова, Тимофеев получал листок с вопросами — в основном, технического характера: о применении различных юридических актов в работе Комитета по охране авторских прав — и письменно отвечал на них. При этом Бакланов занимался какими-то другими делами, угощал Тимофеева кофе, хорошими сигаретами, давал почитать газеты, включал радио. Время от времени ему даже разрешалось позвонить домой, но и это еще не все: следователь дважды устроил Тимофееву свидание с женой — под предлогом вызова ее на допрос! Со своей стороны, Тимофеев не только помогал им юридическими консультациями, но и, когда это потребовалось, согласился на очную ставку с главным обвиняемым по делу и помог расколоть его.

Если я радовался перерыву в допросах, наслаждаясь чтением книг, то сосед мой буквально рвался в следственный корпус из камеры, где нет ни музыки, ни кофе. Два-три дня без вызова — и у него уже поднималось давление, портилось настроение; ему не давала покоя мысль о том, что происходит дома, как жена.

Это, кстати, важная часть работы КГБ со своей жертвой: заставить ее мечтать о встрече с ними. Часто даже не столько ради кофе, газет и прочих маленьких радостей жизни, сколько в надежде прорвать завесу неизвестности, узнать, что тебя ждет, на что можно рассчитывать. Такое «нетерпение сердца» — опасное чувство, умело разжигаемое кагебешниками и используемое ими в своих интересах.

С допросов Тимофеев приходил как с воли, долго вспоминал все, что там происходило, чем угощали, что обещали, какие анекдоты они со следователем рассказывали друг другу.

Как-то вечером, играя со мной в домино, сосед тихо сказал:

— Сегодня Бакланов рассказал мне анекдот — кажется, специально для вас, — и уже громким голосом продолжал: — Он мне говорит: «Помните, когда-то, в самый разгар бегства жидов, по Москве ходил такой анекдот: стоят два еврея, к ним подходит третий; не знаю, говорит, о чем вы тут беседуете, но точно знаю, что ехать надо. Так вот, вчера мне рассказали современный вариант этого анекдота. Стоят два еврея, к ним подходит третий и говорит: не знаю, о чем вы тут беседуете, но точно знаю, пора каяться; я уже заявление написал... Да, — добавил Бакланов, — тяжелые настали нынче времена для жидов!»

«Вот КГБ и вспомнил обо мне, — подумал я. — Опять начали обрабатывать». Если сосед мой только подозревал, что анекдот этот предназначался мне, то я ни на йоту не сомневался. Было ясно: они хотят убедить меня в том, что на воле прошла волна публичных покаяний евреев в своих «сионистских заблуждениях», — вот, мол, и анекдоты об этом уже появились.

Через несколько дней Тимофеев рассказал мне, что Бакланов в его присутствии говорил по телефону со своим приятелем. Тот задал Бакланову какой-то вопрос, и следователь ответил: «Да нет, Шерудило в воскресенье с нами поехать не сможет — ты же знаешь, они решили полностью покончить с этим жидовским базаром. Вот он и сидит без выходных целый месяц. Зато отпуск потом большой дадут». Шерудило был одним из «моей» группы.

На сей раз Тимофеев уже сомневался в том, что это — игра: слишком естественно, по его мнению, все выглядело. Но я был уверен в обратном. Даже то, что Бакланов, парторг следственного отдела КГБ, употреблял в своих разговорах слово «жиды», а не «евреи», как того требует лицемерная официальная этика, было, повидимому, не случайным. Этим он подчеркивал свое доверие Тимофееву, давал ему понять, что считает его одним из них, а потому и позволяет себе при нем говорить напрямую.

Вообще, роль Тимофеева в той игре, которую вел со мной КГБ, была не совсем стандартной. Конечно, гарантии, что он не был обычным стукачом, я дать не могу. И все же, по моим наблюдениям, мой сосед вряд ли на это согласился бы. У Тимофеева было свое понятие о честности и порядочности, о солидарности зеков. Я легко могу представить себе этого убежденного коммуниста в качестве обвинителя на моем суде, но не в роли подсадной утки. При всех наших добрых отношениях он, конечно, никогда бы не стал использовать, скажем, свои встречи с женой для того, чтобы передать от меня весточку на волю, однако считал своим долгом помочь мне принять правильное, с его точки зрения, решение: пойти на компромисс с органами, чтобы спасти свою жизнь. Этим и пользовался КГБ, подбрасывая ему время от времени информацию для меня.

В конце октября Бакланов устроил моему соседу встречу с его старыми друзьями и коллегами — высокопоставленными юристами из ЦК КПСС и МВД. Тимофеев давно мечтал об этом в надежде, что они помогут ему добиться помиловки. У них, в свою очередь, был к нему ряд вопросов — по его прошлому делу и по нынешнему. Бакланов великодушно предоставил им свой кабинет, где они и посидели за чашкой чая. Вернулся оттуда Тимофеев поздно, возбужденный и приободрившийся, отказался от ужина в мою пользу: друзья, мол, хорошо угостили. Долго пересказывал малоинтересные сплетни из жизни своих сослуживцев.

Я слушал его — и из вежливости, и потому, что был уверен: КГБ пришлет мне свой привет и на этот раз.

— Ну, ладно, давайте скорее играть, у меня сегодня счастливый день, везуха. Отомщу вам за все мои проигрыши.

Тимофеев был очень самолюбив и в течение многих месяцев вел счет своим поражениям и победам. Когда мы уже сидели за столом, он сказал:

— Было там кое-что, касающееся и вас. Когда меня спросили, кто мой сосед, я фамилию называть не стал, просто ответил: один из так называемых диссидентов. «А, таких сейчас много сидит, наконец-то перестали с ними нянчиться и взялись за них всерьез, по всей стране отлавливают». — «И что с ними собираются делать?» — «Ну, сейчас не сталинские времена, массовых расстрелов, конечно, не будет, но кое-кого, кто слишком далеко в своих играх с иностранцами зашел, видимо, расстреляют». Я перепугался за вас и невольно воскликнул: «Даже так?!» — а мой приятель из ЦК, весьма, кстати, информированный человек, пояснил: «А что же нам делать? Практика показала: чем дольше они сидят, тем больший капитал на Западе зарабатывают, тем более опасными врагами становятся, когда выходят. А так и от врагов избавимся, и других припугнем. А то они совсем обнаглели: на глазах у всех, демонстративно, над нашим строем издеваются, с иностранными разведками в открытый союз вступают».

Я уже давно перестал гадать: «убьют — не убьют» — и думал о другом: чего они добиваются, посылая мне эту информацию? Все говорило в пользу того, что КГБ готовит новый натиск.

***

Допросы возобновились в ноябре, причем на них теперь часто присутствовал помощник генерального прокурора по надзору за следственными органами КГБ Михаил Иванович Илюхин, полный, невысокий и вечно сонный серый человек лет пятидесяти. Всем было ясно, что он тут лишь для проформы, для того, чтобы КГБ при необходимости мог заявить: мы, мол, работали под контролем прокуратуры. Сам же Илюхин время от времени пытался доказать, что это не так и он тут не просто «для мебели».

— Какие у вас претензии к следствию? — первым делом спросил он.

Впоследствии завершающие слова из ответа на этот вопрос и будут использованы КГБ для давления на моего брата.

Илюхин сделал при мне замечание следователю, заявив, что протокол должен подписываться обязательно в тот же день, поинтересовался условиями в камере — в общем, проявил обо мне заботу. Но как только начались сами допросы — его поведение резко изменилось. Прокурор, оказывается, не привык — или, скорее, делал вид, что не привык, — слышать в этих святых стенах «антисоветскую клевету» и даже просто слова, не санкционированные сверху.

Так, на одном из допросов речь зашла об Андрее Дмитриевиче Сахарове, и я заявил:

— С лауреатом Нобелевской премии мира академиком Сахаровым я хорошо знаком, считаю его деятельность по защите прав человека в СССР правильной, давать какие-либо показания о нем отказываюсь.

Тут Илюхин вдруг впервые взорвался:

— Писать в протокол о том, что антисоветчик Сахаров — лауреат Нобелевской премии, не будем! Эта награда — антисоветская провокация! У него есть и советские награды, почему вы их не перечисляете?!

— Я несколько удивлен такой нервной реакцией. Естественно, у антисоветчика Сахарова, отца советской водородной бомбы, есть высшие советские титулы, премии и ордена, и я нисколько не возражаю, если следователь в своем вопросе перечислит их. Я же привык отвечать сам, без подсказок со стороны, — сказал я.

Прокурор запретил следователю включать мой ответ в протокол, и я отказался подписать его. В следующий раз, когда Илюхина не было, Солонченко внес в текст мои исправления, и только тогда я поставил под ним свою подпись.

Обычно же Илюхин вел себя не просто пассивно, но, я бы даже сказал, апатично: он вечно был вялым, сонным, с трудом следил за ходом допроса. Иногда прокурор приносил с собой какие-то бумаги — видимо, материалы по другим делам — и, как школьник, не успевший приготовить домашнее задание к следующему уроку, поспешно листал их. Зачастую он попросту клевал носом, и мы с Солонченко заговорщицки подмигивали друг другу и понижали голос, чтобы не разбудить спящего.

Однажды, когда Илюхин вышел из кабинета, Солонченко, будто испугавшись, что участвует в подрыве авторитета советской власти, сказал:

— Напрасно вы, Анатолий Борисович, так несерьезно относитесь к этому человеку. Очень возможно, что он будет государственным обвинителем на суде и от него будет зависеть ваша жизнь.

— Что ж, это лишний раз говорит о том, насколько демократичны ваши судилища, — ответил я.

Солонченко лишь пожал плечами, но впредь был осторожен и больше не позволял себе смеяться над начальством.

Во время ноябрьских допросов следователи почти целиком сконцентрировались на моих связях с иностранцами — журналистами, дипломатами, политиками, — на том, как мы с ними «использовали» друг друга; причем и сами вопросы, и показания Липавского и Цыпина становились все более и более зловещими: «Через кого вы установили контакт с таким-то?», «Бывали ли у вас конспиративные встречи с тем-то?», «Служили ли ваши встречи с корреспондентами каким-либо целям, кроме передачи заявлений для печати?»

Липавский в своих показаниях утверждает, что Прессел на его глазах передавал Рубину чемодан с подрывной литературой, говорит, что с моих слов и со слов Виталия ему известно, что таким же образом получал книги и я. Впрочем, ни одного конкретного факта он привести не может.

Цыпин тоже сообщает, что я получал литературу через дипломатов и журналистов; он ссылается при этом на Крымски, американского корреспондента, который якобы признался ему, что сам был таким курьером. В доказательство тому, что я распространял «антисоветчину», Цыпин передает следствию два израильских журнала на русском языке, «полученные от Щаранского на хранение». Просматриваю их: вроде бы когда-то читал, года четыре назад. Наверное, потом отдал кому-то, может быть, тому же Цыпину. Ну и что? Даю на все эти «разоблачения» свой стандартный ответ, а сам радуюсь: раз ничего более серьезного они мне предъявить не могут, значит плохи их дела — никто из близких друзей не раскололся.

Мне торжественно предъявляют новую улику: «инструктивное письмо, поступившее от сообщников по конспиративным каналам». Это письмо от конгрессмена Драйнена, посланное мне в двух экземплярах: по почте и через посольство. По почте я, естественно, ничего не получил, а копию, присланную на адрес посольства, мне передал Прессел. Помню, встретились мы в начале Калининского проспекта; мои «хвосты» были на боевом посту, да и Джо, похоже, пришел не один. Он открыто передал мне конверт, я тут же, на глазах у кагебешников, вскрыл его и прочел письмо. В нем Драйнен благодарил меня за помощь, оказанную ему в Москве, рассказывал о встрече с Авиталь в Вашингтоне, обещал продолжать борьбу за советских евреев. И все. Тем не менее — «инструктивное письмо, поступившее по конспиративным каналам»...

Следствие вновь возвращается к нашему заявлению в поддержку поправки Джексона, оригинал которого Липавский украл из помойного ведра Рубина. Оказывается, Саня дал по этому поводу новые показания: «Письмо было отправлено в США по просьбе сенатора Джексона, более того: Джексон сам его и написал. Привез же его в Москву другой сенатор — Брук. Он объяснил, что у них начинается очередная предвыборная кампания, Джексон выставляет свою кандидатуру на пост президента, и ему очень нужна поддержка советских евреев-активистов. За несколько дней Щаранский собрал подписи под этим заявлением и вернул документ Бруку, который и вывез его из СССР. Обо всем этом мне известно от Рубина и Щаранского».

Встречу с Бруком я помню очень хорошо. Несмотря на то, что в Москве сенатор был с кратким визитом, он все же нашел время поговорить с нами. Собрались мы на квартире у Бороды, и Липавского там точно не было. Полагаю, что он Брука вообще никогда не видел. Может, он его спутал с кем-нибудь? Никак не возможно: Брук — единственный чернокожий в сенате США. Что ж, все ясно: КГБ обратил внимание на то, что письмо наше было опубликовано на Западе вскоре после отъезда Брука из СССР, и решил связать эти два события воедино. Знал бы бедный сенатор, что его официальный визит является доказательством тому, что «подрывная деятельность сионистов направлялась и организовывалась спецслужбами Запада!»

Вдруг я вспоминаю, что Брук — республиканец, имевший в тот момент определенные политические амбиции и даже рассматривавшийся обозревателями как возможный кандидат в вице-президенты от своей партии. В этих условиях его желание помочь кандидату-демократу выглядит довольно забавно. Липавский, понятно, в таких тонкостях не разбирается, но уж

КГБ-то следовало подыскать кого-то из демократов, если им так хотелось приписать авторство Джексону! Наученный горьким опытом, я ничего не говорю Солонченко, приберегаю эту курьезную накладку для суда.

Следователь с моих слов отмечает в протоколе, что все материалы, под которыми стоит моя подпись, были задуманы и составлены нами, еврейскими активистами, а не кем-либо из-за рубежа. После этого он зачитывает мне другую, не менее бредовую часть показаний Липавского — о том, что перед выборами семьдесят шестого года я, по заданию все того же Пресела, провел среди отказников опрос и сообщил своему патрону, что, по нашему общему мнению, для СССР будет лучше, если победит Форд, а для евреев — если президентом станет Картер. Результаты опроса были переданы в сионистские организации США, что повлияло на их позицию в предвыборной кампании, а в конечном итоге — на результаты выборов.

Трудно без усмешки выслушать такую галиматью, но Илюхину чувства юмора определенно не хватает:

— А что вы смеетесь? Может, это у вас на нервной почве? Ведь Картер-то и впрямь оказался врагом разрядки, врагом СССР! Вы знали, что делали, вступая в сговор с американскими сионистами против Форда! Вы сознательно нанесли ущерб нашей стране своей преступной деятельностью! На юридическом языке это называется изменой Родине!

В доказательство тому, что мы пытались влиять на предвыборную кампанию в США, Солонченко предъявляет мне два документа, датированные сентябрем семьдесят шестого года: обращение более чем ста евреев-отказников и письмо Сахарова. Они адресованы Форду и Картеру и призывают обусловить развитие взаимоотношений с Советами решением двух проблем: обеспечения прав человека в СССР и свободы еврейской эмиграции. И Солонченко, и Илюхин уверены, что оба обращения написаны по моей инициативе, и заявляют, что они способствовали усилению антисоветской истерии в США.

— Сколько вам заплатили за них? — интересуется Солонченко. В том, что за такую «провокацию» я получил крупную сумму, не сомневаются ни следователь, ни прокурор.

— Скорее всего, деньги лежат для него в швейцарском банке, — обращается Солонченко к Илюхину, — дожидаются его выезда в Израиль, — и снова поворачивается ко мне. — Так сколько? Сто тысяч долларов?

— Ну, такую чепуху я получал за одно лишь интервью Тоту! Меньше миллиона я за подобную работу не беру, — отвечаю я на полном серьезе, но чувства юмора у этих людей нет.

— До Тота мы еще дойдем, — обещает следователь.

А ведь действительно, у них в руках какие-то не разыгранные пока что карты: «найденные» Захаровым бумаги Боба, его показания, из которых мне были зачитаны лишь несколько фрагментов, наконец, та самая таинственная запись нашего разговора в машине...

Я чувствовал: еще немного, и следствие вернется к этой теме, начнет новую атаку. Не пора ли мне попытаться уже сейчас узнать у них, что с Тотом, разрядить их бомбу? Ведь когда КГБ начнет эту карту разыгрывать, им будет значительно труднее признаться, что Боб не арестован, что они блефовали. Поэтому, решив, что ждать больше нельзя, я подготовил несколько вариантов продолжения своей игры. При этом мне было важно, чтобы Илюхина на допросе не было: в присутствии прокурора добиться признания Солонченко оказалось бы гораздо более сложной задачей. Наконец где-то в двадцатых числах ноября мы со следователем остались наедине.

Все эти месяцы, прежде чем ответить Солонченко на какой-то особо серьезный вопрос, я сначала писал свой ответ на листке, а потом диктовал его. В ноябре, когда вопросы стали носить все более зловещий характер, я готовился с особой тщательностью, взвешивая каждое слово. И в этот раз передо мной лежали лист бумаги и карандаш.

— Что это вы так осторожничаете, Анатолий Борисович? — спросил Солонченко,

— Я ведь вижу, куда вы клоните. Это легко вычислить из ваших разговоров. Даже из статей в «Правде» нетрудно понять: шьется дело о международном сионистском заговоре, и я, естественно, стараюсь не помогать вам в этой грязной работе.

Я намеренно выделил голосом слово «вычислить», и следователь ухватился за него:

— Что вам вычислять? К чему жить догадками, гипотезами? Мы от вас ничего не скроем, со временем все узнаете. А сейчас вам никакая математика не поможет. Вас спасет только одно:

откровенные показания. Вы же своими ответами лишь усугубляете свое положение.

Кажется, он говорил что-то еще, но мне достаточно было услышать сентенцию о бессмысленности вычислений — все остальное было продумано в камере.

— Так, говорите, математика не поможет? Сразу видно, что вы не изучали логику, — усмехнулся я. — Вы даже не представляете себе, как много можно узнать, если тщательно анализировать услышанное. Могу привести вам один пример.

Тут я имитирую колебания: мол, выдавать секрет или нет, — потом делаю вид, что желание похвастаться побеждает, и продолжаю с самодовольной миной:

— Да, раньше не мог, а теперь это уже неактуально, могу и рассказать. Помните, в июле мы беседовали о Роберте Тоте? Вы мне читали его показания.

Заинтригованный Солонченко кивнул.

— Тогда вы сказали мне, что он арестован, и я, конечно, не знал, соответствует ли это действительности. Но я внимательно слушал вас, анализировал и сопоставлял все сказанное. Уже недели через две-три мне было достоверно известно, что это неправда.

Следователь опустил голову к столу, напрягся и застыл в такой позе. Я боялся, что он может перебить меня и возразить, и поспешил добавить заранее подготовленную фразу, которая, с моей точки зрения, должна была облегчить ему признание:

— Я, понятно, до сих пор не знаю, был ли Тот вообще арестован, — так много вы мне не подсказали, — но уже в августе я убедился в том, что он на свободе.

Солонченко слопал приманку. Подняв голову, он произнес, медленно подбирая слова:

— Могу вас заверить: все, что нам было нужно, мы от Тота получили. Посидел сколько надо — и во всем сознался. А задерживать его надолго — к чему? Кроме того, вы же должны понимать: у американцев есть шпионы здесь, у нас — свои люди там. Но вы ведь не иностранный шпион — вы советский гражданин, изменивший Родине; вас ждет совсем другая судьба.

…В июле семьдесят восьмого года, накануне суда, я сидел в камере с мошенником-профессионалом, о котором уже упоминал, и рассказывал ему свою историю. Когда я дошел до этой беседы с Солонченко, во время которой я его расколол, сосед остановил меня:

— Ты сам до этого додумался?

— Конечно.

— Вот здорово! У нас такой прием называется «указать дорогу», и ему специально обучают. Играешь ты, например, в сику в компании, а среди вас сидит зверь (сика — азартная карточная игра, упрощенный вариант покера, богатая кормушка для шулера; зверь на их жаргоне — южный человек: грузин, армянин, узбек — с большими деньгами). Знаешь, что в брюках у него зашиты деньги, но он кокетничает, стесняется их оттуда достать, а все, что было в карманах, уже просадил. Тогда ты при своем ходе, когда надо делать очередную ставку, извиняешься, отворачиваешься и изображаешь, будто достаешь пачку денег из брюк, после чего зверь, уже не колеблясь, делает то же самое. Что-то в этом роде и ты провернул со своим следователем.

Не скрою, комплимент профессионала был приятен...

Слова Солонченко принесли мне глубокое удовлетворение и облегчение. Много месяцев назад я затеял эту игру с КГБ в надежде узнать, врут ли они об аресте Боба. И хотя с тех пор я не раз заставлял их отказываться от наверченной ими лжи, только теперь игра была доведена до логического конца.

Тем временем следователь пришел в себя, вновь закачался на стуле и сказал:

— Не может быть, чтобы вы узнали о Тоте от меня. Как и откуда это вам стало известно — мы разберемся, и очень скоро.

Я рассмеялся — мне и впрямь стало весело, ибо я мог теперь чистосердечно признаться ему:

— От вас, только от вас, Александр Самойлович! Кроме вас да Наумова у меня ведь не было собеседников.

Я вспомнил, как начал свою игру с ними, и мне почему-то страшно захотелось, продолжая валять дурака, — хотя бы намекнуть Солонченко на свой метод.

— Вы и представить себе не в состоянии, сколько можно узнать, анализируя наши разговоры. Для этого существует целая наука: математическая логика. Я даже могу дать вам ключ к тому, как мне удалось вычислить, что Тот на свободе. Хотите?

— Давайте, — бросил Солонченко, всем своим видом показывая, что не верит ни единому моему слову, но — почему бы не послушать? Тогда я пересказал ему задачу о мудрецах и их неверных женах.

— Если решите ее, то поймете логику, которой я руководствовался.

Конечно же, моему следователю ее не решить. Даже если он обратится к специалистам и те дадут готовый ответ, это ему не поможет. Мне было легко, смешно и весело. Я чувствовал себя не особо опасным государственным преступником, а семилетним мальчишкой, гордившимся тем, что поставил взрослому мужчине, далекому от шахмат, детский мат.

Солонченко аккуратно записал текст задачи.

— Что ж, порешаем на досуге, — сказал он и отправил меня в камеру. Всякий раз, рассказывая соседу о том, как проходил мой допрос, я помнил, что камера прослушивается. Сейчас я использовал это в своих целях и похвастался Тимофееву моими успехами:

— Я вычислил, что Тот на свободе, и сказал об этом следователю, но он не поверил. С логикой у них слабовато.

Сосед же моего легкомысленного отношения к КГБ не одобрял.

— Что бы вы ни изобретали, они свое дело знают туго, работают без выходных, клепают том за томом. Смотрите, как бы поезд ваш не ушел...

В ближайшее воскресенье Тимофеева неожиданно взяли на допрос; счастью его не было предела. Вызовы в выходной день случались очень редко — лишь тогда, когда Бакланов либо дежурил по следственному отделу, либо был вынужден выйти на работу в связи с каким-то авралом в руководимой им парторганизации. Вернулся же мой сосед мрачным как туча, подавленным и раздраженным.

— Ну и досталось мне п.. лей из-за вас, — сев на нары, сказал он тихо и зло сразу же, как только надзиратель закрыл за ним дверь. — Вы свою смекалку демонстрируете, а я должен страдать?! Ну когда я говорил вам что-нибудь о вашем Тоте? И что я вообще могу о нем знать! — воскликнул он с отчаянием.

Я попытался, как мог, его успокоить и вскоре узнал следующее. Беседовал с ним не Бакланов, а Пахомов, руководитель одного из двух отделений следственного отдела, и начал так: «Если мы идем вам навстречу, Михаил Александрович, позволяем поддерживать связь с семьей, то в любой момент это может кончиться. Не для того мы создаем вам здесь условия, чтобы вы помогали Щаранскому!» После заверений Тимофеева в лояльности и невиновности кагебешники несколько сбавили тон и стали выяснять, откуда у меня может быть информация о Тоте, не пересказывал ли мне сосед что-либо, вычитанное из газет.

— Но я ведь читал у Бакланова только «Советский спорт», что я мог вам рассказать? — жалобно повторил мне Тимофеев неопровержимый довод, который привел Пахомову.

Хотя расстались следователи с ним вполне миролюбиво, он не мог скрыть своего огорчения: боялся, что вышел из доверия. Мне же слышать все это было очень радостно.

Я утешал соседа, возмущался идиотами-следователями, которые сами пробалтываются, а потом ищут стрелочника.

У меня не было никаких конкретных планов продолжения игры, но происшествие с незадачливым Тимофеевым, показавшее, какой переполох вызвала она в КГБ, раззадорило меня, и я решил поразвлечься еще немного. Утром, во время завтрака, я предложил своему соседу:

— Мне жаль, что вы стали жертвой моих отношений с КГБ. Если хотите, я заявлю следователю протест в связи с тем, что они натравливают вас на меня. Вы, скажу, возмущены мной и подозреваете, что я оклеветал вас перед следователями. Это будет еще одним доказательством вашей непричастности к моим делам.

Тимофеев подумал и сказал:

— Верно. Пожалуй, хуже не будет.

На очередной допрос я пришел хмурый, на расспросы Солонченко о причине плохого настроения ничего не отвечал. Если в прошлый раз он мне нужен был без Илюхина, то сейчас вся соль была в том, чтобы говорить с ними обоими, столкнуть их лбами. Ведь формально следователи нарушили инструкции. Они сами не раз говорили мне, что им даже запрещено выяснять, кто сидит в камере с допрашиваемым.

Вскоре появился Илюхин и тоже сразу же заметил мою мрачность. Солонченко обратился к нему:

— Что-то Анатолий Борисович сегодня не в духе. Тут я взорвался:

— Вы еще спрашиваете, почему у меня плохое настроение? Натравливаете сокамерника — он же теперь на меня буквально с кулаками бросается, думает, что я его оклеветал! Я ведь вам, гражданин следователь, ясно сказал: вы, и никто другой, лично сообщили мне, что Роберт Тот на свободе. При чем же здесь Тимофеев? Я требую от прокурора, чтобы попытки КГБ отравить обстановку в нашей камере были немедленно прекращены!

Оторопевший Илюхин переводил взгляд с меня на следователя и обратно: он ничего не понимал. Солонченко же — о, это было зрелище! — побледнел, по-настоящему испугался. После долгой паузы первым подал голос прокурор:

— Александр Самойлович, вы знаете, о чем идет речь?

— Да видите ли... — робко начал Солонченко, но сразу же перешел на агрессивный тон: — Анатолий Борисович имел наглость (впервые он позволил себе такую грубость — видимо, сказалось волнение) утверждать: дескать, я сообщил ему о том, что Тот — на свободе. Это, естественно, ложь. Откуда этот факт ему известен, я представления не имею. А что касается вашего соседа по камере, — обратился он ко мне, — так я даже не знаю, кто он.

— Знаете или нет, меня не интересует. Я требую прекратить натравливать его на меня в поисках стрелочника, ответственного за ваши ляпы.

Тут в разговор вступил Илюхин. Говорил он, как и полагается прокурору по надзору, строгим голосом, в упор глядя на Солонченко:

— Вопросами изоляции заключенных занимается тюрьма, а не следственные органы. Если у следствия есть какие-то подозрения, оно может обратиться к руководству тюрьмы.

— Но именно так мы и поступили, когда Володин направил Петренко письмо по этому вопросу, — быстро ответил тот. — А больше я ни о чем не знаю!

Так я узнал о письме, которое увидел полгода спустя при ознакомлении с делом, — в нем Володин требовал от Петренко пресечь мою связь с волей. Какие еще мне нужны были доказательства, что ситуация за тюремными стенами развивается совсем не так, как хотел бы КГБ! Друзья мои держатся стойко, никто не арестован, не покаялся, иностранцы не высланы. Период следствия, который, по замыслу охранки, должен был стать самым тяжелым для меня, оказался одним из самых интересных в моей жизни.

Возвращаясь в камеру, я испытывал легкую грусть: мне было ясно, что игра скорее всего закончена и наступают будни. Но оказалось, что и в следственных буднях есть немало любопытного.

Следствие подходит к концу

Как я и ожидал, в конце ноября мне предъявили первый из материалов, «найденных» дворником Захаровым во дворе дома, где жил Роберт Тот. Сделали они это без прежней торжественности, без намеков на массовые аресты и не менее массовые покаяния — все было буднично и просто. После признания Солонченко в том, что Тот на свободе, энтузиазма у них на время поубавилось. Следователь сказал лишь:

— Ознакомьтесь. Даже Тот понимал, что ваша деятельность незаконна, а вы этого никак признать не хотите.

«Материал» представлял собой довольно длинную ленту телекса — чистовой и черновой варианты статьи Боба о моем аресте, — а также ее перевод на русский. С волнением читал я о том, что происходило в доме Слепака, когда я уже был в Лефортово: как Дина бегала звонить в КГБ — узнавать, там ли я; как переживала Маша, что я забыл свои теплые вещи; как Александр Яковлевич успокаивал всех, убеждая подождать с заявлением для печати до завтра... И хотя с того дня прошло почти полгода, я вновь ощутил себя в обществе друзей, мне захотелось крикнуть им: не бойтесь, я держусь!

После текста статьи на ленте была примерно такая приписка: «Ник! Кажется, мы попали в переплет. „Известия" обвинили группу еврейских активистов в сборе секретной информации о местах работы отказников. Статью на эту тему я послал в газету в ноябре. Тогда Щаранский открыто помог мне. Один журналист сказал, что я был глупцом, написав ее, хотя и согласился, что в ней нет ничего криминального. За несколько дней до ареста Щаранский сообщил мне, что по полученным им сведениям КГБ будто бы располагает записью какого-то разговора, состоявшегося между нами; он полагает, что это — провокация. Привет. 15-03-77-22-00».

Прочтя несколько раз это сообщение Боба своему редактору, я подумал: «Что ж, Боб, если ты и был глупцом, то не тогда, когда писал тот материал, а когда писал эту сопроводиловку. Ну почему бы не сказать то же самое в тексте самой статьи о моем аресте? Я помогал тебе не таясь, так и писать об этом надо открыто, чтобы КГБ не имел повода утверждать, что у нас есть секреты! И почему бы не отметить, что я сотрудничал с тобой, будучи абсолютно уверенным: ничего запрещенного для обнародования в информации об отказниках нет?»

В переводе текста были, естественно, неточности и забавные ляпы. Смешнее всего они истолковали слово «Regards» и следующие за ним цифры в конце приписки. Это слово, которое переводится как «привет», может означать и «относится к...». Естественно, что цифры 15-03-77-22-00 в КГБ интерпретировали как номер дела, к которому относится сообщение Тота. По-моему, вовсе не нужно быть семи пядей во лбу, чтобы понять смысл этих цифр: дата и время отправки телекса. Следствие же, конечно, во всем искало криминал.

Илюхин сказал мне:

— Вот видите, на вас ЦРУ уже целое дело завело, с десятизначной цифрой.

Я усмехнулся, но спорить не стал: игра была закончена, роль моя сыграна, режиссура принесла свои плоды, и теперь можно было отдохнуть, наблюдая за ними из партера.

Декабрь семьдесят седьмого и январь семьдесят восьмого года следователи посвятили, в основном, «разоблачению клеветнического характера документов», под которыми стояла моя подпись, — таковых было около ста. В них упоминались имена узников Сиона, многих отказников, говорилось о борьбе властей с еврейской культурой и языком иврит. Кроме того, в деле фигурировало два десятка материалов Хельсинкской группы, где речь шла о других нарушениях прав человека в СССР. Позднее, готовясь к суду и читая материалы дела, я узнал, что еще в начале следствия КГБ разослал во все концы страны — в ОВИРы, суды, психбольницы, разные государственные и общественные организации, начальству тюрем и лагерей — запросы с примерно таким текстом: «В следственном отделе КГБ СССР рассматривается дело изменника Родины А.Щаранского, который в течение длительного времени оказывал помощь иностранным государствам в проведении враждебной деятельности против СССР, готовил и распространял за рубежом клеветнические документы, грубо искажал советскую действительность. В них, в частности, упоминается гражданин N, которому якобы необоснованно отказано в выезде из СССР (или: который якобы необоснованно осужден, помещен в психиатрическую больницу — и тому подобное). Просим сообщить подлинные факты».

В некоторых случаях добавлялось: «Просим проверить, упоминаются ли в деле гражданина N Щаранский и его сообщники: американские шпионы Прессел, Френдли, Тот, Оснос, Крымски, а также Лунц, Лернер, Бейлина, Рубин, Нудель, Слепак...»

Когда я читал все это в мае семьдесят восьмого года, то спросил Илюхина: законно ли то, что еще до суда меня называют изменником? Он откровенно ответил:

— Да, пожалуй, с юридической точки зрения допущена неточность, но вы ведь понимаете, что на конечный результат повлияет не терминология...

Он был прав: результат был известен заранее. Суды присылали выписки из уголовных дел, ОВИРы — из выездных, психбольницы — копии эпикризов... Сейчас мне Солонченко подолгу, часами, торжественно зачитывал все эти материалы, каждый раз в конце добавляя:

— Как видите, и здесь вы клеветали.

По поводу, к примеру, необоснованных отказов, которые мы перечисляли в наших обзорах «Выезд евреев из СССР и эмиграционная политика Советского Союза», ОВИРы отвечали стандартно: «В выезде временно отказано, так как это противоречит интересам государства» или «... так как нет факта воссоединения семьи». Интересно, что последний аргумент был приведен по поводу Иды Нудель, и в доказательство московский ОВИР прислал ее анкету от семьдесят первого или семьдесят второго года.

— Но ведь с тех пор в Израиль уехала ее сестра с семьей, единственная близкая родственница, и Нудель после этого уже несколько раз переподавала! — возразил я.

— Мы доверяем официальным документам, а не вашим голословным утверждениям, — заявили Солонченко и Илюхин.

Вскоре выяснилось, что и у меня нет родственников в Израиле.

— А как же моя жена, о моем скорейшем воссоединении с которой так трогательно пеклось следствие в первые месяцы допросов?

— Что еще за жена?! — возопили оба в один голос и дальше продолжали уже по очереди.

— Нет у вас никакой жены! — воскликнул Илюхин.

— До вашей так называемой жены мы еще дойдем. Кем бы она себя ни объявляла, даже вызов выслать вам не захотела! — добавил Солонченко.

В том, что КГБ со временем сменит в отношении Авиталь милость на гнев, я не сомневался и был даже рад, услышав такую резкую и злобную реакцию: видно, Наташа крепко их допекла! Но что значит — не послала вызова? В конце семьдесят четвертого года я получил его, собрал все необходимые документы — вместо старых, поданных еще до встречи с ней, — и отослал их в ОВИР, а вскоре мне пришло уведомление о том, что они получены! Потом последовал отказ, и не один, — так где же все эти бумаги?

— Раз их в деле нет, значит, и не было! — философски резюмировал следователь.

А через некоторое время мне зачитали справку из московской синагоги о том, что наш брак недействителен, и предъявили ксерокопию какого-то интервью Авиталь из канадского журнала, такую «слепую», что можно было разобрать лишь одну фразу: «Провести хупу в московской синагоге нам не удалось».

— Видите, даже ваша так называемая жена подтверждает в западной прессе, что хупы у вас не было. Не было у вас ни гражданского брака, ни религиозного — все это ложь и провокация.

Я внимательно всматривался в стертый оттиск интервью, текст которого был обрамлен какими-то фотографиями — должно быть, Наташи, пытался рассмотреть ее лицо... Рука невольно потянулась к карману, где хранилась фотография жены. Нет, эти вопросы я с КГБ обсуждать не стану, не дождутся.

Немало времени уделял Солонченко моему участию в демонстрациях, послуживших поводом для ареста Марка Нашпица и Бориса Цитленка, осужденных на пять лет ссылки, вспомнил о деле Натана Малкина, получившего три года за отказ служить в армии, и наших «клеветнических» заявлениях по этому поводу, а однажды посвятил целый день моим связям с евреями села Ильинка. Это история со счастливым концом, и потому я всегда рассказываю ее с удовольствием.

Как-то весной семьдесят шестого года, в субботу, я встретил возле московской синагоги странного старика. Сухощавый, с длинной бородой, в одежде русского крестьянина, он искал евреев, знающих Володю Слепака. Мы разговорились. Старец объяснил, что приехал издалека — из села Ильинка Таловского района Воронежской области.

— Мы, евреи, хотим уехать в Израиль, а нам мешают. Знающие люди мне сказали: есть, мол, в Москве два человека, которые могут помочь — Подгорный и Слепак. У Подгорного в приемной я уже был — меня к нему не пустили. Теперь ищу Слепака.

Варнавский — так звали этого человека — был скорее похож на «друга степей» калмыка, чем на еврея. Но он запел на иврите псалмы, и пришлось признать, что знает он их гораздо лучше нас. Так началось наше знакомство с жителями Ильинки.

Что же это за загадочное еврейское село в самом центре кондовой Руси, далеко от черты оседлости, которую евреям до революции запрещалось пересекать? Наши новые знакомые считали, что всегда были евреями. Но в своде законов царской России я нашел два любопытных документа.

В 1825 году Синод представил на рассмотрение государя императора Александра I доклад, который император и утвердил — о борьбе с распространением иудаизма среди христиан Воронежской губернии. В нем, в частности, предлагались следующие меры:

«1. Всем, отступившим от христианской веры в жидовство, сделать в их селениях через достойнейших людей из тамошнего духовенства надлежащее увещевание при чиновниках со стороны гражданского начальства и тех из них, которые обратятся в христианство, присоединить к православию по чиноположению.

2. Лжеучителей и руководителей их обращать в военную службу — строевую и нестроевую — и отсылать в войска, в Грузии расположенные…

3. После того всех таковых не возвращать на места прежнего их жительства, дабы от водворения их вновь не соблазнились православные и не могла паки возникать жидовская секта.

4. Тем, которые за означенным увещанием останутся упорными в отступничестве, запретить строго всякое внешнее действие, показывающее отступление от веры и всякие соблазны».

В другом указе разъяснялось, какие именно «внешние действия» запрещаются: «Иметь субботние сонмища и делать обрезания младенцам, за чем неослабно смотреть земской полиции, сельскому начальству и приходским священно- и церковнослужителям». Предписывалось также «всех настоящих жидов выслать из уездов и впредь в оные не пускать».

Насколько мне известно, на сегодняшний день среди ученых нет единодушия по поводу происхождения этой еврейской группы. Есть такие, кто считает их потомками евреев-кантонистов, осевших в тех краях после завершения воинской службы и вернувшихся к религии отцов; существует мнение, что какие-то евреи загадочным путем попали в те края в XIX веке и обратили жителей русского села в иудаизм…

Так или иначе, «субботние сонмища и обрезания младенцев» продолжались вплоть до наших дней. И надо признать, что жители Ильинки сохранили еврейские традиции куда лучше, чем подавляющее большинство советских евреев.

Если царские власти всячески сопротивлялись появлению островка «жидовства» в христианском мире, то советскую власть с ее воинствующим атеизмом это вначале не смущало. В двадцатые годы в селе даже появился колхоз «Еврейский крестьянин». Со временем он, правда, влился в укрупненный колхоз «Родина», но власти все же не мешали жителям Ильинки записывать себя и своих детей евреями.

Ситуация резко изменилась, когда у этих людей появились в Израиле родственники, приехавшие туда, кстати, с Северного Кавказа. Уж не потомки ли они тех «жидовствующих», которых высылали по царскому указу из Воронежской губернии в Грузию? С ними евреи Ильинки поддерживали тесные отношения, заключали браки, и неудивительно, что почти все они — и на

Кавказе, и в Ильинке — связаны семейными узами, у них существуют лишь три-четыре фамилии, так что стоило одной-двум семьям репатриироваться в Израиль, как у каждого жителя Ильинки там появились родственники. Короче, чуть ли не все село изъявило желание объединиться с ними.

Тут-то советская власть и вспомнила, что они... не евреи. На этом основании местное начальство попросту не выдавало людям вызовы, приходившие на их имя, ильинцам пришлось заказывать новые на адреса кавказских родственников и буквально контрабандой ввозить в родное село. Но ОВИР отказывался эти вызовы принимать, а те, кому все же удавалось оформить документы для выезда, получали отказы. Варнавский оказался самым настойчивым: он проложил дорогу в Москву, и вслед за ним в гостеприимный дом Слепаков потянулись и другие ильинские евреи.

Маша ходила с ними по инстанциям, я передавал информацию о них в Израиль и на Запад. Летом семьдесят шестого года мы с Бородой решили побывать в Ильинке; приготовили подарки, сувениры из Израиля, накупили продуктов — ибо в СССР уже давно везут продукты питания не из деревни в город, как во всем мире, а наоборот; да и не во всяком городе их достанешь — разве что в Москве. Но как ехать? На поезде туда не добраться: слишком глухая провинция...

Неожиданно предложил свою помощь Саня Липавский. Машина у него есть, на работе полагаются отгулы — словом, он, как всегда, был к нашим услугам. Выбрались мы из города на рассвете, ехали почти весь день, но в Ильинку так и не попали. В нескольких километрах от нее, на размытой ливнями единственной грунтовой дороге, ведущей в село, нас остановили милиционеры. С ними были двое штатских: председатель сельсовета и председатель колхоза.

— Ваши документы!.. Вы задержаны до выяснения личности. К кому едете? С кем из колхозников знакомы?

— На каком основании нас задержали?

— В соседнем районе произошло убийство на шоссе, ваша машина похожа по описанию на разыскиваемую. Мы должны проверить. Кроме того, в селе карантин: среди скота эпидемия.

Нас отвезли в райцентр — Таловскую; машину мы оставили во дворе отделения милиции, а сами переночевали в гостинице. На следующее утро нам предъявили ордер на обыск машины. Липавский, как ее хозяин, остался рядом с ней, а мы с Бородой — благо за нами вроде бы не следили — вышли на улицу и бросились ловить попутную машину в Ильинку: ведь у Володи — вызовы из Израиля, может, хоть их удастся провезти в село. За три рубля молодой паренек, водитель грузовика, согласился подбросить нас — до места всего километров десять. Мы забрались в кузов, ехали стоя, держась за борта, любовались окрестной природой: полями, лесами, озерами. Однако у самого въезда в Ильинку легли на грязные доски — на всякий случай.

Это не помогло. Грузовик остановили, в кузов забрались милиционеры. Последнее, что я видел, пересаживаясь в милицейскую машину, как двое подошли к мальчишке-шоферу, и услышал угрожающее:

— На американцев работаешь?!

Когда мы уже тронулись, паренек подбежал к нам и бросил в раскрытое окно автомобиля трешку:

— Заберите свои проклятые деньги!

Когда мы приехали в Таловскую, выяснилось, что обыск как раз закончился. Нам объявили еще одну причину, по которой нельзя проехать в Ильинку: военные маневры, и вот уже один из милиционеров сел в нашу «Волгу», и мы, в сопровождении милицейской машины, покинули Воронежскую область.

В Москве нас ждал Роберт Тот, который поначалу собирался ехать с нами, но, обратившись к властям, «попал в отказ»; вскоре в «Лос-Анджелес Таймс» появилась его статья «Евреи выжили в глухом селе». Наша Хельсинкская группа подготовила специальный документ о жителях Ильинки, о них стали чаще говорить западные радиостанции, и через несколько месяцев в Израиль улетел первый их представитель — старик Варнавский, а за ним и другие...

А сейчас я знакомился со справками, которые зачитывал Солонченко; из них следовало, что желающих выехать из Ильинки в Израиль нет. Никто заявлений в ОВИР не подавал. Да и зачем? Живется им в СССР прекрасно. Десятки документов посвящены описанию богатой жизни в селе: на сотню семей есть немало велосипедов, несколько мотоциклов и даже одна машина (у председателя сельсовета).

Следователь положил передо мной фотографии коров и кур:

— Смотрите, почти в каждой семье есть корова! К чему им ваш Израиль?

Он даже продемонстрировал мне фильм о поездке «обвиняемого в измене Родине Шаранского в село Ильинку» — эти слова говорит диктор в начале фильма. Дальше следуют показания милиционеров и шофера о том, как мы прокрадывались в Ильинку, причем никто не объясняет: а почему, собственно, нас туда не пускали? Завершалась лента кадрами колхозного изобилия: поля, коровы, гуси...

Очевидно, сами власти сочли эти аргументы недостаточно убедительными, и в ход был пущен самый главный довод: жители села — вообще не евреи. Так утверждают в своих письменных заключениях воронежские историки. Если царское правительство уговорами и принуждением старалось вернуть этих людей в лоно «истинной веры», то в советские времена дела решаются куда проще: власти сами решают, кто еврей, а кто — нет.

— Вы, сионисты, доходите до того, что даже наших, русских людей записываете в евреев! — возмущенно воскликнул Илюхин.

При всем этом ни его, ни Солонченко совершенно не смущало, что показания даже тех немногих свидетелей из числа ильинцев, которых они сами отобрали и которых допросил Чечеткин и еще кто-то из «моей» группы, находятся в прямом противоречии со всеми собранными документами: ведь эти люди говорят, что осуждают тех жителей села, кто «стал жертвой сионистской пропаганды и хочет уехать в Израиль». Так, значит, все же есть желающие? А как же коровы? Машина председателя? Почему же в справке ОВИРа утверждается, что таких людей нет? На эти вопросы у моих следователей ответа не нашлось. А когда я потребовал, чтобы допросили кого-нибудь из тех, кто «стал жертвой сионистской пропаганды», мне резко ответили:

— Мы сами знаем, кого нам привлекать в качестве свидетелей!

— О да! Это вы действительно хорошо знаете! — вынужден был согласиться я.

Впрочем, забегая вперед, скажу: единственный еврей из Ильинки, которого следствие решило выпустить на суд в качестве свидетеля, предпочел не явиться «по состоянию здоровья». Это не помешало суду включить в приговор наше заявление об ильинских евреях как клеветническое...

Следствие переходит к другим документам Хельсинкской группы. Меня знакомят с выписками из уголовных дел известных правозащитников: Сергея Ковалева, Андрея Твердохлебова, Владимира Буковского — за которых мы заступались, когда их арестовывали и сажали в тюрьму. Что ж, сейчас пришла наша очередь.

— Но разница между вами в том, Анатолий Борисович, — напоминает мне Солонченко, — что их обвиняли не по шестьдесят четвертой статье, смертная казнь им не грозила.

Надо отдать должное упорству КГБ: они все еще не теряют надежды — а вдруг этот аргумент подействует?

Один из самых пространных и подробных документов, подготовленных Хельсинкской группой, — исследование, посвященное условиям, в которых живут политзаключенные в тюрьмах и лагерях. В нем мы приводили нормы питания на различных режимах, перечень предусмотренных законом наказаний и примеры их применения на практике; там же перечислены около ста узников совести, готовых подтвердить преданные нами гласности сведения.

КГБ поработал над опровержением этой «клеветы» весьма основательно: были собраны официальные справки от администрации тюрем и лагерей о гуманном отношении к особо опасным государственным преступникам, свидетельства врачей о прекрасном медицинском обслуживании и о хорошем питании в системе ГУЛАГа, но главное — показания самих заключенных. Были опрошены от трех до десяти зеков из каждой зоны, и все они в один голос говорили о том, как хорошо им там живется, какая вкусная еда, какое гуманное к ним отношение, и что лишь небольшое число сионистов и антисоветчиков специально провоцируют конфликты, изображая себя жертвами с целью привлечь внимание Запада.

Фамилии этих людей мне не были знакомы, но я обратил внимание на то, что большинство из них сидели за «военные преступления», то есть за сотрудничество с немцами в дни войны. Попадались, правда, и осужденные по семидесятой статье, но, как правило, это так называемые «парашютисты», получившие ее во время отсидки за уголовные преступления. Я еще не знал, что скоро встречусь со многими из этих «полицаев» и «парашютистов», услышу жалобы раздавленных морально, а часто и физически, людей, ненавидящих своих тюремщиков, но готовых за пачку чая или даже просто за «хорошее отношение» администрации подписать все что угодно. Но и сейчас я не сомневаюсь, что все их показания — ложь. Однако для следователя это — документ.

— Вот видите, вы не были еще в лагере, не сидели в обычной тюрьме, пишете о них понаслышке, а мы вам зачитываем свидетельства людей, которые там находятся. Какие еще нужны доказательства, что вы клеветали?

Да, придет время, когда я буду писать из тюрьмы заявления на имя Генерального прокурора и в них признавать: наш обзор не соответствовал действительности. Реальность окажется гораздо более страшной, чем в том документе. Скажем, мы писали о том, как бесчеловечно держать людей по тридцать суток в карцере. Закон предусматривает, что эта пытка голодом и холодом должна продолжаться не более пятнадцати суток. Но что значит терять сознание после ста дней карцера — я узнаю на собственной шкуре. Узнаю, как годами живут без свиданий и писем, что значит проявить в тюрьме солидарность с товарищем по несчастью, написав в его защиту заявление; а самое главное — узнаю, как планомерно и беспощадно пытается перемолоть машина ГУЛАГа человека, старающегося удержаться в своей системе моральных ценностей, сохранить национальные, религиозные и политические убеждения, отличные от тех, которые санкционированы свыше.

Но все это мне еще предстоит. А пока я отвечаю Солонченко:

— Я лично беседовал со многими, вернувшимися из тюрем и лагерей, или с их родственниками и доверяю их рассказам больше, чем этим показаниям. К тому же и мой, пусть еще небольшой, опыт местного карцера опровергает то, что вы мне прочли. Один из ваших свидетелей заявляет, что, просидев в карцере сто пятьдесят суток, он не страдал ни от голода, ни от холода; я же, пробыв там всего десять дней, стал объектом настоящей пытки холодом. А ведь мне не раз говорили работники тюрьмы, что Лефортово — это еще курорт в сравнении с остальными местами ГУЛАГа!

— Да, конечно, это курорт, — охотно подтверждает Солонченко. — Вы просто не представляете себе, что вас ждет после суда, даже если вам повезет и вас не расстреляют. Не представляете, а потому и храбритесь.

Моего следователя ничуть не смущает противоречие между этими словами и показаниями, которые он мне сейчас читал. Но Илюхин начеку и поспешно добавляет:

— Однако и там все делается в соответствии с законом! Имейте это в виду.

Наступила очередь документов Хельсинкской группы по поводу психиатрических репрессий против инакомыслящих. Подписывая их, я никогда не считал себя знатоком проблемы — полагался на опыт моих товарищей так же, как и те, в свою очередь, полагались на меня, когда подписывали письма и заявления на тему эмиграции. Теперь я получил возможность углубить свои знания, ибо мне зачитывали эпикризы тех людей, о которых мы писали. Вот, например, выписка из медицинской карточки Леонида Плюща: «Навязчивая идея необходимости восстановления ленинских норм в партийной жизни. Лечить. Галоперидол, психотерапия... Продолжает настаивать на необходимости проведения чисток в партии и комсомоле с целью восстановления ленинских норм. Лечить. Галоперидол, психотерапия».

— Что же, я готов согласиться: мечтать о возврате к нормам ленинской демократии — плохое доказательство нормальности человека. Но является ли это достаточным основанием для помещения его в психушку? — спрашиваю я, но Солонченко на этот раз глух к иронии.

— Врачам виднее, — лаконично отвечает он.

Интересно, что когда благодаря усилиям диссидентов России и давлению западной общественности Плюща освободили, в медицинской карточке была сделана следующая запись: «Перестал говорить о политике партии и проявляет беспокойство о жене. Можно временно освободить под ее ответственность»...

На одном из допросов мне предъявляется заявление нашей группы, направленное против уголовных преследований христиан-баптистов. За преподавание детям Библии — это «преступление» карается по советским законам тюремным заключением сроком до пяти лет — была осуждена Екатерина Барин, и мы выступили в ее защиту. Солонченко зачитывает мне отрывки из ее уголовного дела.

Вот показания девятилетней школьницы: «Папа и мама приводили меня после школы к тете Кате. Тетя Катя говорила нам, что Иисус Христос учил любить всех людей: и хороших, и плохих. Она давала нам книжки и картинки. Мне нравилось у тети Кати больше, чем в школе. У нее никто не кричит, не дерется, все любят друг друга...»

Бедная девочка, рассказывающая дядям-следователям в присутствии школьного учителя — чтобы все было по закону! — о тете Кате... Она не понимает, что дает на добрую тетю свидетельские показания, которые помогут этим дядям посадить тетю Катю в тюрьму. А что чувствуют следователи, допрашивающие таких малышей?

— Кого же вы из детей делаете? — не выдерживаю я. — Новых павликов морозовых?..

— А чем это вам не угодил Павлик Морозов? — удивляется Солонченко. — Он герой, образец нового человека.

— Религия, как сказал Маркс, — опиум для народа, — вмешивается Илюхин. — Травить детей никому не позволим.

Следствие переходит к уголовному делу баптиста Серебрянникова, глубокого старика, который сидит за свои проповеди уже в четвертый или пятый раз. Каждый раз на суде он заявляет: «Я исполнял волю Божию и буду продолжать нести слово Божие людям». Серебрянников отсиживает несколько лет, выходит на волю — и снова за свое.

— Ну хорошо, — говорю я, — пусть у нас с вами разные взгляды, в том числе и на религию. Но неужели у вас чисто по-человечески не вызывает уважения этот старик, так твердо стоящий на своем?

Следователь удивленно смотрит на меня, потом усмехается:

— Ну ладно, Анатолий Борисович, к чему этот пафос! Не надо притворяться, будто вы не понимаете, что это шизик!

— Да почему же? Только потому что он верующий?

— Слушайте, мы же с вами не дети! Сейчас даже специалисты-психиатры признают, что религиозность — не что иное как психическое отклонение. Пока такой ненормальный не мешает окружающим, мы терпим, а начинает мешать — приходится изолировать его в тюрьме или больнице.

Солонченко говорит все это совершенно искренне, и я с особой остротой осознаю: мы с ними — из разных миров, и как бы КГБ ни пытался отгородить меня от моего мира и вовлечь в свой, ничего из этого не выйдет, ибо между нами — стена, и нам никогда не понять друг друга.

***

В первые дни нового, семьдесят восьмого года мне вновь довелось побывать в карцере. На этот раз, правда, у администрации тюрьмы нашлась причина посерьезней, чем заточенная зубная щетка. Как-то, когда мой сосед был на допросе, вдруг заговорила одна из стен камеры: кто-то пытался связаться со мной с помощью «бестужевки» — кода, изобретенного знаменитым декабристом для перестукивания между камерами. Мне кажется, азбука Морзе, которой я пользовался впоследствии в политических тюрьмах, гораздо удобней, однако бытовики почему-то предпочитают «бестужевку». Морзянку они, как правило, не знают, а «бестужевка» проста: заполняешь прямоугольник в пять квадратов в ширину и шесть в высоту буквами в алфавитном порядке, и каждой из них будут соответствовать две цифры: номера квадратов по горизонтали и вертикали.

Зеком я был зеленым, азбуки Морзе еще не знал, а о «бестужевке» слышал и сразу же занялся расшифровкой. Получилось следующее: «Я москвич. Кто вы?» Я составил краткий ответ, перевел его на язык цифр, выбрал момент, когда, как мне казалось, вертухая у моей двери не было, и начал стучать. Немедленно открылась кормушка:

— Прекратите перестукивание!

Через день пришло постановление: десять суток карцера. Моя первая и самая неудачная попытка межкамерной связи, первый «заслуженный» карцер.

В первый раз я сидел в карцере летом, а сейчас была зима. Теплее там от этого, естественно, не стало. Опять все то же: бессонные ночи, отчаянные попытки как-то согреться, еда через день… Но у меня уже накопился некоторый опыт, я знал, как «качать права», и на первом же допросе заявил Илюхину протест:

— Условия в карцере противоречат тому, что утверждают ваши свидетели. Где те восемнадцать градусов, о которых они говорят?

— У вас там температура не ниже, — хладнокровно ответил прокурор.

— Вы уверены? Даже надзиратели, которые сидят не в карцере, а в коридоре у теплой батареи, не снимают тулупы. Требую, чтобы при мне замерили температуру!

Когда я через несколько часов вернулся в подвал, вертухаи сидели без тулупов и, притоптывая, матерились. Но мне от этого теплее не стало...

К вечеру я почувствовал, что заболеваю, и написал заявление: «Мое состояние сейчас таково, что я не могу участвовать в допросах и не смогу до тех пор, пока не выйду из карцера и не восстановлю полностью свое здоровье».

На следующий день в кабинете следователя я лишь повторил сказанное в заявлении.

— Но мы не можем затягивать следствие из-за вас!

Да, я понимал, что следствие шло к концу и они торопились, но мне-то куда было спешить? Я положил голову на руки и задремал. Солонченко что-то там читал мне, пытаясь выполнить свою программу, но я в разговор с ним не вступал и подписывать что-либо отказался.

Меня снова отвели в карцер, но поздно вечером вернули в камеру «по состоянию здоровья».

В последующие годы мне придется провести в карцерах более четырехсот суток; будут головокружения, воспаление легких, потери сознания — но по состоянию здоровья меня оттуда больше никогда не выведут.

***

В начале февраля я уже не сомневался: следствие завершилось. Именно тогда состоялся допрос, на котором на стол были выложены главные козыри — последние, самые серьезные, по мнению КГБ, доказательства моей «изменнической» деятельности.

Мне были предъявлены индивидуальные характеристики на американских дипломатов: Левицкого, Прессела, Натансон, Белусовича, — подписанные начальником спецуправления КГБ СССР генерал-майором Расщеповым и составленные примерно по такой форме: «N родился тогда-то, еврей (все, кроме Белусовича), образование получил там-то, владеет такими-то языками, до приезда в СССР работал в таких-то странах. В посольстве США в СССР занимает такую-то должность с такого-то года. N — разоблаченный агент ЦРУ, занимается сбором подрывной информации. Одним из основных преступных контактов N был гражданин СССР Щаранский А. Б.». Далее описывались обстоятельства наших встреч.

В характеристике на Прессела говорилось: «Тайные встречи проходили обычно на квартире Прессела, а также у станции метро „Краснопресненская" или на Калининском проспекте». Чистая правда, между прочим. Я звонил Джо на работу, прекрасно зная, что телефон его прослушивается, и мы встречались с ним то у станции метро, то напротив ресторана «Арбат» — в зависимости от того, откуда я ехал.

Бывал я у Прессела и дома. Но что значит «тайно»? Чтобы попасть к дипломату, надо пройти с ним под ручку мимо хмуро смотрящих на тебя милиционеров и людей в штатском. Если ты рискуешь идти один, тебя попросту задержат и отведут в ближайшее отделение милиции.

Про Элен Натансон была такая фраза: «Одна из конспиративных встреч состоялась поздно вечером такого-то числа в ноябре 1976 года у нее на квартире и продолжалась более четырех часов». Мне не пришлось особенно напрягаться, чтобы вспомнить, о чем идет речь: Натансон пригласила нас, человек пятнадцать друзей-отказников, на просмотр американского фильма по мемуарам Хрущева.

Пожалуй, единственное конкретное обвинение, упомянутое в этих характеристиках, было выдвинуто против Мелвина Левицкого: «Левицкий на квартире Рубина завербовал Липавского для работы на ЦРУ». Предположим, что это так, но какое отношение это имеет ко мне?

Далее шли характеристики на корреспондентов, «с которыми Щаранский поддерживал преступную связь», подготовленные оперативным отделом КГБ Москвы и Московской области и подписанные его начальником — полковником Новицким: на Альфреда Френдли, Джорджа Крымски, Кристофера Рена, Дэвида Шиплера, Филиппа Торта, Филиппа Капутто. Завершались эти характеристики так: «Пользуясь информацией, полученной от Щаранского, N публиковывал на Западе клеветнические антисоветские статьи, наносившие ущерб интересам СССР. В советской прессе публиковались данные, свидетельствующие о принадлежности N к спецслужбам США».

О каких данных идет речь, оставалось пока неясным, но содержание одной из характеристик было куда более конкретным. Это был материал на Роберта Тота. Его подготовили не осенью семьдесят седьмого, как на остальных, — на нем стояла гораздо более ранняя дата: одиннадцатое марта. То есть характеристика была составлена за четыре дня до моего ареста и в день официального начала дела.

Она гласила: «Роберт Ч. Тот, 1938 года рождения, еврей венгерского происхождения (Боб был не единственным неевреем, „обращенным“ КГБ в иудаизм, — и он, и Шиплер, и Френдли, и Крымски, и Капутто должны были иллюстрировать сионистский характер антисоветского заговора). Получил дипломы таких-то университетов по таким-то специальностям. В 1948 году служил в армии. Был корреспондентом „Лос Анджелес Таймс“ в Лондоне и Вашингтоне, а также в Москве, куда приезжал во время визитов Никсона в СССР в 1972-м и 1974-м годах. Постоянно работает в СССР в качестве корреспондента этой газеты с августа 1974 года. Владеет методом визуальной разведки. („Что это такое?“ — спросил я Солонченко. „А это вам надо было у своего приятеля узнать“.) Постоянно проявляет интерес к местам, закрытым для иностранцев. Осведомлен в вопросах оборонного и экономического характера. Проводит опросы советских граждан по закрытой тематике. В этих преступных контактах Тоту особую помощь оказывает гражданин СССР Щаранский А. Б. Компетентные органы располагают инструктивным письмом Тоту от руководства РУМО США, где, в частности, говорится, что руководитель РУМО генерал Вильямс на оперативных совещаниях рекомендует своим сотрудникам обратить особое внимание на материалы Роберта Тота. Из письма также следует, что у Тота были встречи с командующим объединенными вооруженными силами НАТО генералом Хейгом и что очередные такие встречи должны состояться в будущем».

Тут же оглашается справка КГБ о том, кто такой Хейг и что такое НАТО.

— Как видите, ниточка тянется от вас к командованию НАТО. На юридическом языке это называется шпионажем.

Да, это уже любопытно. Я еще раз перечитал характеристику на Тота, вспомнил, что с Хейгом Боб хорошо знаком по работе: когда он был корреспондентом своей газеты в Вашингтоне, то часто посещал Белый дом, где Хейг возглавлял штат президента Никсона. А что это еще за РУМО? О такой организации я вообще слышал впервые. В характеристике, впрочем, сказано весьма неопределенно, о каких материалах Тота идет речь. Об отчетах в РУМО? Тогда он, должно быть, действительно шпион. А может, имеются в виду просто-напросто его статьи, которые безусловно заслуживают внимания специалистов по СССР? Я сказал себе: если бы речь шла о чем-то большем, чем статьи, они бы наверняка объяснили, что имеют в виду. А главное — меня-то в чем КГБ может обвинить? Какие материалы я передавал для Хейга?

Ответ не заставил себя ждать: мне предъявили краткий список отказников с указанием мест их работы. Это один из документов, «найденных» Захаровым. Я стал внимательно изучать его. Вроде бы здесь приведены те самые примеры, которые Боб использовал для своей статьи. Или нет? Их для него подбирала Дина, но отпечатала ли она этот список на машинке, я не помню. А может, это вообще липа — фальшивка КГБ, куда включены какие-то действительно секретные сведения?

Тут до меня, наконец, дошло, что я снова иду у них на поводу, путаясь в предположениях и играя в угадайку. Не было в наших списках никаких секретов!

Так я и заявил следователю в ответ на его вопрос, знаком ли мне этот документ. И тут последовал решающий удар: мне прочли заключение экспертной комиссии, гласящее, что в наших списках отказников «содержатся сведения о дислокации и ведомственной принадлежности ряда предприятий оборонных отраслей промышленности, об их режимах секретности, о иных предприятиях, связанных с оборонными объектами, что в совокупности является государственными секретами и в целом составляет государственную тайну Советского Союза».

«В совокупности является…, в целом составляет…» — формулировки малоубедительные. Что ж, если суд будет открытым, постараюсь эту демагогию опровергнуть.

И все же я чувствовал себя подавленным — сам не знаю почему, ведь в конце концов ничего нового не произошло. КГБ лишь оформил на юридическом языке те обвинения, которые выдвинул в самом начале, почти год назад. Однако читать все эти скрепленные подписями и печатями бумаги, в которых говорилось о сведениях, составляющих государственную тайну, о шпионаже в пользу НАТО и загадочного РУМО, было жутковато.

Пугала меня, как я теперь понимаю, та простота и легкость, с которой было состряпано обвинение. Все одиннадцать месяцев следствия я подсознательно ожидал, что вот-вот всплывет на поверхность какой-то айсберг и выяснится, что я стал жертвой провокации КГБ, впутавшего меня в настоящую шпионскую историю в духе дешевых советских детективов. И вот — шпионская деятельность налицо, а никакого айсберга не существует. Конечно, есть какие-то неясности с захаровскими находками, непонятные детали в характеристике на Тота — но ведь основной-то упор следствие делает на наши списки отказников, которые мы составляли и распространяли совершенно открыто! Где же тайная деятельность, которой занимается всякий нормальный шпион?

Тут на помощь КГБ приходит, естественно, Липавский, который показывает, что вся наша работа по сбору информации об отказниках велась в строгом секрете.

— А как же со списками, которые я лично передавал в ЦК КПСС, министру внутренних дел, самому Брежневу через американских сенаторов? — спросил я Солонченко.

— Ничего этого не было. Это вы придумали уже на следствии.

Его замечание сразу расставило все по своим местам: следователь в очередной раз напомнил мне, с кем я имею дело, снова показал, что бессмысленно апеллировать к их здравому смыслу. Логики для КГБ не существует. Они создают свою «реальность», а мне надо жить в своей. Я сразу успокоился и уже без особых эмоций продолжал слушать.

К тандему наконец-то присоединились новые осведомители: Игольников из Минска, Раслин из Киева, Рябский из Москвы.

Первого из них я по его показаниям вспомнил, хотя и с трудом: когда мы с Натанчиком Малкиным были в Минске, Игольников вез нас в своей машине к отказнику полковнику Ефиму Давидовичу. С нами ехал еще один минский полковник, активист алии Лев Овсищер. Сейчас мне зачитывают наш разговор с ним в пересказе Игольникова. Ничего конкретного: Овсищер сообщил Щаранскому клеветническую информацию, Щаранский заверил, что у него есть каналы для передачи ее на Запад, — и тому подобное.

С Раслиным я вообще не знаком, хотя он, в отличие от Игольникова, был довольно известным в Киеве отказником. Киевские активисты давно уже подозревали Раслина в том, что он стукач, а за несколько месяцев до моего ареста это подозрение сменилось уверенностью. Так что его появление среди свидетелей обвинения меня не удивило. Главным в показаниях этого человека было следующее утверждение: «Со слов ряда киевских отказников (тут перечислялись фамилии) мне известно, что они регулярно передавали через Щаранского и Браиловского враждебную или секретную информацию в американское посольство». И опять — никаких конкретных фактов.

Наконец, третий свидетель — Валерий Рябский. Его имя я слышал впервые. Тем не менее уже в самом начале он назвал своими близкими знакомыми десятка два евреев — отказников и диссидентов, — в том числе и меня. Далее следовало длинное, на несколько страниц, «разоблачение деятельности сионистов». Можно было подумать, что все это он переписал из газетной передовицы или антисионистской брошюры. В заключение был сделан такой вывод: «В итоге я убедился, что главной целью преступной деятельности Щаранского и его сообщников является борьба с существующим в СССР строем, инспирируемая и финансируемая империалистическими государствами, а также сотрудничающими с ними международными сионистскими организациями через посольство США в Москве, заезжих эмиссаров и иностранных корреспондентов, на явную связь которых со спецслужбами США указывает круг проявляемых ими интересов и характер интересующих их вопросов».

Эти слова, как резюме моей деятельности, вошли впоследствии в приговор, потому-то я их наизусть и запомнил — ведь копия приговора гуляла со мной по ГУЛАГу до самого освобождения.

Но где основания для таких глобальных выводов? В длинном тексте этих показаний, не считая демагогических определений, есть лишь один-единственный конкретный эпизод. Я внимательно слушал рассказ о нем и одновременно пытался вспомнить, кто же такой этот Рябский.

Время действия: четвертое июля семьдесят пятого года. Место действия: квартира Рубиных. Действующие лица: хозяин дома, его гость, американский профессор-историк Ричард Пайпс, я и Рябский. Свидетель рассказывает, что «советник американского правительства» Пайпс передал мне инструкции по активизации враждебной деятельности против СССР, в частности, путем разжигания национальной розни, в чем, по словам Пайпса, влиятельные круги США видели мощный катализатор, способствующий дестабилизации советского общества. Затем Пайпс указал на необходимость объединить усилия сионистов и диссидентов под предлогом борьбы за претворение в жизнь решений, принятых в Хельсинки. Впоследствии, выполняя указания Пайпса, Рубин и я вошли в специально созданную для этого Хельсинкскую группу...

— Так вот как была создана ваша организация! — с пафосом воскликнул Илюхин. — Вот через кого вы получали указания!

...Тот день я помню прекрасно: ведь это была первая годовщина нашей свадьбы. Вечер сложился удачно: мне удалось дозвониться до Авиталь, мы поздравили друг друга, вспомнили хупу, помечтали вслух о том, как будем встречать в Израиле следующую годовщину. После разговора с Наташей я позвонил Лунцу и предложил ему вместе навестить Виталия и Инну.

У Рубиных были гости: Ричард Пайпс с женой и человек пять москвичей, — я не очень разобрался, кто они такие, ибо всеобщее внимание, естественно, сосредоточилось на Пайпсе. Совсем недавно по «Би-би-си» читали отрывки из его фундаментального труда по истории царской России. Книга показалась мне незаурядной, чем-то она напоминала работы Ключевского. Именно о ней и шла беседа. Потом Пайпс рассказал о своем посещении Израиля. «Там совершенно семейная армия!» — говорил он, и в его словах чувствовались одновременно сентиментальность еврея, умиленного созерцанием своего

237

дома, и снисходительность туриста, гордого своей принадлежностью к мощнейшей державе мира.

Других гостей я почти не запомнил и определить сейчас, был ли среди них человек по фамилии Рябский, не мог. Так или иначе, его версия имела мало общего с реальностью. К показаниям Рябского трудно придраться, их сложно опровергать ввиду почти полного отсутствия фактического материала. Но был момент, когда что-то резануло мне слух, какое-то противоречие, и я попросил Солонченко прочитать мне отрывок о встрече с Пайпсом еще раз. Когда следователь дошел до кульминационного момента — инструкции диссидентам и сионистам объединиться под предлогом борьбы за выполнение Хельсинкских соглашений, — я вдруг сообразил: да ведь эта встреча произошла за месяц до совещания в Хельсинки! Еще вообще не было ясно, состоится оно или нет, и уж тем более никто не знал, какие соглашения будут на нем достигнуты! Что ж, и этот ляпсус пригодится на суде.

В конце долгого, продолжавшегося с утра до позднего вечера допроса Солонченко подытожил все обвинения:

— Итак, вы получали указания непосредственно от американского правительства и спецслужб США, установили преступные контакты с многочисленными шпионами ЦРУ и РУМО, через них передавали на Запад клеветническую информацию, чтобы нанести ущерб государственной независимости и военной мощи СССР, а также с целью подрыва и ослабления советской власти. Следствием, таким образом, однозначно установлено: вы — изменник Родины. Вам еще раз напоминается содержание соответствующей статьи УПК РСФСР: чистосердечное раскаяние будет рассматриваться судом при вынесении приговора как смягчающее ответственность. Что вы можете сообщить по поводу предъявленных вам обвинений в совершении особо опасных государственных преступлений?

Круг замкнулся. Мы вернулись к тому же, с чего начали на первом допросе. С тех пор прошел почти год, в течение которого меня вызывали к следователям более ста раз, но ответ мой был примерно тем же, что и тогда, разве что формулировки стали более четкими:

— Никаких преступлений я не совершал, моя деятельность по привлечению внимания общественности к нарушению прав человека в СССР не противоречит советским законам, так как не имела целью подрыв государственной независимости и военной мощи СССР. Обвинения, сфабрикованные и предъявленные мне КГБ, построены на лжесвидетельских подтасовках и намеренном искажении смысла и характера нашего еврейского эмиграционного движения.

— Подумайте еще раз. Это очень важный для вас допрос! — вдруг воскликнул Илюхин и жестом руки остановил Солонченко, уже собравшегося записывать мой ответ.

Я хмыкнул, пожал плечами, презрительно улыбнулся. Что я чувствовал в этот момент? Усталость, отстраненность, удовлетворение от того, что дело подошло к концу, и глубокую грусть — ибо ко мне вдруг вернулось ощущение полного одиночества, непреодолимости пропасти, отделявшей меня от родных и друзей. «Надо опять заняться психотерапией», — подумал я и услышал крик Илюхина:

— Отчего вы смеетесь? Чему радуетесь? Может, у вас это от нервов? Вы что же, так и не поняли, что вы шпион? На что вы рассчитываете?

Я не ответил ему. Дискуссии меня больше не интересовали. Я лишь позаботился о том, чтобы ответ мой был записан в протокол неотредактированным. Уже в коридоре, уходя с допроса, я услышал из-за закрывшейся двери усталый и раздраженный голос прокурора:

— Да-а-а… Ну и тип!

«Кажется, это комплимент», — подумал я.

Очные ставки

В следующий раз меня вызвали к следователю седьмого февраля, и я решил, что он собирается предъявить обвинение в окончательном виде. Однако — в который уже раз — меня ожидал сюрприз. В кабинете Солонченко, в противоположном от моего столика углу, сидела в кресле очень бледная молодая женщина с грустным лицом. Она испуганно посмотрела на меня, робко кивнула и прошептала:

— Здравствуйте.

Это была Лена Запылаева, соседка Виталия, которую после отъезда Рубиных в Израиль Липавский усиленно рекомендовал нам в качестве машинистки. Итак, очная ставка.

Слабым, прерывающимся голосом Запылаева стала давать показания, сводившиеся, в основном, к следующему.

Как-то в квартире Лернера она читала письмо от Виталия и Инны, которое, как можно было понять из текста, адресовалось, в частности, и мне. В нем нам предлагалось сообщать о тех предприятиях, которые не дают своим бывшим сотрудникам разрешений на выезд из СССР и в то же время получают западную технику. Как-то Липавский и я пришли к Лене на ее новую квартиру, полученную вскоре после отъезда Рубиных, и предложили подработать в качестве машинистки. Я оставил ей обзор «Выезд евреев из СССР и эмиграционная политика Советского Союза», который она и отпечатала в нескольких экземплярах, а потом вернула мне и получила за работу деньги. После этого Липавский несколько раз приходил к Запылаевой от имени Бейлиной, приносил черновики разных списков отказников. Отпечатанные листы Липавский забирал, но денег так и не заплатил.

Кто же она, насмерть перепуганная и затравленная Лена? Жертва КГБ или его агент? С одной стороны, надо признать, что все, связанное с ней, выглядит очень подозрительно: и ее появление в коммунальной квартире, где жили Виталий и Инна, и получение ею отдельной квартиры сразу же после отъезда Рубиных, и то, что она, русская женщина и лояльная советская гражданка, не боялась поддерживать дружеские связи с отказниками, с иностранными корреспондентами — друзьями Виталия, и то, какую странную компанию Лена пригласила на свое новоселье: Осноса, Липавского и меня…

Но с другой стороны, ее показания, будь она агентом КГБ, могли быть совсем иными. Почему бы ей, скажем, не соврать, что списки отказников Липавский приносил ей по моему поручению? Интересно, кстати, посылала ли к ней Липавского Дина или все это дело его рук — то есть рук КГБ?

Я смотрел на Лену, не отводя взгляда. Она лишь изредка поднимала голову и тут же вновь опускала ее. Но вот Солонченко стал записывать ее показания в протокол — и она улыбнулась мне и указательным пальцем приподняла кончик носа: не падай, мол, духом!

Следователь все же заметил этот жест и прикрикнул на нас:

— Прекратите подавать знаки друг другу!

Запылаева покраснела и вжалась в кресло. Я поспешил прийти ей на помощь, напомнив Солонченко, что перед началом очной ставки он не предупредил свидетеля о том, что можно делать, а чего нельзя.

Окрик запугал Лену до такой степени, что она больше ни разу на меня не взглянула, а по окончании очной ставки вдруг спросила дрожащим голосом:

— Но меня ведь за это не посадят?

Следователь ответил не сразу; он сделал вид, что размышляет, а потом произнес сухо и официально:

— Этот вопрос решаю не я.

Выходя из кабинета, я сказал ей:

— До свидания, Лена, передай привет мужу и дочке. Она кивнула и начала было что-то говорить, но Солонченко тут же грубо оборвал ее:

— Прекратить разговоры!

Так закончилась наша встреча с Леной Запылаевой — гостьей из другого мира, с которым у меня уже почти год не было никаких контактов.

Обитала она, правда, не в центре его, а на окраине, но я, тем не менее, был взволнован: ведь если Лена, запуганная и сбитая с толку, решилась меня подбодрить, значит, дела на воле идут не так плохо, как пытается внушить мне КГБ. С другой стороны, этот ее жест мог быть продиктован лишь обычным человеческим сочувствием...

На следующий день с утра — снова вызов к следователю. Я вошел в кабинет, почти не сомневаясь: меня опять ждет какой-то сюрприз.

Мужчина, сидевший в том же кресле, где вчера сжималась в комок Запылаева, поспешно отвел взгляд в сторону. Да это же Саня Липавский! Я сел за свой столик, повернул голову вправо — и в такой не слишком удобной позе просидел весь день, безуспешно пытаясь поймать взгляд нашего усатого эскулапа.

Он здорово изменился: заметно поседел, обрюзг, упругие когда-то щеки обвисли, как у бульдога. Однако он по-прежнему чистенький, отглаженный, при галстуке. Вот только его неизменной добродушно-услужливой улыбочки нет на сей раз и в помине.

Если мой столик располагался так, что прямо перед собой я видел следователя, то кресло, в котором сидел Липавский, было поставлено таким образом, чтобы свидетель мог, не вертя головой, смотреть на обвиняемого. Но бедный Саня, как и я, просидел до вечера с вывернутой шеей, умудрившись ни разу не взглянуть мне в глаза. Даже когда слова его по смыслу были обращены ко мне, он в этот момент либо смотрел на Солонченко, либо говорил, опустив голову.

Когда вскоре в кабинет вошел Илюхин, обменявшийся со мной кивками и сухими «здрасте», Липавский поспешно вскочил и холуйски ему поклонился. По тому, как он держался — суетливо и заискивающе, можно было подумать, что он здесь не свидетель обвинения, а обвиняемый или, по крайней мере, подозреваемый.

Меня, признаться, это весьма удивило. Ведь Липавский был не «пособником сионистов», только что раскаявшимся, раздавленным страхом и сознанием своего ничтожества, он был давним агентом КГБ, внедренным в наше движение. Казалось бы, после саморазоблачения Саня должен, облегченно вздохнув, сбросить постылую чужую кожу и стать самим собой, но в таких случаях люди начинают выглядеть моложе, а не старше своих лет, раскованней и уверенней в себе.

Через пять месяцев, на суде, обратив внимание на то, как неуютно Липавскому и Цыпину стоять в центре треугольника, вершинами которого были кресла прокурора и судьи и скамья подсудимого, как избегают моего взгляда оба свидетеля, я подумал: должно быть, такие люди спокойны только тогда, когда окружающие знают их лишь в одной ипостаси, а стоит им раскрыться, как груз многолетней лжи начинает давить на них. Возможно, в присутствии тех, кого эти люди обманывали, им особенно тяжело?

Из обширнейших — как я вскоре узнал — показаний Липавского, данных им в ходе следствия, сейчас ему предложили повторить лишь то, что непосредственно относится к обвинению в сборе информации по заданию американской разведки. Как я понял, с его помощью КГБ пытался доказать следующее:

евреи выполняли задание, полученное из-за рубежа; информация, переданная нами, была секретной; я имел ко всему этому непосредственное отношение.

Как они будут обосновывать первое утверждение, было продемонстрировано статьей в «Известиях». Второе опирается на заключение экспертизы, процитированное мне на допросе третьего февраля. Ну а что с последним — о моем личном участии? Ведь списками-то занималась Дина, а не я.

Я, естественно, не собирался помогать органам в уточнении подобных нюансов, но все же мне было интересно, как они преодолеют эту «техническую трудность». Сейчас я впервые услышал, как Липавский — иными словами, КГБ — выстраивает событийную цепь для доказательства моей виновности. В цепи этой — пять основных звеньев.

Первое: в семьдесят шестом году в Москве побывали сотрудники конгресса США Попович и Доде. Во время своей встречи с отказниками на квартире Лернера они заявили, что поправка Джексона уже не в состоянии остановить торговлю между Россией и США, что мы, активисты алии, должны найти новый метод давления на советские власти, например, уговорив Запад связать судьбу отказников с поставками России передовой техники.

Второе: в результате этой встречи у Лернера родилась идея составить списки отказников с указанием мест их прошлой работы и затем добиваться бойкота соответствующих НИИ и заводов. Он обсудил свою затею с Рубиным незадолго до выезда последнего в Израиль, и Виталий обещал пробивать ее. На встрече присутствовали также я и Липавский.

Третье: побывав в Америке, Рубин обсудил этот вопрос в ЦРУ, получил «добро» и прислал в Москву через Осноса три инструктивных письма: Липавскому — с указаниями общего характера о том, какого рода информацию собирать; мне — с рекомендацией объединить ее в виде списков; Лернеру — с предложением собирать ее, в первую очередь, на научных семинарах отказников. Липавский получил адресованное ему письмо от Осноса на вечеринке у Запылаевой и там же вместе с ней прочитал его, а в марте семьдесят седьмого года передал в КГБ; мы же с Лернером показывали ему письма, полученные нами.

Четвертое: я вместе с Бейлиной активно занимался опросом отказников и сбором информации, которую хранил дома, где моя сожительница Воронина ее перепечатывала в форме списков отказников. После отъезда Ворониной из СССР я вынужден был обратиться к Запылаевой, передавая ей через Липавского черновики и деньги за работу.

Пятое: однажды Рубин сообщил Бейлиной по телефону, что получил ожидаемое письмо. Узнав от нее об этом, я, удовлетворенно потирая руки, воскликнул: «Вот списки и дошли!» Когда Запылаева отпечатала окончательный вариант списков, я велел Липавскому забрать их у нее, два экземпляра отдать Бейлиной, один оставить себе, а четвертый принести мне для передачи Роберту Тоту. Бейлиной Липавский списки отдал, но, поняв, в какую грязную попал историю, оставил мой экземпляр у себя, а вскоре отнес его в приемную КГБ вместе с другими материалами.

Выслушав версию Липавского, я представил себе, как бы я разволновался, возмутился, с каким пылом стал бы оспаривать всю эту чушь, если бы услышал подобное на допросе в первые дни после ареста. Сейчас же я лишь пытался запомнить ее и проанализировать.

Первая нелепость бросается в глаза сразу же. Действительно, перед отъездом Виталия в Израиль человек десять его друзей, в том числе Александр Яковлевич, Дина, Ида, я и, естественно, «приемный сын» Рубиных Саня Липавский, встретились с Рубиным и обсуждали планы на будущее. Но вот изложить нам идеи, подсказанные Додсом и Поповичем, Виталий в тот раз никак не мог, ибо эти сотрудники Конгресса посетили Москву месяцев через пять после его отъезда.

Теперь — об инструкциях, якобы посланных нам Рубиным. О том, что имеет в виду Липавский, когда говорит о письмах мне и Лернеру, я могу только догадываться. Но одно письмо, которое он получил от Инны, я видел своими глазами.

Поздно вечером после вечеринки у Запылаевой я сел в машину Липавского: Саня обещал отвезти меня к Слепакам, где я тогда ночевал. Заведя мотор, он сказал: «Питер передал мне сейчас письмо от Рубиных», — развернул его и протянул мне. «Дорогой Саня!» — сразу бросились в глаза первые слова, написанные крупным красивым почерком Инны. Я посмотрел в конец, где обычно просят передать что-нибудь друзьям, для меня был лишь привет. Я вернул листки Липавскому и задремал: день оказался очень утомительным.

Было ли письмо, предъявленное мне в ходе следствия, тем самым, я определить не мог. Инна действительно могла написать что-то в таком роде — ведь это была старая идея, заключавшаяся в том, чтобы ставить руководителей НИИ и других предприятий перед выбором: либо не удерживать насильственно своих бывших сотрудников в СССР, либо не рассчитывать на западное оборудование. Но возможно, это и подделка. А узнать правду, сидя в Лефортово, я был не в состоянии.

Возникал и другой вопрос: даже если письмо написано Инной, получил ли его Липавский от Осноса? Теоретически такое тоже могло быть: Питер — ближайший друг Виталия, встречался с ним в Америке перед возвращением в СССР из отпуска. Но почему Липавский показал мне это письмо лишь после того, как Питер с женой уехали?

Я вспомнил свой последний разговор с Осносом по телефону за несколько дней до ареста, когда он спросил меня о статье в «Известиях»: «Ведь это все, конечно, неправда?» Вспомнил и решил на всякий случай за него заступиться:

— Никакого письма для Липавского я от Осноса не получал. Только когда Основ уехал, Липавский сообщил мне, что Питер передал ему письмо от Рубина.

Я ушел на обед, а Липавский остался в кабинете следователя. После перерыва Солонченко задал ему вопрос:

— Не хотите ли вы что-нибудь добавить к своим показаниям? — Саня хотел.

— Щаранский утверждает, что не брал у Осноса для меня никакого письма. Так вот: не только взял, но и сразу, в квартире Запылаевой, прочел его вместе со мной, а потом мы втроем — Щаранский, Основ и я — обсуждали там же, как собирать шпионскую информацию и передавать ее на Запад.

«Что ж, — подумал я, — поделом мне. Зачем вмешиваться в кагебешное творчество? Своими комментариями я только распалил их фантазию».

Интереснейшим пунктом в показаниях Липавского было его утверждение, что списки отказников печатала для меня Лида Воронина. Так вот как КГБ решил непростую задачу связать их составление со мной! Ведь сам я печатать списки не мог — попросту не умею, значит, это должна была делать моя «сожительница»...

Лида, близкий друг нашей семьи, активно участвовавшая в диссидентском движении, предоставила мне в семьдесят шестом году свою маленькую комнатку в центре Москвы, которую я превратил в своего рода штаб: принимал корреспондентов и писал заявления. Именно там четвертого января семьдесят седьмого года во время обыска у меня отобрали мою самую большую ценность: несколько сотен писем и открыток от Авиталь, полученных за два с половиной года разлуки. Но этого им оказалось мало, они решили подкинуть туда еще и списки отказников в доказательство тому, что именно я занимался их составлением.

Из остальных фантазий Липавского я задержался лишь на одной.

Липавский говорит, что передавал Запылаевой по моей просьбе списки, а затем деньги за работу. Но она-то показала, что черновики он приносил от Бейлиной, к тому же никаких денег так и не заплатил! В чем причина расхождений, мне пока неясно. На всякий случай я решил особо внимательно проследить за тем, насколько точно это будет записано в протокол, и задал Липавскому «наивный» вопрос:

— Вы заявляете, что получили у меня деньги для Запылаевой. Какова их судьба?

— Что значит «какова судьба»? — возмутился он, по-прежнему пожирая глазами следователя. — Передал ей!

Тут вмешался Илюхин. Он, конечно, помнил вчерашние показания Лены и поспешил устранить неувязку:

— Может, вы только хотели их отдать, но забыли?..

Я уже готов был выразить возмущение тем, что прокурор задает наводящие вопросы, попросту подсказывает свидетелю ответ, и потребовать занести все это в протокол, но разгневанный Липавский, к счастью, опередил меня:

— Как это я забыл? Мне сионистские деньги не нужны! Я их отдал Запылаевой!

Тут Солонченко объявил перерыв и отправил меня в камеру ужинать. Когда я вернулся, Илюхина уже не было: уехал домой.

Следователь записывал в протокол последние вопросы и ответы.

— Прочтите и распишитесь, — протянул мне Солонченко плоды своего труда.

Это еще что такое?! — не верю я своим глазам, читая ответ Липавского на мой вопрос о судьбе денег. В протоколе было написано: «Деньги, которые вручил мне Щаранский для Запылаевой, я отдать ей не успел и позднее отнес их вместе с документами в приемную КГБ».

— Что это значит? Ответ-то был совсем другой! — возмутился я.

— Ах, да, верно, — с некоторым смущением сказал стоявший за моей спиной Солонченко, — но свидетель потом вспомнил, как было на самом деле и уточнил.

— Ваши с Липавским воспоминания в мое отсутствие не имеют никакого отношения к тексту протокола очной ставки!

Не успел я еще сообразить, включить ли протест прямо в протокол или написать отдельное заявление, как Солонченко выхватил у меня «спорный» лист и порвал его в мелкие клочки.

— Вы правы, не будем нарушать требования УПК, — решительным тоном сказал он и переписал весь лист заново, точно передав на сей раз слова Липавского.

А тот, прежде чем поставить свою подпись, помялся и робко спросил:

— Могу я прибавить в конце уточнение: мол, позже вспомнил, как было в действительности?

— Очная ставка окончена. Закон нарушать не будем, — холодно ответил следователь.

На следующий день Липавского будет допрашивать Губинский и позволит ему записать свое уточнение. Только ради этого следствие продлится лишний день, зато дело будет сдано чистым.

Предъявление обвинения

Десятого февраля Солонченко в присутствии Володина, Илюхина и Черных предъявил мне обвинение в окончательном виде. Если первое, с которым меня познакомили в начале следствия, состояло из нескольких строк, то теперешний текст составлял шестнадцать машинописных страниц. Оно изменилось, и качественно: я теперь был дважды изменником Родины — «в форме помощи иностранным государствам в проведении враждебной деятельности против СССР» и «в форме шпионажа» — и единожды — антисоветчиком, «занимавшимся агитацией и пропагандой, проводимой в целях подрыва или ослабления советской власти». Это означало, что меня могут приговорить дважды к смертной казни и в дополнение к этому — к семи годам лишения свободы и пяти годам ссылки, как тут же пояснил мне прокурор.

Я что-то пошутил насчет неограниченной власти уголовного кодекса над живыми и мертвыми, но в общем-то особой радости не испытывал. Хотя никаких сюрпризов в тексте обвинения вроде бы не было, сам его казенный язык подавлял мрачной беспощадностью, не оставлявшей места для нормальной человеческой логики и здравого смысла. Вот за что мне полагалась первая «вышка»:

«Щаранский А. Б., будучи враждебно настроенным к советскому государству, его государственному и общественному строю, изменив Родине, умышленно действуя в ущерб государственной независимости и военной мощи СССР, в 1974-1977 годах систематически оказывал помощь иностранным государствам в проведении враждебной деятельности против СССР, с 1976 года и вплоть до ареста занимался шпионажем, а также проводил в 1975-1977 годах в целях подрыва и ослабления советской власти антисоветскую агитацию и пропаганду.

Для достижения своих изменнических замыслов Щаранский установил и в указанный период поддерживал преступные связи с рядом находившихся в СССР дипломатов, корреспондентов и иных представителей капиталистических государств, многие из которых являлись агентами спецслужб США, а также с приезжавшими в СССР под видом туристов эмиссарами международных сионистских организаций. По личной инициативе и по поручению этих лиц Щаранский систематически снабжал их изготовленными при его участии враждебными Советскому Союзу документами, в которых он призывал правительства капиталистических государств — прежде всего

США — под предлогом заботы о правах человека постоянно оказывать давление на Советский Союз с целью изменения его внутренней и внешней политики. Данные материалы активно использовались реакционными кругами капиталистических государств в проведении враждебной деятельности против СССР, о чем ему было доподлинно известно».

Далее перечислялись два десятка эпизодов, квалифицированных как измена Родине в форме помощи иностранным государствам: встречи с сенаторами и конгрессменами в гостиницах «Россия» и «Советская», названные «конспиративными»; «конспиративная» же встреча с Пайпсом; серия обращений в поддержку поправки Джексона; призывы к правительствам западных стран и к еврейским общинам свободного мира не забывать об узниках Сиона, требовать от Советского Союза выполнения взятых им на себя международных обязательств...

Описание моей «шпионской деятельности» было самой короткой частью обвинения — оно составляло всего два абзаца:

«Кроме того, умышленно действуя в ущерб военной мощи СССР и во исполнение поступившего по дипломатическим каналам осенью 1976 года задания от агента США Рубина, Щаранский в 1976-1977 годах собирал с целью передачи и передавал за рубеж сведения, составляющие государственную тайну Советского Союза. В частности, он лично и с помощью своих сообщников в Москве путем регулярных опросов лиц, получивших временно отказы на просьбу о выезде в Израиль, собрал информацию в отношении 1300 таких лиц... Данные сведения Щаранский в течение длительного времени хранил у себя, сгруппировав их в так называемые списки отказников, а затем, с соблюдением мер предосторожности и конспирации, систематически вплоть до ареста передавал их Рубину и другим представителям капиталистических государств при встрече с ними или при разговорах по телефону.

С частью этих данных, также составляющих государственную тайну СССР, Щаранский в ноябре 1976 года ознакомил московского корреспондента „Лос-Анджелес Таймс" Р. Тота, являющегося агентом разведки США. Сведения об отказниках, полученные от Щаранского, Тот частично использовал в своих статьях, в частности, при написании статьи „Россия косвенно раскрывает свои секретные исследовательские центры". В ней, опубликовав переданный ему Щаранским список, Тот призывал правительства западных держав к прекращению поставок в СССР передовой техники».

Наконец, третья часть обвинения — антисоветская деятельность. Сюда вошли все документы Хельсинкской группы, под которыми стояла моя подпись, телевизионный фильм английской студии «Гранада» «Рассчитанный риск», письмо Марше и Берлингуэру, заявление-протест по поводу советского антисемитского фильма «Скупщики душ».

Так какой же из двух первых пунктов обвинения самый опасный? Второй из них — яркое свидетельство тому, насколько грубо власти фальсифицируют политические дела: достаточно объявить списки, открыто отправлявшиеся во всевозможные инстанции, секретными, подготовленными по заданию иностранной разведки, найти одного-двух подходящих свидетелей, раздобыть с помощью дворника пару документов — и все готово для суда и приговора.

Но первая часть обвинения в измене казалась мне еще более страшной. Тут и фальсифицировать ничего не надо. Бог с ней, устрашающей риторикой, — но ведь факты, перечисленные там, на самом деле имели место: и наши встречи с иностранцами (конечно, никакие не конспиративные), и заявления, под которыми стоят десятки, а то и сотни подписей... Это обвинение можно уже сегодня, без всяких дополнительных расследований со стороны КГБ, предъявить многим и многим еврейским активистам.

***

Теперь мне предстоит ознакомиться с материалами, подготовленными семнадцатью следователями КГБ. Солонченко сообщает, что в деле будет пятьдесят один том, каждый примерно той же толщины, как тот, который сейчас у него в руках. На картонной обложке наклейка: «Дело 182». В правом верхнем углу гриф «секретно». Более трехсот страниц машинописного текста.

— Откуда взялся этот гриф, ведь секретных допросов не было? — спрашиваю я. — Означает ли это, что и суд будет закрытым?

— Нет, это стандартная отметка. У нас в КГБ все секретно, — говорит следователь. Он, наверно, и сам еще не знает, что через месяц засекретит дело еще больше, добавив к слову «секретно» на каждом томе «сов.» — «совершенно».

Володин объясняет мне, что теперь по закону я могу взять себе адвоката и вместе с ним ознакомиться с материалами.

— Мы даем на это две недели. Срок вполне достаточный: ведь дело-то вам хорошо известно.

— Я буду изучать их столько времени, сколько мне потребуется, — отвечаю я и немедленно открываю первый из фолиантов.

За этим интереснейшим занятием — чтением многотомного произведения, сочиненного КГБ, я провел три с половиной месяца. Более ста дней с утра до вечера, не считая перерывов на обед и ужин, я изучал в кабинете следователя протоколы допросов свидетелей — всего около трехсот человек, составившие пятнадцать томов; «вещественные доказательства»: наши заявления, письма от Авиталь и друзей, материалы из западной прессы, видеофильмы, бесчисленное множество различных ответов из советских учреждений, специально подготовленные обзоры, показывающие, как хорошо живется евреям в СССР...

После одиннадцати месяцев изоляции — море информации. Теперь-то я был уже просто обязан разобраться в том, что происходит на воле, и стал внимательно вчитываться в каждое показание, каждый документ, пытаясь представить себе, кто и что стоит за ним.

Одну за другой покупал я в ларьке папки для бумаг, и они быстро заполнялись: я выписывал из прочитанного все, что казалось мне достойным дальнейшего изучения.

— Имейте в виду: никаких записей вам из Лефортово забрать не удастся. Дело ведь совершенно секретное, — говорили мне.

Я и сам в этом не сомневался, но, тем не менее, исписал с обеих сторон полторы тысячи листов и каждую свободную минуту в камере корпел над материалами.

Следователи пытались торопить меня.

— Я вам не мешал клеить дело, теперь вы мне не мешайте разбираться в том, что тут наворочено, — говорил я им.

Меня перевели на «продленный» рабочий день: шесть-семь часов со мной сидел один следователь, еще шесть-семь часов — другой. Что ж, я в камеру и не рвался.

— Да что вы так долго там изучаете? — сказал мне однажды Губинский. — Диссертацию готовите, что ли?

В каком-то смысле он был прав: охватить весь колоссальный материал, проанализировать его, сделать выводы о том, что происходит за пределами Лефортово, — это была настоящая исследовательская работа, и я с удовольствием погружался в нее.

Именно в те дни с особой остротой встала проблема адвоката. По закону я имел право прибегнуть к его услугам с момента окончания следствия (в особых случаях защитник полагается с начала следствия, но мое дело власти, естественно, не могли признать исключительным). В начале января, когда стало ясно, что вот-вот будет готово обвинительное заключение, я написал заявление: «Так как я нахожусь в изоляции и выбрать себе защитника не могу, то поручаю сделать это моим доверенным лицам: матери — Мильгром Иде Петровне и жене — Авиталь Щаранской».

После завершения следствия Володин заявил, что мои родственники отказываются выбирать адвоката, поэтому мне придется взять того, кого назначит адвокатская коллегия.

— Статья, по которой вы обвиняетесь, предусматривает смертную казнь, — сказал он, — и поэтому защитник может быть назначен даже против вашего желания.

— Тот же закон, — напомнил я ему, — дает мне право встретиться с родственниками и изложить им мои требования к адвокату, если возникают сложности с выбором такового.

— Свидание мы вам не дадим, и не рассчитывайте.

— Тогда я хочу объяснить им в письме, какой адвокат мне нужен.

— Вы уже писали заявление, этого достаточно.

— Что ж, имейте в виду, что с адвокатом, подобранным вами, я общаться не буду.

Тут произошло нечто необычное: Володин подал Солонченко какой-то знак, и тот вышел из кабинета.

— Я бы на вашем месте крепко подумал, Анатолий Борисович, — подойдя ко мне, сказал Володин. — Вы считаете, что защитник наш человек, но ведь закон обязывает его вас защищать, искать аргументы в вашу пользу. В таких условиях прокуратуре очень трудно добиться максимального наказания. Мы, КГБ, в суде не участвуем, но вы ведь понимаете, что с нами считаются… Я вам точно говорю: если согласитесь взять назначенного коллегией адвоката, то вас не расстреляют.

Это щедрое предложение КГБ интересовало меня лишь постольку, поскольку показало, что для охранки почему-то далеко не безразлично, соглашусь я сотрудничать с их адвокатом или нет. Это «почему-то» могло иметь только одно объяснение: за моей судьбой внимательно следят за рубежом, и мои друзья в Израиле и на Западе требуют допустить к делу независимого защитника.

Я, конечно, не надеялся на то, что кому-то из иностранных юристов разрешат меня защищать, и хорошо знал, что органы сами определяют, кого из адвокатов допускать к своим делам. На профессиональном юридическом жаргоне это так и называлось: «давать допуск». Только тот, кто получил его, может участвовать в политических процессах, хотя необходимость такого допуска нигде в законах не упоминается. Нередко адвокаты теряли его после того, как заходили в защите обвиняемого, по мнению КГБ, слишком далеко.

Нет ни малейшего сомнения, что никто из имеющих такой документ не решится защищать меня так, как того требуют мои интересы, то есть разоблачать фальсификации и подтасовки КГБ, требовать моего полного оправдания. Легко представить, как казенный адвокат станет вести себя на суде: он будет поддакивать прокурору, осуждающему «враждебную антисоветскую деятельность», начнет «восстанавливать истину», доказывая, что то-то делал не я, а, скажем, Лунц, то-то — Бейлина, и вообще, мол, я стал жертвой более опытных сионистских провокаторов. Таким образом, поединок между прокурором и адвокатом лишь помешает мне отстаивать свою позицию. Подобная, с позволения сказать, защита мне, естественно, была не нужна, и я очень надеялся, что и мои родственники не поддадутся на шантаж и посулы органов. Они действительно устояли, однако лишь спустя немало времени я узнал, как сильно давили на маму, и не только КГБ, но даже многие друзья, считавшие, что так для меня будет лучше.

Прошел месяц с тех пор, как я начал знакомиться с материалами дела. Адвокат, которого КГБ грозился навязать мне, не появлялся, и я надеялся, что они — хотя бы временно — отказались от своей затеи.

Шестнадцатого марта днем я сидел, как обычно, у Солонченко, зарывшись в бумаги, когда в кабинет вошли Володин и Илюхин.

— Анатолий Борисович, — обратился ко мне Володин, — мы решили дать вам возможность еще раз написать родственникам, кому именно вы поручаете подобрать адвоката.

Я помедлил, пытаясь понять, что означает подобная щедрость.

— Хорошо, но тогда я должен им объяснить, какие требования я предъявляю к защитнику.

— Нет, этого нельзя. Можете лишь сообщить, что доверяете выбор, скажем, матери.

— Но такое заявление я уже написал несколько месяцев назад.

— Повторите еще раз то же самое, — и, помедлив, он продолжил, — ваша мать сейчас здесь, мы ей и передадим записку. Можете добавить пару слов о том, что вы здоровы.

«Мамочка, дорогая! — стал писать я дрожащей от волнения рукой. — Я заявил следствию еще в начале января, что подбор адвоката доверяю тебе и Наташе. От защитника, предложенного следствием, я отказался. Если найти такого, который вас устроит, не удастся, сам буду себя защищать. Не бойтесь за меня. Крепко целую всех вас и Натулю. Толя. 16. 1.1977 г.»

Володин прочел и поморщился:

— Мы еще никого вам не предлагали, а вы уже отказываетесь. Перепишите, вполне достаточно обращения и следующей фразы. Можете еще приписать, что вы здоровы и чувствуете себя хорошо, — и он протянул мне мою записку.

— Вы и так предельно затруднили мне и моим родственникам поиски адвоката. Никаких сокращений я делать не буду.

Володин передал записку Илюхину. Тот прочел, они обменялись взглядами и вышли. Передадут ее маме или нет, осталось неясным. Сердце мое билось так, что казалось, вот-вот проломит ребра и вырвется из своего «Лефортово» — так я волновался. Рухнет ли, наконец, стена молчания? Увидят ли домашние мой почерк? Прочтя о том, что я отказываюсь от казенного адвоката и готов защищаться самостоятельно, поймут ли, что я не иду ни на какие компромиссы с КГБ?

Примерно через час появился Губинский и вернул мне мое послание:

— Перепишите и поставьте правильную дату. Сейчас семьдесят восьмой год, а не семьдесят седьмой.

Я обрадовался, что речь идет о таком пустяке.

— Давайте исправлю от руки.

— Нет, перепишите!

Я переписал все слово в слово, поставил правильную дату. Губинский ушел и еще через час вернулся.

— Как звать вашего племянника?

Я готов был услышать все что угодно, только не этот странный вопрос.

— Саша. А в чем дело?

— Прочтите и распишитесь, что ознакомились, — и следователь протянул мне листок бумаги.

Почерк мамы! «Дорогой сынок! Я прочла твою записку. Все понятно. Мы сделаем все возможное, чтобы найти для тебя адвоката. За нас не волнуйся, мы все живы, здоровы, все время с тобой. Сашенька тебя любит и ждет. Твоя мама».

Я несколько раз перечитал эту короткую записку, а потом просто смотрел на склоненные влево буквы — такой родной, знакомый с детства почерк, стараясь не расплакаться. Мне что-то говорили, но я не отвечал: боялся, что подведет голос. Наконец спросил — и все равно вышло хрипло:

— Почему я не могу забрать ее с собой?

— Она будет подшита к делу. Распишитесь, что ознакомились, и отдайте.

Губинский унес записку, а я провел с кем-то из следователей — уже не помню, с кем — еще несколько часов, продолжая знакомиться с делом. Но смысл прочитанного не доходил до меня. Мной целиком овладела мысль, которую я все эти месяцы пытался отогнать от себя: как там мои старички? Теперь я знал, что они живы и здоровы (увы, мама обманула меня: вскоре после моего ареста у отца был инфаркт, и состояние его оставалось тяжелым). Если КГБ пытался убедить их и моих друзей в том, что я раскололся, то из записки они могут сделать обратный вывод.

Огорчало, конечно, одно: в маминой записке почему-то не было ни слова про Авиталь. Я не мог знать о том, что Илюхин предупредил ее: «Если вы хотите, чтобы мы эту записку показали вашему сыну, не упоминайте имени его жены», — и тогда она в последний момент вписала туда имя моего шестилетнего племянника. Знать я не мог, но предполагая что-то в этом роде, убеждал себя в том, что слова о жене цензура не пропустила.

Было уже около девяти часов вечера, когда следователь вызвал надзирателя, чтобы тот отвел меня в камеру. Пришел «тезка» — молодой, лет двадцати пяти, невысокий паренек, белобрысый и улыбчивый. При начальстве он, естественно, вел себя строго по уставу, но когда мы оставались одни, держался добродушно, разговаривал со мной фамильярно, часто шутил — похоже, профессия тюремщика тяготила его, и он был рад любой возможности хоть как-то развлечься. Я охотно поддерживал его тон. Он тоже был Анатолием, и вскоре мы стали звать друг друга «тезка».

Мы вышли с ним в пустой коридор. Все кабинеты были уже давно заперты, свет погашен. Только одна лампочка горела в глубине коридора. Мы, понятно, никого не могли встретить по пути, но инструкцию нарушать нельзя. И вот мой тезка подал традиционный сигнал, щелкнув двумя пальцами правой руки: веду зека. Но щелчок у него получился неудачный, незвонкий.

— Ты что, тезка, щелкать разучился? Пора тебя увольнять! — сказал я ему. — Вот, учись.

Я щелкнул двумя пальцами правой руки, затем — левой и неожиданно для самого себя стал пританцовывать. Тезка прыснул, снял с ремня два больших ключа от камер и, ударяя одним по другому, стал вприпрыжку сопровождать меня. Мы весело пронеслись по коридору, спустились по лестнице, обтанцевав каждую ступеньку, и уперлись лбами в железную дверь, отделяющую следственный корпус от собственно тюрьмы. Запыхавшийся, но веселый, мой тезка нажал кнопку звонка, предупреждающего мента-регулировщика: зек у входа в тюрьму, и спросил:

— Чего, тезка, радуешься? Обещали скоро выпустить?

— Точно! Год прошел, так что если лоб зеленкой не смажут, то всего четырнадцать лет осталось, — ответил я отдуваясь.

— Ну да-а, заливаешь, — недоверчиво протянул он, но в это время дверь отворилась, и тезка, мгновенно преобразившись в мента, выкрикнул: — Руки назад! — и ввел меня в тюремный коридор.

Мы шли с ним мимо камер торжественно и бодро, будто принимая парад закованных в латы рыцарей-циклопов — железных дверей с глазками и квадратными щитами кормушек. Дорожки были выстланы специально для нас, почетных гостей; железные сетки в пролетах оберегали обоих от любых неожиданностей. Добрая старая екатерининская тюрьма. Ну, куда же девалась вся твоя мрачность?

И только одна мысль, которую я пытался отогнать как назойливую муху, портила мне радость этого вечера: почему все же в маминой записке не была упомянута Наташа?..

***

Прошло еще несколько недель, и однажды утром в кабинет Солонченко вошли, празднично улыбаясь, Володин, Илюхин и крупная ярко накрашенная брюнетка лет под сорок.

— А вот вам и адвокат в помощь, Анатолий Борисович, — сказал Володин, — теперь вам будет гораздо легче разобраться во всех этих талмудах.

— Дубровская Сильва Абрамовна, — представилась дама.

Еврейка-защитник! Это они здорово придумали!

Много позже моя семья узнала от общих знакомых, по каким критериям подбирал КГБ в московской коллегии адвокатов защитника для меня: обладание допуском; членство в партии; женщина; еврейка. Вот когда ущербность пятого пункта в анкете оказалась не помехой, а достоинством! Органы полагали, что с женщиной-еврейкой у меня скорее установятся доверительные отношения.

Между тем Сильва Абрамовна, приняв тон молодящейся кокетки, стала говорить мне что-то куртуазное. Я прервал ее:

— Простите, вы с моими родственниками встречались?

— Н-нет.

— Но подбор защитника я доверил им! Мне трудно здесь, находясь в полной изоляции, узнать что-либо о том или ином адвокате. Почему бы вам с ними не встретиться? Если они утвердят вашу кандидатуру, то и я соглашусь.

— Да, но… — она сделала паузу, переведя взгляд на Володина, и тот вмешался:

— Ваши родственники сами не хотят ни с кем встречаться.

— Это неправда! Но в любом случае нам не стоит терять время на пререкания: я соглашусь только на защитника, кандидатура которого будет одобрена моими доверенными лицами — матерью или женой.

— Анатолий Борисович, вы первый мужчина, который мне отказывает, — игриво воскликнула Сильва Абрамовна.

— Мне самому это очень неприятно, — любезно ответил я, — особенно учитывая, что этим я увеличиваю число евреев-отказников в Москве.

Все рассмеялись, кроме Дубровской, которой упоминание ее национальности, похоже, особого удовольствия не доставило. Она выжидающе посмотрела на Володина: что, мол, дальше. Тот протянул мне заранее заготовленное заявление об отказе от адвоката, которое я и подписал, внеся в него одно дополнение: «…подобранного для меня КГБ».

На этом наше первое свидание с Дубровской завершилось, а еще через несколько дней мне принесли постановление о том, что она назначена моим адвокатом.

— По вашей статье предусмотрена смертная казнь, и оставить вас без защиты мы не можем, — объяснил Володин.

Не раз потом мне напоминали, что адвокат знакомится с делом и хочет обсудить со мной, как строить защиту на суде, но я неизменно отвечал:

— Она не мой адвокат, а ваш, вы и беседуйте с ней.

***

Итак, что же я узнавал, изучая пятьдесят один том моего дела?

Первый и наиболее волновавший меня вопрос: что происходит на воле? Удалось ли КГБ разгромить наше движение, запугать его активистов или хотя бы убедить их, что я шпион? Результаты моей игры обнадеживали, но полную уверенность могло дать лишь знакомство с протоколами допросов.

Показания свидетелей — в первых пятнадцати томах. Я получаю очередной из них, смотрю в оглавление и прежде всего читаю записи бесед с отказниками: именно из них я узнаю правду. И уже потом, успокоившись и расслабившись, я последовательно изучаю все показания подряд: отказников, милиционеров, чиновников, осведомителей, «сук» из политических лагерей, сотрудников организации, обслуживающей иностранцев...

Всего допрошено около трехсот свидетелей. Половина из них — отказники из нескольких десятков больших и малых городов СССР. Ведут они себя на допросах, конечно, по-разному, но уже после прочтения нескольких томов общая картина ясна: разгрома еврейского движения, массовых покаяний КГБ добиться не удалось.

Некоторые из моих ближайших друзей: Дина, Борода, Ида, Лева Улановский — пытались, как видно из протоколов, произнести обвинительную речь, направленную против КГБ, но их быстро обрывали, и следователь записывал стандартное: «Свидетель отказался отвечать по существу вопроса». Кое-кто и на самом деле отказывался говорить с ними. Человек сорок отвечали строго по системе Есенина-Вольпина: «Вопрос не имеет отношения к делу», «Вопрос касается меня лично», «Отказываюсь отвечать по моральным соображениям». Были, конечно, и такие, кто предпочитал ничего не помнить, ничего не знать: «Не помню, подписывал ли я это письмо», «Не помню, просил ли занести свою фамилию в списки отказников», а некоторые даже добавляли: «Но если мое имя было использовано во враждебных Советскому Союзу целях, то я это осуждаю». Как правило, так говорили люди из далекой провинции, со мной никак не связанные и в жизни алии не игравшие заметной роли.

Моих ближайших друзей допрашивали последними, а начинали с тех, кто, по мнению КГБ, мог быть отнесен к нашим оппонентам в движении. Но довольно скоро органы постигло разочарование: пришлось убедиться, что в противостоянии им алия едина. По протоколам невозможно было определить, кто из отказников «политик», а кто «культурник», кто «хунвейбин», а кто «бонза».

«Да, не удалось вам покончить с „жидовским базаром!“» — злорадно думаю я, вспоминая все попытки охранки убедить меня в том, что движение разгромлено.

Пожалуй, лишь в одном случае они добились существенного успеха: при допросе Адамского из Вильнюса. То, что этот человек подписал, не имело ничего общего с действительностью;

но весь ход его допроса, отраженный в протоколе, убеждал меня: Адамский не стукач типа Липавского, Цыпина, Рябского, Раслина, Игольникова — просто КГБ сумел запугать его, сбить с толку и в конце концов заставил подписать то, что им было нужно.

Допрос Адамского длился тринадцать часов. Вначале он отвечал по системе «не помню». Но вот следователь Шерудило начинает повторять один и тот же вопрос по несколько раз — и я легко представляю себе, какого рода беседы велись со свидетелем перед каждым очередным туром допросов... И Адамский начинает «вспоминать». Но что ему может быть известно, ведь мы с ним вообще незнакомы? Оказывается, он встречался в Вильнюсе с моим приятелем Владимиром Давыдовым весной семьдесят пятого года, и тот ему рассказал следующее: Лернер получил из-за рубежа задание собрать сведения о закрытых местах работы отказников и велел сделать это Щаранскому. «Однако, — добавляет Адамский, — я не знаю, выполнил ли Щаранский поручение Лернера».

Итак, нашелся все же свидетель, который буквально дословно повторяет обвинение, выдвинутое Липавским. Есть, правда, маленькое «но»: Липавский утверждает, что задание я получил из Израиля от Рубина осенью семьдесят шестого года, а по версии Адамского это было на полтора года раньше, и Рубин тут не при чем. Впрочем, свидетель вряд ли предвидел эту неувязку, когда подписывал протокол, а Шерудило такие мелочи не смущают.

Мне ужасно хотелось понять, как люди, пришедшие на допрос — пусть и трясясь от страха, но все же с намерением остаться честными и порядочными, уходят оттуда, подписав то, что им продиктовали следователи КГБ, и я потребовал очной ставки с Адамским.

С особым волнением читал я протоколы допросов мамы и брата, заявление отца об отказе давать показания. Арестовав меня, КГБ вовлек и их в конфронтацию с властями, к чему мои родственники совершенно не были готовы. Лояльные советские граждане, и не помышлявшие о том, чтобы конфликтовать с режимом, никогда не сталкивавшиеся с КГБ, как поведут они себя на допросах по делу их сына и брата — «изменника Родины»? Какую позицию займут?

И вот я вижу: они приняли бой, они не защищаются, а нападают, требуя для меня справедливости. Мне стыдно: как я мог сомневаться!.. Мамочка, бедная моя старушка! Ну зачем ты объясняешь этим хищникам, каким замечательным я был шахматистом, и рассказываешь им о том, как в четырехлетнем возрасте я читал наизусть «Бородино»? Хочешь вызвать у них сочувствие? Мне страшно за папу: он пишет, что не может явиться на допрос из-за плохого состояния здоровья, а про болезнь его мама мне ничего не сообщила...

Родные мои! Я горжусь вами, смело бросившими в лицо КГБ гневное: «Вы лжецы и фальсификаторы! Наш сын и брат невиновен! Отпустите его в Израиль, к жене!»

Самым внимательным образом читаю я, естественно, показания Липавского, исследую их чуть ли не побуквенно, как корпят историки над древними текстами: пытаюсь определить, что в них — подлинник, а что — позднейшие вставки, каковы были намерения тех, кто водил рукой свидетеля в разные периоды следствия...

В длинной серии допросов, состоявшихся в апреле-мае, Липавский рисует подробную картину деятельности активистов алии с начала семидесятых годов. Версия о еврейском шпионаже выглядит примерно так же, как и на очной ставке, однако есть и одно важное отличие: поначалу он утверждал, что идейным руководителем в этой истории был Лернер, Бейлина — основным исполнителем, я же лишь передавал собранную информацию. Вторая, более короткая серия его допросов прошла поздней осенью, когда, как видно, было принято решение ограничиться до поры до времени только моим арестом. Тут Липавский уточняет свои предыдущие показания, приводя их в соответствие с окончательной версией. Тогда-то функции Дины переходят ко мне, для чего потребовалось «забрать» у нее списки отказников и «передать» их Лиде Ворониной. Теперь мне становится понятным расхождение между показаниями Липавского и Запылаевой на очных ставках, и я окончательно убеждаюсь в том, что Лена — не агент КГБ, а его жертва.

С жадным интересом начинаю я читать показания Тота. Наконец-то я узнаю, что с ним случилось. Оказывается, Роберт дает их после того, как был задержан «с поличным» во время встречи с Петуховым. Вот как это выглядит при знакомстве с материалами дела.

Утром одиннадцатого июня семьдесят седьмого года, за несколько дней до окончания срока пребывания Боба в Москве, Петухов звонит ему домой и сообщает, что долгожданные результаты парапсихологических опытов наконец получены, он написал об этом статью и готов передать ее Тоту. Боб изъявляет готовность встретиться. Петухов говорит, что случайно находится рядом и материалы при нем, но, понятно, зайти в дом без сопровождающего не может: не пропустит охрана. Роберт сам выходит к нему и получает из рук Петухова папку с бумагами. Далее я читаю показания «случайного прохожего»: «Я вышел из магазина и увидел такую странную сцену: два человека стояли возле дома; один вытащил из чемоданчика какую-то папку и передал другому — по внешнему виду явно иностранцу. Несколько шагов они прошли вместе, а потом быстро разошлись. Я решил на всякий случай сообщить об этом в милицию и спросил у двух прохожих, где тут ближайшее отделение. А они мне говорят: „Мы сами из милиции“. Оказалось, следователи. Вместе с ними и подошедшим милиционером мы задержали обоих».

Последующие события отражены в протоколе задержания и других милицейских документах. Около десяти часов утра обоих доставили в отделение, папку у Тота изъяли; Петухов подтвердил, что передал ее ему, Боб сказал, что еще не успел эту папку раскрыть.

Через час прибыл эксперт из Академии наук, который установил: материалы являются секретными. Вслед за ним приехал сотрудник консульского отдела посольства США, под чье поручительство Тота отпустили. В милицейском протоколе записано заявление Боба: он не знал, что переданные ему материалы могут быть секретными; его интересует, может ли он задержаться в СССР, чтобы дать показания в защиту Петухова, если того будут судить.

Этот наивный, но благородный жест Боба сразу же вернул мне всю былую симпатию к нему. Да, он оказался недостаточно подготовленным к встрече с КГБ, но до конца оставался порядочным человеком. «Эх, Боб, дружище! — думал я. — Как же ты не понял, что не Петухов, а ты сам — жертва провокации!»

Итак, Тот ушел, а еще через час в отделение милиции прибыл... — кто бы вы думали? — капитан КГБ Губинский собственной персоной! — и начал допрашивать Петухова. Короткий протокол этой беседы завершается фразой: «С Тотом меня познакомил гражданин СССР Щаранский А. Б.». Остальные показания парапсихолог давал уже в Лефортово — по моему делу.

В то же самое время в МИД СССР вызвали представителя посольства США. В деле лежит текст устного заявления советского чиновника американцу: «Корреспондента Р. Тота задержали с поличным при получении секретной информации. Это не первый случай, когда американский журналист занимается противозаконной деятельностью... МИД заявляет протест... Р. Тот будет вызван на допросы и временно не сможет покинуть СССР...»

Боба допрашивали в течение двух дней. Сейчас, зная все, что предшествовало этим допросам, я мог лучше понять причины, побудившие его давать показания. Внимательно читая тексты протоколов, я обнаружил, что первый из них вообще не переведен на английский! Под русским вариантом Боб добавил примерно следующее: «Мне объяснено, что в соответствии с УПК СССР я обязан расписаться, хотя не читаю по-русски и не понимаю, что здесь написано» — и поставил подпись.

Протокол второго допроса — уже с переводом на английский; подпись Тота под английским текстом, подписи Володина и Черныша — руководителей «моей» группы, допрашивавших Боба, — под русским. Под английским текстом стоит еще подпись переводчика из АПН Бондаря. Показания Тота о встречах с Наумовым, Аксельродом, Зиновьевым, Петуховым мне уже читали раньше на допросах. В окончательное обвинение эти эпизоды не вошли, а потому представляли теперь разве что исторический интерес. Я остановился лишь на той части, которая непосредственно связана со мной: «Одним из основных источников информации об отказниках, которой я располагал, был Щаранский... Он знакомил меня с их списками... Полученные от него сведения были частично использованы при написании статьи „Россия косвенно раскрывает свои секретные исследовательские центры"».

Эта последняя фраза целиком перенесена в текст обвинения. И тут я обнаружил, что в английском варианте, под которым подписался Боб, сказано несколько иначе: «Статья частично написана с помощью информации, полученной...» Может, это техническая ошибка переводчика? Велика ли, посудите сами, разница между этим пассажем и тем, который попал в русский текст? А ведь в ней-то вся соль! На самом деле это разница между тем, чем я занимался в действительности, и тем, что пытался приписать мне КГБ. Я давал иностранным корреспондентам информацию для статей, а КГБ заявлял, что статьи были лишь прикрытием для шпионских сведений, которые на страницы газет, естественно, не попадали.

Я потребовал вызвать переводчика. Следователь заявил, что не видит в этом необходимости.

Когда в конце мая я одолею все «талмуды», то откажусь подписать бумагу о завершении дела, пока не явится переводчик. В конце концов вызовут Бондаря. Я предъявлю ему оба текста.

— Видите ли, английский язык строже русского, который допускает больше толкований, — попытается он оправдаться.

— Но вы согласны, что в английском варианте нет того смысла, который появился в русском переводе?

— Да, пожалуй.

— Это я вас и прошу зафиксировать.

Бондарь согласится, но вмешается Губинский:

— Подождите минуточку.

Он уйдет на совещание с Володиным и Илюхиным, а когда вернется, объявит мне соломоново решение:

— Ничего изменять не будем, но в обвинительном заключении, а следовательно, и в приговоре — обещаем цитировать не русский текст, а английский.

— Но это же абсурд! Обвинительное заключение будет на русском языке, и если нигде не будет зафиксирован точный перевод, то возьмут тот, который есть!

Я откажусь закрывать дело, напишу жалобу Генеральному прокурору. Так как КГБ будет спешить покончить со всеми формальностями, то исправление в конце концов внесут, а Володин, Илюхин и Бондарь своими подписями засвидетельствуют: «Исправленному верить».

И тем не менее в обвинительном заключении, а потом и в приговоре будет процитировано не существующее теперь даже на бумаге показание Тота: «...полученные от него сведения были частично использованы...» Советская пресса истолкует это так, как я и предполагал: статьи писались лишь для отвода глаз, главное было в получении шпионских сведений.

Ну, а что же секретного нашли в бумагах Петухова, которые бдительные чекисты сумели в последний момент выхватить из рук американского агента? Их приобщили к делу, и я имел теперь уникальную возможность с ними ознакомиться.

Материалы эти состояли из тридцати двух страниц английского текста: двух машинописных экземпляров четырнадцатистраничной статьи Петухова и четырех страниц его заметок от руки. Судя по допросам обоих — незадачливого журналиста и ловкого парапсихолога, — КГБ утверждает, что секреты содержатся в самой статье, где приведены результаты опытов. Читаю ее. Сначала следует длинное описание изготовления какого-то препарата (в биологических терминах я не очень разбираюсь) из живых клеток, далее сообщается, что с помощью ряда призм была зафиксирована интерференция некой псиволны, волны живой клетки, потом препарат обрабатывали, если не ошибаюсь, рентгеновским излучением, и клетки погибали. Опыт был проведен снова: интерференции нет, а стало быть, нет и излучения. Вывод: живая клетка нечто излучает.

Я, конечно, не специалист-биолог, но все же весь мой опыт учебы на физтехе, трехлетний опыт лабораторных работ по физике говорит о том, что все это несерьезно, это игра в науку. И тут мой взгляд падает на листы, которые я пропустил, торопясь прочесть саму статью: постановление о направлении материалов, переданных Петуховым Тоту, в экспертную комиссию Института физических проблем (оказывается, предварительная проверка в отделении милиции, проведенная экспертом из Академии наук, законной силы не имела). Из заключения комиссии следует: статья не секретна, однако в таких-то строках на таких-то страницах рукописных листов упоминается название закрытого института и указывается, по какой тематике он работает. На основании утвержденного Советом Министров СССР перечня от такого-то, пункт такой-то, информация подобного рода является секретной.

Читаю рукописные листы. Это своего рода краткий обзор развития советской парапсихологии, и в нем, в частности, есть следующая фраза: «Из разговора с коллегами мне известно, что в Зеленограде („Опять, думаю, чертов Зеленоград! Петухов уже однажды пытался привлечь внимание Тота к этому закрытому городу!") в институте номер такой-то по заказу Министерства обороны и Академии педагогических наук проводятся опыты по передаче мысленных сигналов на космические станции". Вот он, петуховский секрет! Причем экспертная комиссия самого солидного советского физического института не говорит, соответствует ли эта информация действительности, но лишь подтверждает, что по инструкции такие сведения являются секретными.

А почему Петухов вообще понес Бобу эти листки? Ведь я был на всех их предыдущих встречах, и речь там шла только о публикации статьи с результатами опытов. И об интервью Тота с ним на ту же тему. Правда, во время последней встречи на квартире Слепаков Петухов попробовал заинтересовать Боба Зеленоградом, но мы его сразу же остановили. И почему во время допросов их обоих речь идет о тайнах, содержащихся в этой статье, — ведь в руках КГБ результаты экспертизы, показавшей, что статья не секретная? Все эти вопросы необходимо выяснить с самим Петуховым, и я пишу ходатайство об очной ставке с ним.

В деле есть и другие доказательства моего «преступного» сотрудничества с Тотом: захаровские документы. Теперь передо мной все, что он «нашел»: это не только перечень мест работы отказников, не только телетайпная лента со статьей Боба о моем аресте и припиской редактору, но и множество других материалов, так или иначе связанных с отказниками, вплоть до нескольких страничек, аккуратно вырванных из записной книжки Тота — заметок, которые он делал в ходе интервью по поводу дискриминации евреев Академией наук при защите ими докторских диссертаций. В раскрытии этой государственной тайны я тоже был замешан: как всегда, помогал Бобу в качестве переводчика. Похоже, труженик метлы проверил все бюро Тота, прежде чем выйти туда, где ему и положено было находиться: во двор, к мусорному ящику... На каждой бумажке, сданной Захаровым в приемную КГБ, стояла их печать и дата: пятнадцатое марта семьдесят седьмого года.

Так как я в свое время имел глупость обратить внимание следствия на допущенную ими неувязку: кагебешный дворник обнаружил статью о моем аресте за день до того, как меня забрали, органы заготовили свое разъяснение. В материалах дела — обмен письмами между следственным отделом КГБ и их приемной. На запрос отдела последовал ответ: секретарша, проставляя дату, попросту ошиблась — Захаров был у них не пятнадцатого марта, а пятнадцатого апреля.

Новая накладка! Как же тогда быть с имевшимися в деле показаниями «дворника» о том, что просматривая найденные материалы и наткнувшись на наши имена, он вспомнил о появившейся за несколько дней до того статье в «Известиях», где говорилось о нас? Ведь этот номер газеты вышел четвертого марта! Если дело происходило четырнадцатого марта, то прошло и впрямь несколько дней, а если четырнадцатого апреля, то подтасовка в захаровском свидетельстве становится очевидной!

Я, конечно, осознавал, что все эти выкладки не помогут мне защитить себя, но действовал в рамках поставленной перед собой цели: изучать их методы, а затем, когда появится возможность, — разоблачить. И вот, анализируя фокусы КГБ с изменением показаний Липавского, с Петуховым и Захаровым, я думал: почему же у них так много оплошностей, почему они так халтурно сшили дело? Недостаток профессионализма? Или просто слишком спешили?

Мысль о том, что охранка почему-то очень торопилась с моим арестом, уже не раз приходила мне в голову. Что же получается? Их агент Липавский работал среди нас несколько лет и вот, наконец, вышел на идеальную позицию: мы с ним поселились в одной комнате. Какие прекрасные возможности открываются перед ним для сбора оперативной информации, для организации грандиозных провокаций! Ведь все мои контакты с иностранцами теперь контролировать еще легче; остается только наблюдать, выждать подходящий момент и всунуть в очередной пакет, который я собираюсь передать какому-нибудь дипломату, действительно секретную информацию. КГБ возьмет нас обоих с поличным, а Липавскому не придется даже саморазоблачаться! И вот именно тогда, когда многолетние усилия КГБ внедрить провокатора в самый центр нашего движения увенчались успехом и осталось только собирать плоды, он, не проведя со мной и трех дней, исчезает, а вскоре в «Известиях» появляется его письмо. А дело-то не подготовлено! И теперь после моего ареста органам приходится срочно конструировать его, вводя в игру Петухова, Захарова, тасуя Бейлину с Ворониной, задерживая Тота и редактируя его показания, перелицовывая несколько раз свидетельства Липавского...

Никто, конечно, не может знать наверняка, что именно происходило на верхних этажах партийно-кагебешной власти, но я, изучая свое дело и вспоминая все, что предшествовало моему аресту, представлял себе ситуацию примерно так.

После совещания в Хельсинки вопрос о правах человека неожиданно для СССР оказался центральным в международных отношениях. В Советском Союзе была создана Хельсинкская группа, в США — комиссия Конгресса и Сената при участии администрации. Протесты евреев стали энергичнее, связь с Западом — тесной как никогда. Демонстрации, проведение семинара по еврейской культуре в семьдесят шестом году были открыто поддержаны ведущими политическими деятелями Америки. Впервые в истории избирательных кампаний США проблема соблюдения Советами своих обязательств стала играть такую заметную роль. Одним из первых шагов нового американского президента Картера был обмен письмами с Сахаровым. Мне уже не приходилось ломать голову над тем, как привлечь внимание Запада к заявлениям евреев-отказников или членов Хельсинкской группы, — корреспонденты буквально рвали их у меня из рук. В это время, видимо, наверху и было принято решение контратаковать. Началась новая волна репрессий против диссидентов, активистов национальных и религиозных движений. Еврейское движение выделялось среди других и по своим масштабам, и по степени влияния на международную политику. А потому и удар по нему решили нанести посильнее: не как по «антисоветчикам», а как по изменникам Родины, благо широким массам определение «евреи — изменники» слуха, прямо скажем, не режет. Когда сверху поступила соответствующая команда, КГБ пришлось разработать не самый выгодный, но зато максимально быстрый вариант операции, пожертвовав при этом ценным агентом и латая дыры на ходу.

Впрочем, мое удивление тому, что КГБ ничего не подложил мне, когда я жил в одной комнате с Липавским, оказалось несколько преждевременным. В самые последние дни знакомства с делом, работая над пятьдесят первым томом, я обнаружил акт экспертизы копировальной бумаги, «найденной» в моих вещах. Из него следовало, что перечень мест работы отказников, который принес в КГБ Захаров, был отпечатан под эту копирку! Очередная липа — хотя бы только потому, что все мои бумаги, прежде чем я перевез их на квартиру, снятую Липавским, были тщательнейшим образом распотрошены в январе во время обыска, и потому документ, относящийся к осени прошлого года, даже случайно не мог туда затесаться!

Показания Липавского о том, что я занимался списками отказников, были подкреплены не только подброшенной мне копиркой. С удивлением прочел я свидетельство Ирины Мусихиной, которая в течение почти года была моей соседкой по маленькой коммунальной квартире. Ира приехала в Москву откуда-то с севера и работала медсестрой. Иногда мы с ней встречались на кухне, вежливо здоровались; бывало, она занимала у меня пятерку до зарплаты, случалось и наоборот; то она угощала меня домашним печеньем, то я ее — израильскими бульонными кубиками. Зачастую я возвращался очень поздно и не мог открыть дверь: Ира считала замок ненадежным и завела в придачу к нему еще и засов. Мне приходилось будить ее звонками, я смущался, извинялся, обещал поставить новый замок, но все время забывал об этом. Вот, собственно, и все наши отношения.

Сейчас выясняется, что ее вызывали на допросы трижды. В первые два раза она ничего интересного для КГБ не вспомнила, лишь опознала по фотографии Тота и подтвердила, что видела его несколько раз у меня в гостях. Однако на третьем допросе все было иначе. «Я знала о том, что Щаранский составляет списки отказников», — показала Ирина. По черновикам, которые моя соседка, по ее словам, увидела в мусорном ведре, она поняла, что списки эти существуют не только на русском языке, но и на английском. Как-то осенью семьдесят шестого года, проходя мимо моей комнаты, дверь в которую оказалась открытой, она видела, как я передавал Тоту пачку листов с машинописным текстом.

Ознакомившись с этим беспардонным враньем, я, конечно, прежде всего подумал о том, что Мусихина была подсажена в эту квартиру органами. Но почему же она тогда так сопротивлялась на первых двух допросах?

Наконец, в деле я обнаружил показания нескольких женщин, с чьих квартир Липавский организовывал нам разговоры с Израилем. Они утверждали, что своими ушами слышали, как я передавал по телефону списки отказников. Их ложь, правда, расходилась с ложью Липавского, который говорил о том, что составление и передача этих списков проводились в полной тайне, зато КГБ существенно увеличил число свидетелей обвинения.

Хотя я, по понятным причинам, затратил довольно много времени на изучение документов, связанных с обвинением в шпионаже, в целом они занимали в деле очень скромное место: всего три сотни страниц из пятнадцати тысяч. Чтобы пришить мне измену Родине в форме помощи капиталистическим государствам, мастера детективного жанра из КГБ рисовали широкими мазками картину международного сионистского заговора: характеристики на дипломатов-евреев, корреспондентов-евреев — все они, конечно, агенты ЦРУ; длинный список — более трехсот имен — туристов — сионистских эмиссаров, справки о том, что представляют из себя организации, к которым они принадлежат, — своего рода справочник «Кто есть кто в борьбе за советских евреев»; перечень «преступных акций», то есть демонстраций, прошедших по всей Америке, с указанием того, что эти акции были инспирированы мной и моими сообщниками...

Следующая ветвь моих криминальных связей — сенаторы и конгрессмены США. Среди них евреев меньше, чем нужно КГБ для моего дела, может быть, поэтому органы составили такую подробную характеристику на «сенатора-сиониста» Джавитса, с которым я встречался. Они утверждают, что именно в его окружении созрела идея, которую воплотил потом Джексон в своей поправке.

В том же разделе — сотни страниц бюллетеня «Протоколы Конгресса» с выступлениями конгрессменов и сенаторов в защиту советских евреев. Это ли не лучшее доказательство заговора? Говорят, правда, что это издание никто не читает: скучно. Что ж, в таком случае я был его самым благодарным читателем, не пропустив ни слова из сказанного Элбертом и Драйненом,

Джексоном и Джавитсом, Рибиковым и Элизабет Хольцман, Додсом и Черчем. Я вспоминал свои встречи с этими людьми и письма Авиталь, в которых она рассказывала о том, как они помогают ей, и ни на секунду не сомневался, что и сейчас борьба не прекращается. Если КГБ не удалось сломить нас, отказников, то и Запада им не обмануть.

Словно предвидя, что в этом месте я погружусь в воспоминания, следователи включили сюда письма и открытки моей жены, в которых она рассказывает о своих беседах с американскими политиками, пишет, что слышала мой голос по радио или читала взятое у меня интервью. Таких посланий, конфискованных при обыске, всего десятка два, четыре сотни остальных, не представлявших интереса для следствия, были, как сказано в деле, «уничтожены путем сожжения».

Обзоры деятельности комиссии Конгресса США по безопасности и сотрудничеству в Европе поступили сразу из двух организаций: спецуправления КГБ СССР и Министерства иностранных дел. Материалы КГБ гораздо полнее: здесь не только описание того, как была задумана и осуществлена «антисоветская провокация» по созданию такой антиконституционной, по мнению авторов обзора, комиссии — ведь в нее входят как конгрессмены, так и представители администрации, — но и пространные рассуждения о том, что возникновение комиссии Конгресса и сформирование нашей Хельсинкской группы —скоординированная враждебная по отношению к СССР акция. Здесь же улики: доказательства преступных связей между нами.

Материалы о поправке Джексона тоже были получены из двух источников: МИДа и Министерства внешней торговли. Из МИДа, кроме ее текста и юридических комментариев к нему, — протоколы всех заседаний комиссии Конгресса и комитетов Сената, обсуждавших поправку. Интересно, что против нее выступали капиталисты, руководители крупнейших концернов, мечтающие о торговле с СССР, а за — профсоюзы, различные общественные организации. Какая-то классовая солидарность наизнанку...

Министерство внешней торговли подсчитало материальный ущерб, нанесенный советской экономике сионистами, добившимися принятия поправки. Если бы СССР был предоставлен статус максимального благоприятствования, то объем торговли с США, как утверждают министерские специалисты, составил бы около двадцати миллиардов долларов.

Целый том в деле — статьи и корреспонденции, опубликованные в западной прессе, выписки из передач зарубежных радиостанций, где есть ссылки на меня как на источник информации. Запись этих передач зачастую прерывается, и следует стандартная фраза: «Далее не прослушивается: сильное глушение».

— Тяжелая у вас работа, что и говорить, — смеялся я над следователями. — Один отдел КГБ глушит передачи, другой от этого страдает!

Были в деле и приятные для меня неожиданности, среди них — фотопленка, «изъятая у гражданина США Гулда при его выезде из СССР». Несколько кадров проявили и отпечатали; это оказались фотографии заявлений в мою защиту, собранных, как я определил по почерку, Диной; не все слова удалось прочесть, не все подписи разобрать, но я испытывал глубочайшую признательность к органам за такой дорогой подарок. В части этих заявлений отказники рассказывают о том, как их допрашивали в КГБ, и я извлек немалую пользу из сопоставления их слов с официальными протоколами допросов. На одном из снимков — сопроводиловка Дины к собранным ею материалам, где она не только перечисляет их, но и сообщает все, что было на допросах наших товарищей: какие основные вопросы задавали им, какими документами интересуется КГБ, как формулируется обвинение...

Молодец, Дина! Она довольно точно восстановила главные направления моего дела, и теперь осталось одно — чтобы на воле знали: никаких других преступлений, кроме наших заявлений и списков отказников, встреч и пресс-конференций, мне не вменяется в вину. Я тогда, конечно, и представить себе не мог, какую титаническую работу проделала Дина, кромсая паутину страха, которой КГБ в те дни опутал евреев; чего ей стоило убедить людей пренебречь угрозами охранки и рассказать обо всем, что происходило на допросах; как непросто было при постоянной плотной слежке собрать всю необходимую информацию и передать ее на Запад.

Но впереди меня ждал еще более потрясающий сюрприз. Одним из главных моих прегрешений КГБ считал участие в документальном фильме английской телекомпании «Гранада» «Рассчитанный риск». Теперь я мог убедиться в том, насколько большое значение они придавали ему. Еще до моего ареста в Министерство иностранных дел поступил с Лубянки соответствующий запрос, и вскоре из генерального консульства СССР в Нью-Йорке в Москву прибыли видеозапись фильма и официальная справка за подписью дипломата Велемирова о том, какой огромный вред престижу СССР нанесла его демонстрация. Аналогичные отчеты поступили из советских посольств в Англии, Франции и Дании. В обвинении по этому поводу говорилось: «Подследственный принял участие в нелегальной съемке иностранцами фильма, содержащего его клеветнические измышления о положении национальных меньшинств в СССР». Мне, естественно, было интересно посмотреть эту ленту, вспомнить, что именно я там измышлял. Так как следствие обязано знакомить меня со всеми документами, используемыми обвинением, я потребовал показать мне «Рассчитанный риск».

Возражений не последовало, но оператор — специалист по видеоаппаратуре — находился в отпуске, и надо было ждать. Между тем я наткнулся на кое-что поинтереснее: оказывается, после моего ареста та же «Гранада» сняла новый фильм, на сей раз посвященный мне, под названием «Человек, который зашел слишком далеко», и он тоже был приобщен к делу как «имеющий доказательную силу для характеристики враждебной деятельности подследственного». В частности, в деле цитировались отрывки из интервью, взятого «Гранадой» для этого фильма у Майкла Шерборна, где он, среди прочего, говорит: «Щаранский — убежденный сионист. За три года я около ста раз беседовал с ним по телефону и получил от него множество писем и документов о положении евреев в СССР».

Я, понятно, заявил, что хочу посмотреть оба фильма, но на это следователи почему-то согласились не сразу. Пришлось опять конфликтовать с ними, отказываться подписывать бумагу о том, что с делом ознакомился… Наконец они пошли на попятный, оператор вернулся из отпуска, и вскоре я уже сидел в кабинете Губинского перед японским видеомагнитофоном в компании Володина, Солонченко и Илюхина и смотрел «Рассчитанный риск».

Я увидел на экране Володю, Александра Яковлевича, себя... Думал ли я тогда, в семьдесят шестом году, давая это интервью для фильма, что увижу его впервые ровно через два года в лефортовской тюрьме!.. Но потом оператор поставил следующую кассету — и у меня перехватило дыхание. Начинался фильм с показа демонстрации в мою защиту у советского посольства в Лондоне; еще несколько секунд — и на экране крупным планом появилась Авиталь! Она говорила на прекрасном иврите — и как говорила!

— А от русской-то совсем уж ничего не осталось! — с удивлением отметил Губинский.

Дальше пошли кадры с моим добрым другом Майклом Шерборном, Людмилой Алексеевой, эмигрировавшей из СССР, знакомыми и незнакомыми английскими евреями, но я плохо воспринимал их слова, все ждал, не появится ли Наташа... Еще раз показали ее — и все, лента кончилась.

— Поставьте, пожалуйста, снова, — попросил я. Увидев меня в необычной роли просителя, Илюхин с несвойственным ему ехидством сказал:

— Что, понравилось? Хватит с вас и одного раза. Подследственным телевизор смотреть не положено.

Эти слова быстро вернули меня к реальности. Я сразу изменил тон:

— Я имею право знакомиться с материалами дела. Мне необходимо понять каждую фразу, каждое слово из показанных фильмов. Это особенно важно в тех условиях, в которые вы меня поставили, лишив возможности пригласить адвоката. А сам я, как вам известно, не юрист и могу лишь догадываться о том, как вы будете строить свое обвинение. Мои познания в английском и иврите не настолько хороши, чтобы я мог понять в этом фильме все с первого раза. Поэтому я настаиваю на том, чтобы мне дали возможность увидеть его вторично.

После некоторого колебания они согласились, и вот уже снова на экране моя Авиталь. Когда ее выступление кончилось, я потребовал:

— Верните пленку назад, в этом месте я не разобрал несколько слов.

Оператор не спорил. Прошел час, второй, третий. Кагебешники уже кипели от злости, но я не уступал, снова и снова заставляя их возвращаться к началу. Снова и снова Авиталь вела колонну к советскому посольству в Лондоне — нет, к лефортовской тюрьме! — требовать моего освобождения.

Наконец терпение Володина лопнуло, и полковник стал кричать на меня:

— Хватит! Вы что думаете — ваша судьба в руках этих людей, а не в наших? Посмотрите внимательно: это всего лишь студенты и домохозяйки!

...Сегодня, выступая перед людьми в Иерусалиме и Нью-Йорке, Париже и Лондоне, я благодарю их за поддержку и каждый раз цитирую слова Володина. Спасибо вам, гражданин полковник, вы подсказали мне точную и эффектную формулировку: армия студентов и домохозяек одолела в конце концов полчища КГБ.

***

Прочитан пятьдесят один том дела. Заполнены моими записями пять толстых папок. Теперь я должен был подписать протокол о том, что с делом ознакомлен, после чего начнется подготовка к суду.

Я еще раз перечитал УПК, чтобы узнать все о своих правах на этом этапе. Оказывается, у меня еще есть возможность заявить ходатайство о дополнении материалов дела. Но стоит ли этим заниматься? Ведь суд почти наверняка будет закрытым, и все мои усилия окажутся напрасными. И все же я решил такое заявление написать: по крайней мере, в деле останутся доказательства абсурдности и лживости их обвинений.

Двадцать шестое мая семьдесят восьмого года. На оформление закрытия дела пришли Володин и Илюхин и объявили мне, что и где я должен подписать.

— Прежде я хочу сделать письменное заявление, которое будет включено в протокол о закрытии, — сказал я.

— Что еще за заявление? — повысил голос Володин. — Хватит мудрить, давайте действовать по закону. Вот двести первая статья, там все указано, — и он протянул мне уголовно-процессуальный кодекс.

К счастью, я его заранее прочитал. Перелистав несколько страниц, я показал полковнику другую статью: двести третью, где говорится об этом моем праве.

— Да-а, вижу, что адвокат вам действительно не нужен, — раздраженно заметил Володин. — Ладно, читайте ваше заявление, и следователь запишет его в протокол.

— Ну, нет! — сказал Илюхин, внимательно выслушав меня. — Такую антисоветчину пишите сами, своей рукой, наш следователь этого делать не станет.

Что ж, я с удовольствием записал в протокол, что следствие с самого начала подгоняло дело к заранее вынесенным газетой «Известия» обвинениям, что их цель — скомпрометировать еврейское эмиграционное движение, что обвинения либо абсурдны, либо лживы, что дело засекречено, хотя никаких тайн в его материалах нет, что подбор этих последних тенденциозен и существенно неполон. Поэтому у меня есть ходатайство о включении в дело дополнительных документов, и я представлю его в течение пяти дней.

До истечения этого срока я передал следствию более тридцати страниц текста, в котором — вся «идейная» суть моей защиты. Я не вдавался в подробности по поводу того, кто что делал, кто что говорил, кто что знал, а лишь утверждал: деятельность активистов еврейского национального движения не была инспирирована из-за рубежа, не противоречила ни международному праву, ни советским законам. Она — результат существующего в СССР положения с эмиграцией. Я просил представить копии правил, регулирующих выезд из Советского Союза и дающих ответ на следующие вопросы: можно ли вообще покинуть страну без приглашения от родственников; вправе ли человек знать, почему ему отказано в выезде; существуют ли предельные сроки отказа. На каждый из них должен был, естественно, последовать отрицательный ответ. После этого на конкретных примерах, собранных нами, я просил объяснить, в чем причина многолетних отказов футболисту, специалисту по китайской философии, художнику, летчику, демобилизовавшемуся из армии сразу после войны...

Следствие утверждает, что мы клеветали, говоря о положении евреев в СССР. Я просил приобщить к делу справки о том, сколько в СССР школ, где преподается иврит (ни одной!); сколько книг на этом языке выпущено с конца двадцатых годов (ни одной, не считая нескольких антисионистских брошюр); издавалась ли на иврите Тора (ни разу!); может ли человек, желающий преподавать еврейский язык, зарегистрироваться в качестве частного учителя, платить налоги и избежать тем самым уголовного преследования за незаконную деятельность (нет!); преподается ли идиш в школах Еврейской автономной области (ни в одной!); была ли издана хотя бы одна книга на русском языке по еврейской истории или культуре (нет!). В доказательство тому, что в СССР проводится антисемитская кампания, я просил приобщить к делу книгу В. Бегуна «Ползучая контрреволюция», изданную в СССР совсем недавно, а также шедевр черносотенного творчества начала двадцатого века «Протоколы сионских мудрецов» — с тем, чтобы продемонстрировать духовное родство двух этих произведений.

Я ходатайствовал об очных ставках с Адамским и Петуховым; требовал, чтобы на суде получили возможность выступить в качестве свидетелей те, кого мы защищали от преследований. «Так, например, — писал я, — в заявлении Хельсинкской группы о положении в тюрьмах и лагерях приводятся фамилии около ста заключенных, готовых дать показания, однако ни один из них не был допрошен».

Для того, чтобы доказать открытый характер нашей деятельности по составлению списков отказников, я потребовал приобщить к делу те из них, которые мы посылали в советские официальные инстанции задолго до осени семьдесят шестого года, когда мы якобы получили из-за рубежа соответствующее задание ЦРУ.

Но как опровергнуть заключение экспертизы о том, что списки содержат секретную информацию? Я обратил внимание адресата на туманность формулировки, гласящей, что они «в совокупности и в целом» составляют государственную тайну, и потребовал поставить перед экспертами следующий вопрос: означает ли это, что в каждом отдельном случае секретности нет, а во всем списке она присутствует? Если да, то я хочу видеть официальную инструкцию, объясняющую такой парадокс. Если же нет, то пусть эксперты приведут хотя бы один пример подобной информации, содержащейся в списках отказников, и я попрошу очную ставку с тем, от кого ее получил, чтобы выяснить, как она могла оказаться в заполненной им анкете. Тут расчет был прост: если КГБ включил в наши списки какие-то секретные сведения, чего я без Дины установить не мог, это выяснится в ходе очной ставки.

В начале июня ходатайство было подано и через неделю отклонено по всем до единого пунктам. Дело ушло в суд. Мне оставалось лишь ждать, готовить себя к предстоящему и развлекаться игрой в шахматы с сокамерником. Он у меня теперь был новый.

***

В феврале здоровье Тимофеева резко ухудшилось. Переживания последних лет не прошли бесследно, и с ним случился микроинфаркт, после чего его забрали в тюремную больницу.

Недолго побыл я один в камере: уже в марте у меня появился новый сосед и опять из советской элиты — бывший помощник министра автомобильной промышленности СССР, атлетического сложения брюнет лет сорока, придавленный, но, в отличие от Тимофеева, еще не сломленный судьбой.

— Леонид Иосифович Колосарь, — представился он. — Жертва клеветы и махинаций в высшем аппарате министерства и в Прокуратуре СССР.

— Статья шестьдесят четвертая. Сионист, — кратко отрекомендовался я.

Замешательство его было недолгим.

— Ну, то, что вы еврей, понятно сразу, а вот сионистов я себе представлял иначе. Неужели против советской власти боролись? — и тут же поспешно добавил традиционное: — Я сам украинец, но у меня много друзей-евреев.

— Якщо вы бажаетэ, то можэтэ розмовляты зи мною украиньскою мовою, — предложил я, перейдя на его родной язык.

Это оказалось решающим шагом к нашему сближению. Как признался мне впоследствии новый сосед, за десятилетия жизни в Москве он ни по чему так не соскучился, как по языку своего народа. Родом Колосарь оказался из Полтавы, один из предков его был кем-то вроде министра иностранных дел в Запорожской Сечи, и сим обстоятельством Леонид Иосифович очень гордился. Образование, однако, этот украинский казак поехал получать в Москву. Общественная работа, спорт, инженерная карьера... Однажды министр автомобильной промышленности, тоже украинец, обратил внимание на способного земляка и взял его себе в помощники.

Из рассказов моего сокамерника о своей работе меня особенно заинтересовали те, которые описывали атмосферу рабского трепета перед начальством, царившую на самых верхах советской чиновничьей пирамиды. Должен, к примеру, его грозный шеф, привыкший разносить директоров крупнейших заводов как нашкодивших мальчишек, поговорить с председателем Совета Министров Косыгиным — и не о чем-нибудь неприятном, не дай Бог, просто отчитаться по какой-то работе. Колосарь заранее готовит все необходимое: деловые бумаги, напитки, лекарства. В назначенное время помощник министра набирает номер.

— Косыгин на проводе.

Министр берет трубку, встает по стойке «смирно» и докладывает. Если разговор завершается благополучно, то он отделывается легким сердцебиением, принимает валидол и четверть часа отдыхает, лежа на диване. Если же товарищ Косыгин чем-то недоволен, то министра срочно приходится увозить домой с сердечным приступом. Случалось вызывать и скорую. В конце концов дело кончилось-таки инфарктом.

Колосарь вспоминал о своем шефе с юмором, но не без теплоты: помощник министра — почти член его семьи. Леонид Иосифович, например, не только бумаги для босса готовил, но и семейные дела устраивал, в частности, снимал ресторан для свадьбы дочери министра, получал для него в спецраспределителе дефицитные товары.

Я, конечно, и раньше знал о существовании распределителей. Однако только из рассказов моего соседа понял, насколько разветвлена и детально продумана иерархическая система содержания власть имущих. Министр, являющийся членом Политбюро, министр — член ЦК, замминистра, начальник главка — у каждого из них разный тип распределителя. Чем выше поднялся ты по служебной лестнице, тем ближе подошел к коммунизму: выбор товаров стал больше, а цены на них — дешевле. И все другие льготы расписаны строго по рангу: министр, скажем, имеет особый абонемент, по которому всегда может получить два билета на любой спектакль в любой театр; замминистра — то же самое, но, если не ошибаюсь, только раз в неделю; начальник главка — два раза в месяц — и так далее по убывающей. Причем люди эти в театры, как правило, не ходят, но льготы свои весьма ценят. Если даже тебя понижают в должности, но в рамках тех же льгот — это еще полбеды, но опуститься до распределителя более низкого ранга — это уже настоящая трагедия: подняться до прежнего уровня будет очень трудно.

Колосарь рассказал мне, как однажды спросил своего шефа, замученного разнообразными недугами:

— Почему бы вам в вашем возрасте не выйти на пенсию?

Министр совершенно серьезно ответил ему:

— Если я скончаюсь на своем посту, то поминки будут в Центральном Доме Советской Армии, некролог — в «Известиях» за подписями всего Политбюро, а похоронят меня на Новодевичьем кладбище. Если же я умру пенсионером, то поминки будут в ресторане, некролог — в отраслевой газете, и подпишет его новый министр, а похоронят на Ваганьковском.

Ну, а что думали о капитализме эти небожители, так охотно приобретавшие западные товары и так безуспешно пытавшиеся поднять советскую экономику до уровня мировых стандартов? Колосарь вспоминал, как несколько раз в обстановке, исключающей всякую возможность лицемерия, шеф говорил ему:

— Да, тяжело, конечно, с нашим народом работать, но все-таки как хорошо, что мы живем не при капитализме и никто никого не эксплуатирует!

Что это — неосознанный страх перед свободным миром, где ему непросто было бы сохранить свои льготы, или искренняя преданность «идеалам коммунизма»? Мой сосед, относившийся к частной инициативе с большим уважением и, судя по всему, из-за этого и оказавшийся в тюрьме, разделял, как ни странно, мнение министра:

— Ну разве это плохо, когда все в одних руках и можно распределять по справедливости? Нехорошо, если руки нечисты, но если подобрать действительно честных, идейных руководителей, то нет сомнения, что при социализме жить будет намного лучше, чем при капитализме!

Я поинтересовался, как министр-украинец относился к национальному вопросу. Тот, оказывается, не любил разговоров на эту тему. Но как-то раз в поезде он признался своему помощнику: «Если бы Украина была независимой, но социалистической, то я бы, пожалуй, поехал туда работать... министром автомобильной промышленности».

— Скажите, — спросил я сокамерника, — существует ли дискриминация евреев при приеме на работу на ответственные посты в министерстве?

Этот вопрос был риторическим не только для меня, но и для Колосаря.

— У нас говорят в таких случаях: не прошел по зрению — минус семь или минус пять. Седьмая графа в анкете — партийность, пятая — национальность. Минус семь — беспартийный, минус пять — еврей. Но среди министров и даже членов Политбюро немало таких, кто женат на еврейках, даже сам Брежнев.

У Колосаря и его коллег — «клерков», как они сами себя называли, была даже целая теория на этот счет: еврейки не разрешают своим русским мужьям пить и, будучи прирожденными интриганками, умело управляют ими в борьбе за место под солнцем. Интересно, что через несколько лет я услышал в лагере от другого «бывшего» — на сей раз бывшего сотрудника секретной службы — более любопытное объяснение засилью еврейских жен на вершине пирамиды: тайная сионистская женская организация «Хадаса» поставила своей целью проникнуть на высшие уровни советской администрации посредством смешанных браков!

Колосарь оказался заядлым шахматистом, и я с радостью забросил домино. Играл он не очень сильно, но упоенно, азартно. Померявшись несколько раз силами, мы пришли к такому соглашению: я даю ему фору — ладью, и играем три партии; если такой микроматч выигрываю я, то очередная уборка в камере — на нем, если же побеждает он или хотя бы сводит матч вничью, то убираю я. В итоге наша камера всегда была в образцовом порядке, так как мыл полы Леонид Иосифович исключительно добросовестно. Сосед мой, войдя в азарт, стал играть в долг, и когда нас неожиданно рассадили, он остался должен мне десятка полтора уборок. Всего мы пробыли с ним вместе в одной камере месяца два.

Моим следующим и, как выяснилось, последним сокамерником в Лефортово оказался Леонид Д. — тот самый профессиональный мошенник, о котором я уже упоминал, невысокий парень лет тридцати пяти, спортивного сложения, с умными и насмешливыми глазами.

Отсидев когда-то в юности несколько лет за воровство, Леонид вернулся в Москву с твердым намерением найти себе занятие поинтереснее, поинтеллигентнее и побезопаснее. Его острый, живой ум, отличное знание людей, легкое «вживание в образ» могли бы, я думаю, привести его на театральную сцену или в университет, где бы из него сделали незаурядного социолога или психолога. Однако Леонид стал мошенником. Пару раз он попадался; но мошенники не воры, не бандиты, сроки им дают небольшие. Сейчас его привезли в Лефортово из лагеря в качестве свидетеля по делу какого-то приятеля-валютчика.

С КГБ он не имел возможности познакомиться близко, а потому относился к этой организации почтительно: со страхом, но и с любопытством, которое вообще было в нем очень развито. Я просвещал его рассказами о КГБ, а он меня — повествованиями о мире жуликов и методах их работы, предупреждая при этом, что говорит лишь о вещах, давно известных властям, секретов же открывать мне не имеет права. Леонид гордился своей профессией. Действительно, если не принимать во внимание моральный аспект, то она и впрямь на редкость увлекательна. Но я, конечно, игнорировать таковой не мог, а потому нередко, слушая истории, которые рассказывал Леонид, ужасался его абсолютному бессердечию.

Первая ступень для мошенника, конечно, карты. Сначала — техника, ловкость рук, тренировки в «начесывании» колоды; затем — координация действий с напарником для того, чтобы обыграть третьего. Впрочем, обыграть — не проблема; гораздо сложнее заставить его увлечься, втянуться в игру, забыть обо всем — и спустить все до нитки. Такая операция, понятно, требует тщательной подготовки: нужно убедиться в том, что у намеченной жертвы есть деньги, и изучить характер человека.

Потом пошли дела посложнее. Провести, скажем, долгие переговоры о покупке какой-то дорогой вещи, а затем, забрав ее, вручить продавцу «куклу» — пачку резаной бумаги, где сверху и снизу несколько настоящих ассигнаций. И тут сложная психологическая задача: как заморочить человеку голову, отвлечь его внимание от «куклы» в тот самый момент, когда он сконцентрирован на деньгах... Как правило, жертвами таких операций были люди, сами замешанные в разного рода нечистые делишки; расчет и шел на то, что они не решатся обратиться в милицию.

Были среди жертв моего нового приятеля и евреи, которых он называл малайцами, более того — евреи, эмигрировавшие из СССР. Леонид рассказывал, как несколько лет назад его «артель» вышла на нескольких провинциалов, собиравшихся уехать в Америку и Канаду и искавших способ переправить туда свои драгоценности, ибо возможности вывезти с собой что-то ценное официальным путем очень ограничены. Началась долгая игра. Леонид и его друзья выдавали себя за работников московской таможни. Они сняли квартиру в центре города, где и принимали гостей из глубинки, а две подруги Леонида играли роли его жены и дочери.

Торговался он с приезжими долго и жестко. Они были готовы заплатить ему десять процентов от стоимости своих побрякушек, он же настаивал на двадцати.

— А зачем торговаться, если так или иначе получишь все? — наивно спросил я.

— Чтобы видели: имеют дело с серьезным человеком.

Клиенты уезжали из Москвы и вновь возвращались; в конце концов они приняли условие «таможенников» и отправили через них за рубеж определенную часть ценностей. Те благополучно дошли. Как?

— Ну, мы-то знаем настоящих таможенников, а не туфтовых!

Поверив в надежность канала, клиенты уехали в свои америки, оставив «артели» все ценности. Операция была успешно завершена.

Вскоре Леонид признался мне, что он не только заработал на евреях-эмигрантах, но и сам собирался воспользоваться «еврейским каналом», чтобы уехать из СССР.

— Зачем это тебе? — спросил я.

— После всех отсидок мои возможности здесь очень ограничены, а там, ребята пишут, работать легко — и в Европе, и особенно в Америке. Штаты — настоящий рай для мошенников. Аборигены — люди хоть и деловые, но доверчивые как дети.

— А как же тебя выпустят? Ты русский, родственников за рубежом нет.

— Это как раз не проблема! Несколько корешей уже там — в Штатах, в Италии... Нас очень легко выпускают по израильским вызовам, только подавай!..

— Знаешь, — сказал Леонид мне как-то, — расстрелять тебя не расстреляют, но срок получишь большой. Отсидишь часть его, выйдешь на волю и уедешь к себе в Израиль, а там напишешь мемуары. У меня к тебе просьба: не называй в них меня по фамилии. У меня две дочери, они думают, что папа на Байконуре работает, уехал в многолетнюю командировку...

Не знаю, что меня больше удивило — то, что этого прожженного циника волнует мнение дочек о нем, или то, что он накануне моего суда, когда неизвестно, останусь ли я в живых, думает о каком-то призрачном будущем, предвидит какие-то мемуары...

Сегодня я выполняю его просьбу.

Суд

И вот опять наступило четвертое июля, на этот раз тысяча девятьсот семьдесят восьмого года. Первая моя мысль после пробуждения — об Авиталь, вторая — о том, что и сегодня обязательно должно что-то случиться. Четыре года назад была наша хупа; через год в этот день я встретился с Пайпсом и, как утверждает один из центральных свидетелей обвинения Рябский, — с ним тоже; еще через год — Энтеббе; четвертого июля прошлого года меня упекли в карцер: КГБ начал очередное наступление, пустив в ход показания Тота...

Весь день проходит в напряженном ожидании. Наступает вечер. Неужели на сей раз традиция будет нарушена?

И вот минут за двадцать до отбоя гремит дверь. Дежурный офицер принес обвинительное заключение — сам текст и его обоснование — на сорока страницах.

Обвинение я уже читал в самом конце следствия. Теперь мне предстоит узнать, как КГБ намерен доказать его, на какие документы и свидетельские показания он ссылается. Мне ясно, что в ближайшие дни будет суд и нужно срочно к нему готовиться.

С утра я сажусь за папки, отбираю все материалы, упомянутые в обвинении, но сосредоточиться не могу: тяжкой глыбой наваливаются уже забытые ощущения, угнетавшие меня в первые недели после ареста, — неуверенность в себе и страх ответственности, о которой напоминают беспощадные формулировки обвинительного заключения: «Главной целью Щаранского и его сообщников является борьба с существующим в СССР строем, инспирируемая и финансируемая капиталистическими кругами Запада и сотрудничающими с ними сионистскими организациями».

Я все время мечтал об открытом суде, но теперь испугался: смогу ли в присутствии мамы или брата — на то, что в зал заседаний будет допущен еще кто-нибудь из моих близких, рассчитывать, естественно, не приходилось — убедительно опровергнуть все эти чудовищные обвинения, выдвинутые против нашего движения? Ведь их грозный текст производит впечатление даже на меня, знающего, на каком гнилом фундаменте все это построено и что за барабанным пафосом ничего не стоит, кроме нескольких подтасовок и фальсификаций. Легко представить реакцию моих родных!.. Удастся ли мне доказать хотя бы им свою правоту?

Необходимо собраться с мыслями, написать текст защитительной речи... Но не рано ли? Вначале, должно быть, будут допрошены свидетели и зачитаны документы, являющиеся основой обвинения? Тут я обнаруживаю, что совершенно не представляю себе процедуру суда. За всю жизнь я ни разу не был ни на одном процессе — даже в качестве зрителя. Частенько, правда, доводилось мне стоять у закрытых дверей «открытых» судов над диссидентами, читать материалы таких процессов — но этим мой опыт и ограничивался. Интересно, как это будет проходить со мной?

Я пытался вспомнить книги и кинофильмы на эту тему. «Воскресение»: суд присяжных в царской России. «Нюрнбергский процесс»: у каждого обвиняемого — защитник, в зале — пресса, кинооператоры... Нет, литература и кино мне, похоже, не помогут. Сокамерник мой на политических процессах, понятно, тоже не бывал, но все же трижды судим и общий порядок знает: сначала зачитают обвинительное заключение и предложат тебе по его поводу высказаться; затем будут обсуждать каждый документ и эпизод в отдельности.

Это меня несколько успокаивает. Если так, значит, я не раз получу возможность разоблачить методы работы КГБ — при условии, конечно, что суд будет открытым. Я составляю краткие тезисы ответа на обвинение, но о том, чтобы развернуть их в речь, и не помышляю; все пять дней, что оставались у меня до суда, я хватаюсь то за одно, то за другое, но мысли мои далеко: что делает сейчас Авиталь? Родители, брат? Знают ли они, что скоро начнется процесс? Суждено ли мне с ними увидеться? Плотина, которую я выстроил в первый период следствия, чтобы сдержать хаотический поток мыслей и спокойно воспринимать и анализировать все происходящее, прорвана. Только если тогда мне приходилось бороться со страхом, то сейчас — с волнением перед тем, что предстоит.

Тогда я победил страх перед неизвестностью, возведя ограду вокруг своего мира, где хозяином был я, а не КГБ и в котором для меня не могло быть неожиданностей. Теперь мне уже не отсидеться в своей скорлупе: я выхожу в их мир, должен принять бой на их территории, на их условиях — и фактор неизвестности вновь выводит меня из равновесия.

***

Сразу же после подъема мне приносят завтрак.

— Забирают на суд, — поясняет сосед. «Вот и настал главный экзамен в моей жизни», — думаю я. Я еще не кончил есть, когда появляется вертухай с бритвой и горячей водой. Входит корпусной:

— Поедете на суд. Надо погладить рубаху? Пиджак?

Забирают рубашку. Через несколько минут возвращают ее выглаженной. По совету Леонида я еду налегке, без пиджака. Сосед помогает мне закатать рукава рубашки.

— В зале суда обычно жарко и душно. Так тебе будет легче.

Он готовит мне бутерброды на дорогу. Я прощаюсь с ним, беру папку с выписками из дела, отобранными накануне, и меня переводят в транзитную камеру. Сюда люди поступают с воли, отсюда они покидают тюрьму.

Входит капитан Минаев, один из офицеров тюрьмы. На его поясе — кобура, из которой кокетливо выглядывает белая ручка пистолета.

— Я буду с вами все время. Если есть какие-то бумаги, отдайте мне.

— Но они нужны мне в зале суда.

— Там вы их получите.

Отдаю папку. Меня тщательно обыскивают, забирают еду и все, что есть в карманах. В зале суда мне действительно все отдадут, а выпотрошили меня в тюрьме для того, чтобы я по дороге что-нибудь не выкинул. В маленьком тюремном воронке меня запирают в стакан — железный шкаф, где нельзя ни повернуться, ни встать.

Со мной едут Минаев, два прапорщика и начальница медчасти. Начальник тюрьмы тоже будет в зале, но он едет на своей персональной «Волге». Я читаю про себя свою молитву снова и снова: в воронке, входя в помещение суда и успевая лишь на миг взглянуть на яркое солнце и не менее яркую зелень, в спецкамере для подсудимых, поднимаясь на второй этаж в зал суда в сопровождении тюремной свиты.

Все мне кажется каким-то ненастоящим, бутафорским: и шеренги кагэбэшников в штатском, и спешащие занять свои места посетители со спецпропусками, и открытый для гостей временный буфет с черной икрой и другими дефицитными продуктами. Я быстро дотрагиваюсь до рукоятки минаевского пистолета и насмешливо спрашиваю:

— Небось игрушечный?

Капитан резко отпрыгивает, перехватывает мою руку и рявкает:

— Отставить шутки!

Нет, все вокруг всамделишное. Однако ощутить самого себя частью реальности мне не удается. Напрасно пытаюсь я взять себя в руки с помощью молитвы — мысли мечутся: что сейчас будет? Кого я увижу? Что скажу? — и ни на одной из них я не могу сосредоточиться.

Чем ближе зал суда, тем больше я волнуюсь; все вопросы выветрились из головы, в ней бьется, как заклятие, одна лишь фраза: «Сейчас я увижу маму».

Я ускоряю шаг и оказываюсь в зале. У самого входа — скамья подсудимых, меня сажают на нее между двумя старшинами.

Зал полон. Я чувствую на себе взгляды множества людей, сразу же ощущаю враждебность толпы, но не в состоянии пока различать отдельные лица. Давно я не видел столько людей вместе. Какое-то шестое чувство подсказывает мне, что среди них нет ни мамы, ни брата, ни друзей. Разочарование отдается острой болью в сердце.

Поворачиваю голову налево. Кресло судьи пока пустует. Прямо передо мной, по другую сторону судейского стола, — столик обвинения. Справа от места судьи, недалеко от меня, — адвокат Дубровская. Это еще одна неприятная новость: стало быть, КГБ все же решил «защищать» меня своими силами? Сильва Абрамовна приветливо улыбается мне, говорит что-то ободряющее, но я демонстративно отворачиваюсь. Несмотря на перенесенное только что разочарование — а может, именно благодаря ему, — я быстро прихожу в себя. Ненавидящие глаза справа, обвинитель напротив, подобранная охранкой «защитница» слева, чекисты, плотно сжавшие меня плечами с двух сторон — все это отрезвляет. Картина, которую я вижу перед собой, глядя в зал, обретает резкость: толпа распадается на отдельных индивидуумов, во взглядах которых я могу теперь прочесть не только враждебность, но и откровенное любопытство. В первых двух рядах сидят люди в одежде явно импортного происхождения — скорее всего, сотрудники КГБ и особо доверенные корреспонденты АПН, «Правды» и «Известий». Дальше — публика попроще. Из рассказов о других политических судах я знаю, как набирают таких людей: на ближайшем заводе или фабрике раздают спецпропуска проверенным товарищам из числа партийных и комсомольских активистов, а те довольны: и на работу не надо идти, и дефицитные продукты питания в буфете купить можно.

Кто государственный обвинитель? Неужели Илюхин, чинно восседающий за столиком слева от судьи? Нет, сегодня он лишь на подхвате при старшем помощнике Генерального прокурора СССР Павле Николаевиче Солонине, которого я видел пару раз в коридоре Лефортово: это человек болезненного вида, хромой, тощий, надменный и, похоже, злой. Он заведует отделом Прокуратуры СССР по контролю за следственными органами КГБ (в своей оперативной работе КГБ даже по закону неподконтролен прокуратуре).

Хитро придумали! Тот, кто должен проверять работу органов, будет поддерживать все их фальсификации.

— Встать! Суд идет!

Трое мужчин — судья и два народных заседателя — занимают свои места. Их голов почти не видно за высоченными стопами томов моего дела, громоздящимися перед ними на столе.

Судья обращается ко мне:

— Фамилия, имя, отчество?

Я встаю.

— Как я уже заявлял ранее, я не буду принимать никакого участия в закрытом суде.

Я не успеваю продолжить — судья прерывает меня:

— Но суд открытый, вы же видите! — И движением руки предлагает мне обернуться к залу.

— Для кого он открыт? Для корреспондентов АПН и сотрудников КГБ? Где мои родственники? Где друзья? Может, вы скажете, что они не захотели присутствовать на процессе?

Судья явно готов к этому вопросу.

— Свободных мест нет, как видите. Для родственников мы бы, конечно, стулья нашли, однако сейчас ваши мать и брат по закону не имеют права находиться в зале, так как позже будут вызваны в качестве свидетелей. А вот отец... Где отец подсудимого?

«Распорядитель», стоящий у дверей, тут же отвечает:

— Отец подсудимого не смог приехать из Истры в Москву по состоянию здоровья.

— Ну, видите? Чего же вы от нас хотите? Все, что от нас зависело, мы сделали, — говорит судья и тут же опять пытается задать мне какой-то анкетный вопрос.

«Что с отцом?» — думаю я, но тревога за него почти мгновенно вытесняется другим чувством. Наглый цинизм и лицемерие режиссеров этого судилища убедительней, чем пистолет Минаева, напоминают мне, с кем я имею дело. Холодная злость переполняет меня; я становлюсь совершенно спокойным и вновь обретаю способность мыслить логически.

— Я видел список свидетелей, вызванных на суд. Он приложен к обвинительному заключению. Ни матери, ни брата в нем нет. Таких ходатайств не заявляли ни обвинение, ни защита, а дополнений к списку свидетелей мне не представляли.

Тут вскакивает Солонин:

— Я ходатайствую!..

Повысив голос, я легко заглушаю его:

— Ага, прокурор ходатайствует! Но откуда судье стало известно об этом еще до начала заседания? Более того: он даже знал заранее, что такое ходатайство удовлетворит! Впрочем, я не собираюсь вступать в дискуссии по поводу юридических деталей этого фарса, а просто еще раз заявляю, что не стану участвовать в нем до тех пор, пока не будут выполнены следующие условия. Первое: в зале суда должен присутствовать кто-либо из моих родственников; второе: адвокат, подобранный для меня обвинением, не примет участия в процессе. Раз уж меня лишили возможности выбрать защитника, я предпочитаю защищаться самостоятельно. Мне не нужен еще один прокурор под видом адвоката.

Судья что-то говорит о том, что никого мне не навязывали, что я и мои родственники сами не захотели пригласить защитника, но я никак на это не реагирую. Наконец он склоняет голову к заседателю, сидящему справа, тот кивает; затем ко второму — кивает и этот. Только теперь я понимаю, почему зеки называют заседателей «кивалами»... Однако насколько эта кличка точна, я оценю лишь к концу суда: за все время эти двое не зададут ни одного вопроса, вообще не откроют рта, лишь будут кивать судье всякий раз, когда он повернет к ним голову.

— Перерыв на десять минут. Суд удаляется на совещание.

Меня уводят в спецкамеру для подсудимых. Я понимаю: сейчас ничто не решается, все договорено заранее. Стараюсь отвлечься, разглядывая надписи, которыми исчерканы вдоль и поперек стены этого закутка.

Я не знаю, в каком именно здании нахожусь, однако полагаю, что, хотя меня судит Верховный Суд РСФСР, это не его помещение. Скорее всего, они проводят выездное заседание в одном из районных судов — из соображений «безопасности»: и зал поменьше, и легче охранять меня от друзей и иностранных корреспондентов.

Неожиданно я обнаруживаю среди надписей магендавид, а под ним слова на иврите: «Узник Сиона Иосиф Бегун. Крепись и мужайся!» Вот так сюрприз! О том, что ветерана нашего движения преподавателя иврита Иосифа Бегуна арестовали по обвинению в тунеядстве незадолго до меня, я, конечно, помнил. Но тогда было неясно, доведут ли власти дело до суда, теперь же мне ясно, что его судили в этом же здании. Иосиф, понятно, не мог знать, что вскоре попаду сюда и я, но послал свой привет и поддержку тому, кто последует за ним. Спасибо, Иосиф!

Я возвращаюсь в зал. Полчаса назад я входил в эти двери как во сне и успокоился лишь внутри. Сейчас происходит обратное: я спокоен — но лишь до тех пор, пока не оказываюсь в зале. В двух шагах от меня, в первом ряду, мой брат! Леня поворачивается, вздрагивает, как от испуга, но тут же широко улыбается и поднимает большой палец руки: все, мол, хорошо!

Не отрывая взгляда от его заметно оплывшего за этот год лица, я сажусь на скамью подсудимых и говорю, улыбаясь, первое, что приходит в голову:

— А ты потолстел!

— Отставить разговоры! — предупреждают в один голос мои стражи.

Я хочу спросить брата об отце, о маме, о Наташе, но тут вдруг мне в голову приходит неожиданная мысль: ведь если его впустили в зал, значит, меня наверняка не расстреляют! Становится совсем легко, и я только сейчас понимаю, что страх быть расстрелянным не оставлял меня полностью никогда. Теперь этого не должно случиться: я ведь давно убедил себя, что вынести такой приговор они могут только в том случае, если никто не узнает, в чем именно состоит обвинение.

Судья тем временем спрашивает мнение прокурора по поводу адвоката. Тот отвечает:

— По делу предусмотрена возможность высшей меры наказания, поэтому обвиняемому полагается адвокат. Но коль скоро Щаранский настаивает, прокуратура не возражает против того, чтобы он защищал себя сам.

Два поворота головы судьи к заседателям — два кивка. Суд удовлетворяет ходатайство подсудимого.

— Адвокат может покинуть зал заседания.

Дубровская уходит, на прощание дружески улыбнувшись мне и пожелав всего хорошего. Теперь и я отвечаю ей вежливой улыбкой: благодарю за добрые слова. В конце концов, в чем она виновата? Ей приказали, и у нее не было выхода. Сейчас я, кажется, готов понять каждого.

Итак, после всех задержек процесс наконец начинается. Судья зачитывает обвинительное заключение. Длится это минут сорок. Слушая знакомый текст, я почти неотрывно смотрю на брата. Леня же сосредоточен на том, что слышит, лишь время от времени делая мне успокаивающие жесты и подбадривающе улыбаясь. Слушай, Леня, слушай, запоминай получше!

Как я и опасался, суровый тон текста производит на него впечатление. Брат мрачнеет и, глядя на меня в упор, отрицательно качает головой — это он внушает мне: не признавай себя виновным! Ведь там, на воле, до сих пор не знают, сломили меня на следствии или нет, вот Леня и пытается поддержать меня на всякий случай. Когда судья упоминает «подрывные западные радиостанции, использовавшие клеветническую информацию Щаранского и его сообщников», брат подносит одну руку к уху, а второй указывает на меня: мол, сейчас там большой шум вокруг твоего дела. Ленин сосед, специально подсаженный к нему кагэбэшник, хватает его за руку и что-то злобно говорит.

Наконец чтение обвинительного заключения завершено. Судья спрашивает меня:

— Признаете ли вы себя виновным?

Я встаю, ловлю напряженный взгляд брата и почти радостно заявляю:

— Виновным себя не признаю, все предъявленные мне обвинения считаю абсурдными.

Больше я не успеваю ничего произнести, ибо судья поспешно объявляет перерыв. Однако прежде чем выйти, я не только обмениваюсь с Леней улыбками, но и ухитряюсь показать ему фотографию Авиталь. Он удивлен и обрадован, пытается жестами сообщить мне что-то, но брата опять хватают за руку. Напряжение его, похоже, спало.

Обед. Моим конвоирам приносят еду из спецбуфета: ветчину, сыр, черную икру, фрукты. Мне же привозят баланду из тюрьмы: специально из-за одной порции гоняют машину, лишь бы не нарушить инструкцию и не дать зеку человеческую пищу.

Настроение у меня прекрасное. Какие изменения в моей жизни за полдня! Я видел брата, он слышал текст обвинения и знает, что я не уступил. Даже если сейчас его выведут из зала — а я ни на минуту не исключаю такой возможности, — им уже никого не обмануть.

Заседание возобновляется. Лени на его месте нет. Вывели? Нет, вон он в самом конце зала, у стены, ищет меня взглядом, привставая. Его персональный опекун тоже переместился в последний ряд, не спускает с него глаз.

Судья предлагает мне дать ответ по существу предъявленного обвинения. Я достаю из папки листок с основными тезисами. Говорю кратко, чтобы брат ухватил самую суть обвинения и защиты. Подробности оставляю на потом — ведь запомнить сразу слишком много он не сможет.

Отвечая на первую часть обвинения — измена Родине в форме помощи иностранным государствам, — я останавливаюсь на шести пунктах.

Первый: вопреки утверждениям обвинения в наших документах о положении евреев в СССР нет никакой клеветы. Евреи в Советском Союзе действительно подвергаются насильственной ассимиляции: они изолированы от языка, культуры, религии, истории своего народа. Иллюстрирую сказанное рядом примеров.

Второй: евреи, пожелавшие выехать из СССР, оказываются вне закона, становятся жертвами произвола и репрессий. Привожу типичные примеры. Именно этим и была вызвана деятельность еврейских активистов по привлечению внимания мировой общественности к положению евреев в Советском Союзе.

Третий: вопрос эмиграции из СССР не является внутренним делом государства. Это подтверждает Декларация прав человека, Пакт о гражданских и политических правах, Заключительный акт совещания в Хельсинки. Сегодня наша открытая борьба за выполнение Советским Союзом этих соглашений объявлена изменой Родине. Возможно, это самый серьезный шаг на пути к реанимации сталинизма.

Четвертый: поправка Джексона — гуманный акт американского конгресса, впервые связавший одну из важных проблем прав человека с двусторонними соглашениями между странами. В этом смысле поправка Джексона — идейная предшественница Заключительного акта, принятого в Хельсинки. Попытки обвинить активистов еврейского движения, приветствовавших ее, в измене Родине так же нелепы и противоправны, как и репрессии против членов Хельсинкской группы, требовавших от правительства СССР выполнения принятых им на себя международных обязательств.

Пятый: эпитет «сионистский» фигурирует в деле как юридический термин, синонимичный определениям «антисоветский», «изменнический». Связь с сионистской организацией сама по себе рассматривается как доказательство измены Родине. А между тем сионизм — всего лишь движение евреев за национальную независимость, за создание собственного государства. Объявляя сионизм вне закона, СССР тем самым объявляет незаконным и государство Израиль, которое он в свое время признал.

Шестой: моими сообщниками в изменнической деятельности названы американские дипломаты и корреспонденты. Прежде всего, никаких доказательств тому, что они агенты секретных служб США, нет. Существует порочный круг: КГБ утверждает, что в советской прессе приводились примеры их шпионских операций, а в статьях из газет, имеющихся в деле, говорится, что эти действия известны компетентным органам. Но даже если кто-то из них и был шпионом, чему я не нашел в деле никаких доказательств, — важно ведь не это, а лишь то, какие отношения связывают меня с этими людьми. Информация, которую я им передавал, относилась исключительно к теме прав человека в СССР. Каждый день можно прочитать в советской прессе интервью с гражданами западных стран, не просто критикующими порядки в своем государстве, но и прямо призывающими к изменению режима; меня же обвиняют в измене Родине лишь за передачу западным корреспондентам информации о нарушениях Советским Союзом соглашений в области прав человека.

— Еще более грубые передержки и фальсификации допущены КГБ при обвинении меня в измене Родине в форме шпионажа, — сказал я, но был тут же остановлен судьей.

— О шпионаже мы будем говорить на закрытом заседании суда: ведь речь идет о государственных секретах.

— Но никаких секретов в деле нет! Единственный документ, объявленный секретным, — списки отказников, причем я с легкостью докажу, что и это не так. Но ведь я в любом случае не намерен зачитывать списки в зале суда, я собираюсь говорить лишь о методах следствия. Настаиваю на том, чтобы мне дали высказаться по этому поводу на открытом заседании.

Но судья непреклонен. Быстро получив два дежурных кивка, он снова объявляет перерыв. Уходя, я вижу поднятый вверх Ленин большой палец: мол, молодец! — и его радостную улыбку.

После перерыва судья обращается ко мне:

— Готовы ли вы дать конкретные и правдивые показания по каждому эпизоду обвинения?

— Да, конечно. Буквально по каждому эпизоду можно рассказать немало интересного о методах работы следствия, — отвечаю я. — Вот, например, первый «изменнический» документ: наше письмо в конгресс США от июля семьдесят четвертого года, где речь идет о превентивных арестах еврейских активистов во время пребывания в Москве президента Никсона в июне семьдесят четвертого года. Я был одним из арестованных, точнее похищенных: ведь в тюрьме меня, как и других, держали более двух недель без всякого суда, без каких бы то ни было объяснений, и из-за этого я чуть было не опоздал на собственную свадьбу. А между тем в обвинительном заключении утверждается, что письмо это — клеветническое, что приведенные в нем факты не соответствуют действительности. И впрямь — никаких справок, что мы были под арестом, нам не выдали, никаких следов происшедшего в официальных бумагах не осталось... Так проводились превентивные аресты или нет?

Я напоминаю, что был в тот момент единственным из похищенных, кого еще не уволили с работы, а потому по возвращении добился, чтобы институт выплатил мне деньги за все вынужденные прогулы. Районный судья, к которому я обратился, испугался, что придется официально выяснять, где я пропадал так долго, при мне позвонил моему начальству и потребовал от него немедленно выдать мне причитающуюся сумму и забыть о моем «прогуле»...

Тут судья перебивает меня:

— Я сейчас вас спрашиваю не об этом! Объясните, кто именно, когда и при каких обстоятельствах изготовил этот документ и все последующие.

Я отказываюсь отвечать на этот вопрос и обстоятельно, чтобы брат хорошо усвоил, излагаю свою позицию:

— Так как всю нашу деятельность в еврейском движении я считаю законной, правильной и нужной, то не буду спорить даже в том случае, если вся она будет приписана мне одному. Помогать же КГБ фабриковать дела, подобные моему, против других отказников я не намерен. В то же время, если в зале суда будут присутствовать иностранные адвокаты, подобранные моими родственниками, это послужит хотя бы минимальной гарантией тому, что дело будет рассмотрено объективно. В таком случае я готов дать подробные ответы на все вопросы по каждому документу и эпизоду.

Слово предоставляется прокурору. Вот отрывки из нашего диалога, которые запомнились мне.

— Вы говорите, что эмиграция запрещена, — почему же около ста пятидесяти тысяч евреев уехали?

— Это произошло не по желанию властей, а вопреки ему.

— Почему многие из уехавших страдают в Израиле, обивают пороги советских посольств, просятся назад?

— Это не соответствует действительности. Хотят вернуться единицы. Но существенно, что в отношении этих людей, которых не пускают обратно, Декларация прав человека нарушена дважды: ведь в ней ясно говорится, что каждый человек имеет право свободно выехать из страны, в которой живет, и вернуться в нее.

— Почему вы не критиковали порядки, существующие на Западе?

— Как видно даже из советской печати, на Западе каждый гражданин может открыто выступать с критикой своего правительства. Беспокоиться о том, что мир не узнает о нарушениях прав человека в капиталистических странах, не приходится. В СССР же такие выступления считаются преступными, и за них предусмотрена кара. Если здесь не найдутся люди, готовые рисковать своей свободой и, возможно, жизнью, то мир никогда не узнает правды о положении с правами человека в СССР.

— В телеграмме к двухсотлетию США вы прославляете Америку — ведущую капиталистическую державу Запада, но ничего не говорите о безработице, нищете и проституции — этих язвах западного мира. Это ли не лицемерие?

— Да, я действительно поблагодарил народ США за его преданность принципам свободы вообще и свободы эмиграции в частности. Что же касается критики недостатков, то ведь и в поздравительной телеграмме советского правительства не было ни слова о проституции и безработице.

— Почему вы приглашали на свои пресс-конференции только представителей враждебных Советскому Союзу органов массовой информации?

— Не знаю, на основании каких критериев вы определяете эту самую враждебность. Но мы не раз приглашали корреспондентов и советских газет, и коммунистических газет Запада. Почему они ни разу не пришли — спросите у сидящих в этом зале журналистов.

— Вы говорите, что в Советском Союзе евреям не дают возможности пользоваться плодами еврейской культуры. Для кого же тогда выпускается журнал «Советиш Геймланд»?

— Согласен с вашим вопросом. Для кого? Ведь хотя идиш и противопоставлен в СССР ивриту — основному еврейскому языку, он не преподается ни в одной школе страны, даже в так называемой Еврейской автономной области. Неудивительно, что средний возраст читателей этого журнала — шестьдесят с гаком.

Большинство моих ответов, несмотря на их очевидность, для Солонина неожиданны. Он, похоже, не знает, что идиш в Биробиджане не преподают, что советским журналистам не разрешают ходить на пресс-конференции к диссидентам, что Декларация прав человека гарантирует возможность не только выезда из страны, но и возвращения в нее... Удивляться этому не приходится, ведь даже министр внутренних дел Щелоков в порыве великодушия говорил мне: «Будь моя воля, я бы всех вас выпустил. Но назад, конечно, — никого!» Так или иначе, каждый раз после моего ответа Солонин поспешно меняет тему, не затевая дискуссий.

В конце концов прокурор задает мне такой вопрос:

— Был ли заключен ваш религиозный брак с соблюдением всех требований иудаизма?

Услышав положительный ответ, он оглашает справку, полученную в московской синагоге, где говорится: «Распространяемое на Западе некоей Натальей Штиглиц брачное свидетельство, якобы выданное раввином еврейской общины города Москвы, — фальшивка». Я думаю вступить в спор, но вовремя спохватываюсь: не хватает мне только обсуждать с ними наши семейные дела!

Первый день работы суда подошел к концу. Судья объявляет, что завтрашнее заседание будет закрытым. Я иду к выходу, неотрывно глядя на брата, и уже оказавшись в коридоре, слышу его громкий, на весь зал, голос:

— Шалом от Авиталь, Толя!

Меня быстро проводят мимо почетного караула кагэбэшников к воронку, запирают в стакане. Машина резко набирает скорость, делает вираж, железная дверь под действием центробежной силы приотворяется, и в мою душегубку проникает дневной свет. Я смотрю в образовавшуюся щель и сквозь лобовое стекло водительской кабины вижу кусок асфальта, а затем — колеса, бамперы и номера автомобилей, мимо которых мы проносимся. На белом фоне жестяных табличек — черные буквы и цифры: К-04, К-04, К-04... Белый цвет указывает на то, что машины принадлежат иностранцам, буква К — иностранным журналистам, цифры 04 — корреспондентам из США. Мои «сообщники», стало быть, ждут у дверей суда результатов. Сейчас выйдет Леня и все им расскажет. Я чувствую страшную усталость и в то же время глубокое облегчение. Даже то, что завтрашнее заседание будет закрытым, не омрачает моей радости.

«Крепко, видно, допекла их Наташа, если они вынесли вопрос о нашей хупе на суд!» — думаю я с удовлетворением.

В камере я сразу же прошу дать мне «Правду», но дежурный отвечает:

— Сегодня не было.

— Врет! — комментирует сосед. — Я слышал, как в другие камеры давали.

С дежурным спорить бессмысленно, но на следующее утро я требую у судьи объяснений, почему мне перестали выдавать единственную доступную в Лефортово газету — «Правду». И уже через несколько часов начальник тюрьмы Поваренков сам приносит мне вчерашний номер. В нем одно под другим два сообщения: первое — об открывающемся в Верховном суде СССР слушании дела по обвинению в шпионаже Филатова, второе — о слушании в Верховном Суде РСФСР дела по обвинению в измене Родине Щаранского...

Кто такой Филатов, я не знаю, но сразу же предполагаю, что это настоящий шпион. Смысл этого хода КГБ очевиден: связать в сознании людей два дела и потом говорить о шпионах Щаранском и Филатове так, будто мы работали на пару. В определенной степени им это, кстати говоря, удалось: даже через много лет в лагере меня спрашивали о моем подельнике Филатове...

***

Второй день суда. Зал пуст, если не считать двух человек у стола с аппаратурой, на которую я вчера не обратил внимания: будут вести запись процесса.

Прокурор начинает спрашивать меня о списках отказников, но я держусь своей линии:

— Я готов отвечать на все ваши вопросы на открытом заседании суда.

— Вам же хуже: там я этих вопросов не задам, — сухо говорит он.

Начинается допрос свидетелей. Официально этот день отвели для рассмотрения обвинения в шпионаже, однако, как вскоре выясняется, под этим предлогом решили выслушать всех свидетелей, в поведении или качестве подготовки которых власти были не вполне уверены.

Первый, конечно, Липавский. Опять он не смотрит на меня. Впрочем, теперь ему это удается без особого труда: он стоит ко мне боком, лицом к суду. На первые же вопросы: адрес, место работы — он отвечает уклончиво:

— Живу в Москве, работаю по специальности.

Судья на уточнении не настаивает. «Неужели Саня покушения боится?» — думаю я. Через много лет мне стало известно, что незадолго до суда один из наших общих знакомых встретил его в сопровождении телохранителей. Похоже, кагэбэшники запугали сами себя сказками о сионистском заговоре.

Липавский достает из кармана какую-то бумажку и, как первоклассник, читающий стихотворение, — старательно, с выражением, — дает те же показания, что и пять месяцев назад, только теперь они заметно короче. При этом он буквально ест глазами судью, отрываясь от этой трапезы лишь для того, чтобы заглянуть в свои записки.

— Вы были завербованы ЦРУ и работали на них, верно? — спрашивает судья.

— Да-а... — врастяжку говорит Липавский, напряженно что-то соображая. — Рассказать, как меня вербовали?

— Нет, не надо. Скажите, а когда вы жили в одной комнате со Щаранским, вы уже работали на ЦРУ?

— Ну да, конечно, давно работал! — восклицает Липавский. В его голосе такое облегчение, что мне становится ясно: он страшно боится неправильно понять судью и дать ошибочный ответ.

— Так! — удовлетворенно отмечает судья и зловеще смотрит на меня. — Скажите, товарищ Липавский, — вновь обращается он к свидетелю, — а кто был ближайшим другом Щаранского среди дипломатов?

— Прессел.

— Он был связан с ЦРУ?

— Безусловно. Я ему несколько раз жаловался на связных, которые не забирали из тайников донесения, предупреждал, что мне придется все шифровки уничтожить. По реакции Прессела было ясно, что он знает, о чем идет речь.

— Что ж, картина ясна, — удовлетворенно хмыкает судья и обращается к прокурору, предлагая задавать вопросы свидетелю.

— Было ли задание составить список отказников получено из-за границы?

— Да, конечно. Я сам присутствовал на встрече с представителями конгресса, когда они предложили Лернеру и Щаранскому найти что-нибудь новое. Затем Лернер при мне изложил Виталию Рубину перед отъездом того в Израиль идею тотального давления на СССР.

— Так это была идея Лернера?

— Нет-нет! Она принадлежала Щаранскому! — воскликнул Липавский, окончательно похоронив тем самым первоначальную версию «группового преступления». — Потом мы получили от Рубина три письма с заданием изготовить список.

— Как Щаранский переправлял материалы на Запад?

— Через Прессела и Тога. Мне это известно со слов самого Щаранского.

Прокурору этого недостаточно, ему нужно непосредственное свидетельство.

— А по телефону Щаранский передавал при вас данные об отказниках?

Липавский растерян. После напряженного раздумья он решительно отвечает:

— Нет, что вы! Ведь эта работа делалась в глубокой тайне!

Ну, Саня, это ты ляпнул! Ведь в обвинении сказано, что я передавал списки отказников и по телефону, и хозяйки квартир, откуда мы говорили, это подтвердили. КГБ-то нужны прямые свидетельства передачи мною на Запад секретной информации!

— У вас есть вопросы к свидетелю? — обращается ко мне судья.

— Ходатайствую о вызове Липавского на открытое заседание.

— Мы ваше ходатайство рассмотрим, только имейте в виду: там мы не позволим вам задавать вопросы, касающиеся обвинения в шпионаже.

Я понимаю, что могу больше Липавского не увидеть, и мне жаль упустить возможность продемонстрировать, как топорно работает КГБ. Поэтому я спрашиваю его:

— Когда были в Москве сотрудники конгресса Попович и Доде?

— Я точной даты не помню, — подумав, отвечает он, глядя куда-то в пространство между мной и судьей.

— А когда уехал Рубин?

— В семьдесят шестом году.

— В каком месяце?

— Не помню точно.

— А что было раньше — визит Поповича и Додса или отъезд Рубина?

Липавский пожимает плечами.

— Вам же свидетель сказал, что точно не помнит, — вмешивается судья. — Он не обязан держать в голове все даты. Следующий вопрос!

— Даты он, конечно, зубрить не обязан, но я напомню ему: Рубин уехал в июне, а конгрессмены приезжали осенью семьдесят шестого. Однако Липавский утверждает, что Доде и Попович подсказали идею, которую Лернер затем изложил Рубину накануне отъезда того в Израиль, то есть следствие на четыре месяца опередило причину! Тут я вправе усомниться не только в памяти свидетеля...

Липавский краснеет. Он смотрит в свою бумажку, складывает ее, снова разворачивает — и так несколько раз. Судья, похоже, тоже несколько смущен и поспешно говорит:

— Еще вопросы!

Мне, конечно, есть, о чем спросить Липавского, чтобы разбить его версию, но из всех моих вопросов станет ясно и другое: что я лично не занимался составлением списка отказников. А в этом случае сразу зайдет речь о том, кто же все-таки их делал! Нет, такой поворот меня не устраивает.

— Остальные вопросы я задам свидетелю на открытом заседании, — отвечаю я.

Липавский, по указанию судьи, остается в зале, заняв место во втором ряду с краю. Следующей приглашается Лена Запылаева. Она такая же грустная и запуганная, как и на очной ставке, так же печально смотрит на меня. Тихим голосом говорит Лена о том, что печатала списки отказников, которые Липавский приносил ей от Бейлиной и от меня.

Когда мне предложили задавать ей вопросы, я спросил только, обращался ли я к ней когда-нибудь лично с подобной просьбой.

— Нет, — ответила она.

— А Бейлина?

— Нет.

— Почему вы считали, что делаете это для нас?

— Со слов Липавского.

Я благодарю ее и ходатайствую о вызове Запылаевой на открытое заседание. Лене тоже предлагают остаться в зале. Она демонстративно выбирает самый дальний от Липавского угол.

Следом за ней одна за другой были допрошены две свидетельницы — пациентки того самого гинеколога, Саниного друга, — Доронина и Смирнова. От этих женщин требовалось подтвердить, что я из их квартир передавал на Запад по телефону шпионскую и антисоветскую информацию.

Обе они рассказывают, что Липавский сначала через своего товарища, а потом и лично раз в несколько месяцев обращался к каждой из них с просьбой предоставить телефон для разговора с Израилем или Америкой, и подтверждают, что видели меня среди приходивших на разговор. Но дальше их показания резко расходятся с тем, что записано в протоколах следствия. Сейчас обе утверждают, что не имеют представления о содержании телефонных бесед, ибо при них не присутствовали. А как же с передачей списков отказников? Они даже не знают, что это такое.

Тут судья решает, что пора показать бицепсы:

— Свидетельница Смирнова (Доронина)! Подойдите сюда и прочтите, что вы показывали на следствии! Вот видите: это ваша подпись под протоколом. Вы предупреждались об уголовной ответственности за дачу ложных показаний, и если сейчас отказываетесь подтвердить, что говорили раньше, мы должны вас судить.

Реагируют обе одинаково: смущаются, пугаются, а потом говорят: «Ну, ведь уже год прошел, я теперь не помню точно...»

— Но тогда вы, наверное, помнили лучше?

— Наверное...

— Значит, мы считаем действительными те показания, которые вы дали на предварительном следствии.

Свидетельницы не возражают и покорно садятся на пустые места, однако все-таки рядом с Запылаевой, а не Липавским, от которого они также демонстративно отворачиваются.

Действия судьи абсолютно противозаконны: он не вправе оказывать давление на свидетелей. Более того, именно показания, данные на суде, а не на следствии, должны, по логике, иметь окончательную силу. Для того-то и понадобилась КГБ ширма закрытых заседаний, чтобы скрыть за ней нарушения судом закона. Я заявляю протест и требую вызвать Доронину и Смирнову на открытое заседание.

После перерыва в пустой зал, где сидят только Липавский и три свидетельницы, входит Цыпин. Тандем в сборе. Второй провокатор мало изменился за те полтора года, что я не видел его. Чувствуется, что он нервничает, в какой-то момент у него начинают дрожать руки. Как и Липавский, Цыпин избегает смотреть на меня. Отчего он психует, чего боится? Видимо, трястись от страха всю жизнь — удел всех этих цыпиных и липавских. Нет у меня к ним ни ненависти, ни злости — одно лишь презрение.

Показания Цыпина неинтересны, и я ограничиваюсь стандартным ходатайством о вызове его на открытое заседание.

Свидетель Адамский, отказник из Вильнюса. Вот это уже должно быть любопытно. Мне во время следствия так и не удалось добиться очной ставки с ним — я хотел понять, кто же он: не разоблаченный нами стукач или просто слабый человек, раздавленный КГБ во время тринадцатичасового допроса. Его версия получения Лернером и мной задания из-за рубежа не совпадала с показаниями Липавского лишь в одном: Адамский утверждал, что было это не осенью семьдесят шестого, а на полтора года раньше.

Лицо человека, который входит в зал, мне смутно знакомо: кажется, видел его в Москве. Поймав взгляд Адамского, я обнаруживаю в нем страх перед допросом и нескрываемое сочувствие ко мне.

— Вы собирались уехать в Израиль? — спрашивает судья.

— Собирался и собираюсь.

— Расскажите, что вам известно о деятельности Щаранского и других отказников.

Адамский говорит, что подписывал письма и заявления, под которыми стояла и моя подпись, что эти материалы отправлялись на Запад, чтобы привлечь внимание мировой общественности к судьбе отказников. Он тщательно подбирает слова, видно, что напуган. Однако у меня такое впечатление, что и судья задает ему вопросы с опаской, — может, после того как оконфузился с двумя последними свидетельницами? Прокурор готов отпустить Адамского, он ни о чем его не спрашивает. Э, нет, минуточку! Показания этого человека на следствии звучали гораздо более зловеще, чем то, что он сказал сейчас. Я встаю, вынимаю из папки свои листы с выдержками из протокола его допроса и начинаю читать их вслух.

Судья пытается меня остановить:

— Откуда мы знаем, что это действительно его слова?

— Откройте том такой-то на странице такой-то и следите, — отвечаю я. — Итак, вы, Адамский, заявили, что Лернер получил в семьдесят пятом году задание от американской разведки составить список секретных предприятий, где работали отказники, и поручил мне это выполнить, однако вам не известно, сделал ли я, о чем он меня просил. Вы настаиваете на этих показаниях?

Адамский выглядит сейчас не просто испуганным, а буквально раздавленным: глаза опущены, руки трясутся... Помолчав какое-то время, он сначала прошептал, а потом повторил громче, отрицательно качая головой:

— Я ничего такого не знаю...

Судья действует быстро и решительно:

— Подойдите к столу!

Адамский подходит.

— Ваша подпись?

— Моя.

— Это было почти год тому назад. Тогда вы, наверное, помнили лучше, — говорит судья резко, как учитель провинившемуся ученику. — Если вы отказываетесь от своих слов, то мы должны привлечь вас к суду за дачу ложных показаний на следствии.

Адамский, вернувшийся от судейского стола к своему свидетельскому месту, поспешно отвечает:

— Нет, нет, я не отказываюсь! Я только говорю, что сейчас ничего подобного не помню и подтвердить те показания не могу.

— Но вы согласны, что тогда должны были лучше помнить?

— Наверное...

— Из этого и будем исходить, ясно? Еще вопросы есть? — обращается ко мне судья.

— Да! Вас допрашивали тринадцать часов без перерыва на обед и ужин. Это нарушение закона. Почему вы не потребовали...

— Снимаю вопрос, — перебивает меня судья и говорит Адамскому:

— Вы свободны, можете идти.

Я требую вызвать на открытое заседание и этого свидетеля, как и двух следующих: Раслина из Киева и Игольникова из Минска. В показаниях осведомителей КГБ, разоблаченных отказниками, нет ничего заслуживающего внимания, они, по замыслу органов, должны были лишь составить фон для более серьезных обвинений.

«Рыцарь кагэбэшной метлы» Захаров — невысокий, худой, совершенно бесцветный тип, мелкий хищник, хладнокровием своим в сочетании с самоуверенностью напоминающий мне моих «хвостов». Вот кто совершенно спокоен! Не торопясь, излагает он, как нашел у мусорного ящика черновики Тота, как понял по содержанию, что речь в них идет о шпионах, упомянутых незадолго до того в «Известиях», и как сдал бумаги в приемную КГБ.

Вступать с ним в разговор вроде бы бессмысленно: ведь не он же интерпретировал эти документы в угодном КГБ смысле. И все же соблазн поговорить о грубых методах работы охранки очень велик.

Я спрашиваю:

— Какого числа вы сдали документы в приемную?

— Нашел четырнадцатого, сдал пятнадцатого апреля, — отвечает он и насмешливо улыбается: к этому вопросу его подготовили.

— А почему на всех документах дата — пятнадцатое марта? — продолжаю я уже по инерции.

— Это их дело, — говорит он равнодушно. — Я на дату не смотрел.

— Здесь же есть разъяснение, — вмешивается судья. — Это ошибка секретарши. У вас есть еще вопросы?

— Да. Вы сказали, что, увидев статью Тота, сообразили, что в ней речь идет о тех же людях, о которых говорилось и в статье Липавского, опубликованной — если вы действительно нашли документы четырнадцатого апреля — за сорок дней до этого. Я прошу суд предложить сейчас свидетелю текст статьи Тота — пусть он прочтет ее вслух и переведет с английского те места, которые вызвали его подозрения.

В том, что агенты уровня Захарова не знают иностранных языков, я был уверен. «Дворник» спокойно перевел взгляд на судью, и тот немедленно отреагировал:

— Я снимаю ваш вопрос! Вы, Щаранский, подсудимый, а не эксперт, чтобы устраивать тут проверки. Товарищ Захаров, вы свободны.

Свидетель Рухадзе. Этот совсем из другой оперы: он корреспондент АПН, пишет статьи о национальном вопросе в Советском Союзе, автор брошюры «Евреи в СССР», которую собирается выпустить агентство, где он работает. Сегодня ему предстоит доказать, что Роберт Тот — агент ЦРУ.

С Бобом, как выясняется, Рухадзе встречался многократно, не раз они проводили время в дружеских беседах за чашкой кофе. Он даже сопровождал Тота во время его поездки в Биробиджан. Боб, оказывается, всегда интересовался закрытыми районами — например, просил Рухадзе помочь ему побывать на космодроме в Байконуре; проявлял удивительную для журналиста осведомленность о ходе тайных переговоров между СССР и США о сокращении вооружений. Своими статьями Тот пытался подорвать доверие простых американцев к Советскому Союзу. Положительные материалы об СССР, которыми Рухадзе снабжал его, он всегда разбавлял клеветнической информацией, полученной от отказников и диссидентов. С явно провокационной целью Тот сказал в Биробиджане крестьянам, что их колхоз напоминает ему израильский кибуц, чем оскорбил советских колхозников еврейского происхождения.

Тот, по словам Рухадзе, был очень дружен со мной, постоянно получал от меня антисоветскую информацию. Когда меня арестовали, он позвонил Рухадзе, встретился с ним и все пытался выяснить: что бы означал этот арест, в чем меня могут обвинить, не отразится ли это на его собственной судьбе; рассказывал, что жена его и дети плакали, когда узнали о случившемся. Позднее Тот сказал, что если меня освободят, то Картер скорее всего прекратит кампанию в защиту прав человека в СССР. Короче, не оставалось сомнений в том, что Тот и я — сообщники.

Я внимательно смотрю на этого типичного представителя советской элиты. Он «выездной», одевается на Западе или в московской «Березке», ибо часть зарплаты получает в валюте; по роду работы ему доверяют читать зарубежную прессу. За это он готов выполнять обязанности дешевого стукача, писать в КГБ отчеты о беседах с иностранными коллегами, а при необходимости и поставить свою подпись под любой бумагой, которую подсунут ему органы. Ну чем он лучше Захарова?

Но вот что интересно: «дворник», давая свои показания, нагло врал и был при этом совершенно спокоен. Рухадзе же, даже когда говорит правду, переминается с ноги на ногу, сжимает за спиной руки, часто достает носовой платок и вытирает обильный пот, струящийся по лицу.

Я решаю воспользоваться случаем и узнать наконец, был ли все же Боб подвергнут аресту.

— Тота выслали или он сам пожелал уехать? — спрашиваю я. Рухадзе долго молчит, переводя беспокойный взгляд с меня на судью и обратно, а затем неуверенно говорит:

— Ну, его бы, наверное, выслали, но срок его пребывания в СССР кончался, и он уехал сам.

Чего боятся такие люди? Неосторожным словом вызвать гнев начальства, которое у всех в конце концов одно — КГБ, и потерять свою часть пирога? Раб Захаров твердо знал, что свой кусок он всегда получит («Наша зарплата начинается с двухсот пятидесяти рэ», — похвастался однажды один из моих «хвостов»), раб Рухадзе на иерархической лестнице невольников стоял гораздо выше и был поэтому более уязвим: боялся оступиться и полететь вниз.

Сегодняшняя программа исчерпана. Судья объявляет, что и завтрашний день начнется с закрытого заседания. Будут выступать эксперты, и он предлагает мне подготовить вопросы для них. Наконец-то я хоть что-то знаю наперед! Спрашиваю судью:

— Сколько дней будут длиться закрытые заседания? И на какой срок рассчитан суд?

Получаю исчерпывающий ответ:

— Узнаете со временем.

Сидя в стакане по дороге в тюрьму, я жду возможности снова увидеть через щелку кусочек внешнего мира. Но то ли дверь закрыли плотнее, то ли виражи не так круты — кромешная тьма окружает меня. И все же ни это маленькое разочарование, ни усталость не могут испортить мне настроение, а оно у меня — отличное. Я даже сам поначалу не понимаю, что меня так радует: вчера я увидел брата, мир узнал правду о моем деле, а сегодня-то что хорошего произошло?

Я вспоминаю всех, кто прошел передо мной за этот день, анализирую свои ощущения и понимаю: радует меня бессилие КГБ.

Долго они варганили это дело. Целый год запугивали людей на допросах. Наконец из трехсот допрошенных отобрали двадцать человек на роль свидетелей обвинения — и вот детектив, который они так добротно, казалось бы, разработали, разваливался даже на закрытом заседании суда. Адамский, Доронина, Смирнова всеми силами пытались отказаться от роли, которую навязывал им КГБ. Им это не удалось, но ведь пытались же, пытались! И в отличие от таких рабов, как Липавский и Цыпин, Захаров и Рухадзе, Раслин и Игольников, они вызывали у меня сочувствие и симпатию.

***

Третий день суда. Закрытое заседание. Прокурор и защита, то есть я, передают свои опросы в письменном виде двум экспертам: один из них специалист по вопросам секретности в Академии наук, другой — в каком-то министерстве. Они удаляются на совещание и возвращаются минут через двадцать.

Прокурор спрашивает:

— Являются ли списки отказников, изготовленные Щаранским и его сообщниками, секретными?

— В совокупности являются секретными и в целом составляют государственную тайну СССР, — повторяют эксперты свою фантастическую формулировку.

Наступает моя очередь спрашивать.

— Какой смысл в этом определении? Означает ли оно, что в каждой отдельно взятой строке информация не секретна, а в целом — секретна?

— Нет, не означает. В списке есть конкретные сведения, составляющие государственную тайну.

— Можете ли вы указать мне строку, в которой содержится секретная информация?

— Не можем — по соображениям государственной безопасности.

Настоящая комедия абсурда! Ведь заседание-то суда закрытое!

— Мог ли человек, давший сведения о себе для списка отказников, в частности о месте своей прошлой работы, не подозревать, что эта информация секретна?

— Не мог. В соответствии с действующим положением каждый увольняющийся из режимного учреждения дает расписку о неразглашении соответствующей информации.

— В таком случае я ходатайствую о вызове в суд одного из тех людей, сведения о котором в нашем списке эксперты считают секретными, прошу предъявить ему его расписку, а затем перекрестно допросить его и меня, чтобы установить, как такая информация попала в список. Это самый логичный способ установить истину.

Я не сомневаюсь, что мое ходатайство будет отклонено. Мне давно ясно: если в нашем списке и есть секретные сведения, то они вставлены туда КГБ, который наверняка не захочет, чтобы отказник, о котором идет речь, разоблачил фальсификацию. Моя уверенность в нашей невиновности основана еще и на том, что те немногие из допрашивавшихся отказников, которым следователи показывали эти списки, категорически заявляли: «Информация обо мне не секретна!»

Впрочем, судья долго не размышляет. Поворот головы направо, налево, два кивка...

— Ходатайство отклоняется. Следующий вопрос.

— Есть ли секретные сведения в записных книжках, изъятых у меня при обысках?

Эксперт мнется и говорит запинаясь:

— Ну, в них слишком мало информации, чтобы...

— Вопрос снимается как не имеющий отношения к делу, — прерывает его судья. — Вас же, Щаранский, не обвиняют в передаче на Запад ваших записных книжек!

— Э, нет! — возражаю я. — Этот вопрос имеет к делу самое прямое отношение. Вот одно из вещественных доказательств, которыми следствие пытается обосновать мою вину. — И я читаю отрывок из обвинительного заключения: «...записи, изъятые у Куниной (это Липавского и моя квартирная хозяйка) и представленные следствию Запылаевой, а также заключение экспертов о том, что часть их исполнена лично Щаранским и что они содержат секретные сведения, а также протокол осмотра от восемнадцатого января тысяча девятьсот семьдесят седьмого года, из которого усматривается, что материалы, содержащие секретные данные от отказников, были использованы при составлении списков...».

В этих книжках, естественно, есть фамилии отказников: ведь большинство моих друзей — отказники. Но что там за информация о них? Номер телефона, адрес, иногда указание, как пройти или проехать. Следствие специально смешивает записные книжки с черновиками, которые Липавский передавал Запылаевой для перепечатки, но среди этих последних нет ни одного, написанного моим почерком! Фокус тут простой: говоря о всех бумагах в целом, КГБ утверждает, что в них содержатся секреты и что некоторые записи сделаны мной. Поэтому я настаиваю, чтобы эксперты однозначно определили, есть ли секреты в моих записных книжках, и в конце концов добиваюсь от них ответа: нет — что, естественно, не помешает суду вставить эту липу в текст приговора.

Последний свидетель, допрашиваемый до перерыва, — Рябский, крупный, спортивного вида человек лет сорока. Его показания на следствии характеризовали всю нашу деятельность как борьбу с существующим в СССР строем. Рябский утверждает, что был близко знаком с десятками отказников и диссидентов, в том числе и со мной.

У меня смутное ощущение, что я его где-то видел, но где именно — у синагоги ли, у Рубина — не помню. Рябский ровным, уверенным голосом начинает давать показания, спокойно переводя взгляд с меня на судью, с судьи на прокурора, с прокурора на меня.

— Я еврей, — говорит он. — Мои родители внесли большой вклад в советский спорт. Сам я получил высшее образование и всем доволен. Но вот некоторые из моих друзей стали приглашать меня к Рубину и другим диссидентам и отказникам. Я думал, что там будут говорить о философии, об истории, но оказалось, что тот же Рубин разбирается в китайской философии, как я в китайской грамоте. — И Рябский в этом месте сделал паузу: мол, оцените шутку. — Зато на этих встречах я услышал грязную клевету на советский строй.

Далее следовал набор фраз, не привязанных ни к каким фактам: о связи активистов алии с западными спецслужбами, о нашей борьбе с советской властью... Наконец он переходит к единственному конкретному эпизоду, о котором говорил на следствии: встрече с историком Пайпсом. Она, по его словам, завершилась обращением Пайпса ко мне и Рубину с призывом объединиться с диссидентами для борьбы с правительством СССР, якобы не выполняющим соглашения, подписанные в Хельсинки.

Прежде чем задать свой убийственный для Рябского вопрос, я колеблюсь: ведь его показания не имеют никакого отношения к обвинению в шпионаже, и он, по идее, должен быть допрошен на открытом заседании суда. Мне очень жаль тратить такую торпеду сейчас, когда не будет свидетелей ее прямого попадания в цель.

— Вызывают ли Рябского на открытое заседание? — спрашиваю я судью. — Его свидетельства касаются открытой части обвинения.

— Это мы определим позже.

Я все же решаю задать свой вопрос.

— Вы говорите, что Пайпс призвал нас объединиться с правозащитниками на основе Заключительного акта, подписанного в Хельсинки. Он что, был знаком с его текстом?

— Конечно! У Рубина копия акта лежала прямо на столе, — спокойно отвечает Рябский, глядя мне прямо в глаза. — Выполняя указание Пайпса, вы с Рубиным и вступили впоследствии в Хельсинкскую группу.

— Из ваших показаний следует, что встреча состоялась четвертого июля семьдесят пятого года, верно?

— Да, я хорошо помню. Это был День независимости США, и об этом шла речь за столом.

— Правильно, я тоже это помню. Однако заключительное совещание в Хельсинки проходило в августе того же года, и еще за месяц не было ясно, состоится ли оно вообще. Но, по вашим словам, у Рубина уже был текст акта, а Пайпс даже предлагал объединиться на его основе. Как вы это объясните?

Я еще не успеваю закончить, как лицо Рябского утрачивает всю свою самоуверенность. Он хмурит лоб, долго думает, а потом мямлит:

— Да-а... Я, видимо, просто ошибся. Дело было на год позже, в семьдесят шестом году.

Доказать, что это не так, нетрудно. Ведь в июле семьдесят шестого и Пайпса не было в Москве, и Рубин уже жил в Израиле.

Но я лишь прошу секретаря точно записать слова Рябского: встреча состоялась не в семьдесят пятом, а в семьдесят шестом году.

Закрытые заседания наконец-то закончились. После перерыва я возвращаюсь в битком набитый зал. Леня теперь сидит в четвертом ряду, посередине. Рядом с ним — все тот же страж, да и второй сосед брата не сводит с него глаз. Мы с Леней обмениваемся радостными улыбками.

Он демонстративно держит в руках записную книжку и авторучку. Правильно! Надо все записывать. Даже если потом книжку и отберут, так больше запомнится.

Я сразу же повторяю свое ходатайство о вызове всех свидетелей на открытое заседание суда.

— Рассмотрим, — отвечает судья.

Первым вызывается для дачи показаний Абрамов, кавказский еврей из Дербента, Значительную часть жителей этого города составляли евреи, по принятой среди историков версии, переселившиеся из Персии много веков назад. Большинство этих людей не имели высшего образования, зато их связи с еврейской религией и традицией были гораздо прочнее, чем у европейских евреев. Многие дербентцы активно включились в борьбу за выезд в Израиль. Почти сразу же появились и первые отказники, а со временем таковых в городе оказалось гораздо больше — пропорционально еврейскому населению, — чем в любом другом месте СССР. Начались преследования со стороны властей, кое-кто угодил в тюрьму.

Первым из московских активистов алии с ними установил связь Саша Лунц, который побывал в Дербенте осенью семьдесят четвертого года. Затем тамошние евреи стали приезжать к нам. Люди буквально набрасывались на книги об Израиле, учебники иврита, но они нуждались в учителях. И вот летом семьдесят шестого года наш лучший преподаватель иврита Владимир Шахновский, взяв отпуск, поехал на Кавказ. Каждый день его водили из дома в дом, где собирались евреи, которым он давал уроки. Гостеприимные хозяева были счастливы, но КГБ их радости не разделял и быстро выслал Шахновского из города под тем предлогом, что он живет в нем без прописки.

В наших документах о положении советских евреев мы не раз писали о дербентской общине, называли фамилии преследуемых. Абрамова среди них не было, однако сейчас именно он выступает в качестве свидетеля обвинения.

— Ваша должность? — спрашивает судья.
— Директор школы.
— Партийность?
— Коммунист.

— Что вы можете сказать о положении татов в Дагестане?

Тут надо отметить, что власти не признавали кавказских евреев евреями и в паспортах записывали их как татов — есть такая маленькая мусульманская народность на Северном Кавказе, языком которой евреи пользовались в обиходе.

Абрамов говорит, как хорошо им там живется: нет никакой дискриминации, все осуждают сионистскую пропаганду...

— Известно ли вам, что в Дербенте есть евреи, которым не разрешают уехать в Израиль?

— Для меня они изменники Родины, я и знать о них ничего не хочу.

— В курсе ли вы того, что в Дербенте людям запрещают изучать иврит?

— Нам этот язык не нужен.

— Ходите ли вы в синагогу?

— Религия — пережиток капитализма... — начинает отвечать Абрамов, но судья перебивает его:

— Я снимаю этот вопрос. В СССР свобода совести, и на суде спрашивать человека об этом нельзя.

Свидетель уходит, а в приговоре моем будет сказано следующее: «Показания Абрамова опровергают клеветнические измышления о советской действительности, содержащиеся в документах, изготовленных и переправленных на Запад Щаранским и его сообщниками».

За Абрамовым следуют две свидетельницы: врачи Емельянова и Сухачева. Одна работает в политическом лагере в Мордовии, другая — во владимирской тюрьме. Они рассказывают о том, какие отличные санитарные условия в местах заключения, какая высококалорийная пища, как тепло в карцерах...

— Медицинское обслуживание у нас лучше, чем во многих местах на воле! — заявляет одна.

— Родственники всегда могут получить полную информацию о состоянии здоровья заключенного, — говорит другая.

С общими утверждениями спорить трудно, хотя даже мой небольшой опыт пребывания в карцере существенно противоречит показаниям свидетельниц. Я задаю конкретные вопросы — например, о Якове Сусленском, который однажды потерял сознание в карцере владимирской тюрьмы и после этого несколько месяцев пролежал в больнице. Я ведь сам, выдавая себя за двоюродного брата Якова, ходил по просьбе Иды Нудель по всем высоким инстанциям, безуспешно пытаясь узнать подробности о его здоровье.

Сухачева спокойно отвечает мне:

— Это все ложь, в карцере никто потерять сознание и даже просто заболеть не может. Поместить туда имеют право только с разрешения врача, и каждый день мы контролируем состояние заключенного. Сусленский никогда не терял сознание в карцере.

Ни она, ни я еще не знаем, что уже через неделю я буду во владимирской тюрьме, что стану искать встречи с ней — хотя бы для того только, чтобы посмотреть ей в глаза: ведь уже с первых дней — да что там, часов! — я мог убедиться, как нагло врала она на суде. Я еще не знаю, что мне предстоят около четырехсот карцерных дней и ночей, что я буду терять там сознание, тяжело болеть и почти в каждом заявлении прокурору об условиях содержания в карцере стану цитировать врача Сухачеву... Немало гнусностей открылось мне в ГУЛАГе в последующие годы, но институт карательной медицины оказался явлением самым омерзительным, лицемерным и подлым в системе этой рабовладельческой империи.

После перерыва судья объявляет о частичном удовлетворении моего ходатайства: Липавский, Цыпин и Рябский будут вызваны на открытое заседание суда, а вот Адамского, Раслина и Игольникова раздобыть не удалось: они уже покинули Москву.

— Но я же заявлял свое ходатайство в их присутствии! — восклицаю я.

Судья оставляет эту реплику без внимания. Мне, естественно, особенно досадно, что не будет Адамского: ведь на открытом заседании судья вряд ли бы решился угрожать ему уголовным преследованием, и человек мог очистить свою совесть, отказавшись от показаний, данных на следствии. Теперь ему предстоит жить с этим до конца...

В зал входит очередной свидетель, по фамилии, если не ошибаюсь, Платонов: маленький, щуплый, болезненного вида человек, лет сорока, библиотекарь из Ленинграда.

— Что вы можете рассказать по делу Щаранского? — спрашивает судья.

— Ничего... Я с ним не знаком, — испуганно отвечает свидетель.

— Ну, расскажите о себе.

Библиотекарь говорит, что в конце шестидесятых — начале семидесятых годов сидел в политическом лагере вместе с Гинзбургом, что тот себя плохо вел: подбивал людей на голодовки, пересылал на волю клеветническую информацию — и прочее в том же духе, а он сам, Платонов, осознал свои ошибки и раскаялся, сейчас работает и всем доволен.

Долгая пауза. Наконец прокурор обращается к нему:

— Ну, так вот: объясните подсудимому, — он показывает на меня, — что он идет по ложному пути, что правда не на стороне Гинзбургов, а на нашей!

Свидетель поворачивает ко мне голову и робко говорит:

— Да, молодой человек, это верно...

Мне трудно удержаться от смеха. Я еще не знаю, что в это же время в Калуге проходит суд над Александром Гинзбургом и Платонов попал сюда по ошибке, из-за накладки, допущенной каким-то бюрократом, — но предполагаю нечто подобное и потому на всякий случай спрашиваю:

— Скажите, вы когда-нибудь видели меня, слышали обо мне? Знаете хоть что-нибудь о моем деле?

Платонов решительно замотал головой:

— Нет, нет, ни вас, ни вашего дела я не знаю.

— Спасибо. У меня к вам больше нет вопросов.

Прокурор и судьи сидят насупленные, и только на лицах у «кивал» сохраняется торжественно-приподнятое выражение.

Вот и Рябский, второй раз за этот день я имею счастье видеть его. Первый раз это происходило, правда, в пустом зале — там он, будем так считать, репетировал. Сейчас зал полон. Я ужасно жалею, что указал на противоречие в его словах — ведь у него было достаточно времени, чтобы подготовить с помощью КГБ новую версию.

Рябский повторяет почти слово в слово то, что говорил утром: и о вкладе его семьи в советский спорт, и о том, что Рубин понимает в китайской философии столько, сколько он, Рябский, в китайской грамоте, — эта фраза, похоже, кажется ему блистательной; сурово обличает всемирный заговор сионистов и империалистов, но, дойдя до встречи с Пайпсом, о Хельсинки и не упоминает.

Я повторяю свой вопрос:

— На следствии и сегодня утром вы утверждали, что Пайпс, говоря о заключительном акте совещания в Хельсинки, текст которого лежал у Рубина на столе, призывал нас объединиться с диссидентами, но как это могло быть, если встреча состоялась четвертого июля, а соглашение в Хельсинки было заключено лишь в августе?

Почти не задумываясь, Рябский отвечает:

— Я же сказал утром, что ошибся. Встреча была не в семьдесят пятом, а в семьдесят шестом году.

Ну и ну! Трехчасового перерыва им не хватило, чтобы придумать что-нибудь получше! Наверное, они считают этот эпизод слишком важным, чтобы отказаться от него. Теперь уже нет смысла таиться.

— Когда уехал Виталий Рубин? — спрашиваю я свидетеля.

— Не помню.

— Он уехал в июне семьдесят шестого года, так что четвертого июля Рубина в Москве не было. Пайпса, между прочим, тоже. А встреча действительно состоялась в семьдесят пятом году.

Тут судья перебивает меня:

— Вы, подсудимый, задаете вопросы или отвечаете на них? Вы свободны, свидетель!

В зале появляется Цыпин. По дороге к своему месту он неожиданно поворачивается ко мне, и я впервые ловлю его взгляд: в нем неприкрытый страх. Показания Цыпина малоинтересны и неопасны для меня, приводимые им факты мелки и не соответствуют серьезности предъявленных мне обвинений. Именно это я и хотел продемонстрировать, когда ходатайствовал о вызове его и Липавского на открытое заседание суда. Ограничиваюсь лишь двумя вопросами. Первый из них:

— Вы утверждаете, что видели, как я конспиративно встречался с корреспондентами. Можете ли вы назвать хотя бы одно место таких тайных встреч?

Подумав, он говорит:

— Кафе на Кутузовском проспекте.

Действительно, однажды я встретился там с западным журналистом.

— Кафе напротив магазина «Русский сувенир»? — уточняю я.

— Да.

Это было стеклянное кафе, примыкавшее к дому, где жили и работали иностранные корреспонденты. Наряды милиции охраняли их покой. С таким же успехом можно было назвать конспиративной встречу, скажем, в приемной ЦК, где мы проводили сидячие демонстрации.

Цыпин сообщает суду, что в конце семьдесят шестого — начале семьдесят седьмого года он понял, что шел по ложному пути, и решил явиться в КГБ с повинной. Мы же разоблачили его задолго до этого и установили, что он работал на органы, по крайней мере, с начала семидесятых годов. Тем не менее всего за несколько дней до моего ареста Цыпин написал письма некоторым из нас, взывая к старой дружбе, вспоминая о совместном боевом прошлом и требуя своей реабилитации.

— Что бы это значило? — спрашиваю я, напоминая ему об этом факте. — По чьему заданию вы писали письма?

Вопрос, конечно, не имеет формального отношения к моему обвинению, но желание изучить методы работы КГБ с людьми не покидало меня ни на минуту и в зале суда.

До сих пор Цыпин держался более или менее спокойно, но тут вдруг нервничает, мямлит:

— Ну, мне хотелось понять... — И умоляюще смотрит на судью: выручай, мол.

Первая поддержка приходит ему из зала:

— Кто здесь кого допрашивает? — раздается чей-то возмущенный возглас.

Тут уж спохватывается и судья:

— Я снимаю ваш вопрос. Свидетель, вы свободны.

Липавский, подходя к своему месту, в точности, как Цыпин, бросает в мою сторону быстрый взгляд — настолько быстрый, что я не успеваю его перехватить. Что это они, такую установку получили: посмотреть на меня перед дачей показаний, чтобы успокоиться? Ведь до того оба упорно избегали моего взгляда.

На этот раз Саня говорит без бумажки, кратко и сухо: называет фамилии корреспондентов и дипломатов, с которыми я встречался и через которых посылал на Запад информацию; объясняет, что всей работой руководили американские спецслужбы; вскользь упоминает, что сам был завербован ЦРУ, и рассказывает о своем прозрении; выражает уверенность, что советский народ воздаст по заслугам преступникам... Вдруг Липавский, резко повернувшись ко мне всем корпусом, с истерическим пафосом восклицает:

— Нам, советским евреям, патриотам своей Родины, теперь стыдно появляться на улицах! Вы, Щаранский, втоптали в грязь наше честное имя! Нет, Щаранский, ничто, даже ваша математическая память на даты, не спасет вас от народного гнева!

Не знаю, что производит на меня большее впечатление: неожиданный крик Липавского или выражение его лица, безумно расширенные, вылезающие из орбит глаза, причем смотрит он куда-то поверх меня... Нет сомнения, что этот номер в расчете на публику отрепетирован заранее, но, похоже, Липавскому стоит неимоверных усилий не менять позы во время своей тирады. Произнеся последнее слово, он немедленно возвращается в прежнее положение, будто внутри него сработала пружина.

Дурацкое выражение «математическая память на даты» непонятно тем, кто не присутствовал на закрытом заседании суда, ведь Липавский имеет в виду вскрытую мной неувязку между сроками получения «шпионского задания» по составлению списков отказников и его выполнения. Только я раскрываю рот, чтобы спросить его, как он объясняет это противоречие, — судья останавливает меня:

— Не задавайте вопросов, относящихся к обвинению в шпионаже! Тогда я решаю проверить память Липавского на другом эпизоде.

— Вы утверждаете, что мы действовали по заданию Запада. Единственный документ, который, по мнению следствия, подтверждает это, — кроме списка отказников, но о нем мне запрещено судом говорить, — наше заявление в поддержку поправки Джексона, написанное в феврале семьдесят шестого года. Вы утверждаете, что черновик его привез сенатор Брук, передал мне, а я организовал сбор подписей и вернул обращение Бруку. На допросе весной семьдесят седьмого года вы показали, что Брук дал мне это задание в вашем присутствии; через полгода вы заявили, что о поручении Брука вам известно со слов Рубина. Когда вы говорили правду?

— Я всегда говорю правду! — восклицает Липавский, обращаясь к судье. — Во время своего визита в Москву Брук встречался со многими отказниками в разных домах. Я его видел всего однажды, Рубин — несколько раз, а вы постоянно сопровождали его. При мне Брук поручил вам собрать подписи под этим письмом, а от Рубина я узнал, что вы это задание выполнили.

Так как Брук во время своего краткого визита в Москву появился среди нас лишь на час в квартире Слепаков, причем Липавского там не было, я был уверен, что с сенатором провокатор не встречался. Но как это доказать? Интересно, знает ли Липавский, что Брук — негр?

— Отличается ли этот сенатор от всех других, которых вам приходилось видеть? — спрашиваю я.

Липавский недоуменно пожимает плечами, а судья снимает вопрос.

— К какой партии принадлежит Брук? — захожу я с другой стороны. Липавский разводит руками, а из зала кричат:

— Да какая разница! Почему Щаранскому разрешают задавать такие вопросы?

Судья идет навстречу пожеланиям трудящихся и отсылает свидетеля восвояси. Липавский уходит. Я понимаю, что скорее всего больше никогда его не увижу, и не испытываю по этому поводу особого сожаления. Еще один перерыв. У меня буквально раскалывается голова — видимо, от духоты. Прошу таблетку у начальницы медчасти, которая все эти дни ездит на суд вместе со мной, и спрашиваю ее:

— Неужели это лекарство не могла дать мне медсестра? Для чего посылают вас?

— Вот объявят вам смертный приговор, — усмехается она, — грохнетесь в обморок, тогда узнаете, зачем меня сюда посылают.

После перерыва предстоит допрос двух свидетельниц. Почему их не вызвали на закрытое заседание? КГБ так в них уверен?

Первой вызывается Софья Гаськова — дочь полковника Давидовича, «отца» алии из Минска.

...Этот человек уходил из жизни медленно; инфаркт за инфарктом подталкивали его к последней черте. Давидович бомбардировал руководителей государства телеграммами, в которых требовал выездную визу: он хотел умереть в Израиле. Мы в Москве всячески пытались ему помочь, но власти «выдержали характер».

Похороны Ефима Давидовича вылились в одну из самых волнующих демонстраций в истории нашего движения. Десятки отказников приехали в Минск из разных городов страны, с речами на могиле выступали Виталий Рубин и Лев Овсищер. В конце траурной церемонии сказала несколько слов убитая горем вдова Мария Карповна: она сурово осудила власти за жестокость по отношению к ее покойному мужу, призвала всех евреев брать с него пример. А потом последовал новый акт трагедии.

Мария Карповна была исполнена твердой решимости вывезти гроб с телом мужа в Израиль. Напрасно отговаривали ее родственники. Через несколько месяцев она получила разрешение и вместе с дочкой Софьей и маленьким внуком, взяв гроб с останками покойного, вылетела в Израиль.

Друзья Давидовича приняли его вдову хорошо, но очень скоро ее, русскую женщину, потянуло на родину. Это то, что мне было известно перед арестом. Лишь через год, получив доступ к материалам дела, я узнал, как развивались события дальше.

Письма, которые писала из Израиля Мария Карповна, были полны грусти и тоски — я читал их в одном из своих «талмудов». «Как можно привыкнуть к тому, что нет снега? — жаловалась она. — К чужой речи? Обычаям?» До кончины мужа она жила только его интересами, его здоровьем, его борьбой, теперь же в ней проснулась ностальгия по своему собственному миру.

В декабре семьдесят седьмого ей, дочери и внуку было разрешено вернуться в СССР, но гражданство им дали не сразу. Сначала их допросили по моему делу. Марии Карповне и Софье пришлось показать, что их муж и отец стал жертвой сионистов, что те использовали его имя и даже его смерть в своих целях и что сама кончина его была ускорена не постоянными преследованиями КГБ, как это утверждалось в нашем заявлении, а визитами активистов сионистского движения. Конкретно против меня в их показаниях ничего не было, но КГБ тем не менее решил пригласить Гаськову на открытое заседание суда, чтобы нажить на их возвращении политический капитал.

Свидетельница входит в зал. Два года назад я видел ее на похоронах, — она была худенькой, бледной, печальной. Сейчас Софья кажется мне еще более изможденной, слабенькой и грустной. Впрочем, последний эпитет тут не подходит — в ее лице появилось что-то безысходно-трагическое.

Судья просит Софью дать показания по делу. Она долго молчит, потом что-то шепчет.

— Громче! — кричат из зала.

— Громче! — повторяет судья.

— Я не знаю, что говорить... Задайте лучше вопрос.

Судья секунду размышляет, потом берет в руку протокол допроса Гаськовой на следствии и говорит:

— Вот вы показали, что... — и зачитывает абзац. — Это верно?

— Да, — кивает свидетельница и снова замолкает. Безуспешно попытавшись убедить Софью говорить самостоятельно, судья попросту читает вслух все ее показания.

— Все правильно? — спрашивает он.

Гаськова молча кивает.

Происходит грубейшее нарушение закона: судья обязан заново допрашивать свидетеля.

Теперь моя очередь задавать вопросы. Я предупреждаю свидетельницу:

— Если не хотите отвечать, так сразу и скажите. Читали ли вы рукопись неизданной книги вашего отца «Путь еврея в Советской Армии»? Чьи мысли он там выражает — свои собственные или навязанные ему другими людьми?

— Я не хочу отвечать на этот вопрос, — почти шепотом отвечает покрасневшая Софья.

— Есть ли у вас хоть какие-то основания считать, что я и мои друзья заставили вашего отца делать заявления в поддержку Израиля и против советской эмиграционной и национальной политики? Если да, то объясните какие.

— Я не хочу отвечать на этот вопрос, — еле слышно говорит Гаськова.

Последний вопрос жесток, но я вынужден его задать: ведь нас обвинили в том, что мы против желания семьи превратили похороны Давидовича в политическую демонстрацию. Поколебавшись, а все же спрашиваю:

— Помните ли вы, с какой речью выступила ваша мать на похоронах отца?

Уже только по слабому движению губ ее можно прочесть: «Я не хочу отвечать», — и тут судья полным страдания голосом выкрикивает:

— Ну зачем вы задаете такие вопросы?!

Власть, столько лет мучившая Давидовича, поставившая условием возвращения Гаськовой в СССР подписание показаний, которые у нее не хватает решимости повторить, использующая их для обвинения меня в государственной измене, возмущена моим бессердечием!.. Это, конечно, вершина цинизма. Тем не менее я еще долго испытываю неловкость оттого, что был вынужден задать несчастной Софье все эти вопросы. Не знаю, что чувствуют в эти минуты судьи и прокурор, кроме, естественно, досады: почему не вызвали ее на закрытое заседание, но в окончательном тексте приговора ссылки на показания Гаськовой нет.

Последней свидетельствует Ирина Мусихина — соседка Лиды Ворониной по квартире, показавшая на следствии, что я с помощью Лиды составлял списки отказников и передавал их Тоту. Казалось бы, уж ее-то надо было вызвать на закрытое заседание, но, видно, до смерти хотелось КГБ порадовать прессу подробностями моей личной жизни, вытянутыми из Мусихиной: неопрятен в быту, получал какие-то вещи из-за границы, ездил с Тотом и Ворониной на пляж, о чем свидетельствовали фотографии, на которые соседка постоянно натыкалась то в кухне, то в ванной...

Ира — крупная блондинка лет двадцати пяти, покрытая матовым загаром, приобретенным, похоже, совсем недавно, должно быть, на курорте, робко занимает свидетельское место, осматривается и застенчиво, жалко улыбается мне. Судья предлагает ей дать показания.

— Я ничего о преступлениях Щаранского не знаю, — быстро отвечает она.

— Минуточку! — говорит судья. — Но вот же передо мной протокол вашего допроса на следствии...

— Это было давно. Сейчас я уже не помню. Задайте вопрос, а так мне трудно.

Я ожидаю, что судья, как и в случае с Гаськовой, начнет читать вслух ее прошлые показания, но этого не происходит — видимо, скумекал сам или кто-то объяснил ему в записке, что на открытом суде так делать не годится: свидетели должны давать показания добровольно.

— Ну хорошо, — говорит он. — Вы долго жили с Щаранским в одной квартире. Что можете сказать о нем?

— Это был очень хороший сосед, интеллигентный, тихий, вежливый.

— Но вы говорили на следствии и об отрицательных чертах, — бросает реплику прокурор.

Бедная Ира заливается краской, которую не может скрыть даже ее коричневый загар, и, буквально сгорая от смущения, тихо произносит:

— Ну да, как медицинский работник, я не могла не заметить, что он не всегда опрятен в быту.

Я с трудом удерживаюсь от смеха, глядя на разочарованное лицо прокурора. Ира говорила чистую правду: я вполне мог по рассеянности воспользоваться в ванной ее мылом или не забрать вовремя грязную сковородку с плиты. Но ведь не ради подобных разоблачений КГБ затратил на свидетельницу столько усилий, выбрав ее из сотен других людей!

— Так... А что вы знаете о его сионистской деятельности?

— Ничего.

— А списки отказников...

Прокурор еще не успевает закончить свой вопрос, как Мусихина восклицает:

— Я вообще узнала, что такое списки отказников, только на следствии!

Прокурор сразу прикусывает язык: продолжать эту тему опасно. Помолчав, он спрашивает:

— Вы видели Роберта Тота?

— Да, он иногда заходил в Щаранскому, а если того не оказывалось дома, оставлял мне для него визитную карточку с запиской на обороте. Был очень вежлив и приветлив.

— Но вы видели, как Щаранский передавал Тоту материалы...

И опять робкая Ира перебивает его:

— Я всего один раз, проходя мимо открытой двери, случайно заглянула в комнату и увидела, как Щаранский протягивает Тоту какую-то бумагу. Может, это был даже чистый лист, откуда я знаю?

Да-а! Представляю себе, как досадуют в этот момент судья, прокурор и сотрудники КГБ, ответственные за подготовку свидетелей, что не вызвали Мусихину на закрытое заседание! Там можно было бы прикрикнуть на нее, подозвать к судейскому столу, показать ее подпись под протоколом, в котором говорится, что она видела, как я передаю Тоту списки отказников, отпечатанные Ворониной, предупредить ее о привлечении к суду за ложные показания, заставить подтвердить, что тогда она помнила лучше... Сейчас все это уже невозможно.

— У меня нет вопросов к свидетельнице, — говорю я, и мы с Ирой обмениваемся дружескими улыбками.

Судье остается только отослать ее и вычеркнуть из списков свидетелей обвинения.

Я смотрю на Леню — он внимательно изучает свои записи. Не отберут ли их при выходе? Но этот длинный, полный впечатлений и эмоций день пока не закончен — нам предстоит еще один фарс.

Судья вызывает свидетельницу Мильгром Иду Петровну.

Брат встает и заявляет:

— Наша мать стоит у входа и требует допустить ее в зал суда. Она отказывается свидетельствовать против своего сына. Привлечение ее в этом качестве — лишь повод не дать ей присутствовать здесь.

Судья предупреждает Леню, что его могут вывести из зала за то, что он пытается вмешаться в работу суда.

Распорядитель выходит и отсутствует пять минут. У меня колотится сердце: сейчас я, может быть, увижу маму... Нет! Она не должна этого делать! Я представляю себе, как хочется ей войти внутрь, но ведь она требует, чтобы ее впустили не на несколько минут в качестве свидетеля, а на все время суда. «Мамочка, не уступай!» — твержу я мысленно, но вовсе не уверен, что именно этого хочу.

— Свидетельница Мильгром отказывается явиться в суд для дачи показаний, — объявляет вернувшийся распорядитель.

Судья выдерживает паузу, склоняет голову налево, направо, получает одобрение «кивал» и говорит:

— Мы могли бы, конечно, привести свидетельницу силой, но, учитывая, что она мать подсудимого, а также ее возраст, мы не будем настаивать. Судебное заседание закончено.

Меня возвращают в тюрьму и сразу же выводят вместе с со-камерником на прогулку. Там, во дворике, я рассказываю ему о поведении каждого из свидетелей и радуюсь: почти полтора года КГБ стряпал дело, задолго до того вербовал и внедрял к нам своих агентов, вязал сети хитроумных провокаций, накатал сорок страниц обвинительного заключения, разоблачающего мировой сионистский заговор... Формулировки обвинения действительно звучали устрашающе, они произвели впечатление не только на публику, но и на моего брата — я это видел. Да что брат! Даже сам я, прекрасно знающий, что за всем этим ничего не стоит, не мог отделаться от тяжкого ощущения безнадежности, когда слышал их в суде. Но как же при этом легковесны, как несерьезны, как хрупки, как попросту смешны те аргументы и доказательства, которые КГБ смог в итоге представить суду!

Обвинения стукачей не выдерживают столкновения с самой элементарной логикой. Свидетели, запуганные на допросах, один за другим пытаются соскочить с поезда... Кстати, их список исчерпан.

— Неужели это конец процесса? — спрашиваю я своего соседа: у него ведь за плечами уже три или четыре суда. Но он не «политик» и затрудняется дать ответ.

— Все же, наверное, должны зачитать документы, на которые они ссылаются в обвинении, — неуверенно говорит он.

И верно: КГБ собрал огромное количество доказательств нашей «клеветы», должны же они предъявить их в суде! Читаю УПК. Вроде бы мы правы. Что ж, это хорошо, это даст мне возможность в течение, по крайней мере, нескольких дней — материалов-то на десятки томов! — публично проанализировать методы их работы, показать, что клевета не в наших документах, а в их.

Следующий, четвертый день суда действительно начинается с демонстрации документов. Впрочем, еще до этого в пустом зале, где нет никого, кроме меня, моей охраны, секретаря суда и прокурора, мой обвинитель Солонин подходит ко мне и говорит зло и резко:

— Щаранский! На вас советская власть столько сил потратила: вырастила, воспитала, дала образование, а вы все это против нее обратили. Неужели вам не понятно, что и наше терпение небесконечно? Как я могу ходить с вами по одной земле и дышать одним воздухом, если вы враг всего того, что дорого мне? Еще не поздно, подумайте!

Не знаю, что означала эта его вспышка. Может, последняя попытка запугать меня перед тем, как я произнесу в суде свою речь?

— И я не хочу ходить с вами по одной земле, но вы же не выпускаете меня в Израиль! — отвечаю ему я.

...Когда через полгода я прочел в газете «Известия» сообщение о скоропостижной смерти заслуженного деятеля юстиции, начальника отдела Прокуратуры СССР Солонина П.Н., то его слова о том, что он не может ходить со мной по одной земле, показались мне сбывшимся пророчеством...

Но пока полный сил и энергии Солонин просит суд приобщить к делу «важный документ»: справку из Госбанка о том, что я с семьдесят четвертого по семьдесят седьмой год получил из-за рубежа материальную помощь денежными переводами на общую сумму около восьмисот долларов.

— Вот она, плата за предательство! — восклицает он.

Советские корреспонденты спешат записать это в свои блокноты. А потом начинается демонстрация фильмов: «Рассчитанный риск» — одного из важнейших материалов обвинения — и «Человек, который зашел слишком далеко», который призван подтвердить, что моя деятельность и мои связи были преступными.

Снова я вижу Авиталь во главе демонстрации. На этот раз она пришла ко мне прямо в зал суда. КГБ не хотел впускать родственников, однако моя жена прорвалась. Я счастлив и взволнован. Но в зале начинаются крики:

— Это наглая клевета! Смерть изменнику!

И спокойствие вновь возвращается ко мне.

Какой-то тип подлетает прямо к барьеру и, слегка придерживаемый старшинами, орет, размахивая кулаками перед моим лицом:

— Щаранский! Мы не станем терпеть таких предателей, как ты!

Видимо, по замыслу авторов сценария, это кульминационный момент: «взрыв народного гнева» в суде. Но и для меня это высшая точка процесса: Авиталь — со мной. Я отвечаю им всем надменной торжествующей улыбкой. Меня ведь охраняют не старшины — меня охраняет Авиталь.

Когда сцена народного негодования завершается, Солонин задает мне вопрос:

— Вы утверждали, что не занимались тайным распространением клеветы, однако только что все мы видели, как вы в условиях конспирации даете интервью, в котором клевещете на СССР. Что вы можете сказать по этому поводу?

— Во-первых, я утверждал и утверждаю, что вся информация, которую я передавал на Запад, предназначалась исключительно для открытого использования, — отвечаю я. — Интервью, заснятое для показа по телевидению, — лучшее доказательство этому. Ну а то, что людям, которые это интервью брали, пришлось прятать пленку до вывоза ее из СССР, говорит не о закрытом характере нашей деятельности, а о закрытости советского общества. Во-вторых, ни одно из моих заявлений, сделанных тогда, не является клеветническим: я ведь рассказываю о конкретных фактах, связанных с реально существующими людьми — евреями и немцами, добивающимися выезда из СССР. Материалы моего дела подтверждают, что все, о чем я говорил, действительно имело место. Кроме того, отвечая на вопрос о немецкой эмиграции, я сказал, что, по крайней мере, десять тысяч человек выразили желание переселиться в ФРГ. Я недаром настаивал в своем ходатайстве на приобщении к делу официальных справок об эмиграции немцев: ведь только в семьдесят шестом году количество выехавших превысило эту цифру — иными словами, то число, которое я назвал в интервью, занижено. Не хотите ли вы сказать, что, обвиняя меня в «клеветнических измышлениях о положении национальных меньшинств», вы имеете в виду этот факт — преуменьшение мной масштабов немецкой эмиграции из СССР?

Я ожидаю, что сейчас мы перейдем к обсуждению других документов, но судья неожиданно заявляет:

— Объявляется часовой перерыв, чтобы прокурор и обвиняемый могли подготовиться к выступлениям.

— К каким выступлениям? — спрашиваю я, ничего не понимая.

— К обвинительной и защитительной речам.

Вот так сюрприз! А я-то думал, что у меня впереди еще несколько дней! Даже простой перечень использованных против меня материалов займет несколько судебных заседаний!

В перерыве пытаюсь обдумать свою речь, но ничего не получается: никак не удается сосредоточиться. Не могу простить себе допущенную глупость: полтора года готовился к процессу, три с половиной месяца изучал материалы, а защитительную речь так и не написал! Может, сказать им, что не готов — не предупредили своевременно, выступлю завтра? Нет, не годится. Где гарантия, что брата снова пустят в зал? Мысль о том, что Леня здесь, что я сейчас смогу сказать ему очень многое, меня вдруг успокаивает. Да что мне, собственно, готовиться! Дело я знаю лучше кого бы то ни было. Скажу главное.

Мне приходит в голову такое соображение: первым будет выступать прокурор. Я же в своей речи проанализирую его аргументы и один за другим опровергну их.

Но меня ожидает глубокое разочарование: никаких аргументов я от Солонина не услышу, он вообще проигнорирует все, что было на суде, а начнет... с лекции о международном положении.

Подойдя к прокурорской трибуне, Солонин ставит перед собой стакан с водой и, взяв в руки толстенную пачку машинописных листов, начинает торжественно читать текст своего выступления. Продолжается лекция часа полтора, с десятиминутным перерывом. Он говорит о преследовании негров в США и ЮАР, ирландцев в Англии, арабов в Израиле, о том, что капитализм, отличительные черты которого безработица, наркомания и проституция, пытается укрепить свои позиции с помощью войн — горячих и холодных: горячих — во Вьетнаме и на Ближнем Востоке, холодных — против стран социалистического лагеря, прежде всего против СССР. Пропагандистские кампании в этой войне следуют одна за другой: операция «Солженицын», операция «Сахаров», теперь — операция «Щаранский» («В хорошее общество попал!» — думаю я.) Далее прокурор останавливается на происках мирового сионизма. Об Израиле он говорит, что это не страна, а военный лагерь; экономика разрушена; в государстве религиозный террор. («Суббота — это траурная минута молчания, протяженностью двадцать четыре часа», — запомнилась мне такая его метафора.)

Израилю нужно пушечное мясо, чтобы угнетать другие народы, завоевывать новые территории, потому-то мировой сионизм и объединил свои силы в борьбе за советских евреев. Далее Солонин описывает ситуацию внутри СССР, долго вещает о преимуществах жизни при социализме и в какой-то момент переходит к моему делу. Но что это?! Он просто читает слово в слово обвинительное заключение, предъявленное мне до суда! И все. Ни анализа документов, ни ссылок на показания свидетелей, ни попыток защищать Липавского, Рябского и других, уличенных мной во лжи, — ничего! Как будто суда и не было.

Дочитав текст обвинения, прокурор вновь возвращается к международному положению, говорит о преступных связях между империалистическими спецслужбами, сионистскими организациями и их пособниками в СССР. По ходу доклада он приводит высказывания Ленина и Дзержинского, Брежнева и Мартина Лютера Кинга…

— Прежде чем показывать на меня пальцем, отмой его! — цитирует Солонин Бенджамена Франклина — и направляет в мою сторону указательный палец. Я смеюсь.

Заканчивает прокурор свою речь такими словами:

— За свою преступную деятельность Щаранский безусловно заслуживает высшей меры наказания. Но учитывая его возраст и то, что ранее он не был судим, государственное обвинение считает возможным ограничиться пятнадцатью годами заключения с отбытием первых трех лет в тюрьме.

Кто-то кричит из зала:

— Мало! Пожизненное ему, пожизненное!

Объявляется двадцатиминутный перерыв.

Что же мне сейчас делать? Вступить в дискуссию о международном положении? Смешно. Анализировать свидетельские показания и документы? Но речь прокурора, при всей ее бессодержательности, возвела мое дело на определенный политический уровень, и я чувствую себя обязанным принять вызов.

Так и не решив толком, с чего начать свою защитительную речь, я вхожу в зал суда. Ловлю взгляд брата — и забываю все свои сомнения. Я должен обращаться к нему, к маме, к Авиталь, к моим друзьям, к моему народу.

— Передо мной стоит вроде бы безнадежная задача, — начинаю я. — Казалось бы, бессмысленно выступать в суде, где все предрешено заранее, защищаться от обвинения в шпионаже, хотя приговор был вынесен еще до моего ареста официальным государственным органом — «Известиями», выступать перед специально подобранными зрителями...

Тут в зале раздаются крики:

— Клевета!

— Ложь!

Я делаю паузу и выжидательно смотрю на судью. Тот быстро реагирует:

— Прекратить шум в зале!

— ...выступать перед теми, кто пришел сюда по спецпропускам, перед людьми, единственная обязанность которых — встретить аплодисментами предрешенный приговор. Тем не менее обвинение, предъявленное мне сегодня и касающееся так или иначе всех еврейских активистов в СССР, а по существу — всего моего народа, так серьезно, что я не считаю себя вправе оставить его без ответа. Да, в современном мире, как указал сегодня прокурор, противоборствуют две социальные системы. Однако невозможно свести все международные события только к этому; существует, к примеру, и такой процесс, как борьба народов за свое национальное освобождение, за право жить в соответствии со своими культурными и религиозными традициями, за право жить в собственном государстве.

Далее вкратце говорю об истории сионизма; о том, как Герцль под влиянием дела Дрейфуса пришел к мысли о необходимости создания еврейского государства; о том, что в борьбе за эту идею приняли участие евреи из разных стран, в том числе и из России; о процессе врачей и антисемитизме пятидесятых годов, лишившем наш народ последних иллюзий; о Шестидневной войне, в которой Израиль отстоял свое право на существование, — событии, приведшем к подъему национальных чувств советских евреев.

После этой преамбулы я начинаю отвечать прокурору по существу дела.

— Конечно, я мог бы долго вести дискуссию с представителем обвинения по поводу того, где больше нарушаются права человека: в СССР или в Америке, ЮАР или в Израиле, — но хочу заметить, что судят меня не за преследование негров или арабов. Я обвиняюсь в том, что оказывал помощь капиталистическим государствам в проведении враждебной деятельности против СССР. Для того чтобы доказать это, нашу открытую деятельность по информированию мировой общественности квалифицировали как тайную, конспиративную и — что особенно существенно для обвинения — инспирированную и направлявшуюся западной разведкой. Наше общение с друзьями из-за рубежа не могло считаться «конспиративным» хотя бы потому, что западная пресса, как правило, заранее сообщала, что одной из целей поездки того или иного сенатора или конгрессмена в Москву были встречи с отказниками. Остановлюсь на вопросе, откуда и кем направлялась наша деятельность. Немало эпизодов инкриминируются мне по этому пункту обвинения, но лишь о двух говорится, что мы, еврейские активисты, действовали в них по заданию из-за рубежа. Первый связан с сенатором Бруком, который, как показывает Липавский, привез в Москву по просьбе сенатора Джексона черновик заявления в поддержку его поправки. Джексону это якобы было необходимо для успеха его предвыборной кампании в канун президентских выборов, а я будто бы эту заявку выполнил: собрал подписи и вернул заявление Бруку.

Я подробно разбираю все противоречия в показаниях Липавского по этому эпизоду — фактические, хронологические и политические. Да, и политические тоже: ведь Брук — республиканец; не странно ли, что именно его демократ Джексон избрал себе помощником в предвыборной кампании? Я подчеркиваю, что заявление в поддержку поправки Джексона действительно существовало, как и все другие наши письма и обращения, упомянутые в обвинении. Я не только не отрицаю свое авторство — я заявляю, что горжусь им. Но причиной появления этих документов были не заказы из-за границы, а советская эмиграционная политика, государственный антисемитизм в СССР.

Второй эпизод — это встреча на квартире Рубина с Пайпсом, который призвал нас объединиться с диссидентами для контроля над соблюдением в Советском Союзе Хельсинкских соглашений. Я напоминаю суду, что этому нет никаких доказательств, кроме свидетельств Рябского, которого я поймал на грубой лжи: четвертого июля семьдесят пятого года не существовало Заключительного акта, а ровно через год в СССР не было ни Пайпса, ни Рубина.

— Но как бы ни были извращены факты по этой части обвинения, гораздо более зловещий характер носит другой его пункт: шпионаж, — ускоряю я свою речь, опасаясь, что вот-вот меня прервут, и пытаясь успеть сообщить брату как можно больше. — Во-первых, все основные документы — «доказательства»: инструктивное письмо Липавскому, анкету с вопросами «шпионского характера», бумаги, найденные Захаровым, — я впервые увидел лишь на следствии. Что же касается копировальной бумаги, якобы обнаруженной у меня дома — а точнее, на квартире, которую снял Липавский и где за несколько дней до его исчезновения поселился я, — то ее даже на следствии предъявить не решились, хотя по закону меня должны ознакомить со всеми вещественными доказательствами, используемыми против меня. Русский текст показаний Тота отличается от оригинала ровно настолько, чтобы из него следовало: помимо информации для статей я передавал ему и другие сведения об отказниках.

— Но ведь ваше ходатайство было удовлетворено, текст исправлен, — замечает судья.

— Да, верно, после моих протестов исправлен. Но в предъявленном мне обвинительном заключении он восстановлен — там старый текст, проверьте!

Судья листает страницы обвинения и находит нужную. Видно, что он растерян. Растерянность эта, впрочем, не помешает ему назавтра зачитать приговор все с той же неисправленной формулировкой. Однако мне некогда задерживаться на деталях, я спешу изложить основную концепцию защиты:

— Да, мы составляли списки отказников, чтобы помочь людям, но делали это открыто, передавали копии в официальные советские организации, американским политическим деятелям; составляли их, как видно из протоколов обыска, задолго до того, как якобы получили соответствующее задание. Каждый отказник сам решал, какую информацию о себе дать. Поэтому я уверен, что секретных сведений в составленных нами списках не было.

Дальше я все так же бегло, скороговоркой, уверенный в том, что уж в этом-то месте наверняка остановят, говорю о своих ходатайствах и вопросах к экспертам, с помощью которых можно было бы легко установить истину. Судья меня не останавливает, но и Леня, похоже, не все успевает ухватить. Я-то варился в этом котле полтора года, а ему необходимо все понять за какой-нибудь час. Лишь в восьмидесятом году, во время нашего первого продолжительного свидания, я подробно объясню ему всю «шпионскую» часть моего обвинения и растолкую свою защитительную позицию.

Переходя к обвинению по статье семидесятой, я говорю о значении соглашений, достигнутых в Хельсинки, о том, какое множество людей обращалось к нам, членам Хельсинкской группы, с просьбой помочь им отстоять свои права; вспоминаю о преследованиях пятидесятников, со многими из которых я был хорошо знаком; отмечаю, что правду можно узнать, если приобщить к делу все материалы, которые были конфискованы у нас во время обысков, и допросить свидетелей — бывших и нынешних политзаключенных, — которых мы называем в своих письмах и обращениях.

Последний документ, упомянутый в моем обвинении как клеветнический, наше заявление по поводу фильма «Скупщики душ», официально именуемого антисионистским, а по существу — откровенно антисемитского, главная идея которого — глобальный заговор империализма и мирового еврейства против СССР. Слепак, Бегун, Юлий Кошаровский и я пытались даже подать в суд на авторов этой ленты и, естественно, безуспешно: наш иск не был принят. Обвиняя нас в клевете на советскую власть и государственное телевидение, КГБ в подтверждение представил отклики граждан на этот фильм, полученные его создателями. Сейчас я с удовольствием цитирую один из них — письмо учительницы сельской школы:

— «Посмотрев этот фильм, хочешь сказать спасибо его авторам за то, что они еще раз напомнили нам: в то время, как наш русский народ вместе с другими народами СССР строит коммунизм, евреи делают то, на что только и способна эта нация, — живут за счет других людей». Это ли не антисемитизм в самом чистом виде? Вот какие настроения пытаются пробудить в народе — и успешно! — создатели так называемой антисионистской литературы! — говорю я, указывая на сидящих в первом ряду советских журналистов.

Силы мои на исходе. Я понимаю, что Леня тоже устал, что ему все труднее усваивать новый материал, и хотя есть еще много эпизодов, связанных с различными пунктами обвинения, о которых я вспомнил по ходу выступления и о которых стоило бы рассказать, я спрашиваю судью:

— Надеюсь, что у меня остается право и на последнее слово?

— Да, — отвечает тот.

— С учетом этого я на сегодня закончу. Еще раз заявляю, что все предъявленные мне обвинения — ложь и абсурд.

Я возвращаюсь в тюрьму, иду с соседом на прогулку, описываю ему свою дуэль с прокурором и пытаюсь объективно оценить все, что произошло. С одной стороны, я удовлетворен: теперь-то брат должен достаточно ясно представлять себе мое дело. Вместе с тем я ужасно сожалею, что упустил так много важных и интересных эпизодов: комедию с датой «находки» Захарова, попытки Адамского, Дорониной и Смирновой отказаться на закрытом заседании суда от своих показаний, данных на следствии, и еще немало существенного. То и дело мне вспоминается что-то представляющееся страшно важным. Конечно, они бы попытались помешать мне выложить все это, но если толково составить речь, то, может, и удалось бы... Ну что мне стоило, ругаю я себя, подготовить пространное выступление, как это сделал Солонин, и попросту прочесть его?

Я, похоже, совершенно забыл, что еще несколько дней назад не имел ни малейшего представления, как будет проходить процесс, кто будет присутствовать в зале и удастся ли мне вообще раскрыть рот. Тогда у меня была лишь одна задача: добиться открытого суда. Если бы идея написать текст речи и пришла мне в то время в голову, я счел бы ее нелепой.

Сосед, видя, как я устал, говорит мне:

— Соберись с силами. Остался финишный рывок: последнее слово. В нем ты сможешь сказать все, что не успел.

Сказать все, что не успел? Ну уж нет! Весь мой опыт «споуксмена» протестует против этого. Работая с иностранными корреспондентами, я пришел к заключению: многословными могут быть только заявления второстепенной важности, важные — не больше, чем на страницу, важнейшие — на полстраницы.

— У тебя есть еще право на реплику, — подсказывает Леонид.

Да, действительно, если прокурор решит спорить с моими доводами, он имеет право на реплику; но тогда такая же возможность должна быть предоставлена и мне, и я воспользуюсь ей, чтобы дополнить свою речь.

Я готовлю список из пятнадцати вопросов, которые затрону, если получу право на реплику. Ну, а теперь — последнее слово. Я кладу перед собой чистый лист бумаги, долго и сосредоточенно размышляю, пытаясь сформулировать самую суть моего дела. Начало никак не получается, но зато в голову приходит фраза, место которой где-то в середине: «Я надеюсь, что страшные и тяжелые, но лживые и абсурдные обвинения, предъявленные сегодня мне и вместе со мной всему нашему еврейскому движению, не только не остановят процесс национального возрождения евреев Советского Союза, как о том заявляли мне сотрудники КГБ, но, наоборот, придадут ему новый импульс, как не раз уже бывало в нашей истории».

А дальше происходит что-то странное: я строчу, не останавливаясь и не исправляя ни одного слова, с трудом успевая записывать приходящие в голову мысли. Дойдя до последнего предложения: «В будущем году — в Иерусалиме!», — я перевожу дыхание и возвращаюсь к началу. Теперь мне ясно, с чего начинать: со слов о том, каким счастьем для меня были эти годы — годы свободы, несмотря на угрозы и преследования, на тюрьму и следствие. И опять чудо: начало так естественно сливается с той фразой, которую я придумал в качестве центральной, что мне не приходится ничего редактировать. Я читаю свое последнее слово соседу.

— Сильно, — говорит он. И, подумав, просит: — Ну-ка, еще раз.

Я начинаю перечитывать: «С самого начала моего дела полковник Володин и другие следователи КГБ...» — но он тут же перебивает меня:

— Стоп! Вот что мне не нравится: ты такую речугу написал, на всю систему замахнулся, и вдруг какой-то Володин... Да кто он такой! Почему ты вообще его упоминаешь?

Я сразу же соглашаюсь с соседом. Действительно, не с Володиным же я сейчас воюю. Это исправление было в тексте единственным. Когда я утром просыпаюсь, то оказывается, что мне не нужно и перечитывать свои записи: я помню речь наизусть, она уже стала частью меня самого. Стоит мне вспомнить одну фразу из нее, как я уже мысленно договариваю весь текст до конца.

Чувствую я себя на удивление хорошо: ни следа усталости, никаких сожалений — этого не сказал, того не сделал... Все же кладу в левый карман брюк список из пятнадцати пунктов для реплики, а в правый — текст последнего слова и фотографию Авиталь. В зале — жара, езжу я без пиджака, и в брючном кармане карточка немного помялась. Ничего, Натуля, осталось потерпеть один день...

Я вхожу в зал. Леня на месте. Смотрю на Солонина — перед ним нет никаких бумаг, стало быть, реплики не будет: ведь он до сих пор без шпаргалки не сказал практически ни слова. Я вдруг испытываю легкую досаду и разочарование: они вообще не намерены обсуждать доводы, выдвинутые мною на суде. Может, все-таки к последнему слову прибавить несколько замечаний? Но в это время прокурор, отвечая на вопрос судьи, говорит, что отказывается от реплики, и тот торжественно обращается ко мне:

— Подсудимый! Что вы хотите сказать суду в вашем последнем слове?

Я — суду? Ну нет! С ними мне говорить не о чем. Я чуть было не произнес это вслух, но вовремя спохватился: скажу им это напоследок.

Они сами подсказали мне концовку. Сейчас же я буду обращаться не к ним.

Я встаю, демонстративно поворачиваюсь к брату и начинаю диктовать свое последнее слово. Говорю я медленно, и только убедившись, что Леня успел записать очередную фразу, перехожу к следующей. (Лишь через много лет я узнал, что перед началом последнего судебного заседания кагэбэшники отобрали у брата его записную книжку. Несмотря на то что Лене пришлось писать прямо на ладони, он восстановил после суда текст моего последнего слова почти полностью — за исключением фразы в середине, которую я написал первой.) Я диктую этот текст так, как, должно быть, командир диктует в штаб донесение об одержанной победе. Во всяком случае ощущение у меня именно такое. Время от времени я опускаю руку в карман и трогаю фотографию жены. В какой-то момент рука дрогнула, и карточка надорвалась. До сегодняшнего дня этот надрыв напоминает мне о той минуте.

— С самого начала следствия по моему делу, — говорю я брату, — сотрудники КГБ неоднократно заявляли мне, что при той позиции, которую я занял, меня неизбежно ждет расстрел или — в лучшем случае — пятнадцать лет заключения. В то же время они обещали, что если я изменю ее, если окажу КГБ помощь в его борьбе против еврейских активистов и диссидентов, то мне дадут очень короткий, чисто символический срок и я получу возможность уехать в Израиль к жене. Своей позиции я не изменил ни на следствии, ни на суде, и вот вчера представитель обвинения потребовал приговорить меня к пятнадцати годам.

Пять лет назад я подал заявление на выезд из СССР в Израиль. Сегодня я, как никогда ранее, далек от своей цели. Казалось бы, мне следует глубоко сожалеть о том, что случилось за это время. Но это, конечно, не так. Эти пять лет были лучшими годами моей жизни. Я счастлив, что сумел прожить их честно, в ладу со своей совестью, говорил только то, что думал, и не кривил душой даже тогда, когда речь шла о моей жизни. Я рад, что за эти годы смог помочь многим людям, которые в этом нуждались и обращались ко мне. Я горжусь тем, что именно в этот период познакомился и сотрудничал с такими людьми, как академик Андрей Сахаров, Юрий Орлов, Александр Гинзбург — продолжателями лучших традиций русской интеллигенции.

Но прежде всего я, конечно, чувствую себя участником удивительного исторического процесса — процесса национального возрождения советского еврейства и его возвращения на родину, в Израиль. Я надеюсь, что страшные и тяжелые, но лживые и абсурдные обвинения, предъявленные сегодня мне и вместе со мной — всему нашему еврейскому движению, не только не остановят процесс национального возрождения евреев Советского Союза, но, наоборот, придадут ему новый импульс, как не раз уже бывало в нашей истории. Мои родные и близкие хорошо знают, насколько сильным было мое желание уехать к жене в Израиль, с какой радостью я в любой момент променял бы так называемую известность еврейского активиста, к которой, по утверждению обвинения, я стремился, на визу в Израиль. В течение двух тысячелетий рассеянные по всему свету, лишенные, казалось бы, всякой надежды на возвращение, евреи тем не менее каждый год упрямо и на первый взгляд совершенно безосновательно желали друг другу: «Лешана хабаа бирушалаим!» — «В будущем году — в Иерусалиме!» И сегодня, когда я, как никогда ранее, далек от исполнения своей мечты, от моего народа и от моей Авиталь и когда впереди у меня только долгие тяжелые годы тюрем и лагерей, я говорю моей жене и моему народу: «Лешана хабаа бирушалаим!»

Я кончаю диктовать Лене, поворачиваюсь к судье и, наконец, отвечаю на его вопрос:

— Суду же, которому предстоит лишь зачитать давно готовый приговор, мне нечего сказать.

Я сажусь. Наступает долгая тишина. «Суд удаляется на совещание», — слышу я. Меня уводят.

Несколько часов провожу я в камере. Напряжение постепенно отпускает меня. Я смотрю на фотографию Авиталь и чувствую, что сейчас мы вместе, мы сокрушили все преграды на нашем пути. Я почти счастлив.

Приносят обед, но я отказываюсь от еды: мне сейчас не до этого.

Прошло четыре часа, и появляется капитан Минаев, чтобы вести меня в зал. По дороге он говорит:

— Приведите себя немного в порядок.

Я чувствовал себя вполне в порядке и прихорашиваться не стал, но понял: сейчас будут снимать. И не ошибся: в зале полно теле- и фоторепортеров. Судья начинает читать приговор, и они делят внимание между ним и мной. Снимают меня долго, в разных ракурсах. Вначале я стараюсь позировать каждому, глядя в объектив и усмехаясь, но вскоре мне это надоедает.

Я перевожу взгляд на Леню, и уже до самого конца мы так и смотрим друг на друга. Брат суров и спокоен, мне кажется, что мы никогда еще не понимали друг друга так хорошо. Шестнадцать месяцев назад, когда за мной закрылись ворота Лефортово, он был далек от моей жизни, от моих интересов — лояльный советский гражданин, семья, работа... Как поведет он себя, беспокоился я тогда. Откажется от брата? Я был уверен, что нет. Но, может, согласится на роль молчаливого наблюдателя, принимающего условия КГБ: вы нам не мешаете — мы вас не трогаем? И вот сейчас я смотрю на него, сидящего среди кагэбэшников: он демонстративно игнорирует ненавидящие взгляды, жесты и выкрики, ведет записи; глядя на Леню, я чувствую связь с семьей и друзьями, со всем миром. Мы радостно улыбаемся друг другу. «Береги родителей, Леня!» — мысленно говорю я ему.

Приговор оглашен: тринадцать лет. После своего последнего слова я и забыл совсем, что должны еще назвать срок. Пятнадцать лет, тринадцать — какая разница! На меня это сейчас не производит абсолютно никакого впечатления.

Меня выводят из зала, и в последний момент Леня кричит:

— Толенька! С тобой — весь мир!

На него сразу же бросаются кагэбэшники; я хочу крикнуть: «Береги родителей!» — но не успеваю и рта раскрыть: чья-то согнутая в локте рука сдавливает шею, меня подхватывают под руки, поднимают в воздух, бегом проносят по коридору и вбрасывают в воронок. Запирается стакан, включается сирена, и машина срывается с места.

В камере я успеваю только сказать соседу: «Тринадцать лет», — как нас сразу же забирают на прогулку.

Только здесь, во дворике, я перевожу дыхание. Леонид поздравляет меня.

— С чем?

— Во-первых, не расстреляли. Во-вторых, такой прекрасный срок — тринадцать лет!

— Почему прекрасный?

— У нас, мошенников, число тринадцать считается самым счастливым! Вот, смотри.

Он снимает рубаху, и на его правом плече я вижу вытатуированное число «13».

Мы смеемся. Я начинаю понемногу приходить в себя.

Тут мой сокамерник настораживается, к чему-то прислушивается. С последнего этажа тюрьмы доносятся звуки радио. В наших камерах репродукторов нет, но они есть у тех зеков, которые работают в тюрьме поварами, раздатчиками, уборщиками. Это обычно заключенные, приговоренные к коротким срокам и отбывающие их тут же.

Репродуктор далеко от нас, но включен на полную мощность, и я тоже начинаю разбирать отдельные слова: «Щаранский… Филатов… ЦРУ… изменники…»

— О тебе передают! — говорит с восхищением мой сосед.

Ах, сволочи! Теперь на весь мир будут кричать: Щаранский и Филатов — шпионы! «Ладно, я свое сказал», — пытаюсь я успокоить себя.

На следующий день в «Правде» мы прочтем статью, текст которой сейчас передают, о процессах надо мной и Филатовым. «Да, не прошло и получаса, а статья готова!» — скажу я Леониду со злостью. А что было злиться-то, спрашивается? Я ведь лучше других знал, что все подготовлено заранее.

Вернувшись с прогулки, я взволнованно хожу по камере. Радость победы так велика, что я не чувствую усталости. Достаю из кармана слегка надорванную карточку Авиталь.

— Не возражаешь, если я поставлю ее на стол? — спрашиваю я Леонида.

Он сразу же соглашается и ложится на нары, чтобы не мешать мне ходить по камере. Три шага к окну — я смотрю на Наташу. Поворот — три шага к двери. Поворот — смотрю на Наташу. Начинаю читать свою молитву. И вдруг какой-то ком, внезапно подкативший к горлу, лишает меня дыхания. Я упираюсь лбом в стену — и плачу...

ЧАСТЬ ВТОРАЯ

Этап

Наутро после суда, пятнадцатого июля семьдесят восьмого года, я проснулся там же, где провел последние шестнадцать месяцев. Но это было уже не то Лефортово, в котором меня изолировали, отняв свободу, где меня пытались сломить, угрожая лишить жизни. Теперь следственная тюрьма стала местом, где я одержал победу, защитил свою духовную независимость от царства лжи, укрепил незримую связь с Авиталь и Израилем. Все вокруг, казалось, было свидетелем моего триумфа: стены камеры, убогая тюремная мебель и, конечно же, люди — сосед, надзиратель, которых мне хотелось прижать к сердцу от избытка чувств.

Что ж, это была настоящая война, и победа досталась мне непросто. «Но можно, можно, оказывается, с ними бороться!» — ликовал я, и будущее представлялось мне в самом розовом свете: прежде всего я теперь — по их собственному закону — должен получить свидание с родственниками. Я ждал этой встречи, как премии за проделанную работу, как компенсации за страдания нашей семьи. Что будет потом — казалось уже не таким важным. Приговор — тринадцать лет тюрьмы и лагеря — сознанием не воспринимался всерьез. Эйфория победы заглушала все остальные чувства и породила уверенность в скором освобождении. Вчерашняя встреча с Авиталь вселила в меня надежду, что очень скоро мы вновь будем вместе.

Ближайшие же дни несколько отрезвили меня, поубавили пыла. Но потребовался целый год, долгий год новой жизни, чтобы нетерпеливое ожидание выхода на волю сменилось твердой решимостью пройти до конца свой путь, каким бы длинным он ни оказался.

***

...Восемнадцатого июля в четыре часа дня меня переводят в транзитную камеру, тщательно обыскивают и усаживают за стол напротив двери. Входит Поваренков и еще какой-то незнакомый полковник.

— Сейчас вы встретитесь с матерью. Имейте в виду: одно слово не по-русски — и мы сразу же прекращаем свидание.

— Да она и не знает никаких языков, кроме русского, — пожимаю я плечами.

— Ну, в общем, чтобы никаких там «Шалом, Авиталь» не было!

Я усмехаюсь, не отрывая взгляда от двери. И вот входит мама — седая, изможденная, ставшая, кажется, еще ниже ростом. Не заметив меня, она сразу же подходит к Поваренкову:

— Почему меня держат тут столько часов и не пускают к сыну! — гневно восклицает мама. — У меня же есть разрешение судьи! И по какому праву у меня отобрали еду, которую я ему принесла?

— Вот ваш сын, — говорит Поваренков. — А еда ему положена только наша.

Мама оборачивается, видит меня, вскрикивает — и садится на подставленный ей стул по другую сторону стола.

— Я принесла сыну клубнику, — снова поворачивается она к начальнику тюрьмы, будто мы расстались с ней только вчера, а не полтора года назад. — Почему я не могу отдать ее ему?

Тут уже лопается терпение не только у Поваренкова, но и у меня.

— Мама! Какая еще клубника! Как папа? Наташа? Как вы все?

Оказалось, что отец болен — перенес инфаркт; судья разрешил три отдельных свидания со мной — маме, папе и Лене; завтра — папина очередь, его привезут в Лефортово на такси. Наташа много ездит, мама разговаривает с ней по телефону почти ежедневно.

— Вы о семье говорите! — вмешивается второй полковник.

— Это и есть наша семья, — в один голос отвечаем мы. Мама передает мне приветы от многочисленных друзей.

— Надеюсь, никого не обманули предъявленные мне обвинения? — спрашиваю я. — Никто в шпионаж не поверил?

— Ну что ты! — восклицает мама. — А знаешь, — сообщает она мне радостную весть, — Дина с семьей уже в Израиле!

— Вот здорово! Я так за нее боялся!

Есть и печальная новость: недавно арестованы Ида и Борода.

— Свидание окончено! — неожиданно говорит Поваренков.

— Как так? — возмущаемся мы. — Ведь нам по закону положен как минимум час!

— Но у вас же будет три свидания вместо одного — каждое по двадцать минут.

— Когда завтра привозить отца? — спрашивает его мама.

— В это же время.

Мы с мамой тянемся друг к другу через стол и крепко обнимаемся. Нас торопят:

— Все, все! Свидание окончено!

До этой минуты мама держалась прекрасно: ни слез, ни причитаний, а сейчас расплакалась. Сквозь рыдания она что-то шепчет мне, но слов я не могу разобрать — кажется, «скоро ты будешь свободен».

Последние прощальные слова — и мы расстаемся. Завтра я встречусь с папой.

Я так возбужден, что, когда мне вечером приносят копию приговора, которая должна храниться у меня весь срок, я даже не притрагиваюсь к ней. Какими словами подбодрить папу? Что передать для Наташи? С этими мыслями я засыпаю, а наутро меня будит новая команда:

— С вещами на этап!

— Как на этап?! А свидание с отцом, с братом? Я протестую, отказываюсь собирать вещи, требую вызвать Поваренкова.

Два надзирателя решительно берут меня под руки, выволакивают в тюремный двор и передают наряду эмвэдэшников. Отныне формально КГБ больше не имеет со мной дела — я перехожу в ведение Министерства внутренних дел.

Меня сажают в воронок, туда же бросают узел с гражданскими вещами, накопившимися у меня за полтора года. Теперь они мне не понадобятся ни в тюрьме, ни в лагере — пользоваться ими в ГУЛАГе запрещено; мама должна была сегодня забрать их, но охранка спешит избавиться от всего, что напоминало бы о моем пребывании в Лефортово.

Впрочем, отдают не все — ни одна тетрадь, ни один клочок бумаги, заполненный моей рукой, ко мне не вернулся. Отбирают и выданный накануне приговор.

На железнодорожной станции, куда меня привозят, я впервые в жизни нахожусь в роли этапируемого преступника. Мне все внове: ряды автоматчиков, овчарки, колонна зеков, в первом ряду которой оказываюсь и я.

— Шаг в сторону рассматривается как попытка к бегству. Конвой открывает огонь без предупреждения! — слышим мы.

Я с трудом поднимаю свои вещи. Мне бы их выбросить — все равно ведь не понадобятся, но я толком не пришел в себя, ясно лишь одно: меня нагло обманули и отца я сегодня не увижу. Я еще не знаю, что предпринять, и волоку узел к поезду.

— Какой режим? — спрашивает охранник у входа в вагон.

— Все строгие, кроме первого, — отвечает кто-то из конвоиров. Меня подталкивают сзади: быстрее, мол, поднимайся.

— Ишь, прибарахлился! — говорят за моей спиной. — Пора раскулачить!

Меня буквально вминают в клетку, до отказа забитую людьми. Они возмущенно кричат конвою:

— Куда же еще?!

Солдаты с трудом впихивают меня внутрь, но для вещей уже нет места.

— Что еще за купец нашелся! — орут зеки, теперь уже на меня.

У каждого из них лишь небольшая сумка, и мне страшно неловко. Решетка сзади захлопывается, я притиснут к ней обозленными людьми. Ситуация не из приятных, и я говорю:

— Извините, ребята, так много места занимаю...

— Кто такой? Статья? — раздается чей-то требовательный голос. Я понимаю: в их обществе мне теперь жить много лет. Надо представиться.

— Щаранский. Шестьдесят четвертая.

— Ну-у?! Так это о тебе все дни по радио говорят?

— Наверно.

— Политик! Шпион! — в этих возгласах смесь удивления и восхищения.

— Да я всю жизнь мечтал с таким потолковать! — кричит кто-то с верхней полки — видать, пахан. — А ну, дайте политику поудобней устроиться! Тебя как звать? Жрать хочешь?

— Толя, — отвечаю я. — Только я не шпион. Я...

Но объяснить ничего не успеваю. Гремит замок, решетка открывается, и какой-то мент, матерясь, вытаскивает меня из клетки:

— Что ж не сказал, что политик?

Мента обрывает стоящий рядом офицер:

— А вы куда смотрели?!

Зеки, еще недавно возмущавшиеся моим вторжением, разочарованы столь быстрой разлукой, и под их крики меня проводят в самый конец вагона, в так называемый «тройник»: это узкая клетка-купе с тремя полками, расположенными одна над другой. Особо опасных государственных преступников — по-зековски политиков, — запрещено держать вместе с остальными заключенными-бытовиками. Что ж, теперь и мне по чину положен особый «распределитель»!

Я бросаю узел на пол и сажусь на нижнюю полку, вытянув ноги. В этот момент кто-то из коридора обращается ко мне. Поворачиваю голову и вижу молодого лейтенанта.

— Что? — спрашиваю его, но то ли в поезде слишком шумно, то ли он не хочет говорить громко, то ли я попросту ничего не соображаю — слова офицера до меня не доходят.

Я подхожу вплотную к решетке, и он шепчет мне прямо в ухо:

— Это о тебе сейчас на Западе такой шум?

Я не сразу нахожусь, что ответить.

— Наверное... Не знаю... Может быть...

В это время в дальнем конце коридора хлопает дверь, и лейтенант быстро говорит:

— Ну, счастливо тебе отмотать, парень! Держись.

Он отходит от моей клетки и идет по коридору, зычно командуя:

— Не курить! Громко не разговаривать!

Его добрые слова трогают меня. Я еще не представляю себе, насколько редко случается такое в ГУЛАГе, еще не знаю, что за все последующие годы ни разу не услышу от офицера МВД ничего подобного. Я засыпаю.

Открываю глаза — поезд стоит. Снова гремит решетка — на выход. Неужели опять тащить этот проклятый узел? Оставляю в клетке пальто, пиджак, еще какое-то барахло — и выхожу на платформу. Снова автоматчики, собаки, стакан в воронке — и тюрьма. Знаменитая Владимирка.

Меня вводят в транзитную камеру. Голые нары. В углу вместо параши — дыра в цементном полу. Я подхожу к ней — и от неожиданности отпрыгиваю: оттуда раздаются человеческие голоса. Скоро я узнаю, что это тюремный «телефон», и если бы гениальный патент его использования был мне известен в первый день, я мог бы поговорить с кем-нибудь, например с Иосифом Менделевичем, камера которого располагалась двумя этажами выше...

Наутро меня вызвали заполнять различные тюремные анкеты. Чиновник в погонах отпустил надзирателя, плотно прикрыл за ним дверь и тихо, по-заговорщицки, сказал мне:

— Вот тут мы вчера спорили с приятелем. В газетах не пишут, на какую именно разведку вы работали. Ходят слухи, что на японскую. Это правда?

Я расхохотался:

— Да сам точно не знаю! Но среди тридцати семи корреспондентов, проходивших по моему делу как сообщники, был, помнится, один японец. Так что, должно быть, и на японскую тоже.

С момента прибытия во Владимирку я находился в какой-то апатии: сказалась накопившаяся усталость, мне просто необходимо было отдохнуть. Но, услышав этот вопросец, я сразу же пришел в себя. Фарс продолжался. Короткий антракт кончился, занавес снова взлетел под потолок, и передо мной опять предстал мир зла во всей своей абсурдности. Победные трубы, заглушенные было лаем собак и матом конвоиров, вновь зазвучали в моей душе.

«Меня обманули — не дали свидания, — думал я. — Но стоит ли сердиться на плюнувшего в тебя верблюда? Они проиграли, они в ярости и мстят мне и моим близким — это естественно».

Лишь сбывшееся вскоре предчувствие, что я больше никогда не увижу отца, отдавалось болью в сердце, и шрам, оставшийся на нем, болит и по сей день.

Владимирка

О Владимирской тюрьме я был немало наслышан — знал, к примеру, какие страшные карцеры тут есть, как иногда годами не дают зекам переписываться с волей. При всем этом мне потребовались не дни, недели или месяцы, а годы, чтобы осознать, насколько мощен механизм, с помощью которого КГБ последовательно и продуманно пытается сломить попавшего в тюрьму человека.

Мне было известно, что течение времени здесь иное даже по сравнению с Лефортово. Если в период следствия жизнь моя была наполнена напряженной и захватывающей борьбой и я ощущал себя ратником, воюющим со злом, которое постоянно напоминало о себе во время допросов, очных ставок, шипело со страниц протоколов, то в тюрьме время почти остановится, будет медленно ползти, и все бесконечно тянущиеся серые дни станут похожими друг на друга, как улитки. Раскаленные спирали нервов остынут, а жизнь превратится в нечто убогое и в интеллектуальном, и в эмоциональном плане.

Первое, что узнику стараются внушить в тюрьме: от тебя ничто больше не зависит. Его будут перемещать с места на место словно вещь: переводить из камеры в камеру, выводить на прогулку и лишать ее; станут определять, какую пищу и в каком количестве пропускать для него через кормушку, передать письмо от родных или конфисковать...

В большой зоне ты, конечно, несвободен: и там тебе предписывают, что читать, в каком магазине делать покупки, в какие страны ездить по туристическим путевкам, где быть похороненным... Здесь же ограничивающие тебя рамки определены куда четче. Нормы питания: 1-а, 1-б, 2-а, 2-б — и так до 9-б. По каждой из них полагается определенное количество калорий — от двух тысяч двухсот до девятисот, определенный набор продуктов. Длительность прогулки: два часа, час, полчаса, ни минуты. Число писем, которые ты имеешь право отослать: два в месяц, одно в месяц, одно в два месяца, круглый ноль. Свидания: раз в шесть месяцев, но могут пройти годы, а ты не получишь ни одного. Право на покупку дополнительных продуктов питания в ларьке: на пять рублей в месяц, на три рубля, на два, ни на копейку.

Пытаешься остаться таким же, каким был на воле, не изменить своим религиозным, политическим, национальным убеждениям, стараешься сохранить в себе человеческое, заботишься о своем сокамернике, хочешь знать, что происходит вокруг, и вступаешь в межкамерную связь — за все это последует наказание.

У тебя будет меньше пищи, меньше одежды, меньше свежего воздуха, меньше писем. Как у подопытной крысы, у тебя станут вырабатывать условный рефлекс: шаг в неверном направлении — меньше еды, шаг в правильном — больше. Желудок должен стать верховным судьей твоих поступков. Бытие определяет сознание, как говаривал товарищ Маркс.

Ежедневно перед тобой надзиратели — старшины. Над ними — их начальник, корпусной. Еще выше — дежурные офицеры, заместители начальника тюрьмы и сам начальник, чины УИТУ и ГУИТУ — областного и всесоюзного управлений исправительно-трудовых учреждений; параллельно — а точнее, рука об руку с ними — прокуроры: районные, городские, республиканские, всесоюзные. Ты имеешь право жаловаться им письменно и устно, но очень скоро поймешь: все они заодно. При этом ни один из них абсолютно ничего не решает — принимает решения все та же организация, которая тебя сюда и посадила: КГБ.

У кагэбэшника, работающего в тюрьме и в лагере с политзаключенными, нет никаких определенных функций: он лишь вызывает к себе время от времени людей, беседует с ними с глазу на глаз в неофициальной, непринужденной обстановке ,— и именно от результатов этих бесед зависит все твое существование. Он держит в своих руках концы всех нитей, на которых ты подвешен в ГУЛАГе, и пытается управлять тобой как марионеткой. Если КГБ не удалось сломить тебя на воле, а затем на следствии, они постараются добиться своего здесь. И если ты, устав от убожества тюремной или лагерной жизни, проявишь первые признаки слабости, нерешительности или — самое худшее! — страха, КГБ узнает об этом еще до того, как сам поймешь, что с тобой творится.

Тебя пригласят на беседу, угостят конфетами или яблоками, нальют чаю или кофе... Ничто от вас не зависит? Наоборот, все в ваших руках, объяснят тебе. Можно, например, хорошо питаться. По высшей больничной норме и даже еще лучше! Вы любите мясо? Хорошее сухое вино? Не хотите ли сходить со мной как-нибудь в ресторан? Переоденем вас в штатское — и пойдем. Поймите: все эти нормы — для преступников. Если же мы, КГБ, видим, что вы встали на путь исправления, что вы нам готовы помочь... Что? Вы не хотите стучать на товарищей?

Но что значит — стучать? И на каких товарищей? Ведь этот русский (еврей, украинец), который сидит с вами, знаете, какой он националист? Как он ненавидит вас — евреев (русских, украинцев)? Тогда-то, например, он сказал тому-то... Кстати, у вас скоро свидание. Сколько вы не видели своих? Год? Да, а на вас тут есть еще рапорты: не встал после подъема, разговаривал после отбоя... Опять администрации придется лишить вас свидания. Может, поговорить с начальником?..

Примитивно? Конечно. Но ведь на многих действует — на кого-то через месяц, на другого — через год, на третьего — через пять лет. И все же далеко не на всех. Надо видеть, с каким отчаянным упорством год за годом сражается КГБ за каждую еще не «спасенную» ими душу.

Летом семьдесят восьмого года у меня, как я уже говорил, было обо всем этом чисто теоретическое представление. Но мне повезло: водворив меня во владимирскую тюрьму, органы сразу же продемонстрировали «конечный продукт» своей работы.

Когда через несколько дней обязательного карантина мне выдали вместо остатков гражданской одежды холодную зековскую робу с выжженной известью по черному фону моей фамилией и ввели в узкую тесную камеру, я увидел немолодого щуплого суетливого человека с бегающими глазами.

— Виктор Анисимов, — представился он, и я вздрогнул от неожиданности: мой новый сосед был одним из тех, чьи свидетельства об условиях в ГУЛАГе использовались КГБ в моем деле для обвинения Хельсинкской группы в клевете.

Я решил сразу же внести ясность в наши отношения:
— Знаю. Читал ваши показания.

Анисимов не спорил. Он только печально вздохнул и сказал:
— Да... Меня возили на суд к Орлову. Но я потом все объясню.

...Виктор Анисимов воровал всю жизнь, немало лет просидел в лагерях. Что заставило его стать «парашютистом» — перебраться из уголовной зоны в политическую, — не знаю. Обычно причиной этому бывает неотданный карточный долг или еще какая-нибудь того же рода провинность, за которую по суровым блатным законам могут убить, искалечить или «опустить»: изнасиловать и превратить в изгоя. В таких случаях одна из крайних мер — написать, скажем, и разбросать в лагере антисоветские листовки. Суд припаяет тебе новый срок по политической статье и отправит отбывать его к «особо опасным государственным преступникам» — политикам, а ведь это единственное место в ГУЛАГе, где бытовикам-уголовникам тебя не достать.

Во владимирской тюрьме Анисимов получил еще один срок: за попытку к бегству — и ко времени нашей с ним встречи отсидел тут уже лет десять. С год назад к нему приезжали из Москвы следователи, обещали перевести в лагерь и восстановить в отцовских правах — лишение оных Анисимов переживал очень болезненно, хотя сына своего много лет не видел. Короче, необходимые КГБ показания он дал и впоследствии был вызван свидетелем на суд над Орловым. Времени между тем прошло немало, и Анисимов успел запамятовать свои слова, записанные следователями, но в Москве к нему был приставлен кагэбэшник, который перед вызовом своего подопечного в зал суда повторил ему его же показания. На этом эпизоде Анисимов долго не задержался, зато подробно описал, как сумел купить в лефортовском ларьке несколько килограммов яблок и как потом, вернувшись во Владимир, исхитрился разослать их по камерам, чтобы «поддержать ребят».

Сейчас он с нетерпением ожидал двух судов: один из них должен был вернуть его в лагерь, другой — восстановить в отцовских правах. Но два эти крючка, на которых КГБ держал Анисимова, являлись лишь страховочными — главную приманку он уже давно заглотал: это был чай, тюремный наркотик.

Пачки чая, по словам Анисимова, попадали к нему самыми разными путями: то его вызвал на беседу местный кагэбэшник Обрубов и выдал щедрую премию (рассказывать об этом мой сосед не стеснялся), то по дороге к зубному врачу он встретил знакомого старшину, и тот отдал ему долг, то «черпак» — раздатчик еды — бросил ему пачку в кормушку. Со многими старшинами и даже офицерами, не говоря уже об хозобслуге, у некоторых зеков и впрямь были деловые отношения: чаем и другими недорогими продуктами те были готовы расплачиваться с заключенными за иностранную авторучку или, скажем, стереооткрытку с подмигивающей красоткой. Впрочем, и этот бизнес в значительной мере контролировался КГБ.

И все же рассказам моего сокамерника о том, какими путями попадает к нему чай, я верил только первые дни — до тех пор, пока не увидел, насколько зависит Анисимов от своей ежедневной дозы: пяти-шести кружек чифиря — черного, как смола, напитка.

Заваривал он чифирь так: высыпал в кружку полпачки чая — двадцать пять граммов, — заливал его водой и, ловко держа кружку с помощью ложки над унитазом, кипятил ее содержимое на огне, сжигая под дном один за другим приготовленные заранее обрывки бумаги.

Однажды я попробовал чифирь, сделал маленький глоток. Напиток этот оказался страшно горьким, а главное — у меня сразу же началось сильное сердцебиение.

— Нет уж, спасибо, — сказал я и вернул кружку Анисимову.

Он же выпивал свою дозу медленно, как обычный чай, и сразу веселел, становился не в меру разговорчивым. А ночью у него болели ноги, сердце, голова; он часто вставал и ходил по камере, утром же требовал таблеток. Ему их не давали, и он громко возмущался. Только очередная пачка чая облегчала его страдания.

Я давно знал, что чай в ГУЛАГе — нечто вроде валюты. Тот, кого не лишили за «плохое поведение» возможности отовариваться в ларьке, имеет право покупать лишь одну пачку в месяц, все сверх этого наркоманам приходилось как-то зарабатывать. Но я и представить себе не мог, до какой степени можно контролировать поведение человека с помощью такого вроде бы безобидного продукта! Я смотрел на то, как спаивали Анисимова, и испытывал отвращение — не к нему, понятно, а к тем, кто довел его до подобного состояния.

Через несколько дней после прибытия во Владимир меня забрали из камеры и ввели в кабинет, находившийся буквально напротив. Прилизанный и приглаженный человек, показавшийся мне на фоне ментов, как писал Шукшин, «крупным интеллигентом», приветливо улыбнулся и сказал:

— Здравствуйте, Анатолий Борисович. Я Обрубов, уполномоченный Комитета государственной безопасности...

Я сразу же прервал его:

— КГБ — преступная организация, она преследует людей за убеждения. Ни с вами, ни с другими сотрудниками КГБ я общаться не намерен.

Дружеская улыбка сползла с лица Обрубова.

— Что ж, вам же будет хуже... — начал он, но я, не дослушав, встал и вернулся в камеру.

Поступок мой был почти импульсивным. Я по горло насытился общением с ними в Лефортово, — но там я хотя бы пытался по ходу допросов извлечь из следователей какую-то информацию, а сейчас, когда все игры закончились, беседы с кагэбэшниками стали занятием уж совершенно излишним. Я, конечно, понимал, что они теперь постараются еще больше усложнить мою жизнь, но надеялся на то, что психологически мне будет гораздо легче. Однако я и представить себе не мог, насколько важный шаг сделал, как благотворно повлияют его последствия на мою судьбу, на отношения с окружающими во все годы отсидки. Это мгновенно принятое решение оказалось, пожалуй, самым важным и дальновидным из всех, которые мне пришлось принимать в ГУЛАГе.

Политические заключенные в огромной владимирской тюрьме исчислялись десятками, остальные — тысячами. Камеры, где мы сидели, находились на значительном расстоянии одна от другой. Между ними располагались камеры бытовиков. По замыслу администрации, это должно было помешать связи между политиками, но на деле — облегчало ее. Дело в том, что у бытовиков существовали налаженные контакты и между собой, и с волей: они ежедневно общаются в мастерских, где работают, вертухаи так заняты слежкой за нами, что почти не обращают внимания на развитую межкамерную связь бытовиков, да и хозобслуга, набираемая из «краткосрочников», передает из камеры в камеру ксивы, махорку, продукты. Так что если бы камеры политиков были сосредоточены в одном месте, нам и впрямь пришлось бы туго, а так ветры информации, гулявшие по коридорам Владимирки, нет-нет да и залетали в наши кормушки, облегчая политикам связь между собой. Конечно же, и среди бытовиков, и среди хозобслуги было немало осведомителей, работающих на опера — офицера МВД, но уследить за каждой мелочью в таком огромном хозяйстве он не мог.

Через две недели после моего водворения во владимирскую тюрьму черпак во время раздачи убогого обеда незаметно сунул мне ксиву и прошептал:

— Читай так, чтобы сосед не видел.

Это была записка от Гилеля Бутмана! Я знал, что узники Сиона Иосиф Менделевич и Гилель Бутман сидят где-то рядом, но совсем не ожидал получить письмо от одного из них и обрадовался.

Ленинградские процессы семидесятого — семьдесят первого годов положили начало массовой репатриации евреев в Израиль, и мы относились к осужденным на них ребятам, в том числе к Иосифу и Гилелю, как к персонажам из учебника современной еврейской истории. Ида Нудель и другие еврейские активисты делали все, чтобы не позволить властям изолировать узников Сиона от внешнего мира: мы говорили о них на пресс-конференциях, писали письма протеста, выходили на демонстрации в их защиту, объявляли голодовки в знак солидарности с ними. Я не был знаком с этими ребятами, и они являлись для меня скорее символами, нежели живыми людьми. Сейчас я читал записку, посланную мне Бутманом.

Гилель в ней сообщал о себе, о других политиках, сидящих во Владимирке, и, считая, должно быть, что я оглушен полученным только что сроком, пытался развлечь меня анекдотом о Ходже Насреддине, который должен был за несколько лет научить принадлежавшего шаху осла говорить по-человечески. «За эти годы либо шах умрет, либо осел сдохнет», — утешал себя Насреддин, а меня — Гиля. Он давал мне советы по обустройству в тюрьме, спрашивал о моем деле, интересовался, почему давно нет писем от Иды. Для переписки Гиля предлагал мне на выбор один из трех языков: русский, иврит или английский.

Я решил переписываться на иврите. С трудом подбирая слова, сообщил о своем деле, о нашей борьбе на воле, об аресте Иды и Володи.

Так начались наши заочные контакты. Вскоре к Гилелю перевели из соседнего корпуса Менделевича, и читать их послания стало еще интереснее: иврит Иосифа показался мне богатым, как язык самой Торы. Даже его упрек в первой же ксиве: зачем писал и посылал записку в субботу — не обидел меня. Наоборот, я почувствовал, что после долгого перерыва вновь приобщаюсь к нашей жизни, к нашим проблемам.

Были у нас и другие способы связи, прежде всего тюремный «телефон». Оказалось, что если с помощью половой тряпки осушить унитаз, то, склонившись над ним, можно побеседовать с соседней камерой. При этом, конечно, надо быть крайне осторожным: заметит надзиратель — сразу окажешься в карцере. Мои соседи-бытовики работали вместе с зеками, чья камера находилась прямо над камерой Гили и Иосифа, и помогали нам обмениваться информацией. На прогулку этих блатных выводили в тот же дворик, что и меня, только позже; иногда, когда позволяла обстановка, мне удавалось оставлять в условленном месте маленькую ксиву, те ее забирали и, вернувшись в камеру, опускали на ниточке через окно. Такая операция была довольно сложной и опасной, чреватой наказанием, и иногда от одной ксивы до другой проходило несколько недель.

Связь с друзьями, единомышленниками стала, конечно, существенным изменением в моей жизни, но с первой же минуты по прибытии во Владимирку я с возрастающим нетерпением ждал изменений еще более важных — свиданий и переписки. По закону мне было положено одно свидание в шесть месяцев продолжительностью от двух до четырех часов. Я знал, что меня могут лишить его в любой момент, придравшись к какому-нибудь пустяку, что немало зеков не видят своих близких по многу лет...

Анисимов сразу же дал мне совет:

— Пока не разрешат свидания — сиди тихо, не нарушай!

Ну уж дудки! Я раз и навсегда определил для себя линию поведения в ГУЛАГе и не был намерен позволять никаким внешним обстоятельствам повлиять на нее. Не говоря уже о том, что КГБ сразу бы заметил мою непоследовательность и стал бы шантажировать меня, угрожая лишением свиданий. Однако и тратить силы на войны со старшинами я тоже, естественно, не собирался, а потому не выдвигал никаких требований и не спорил с ними по пустякам, активно осваивая в то же время азы межкамерной связи.

Несколько раз меня ловили во время разговоров по «телефону», составляли рапорт, и я ожидал наказаний, но через две недели после прибытия во Владимирку меня тем не менее повели на свидание...

Мама и Леня сидят по другую сторону стола. Надзирательница предупреждает: говорить только о семейных делах, ни слова о политике или о тюрьме. Мы и говорили о нашей семье, об изменениях, которые произошли в ней за долгие шестнадцать месяцев разлуки: о болезни папы, о борьбе Наташи, жизнь которой проходит в поездках из страны в страну с целью привлечь к моей судьбе внимание общественности всего мир а... Тут вмешивается надзирательница. Наш разговор делает круг и опять возвращается к тому же.

Я еще полон радостным сознанием своей победы, возникшим на суде, но вера в скорое освобождение пошатнулась. Я уже начал обживать новый мир и, хотя продолжаю надеяться на то, что свобода близка, осознаю необходимость запастись силами для многолетней жизни в нем. Поэтому я неотрывно смотрю на маму и Леню и стараюсь запомнить каждое их слово.

Два часа, отведенные на свидание, подходят к концу. Я спешу назвать имена тех, кому, судя по материалам моего дела, угрожает наибольшая опасность: это Слепак, Лернер, Браиловский, Улановский, Овсищер, Нудель, Бейлина...

Надзирательница прерывает нас, объявляет, что время истекло.

Леня встает и говорит мне:

— Толя, твоя фамилия написана не только на твоей одежде, но и на моей, смотри! — и он неожиданно распахивает рубаху, которую незаметно для всех нас перед этим расстегнул. Под ней — майка, на которой изображен я, а под портретом — подпись по-английски: «Свободу Анатолию Щаранскому!» Я радостно смеюсь, а испуганная надзирательница в отчаянной попытке пресечь провокацию грудью бросается на брата, как Александр Матросов на амбразуру дзота, и выталкивает его, а заодно и маму из комнаты.

Офицер, пришедший забрать меня в камеру, спрашивает:

— Ну, а теперь целых полгода — один. Несладко небось?

— Мой срок когда-нибудь кончится, — отвечаю. — А ваш? Всю жизнь в тюрьме сидите.

Мы идем к нашему корпусу по залитому солнцем двору. Яркая зелень деревьев и травы опьяняет меня; радующая взор картина живой, хотя и заключенной, как и я, в тюрьму, природы — праздничное завершение долгожданного свидания.

«Полгода, — думаю я. — Но что такое полгода после прошедших полутора?» Ждать следующей встречи с родными пришлось, однако, целый год, хотя, впрочем, — по меркам моей новой жизни — следовало бы сказать: всего лишь год...

С первого же дня во Владимирке я стал ждать писем. Мысль о том, что сегодня вечером я могу получить письмо от родителей, брата, друзей, а может, даже от Авиталь, определяла новую психологическую ситуацию, разрушала ощущение изолированности от внешнего мира. Но очень скоро я понял, что нетерпение, с которым ожидаешь вечернюю почту, тоже штука опасная: ведь только КГБ решает, вручить тебе письмо, конфисковать его или просто утаить, и необходимо контролировать себя, чтобы не попасть в зависимость от них.

Первые письма стали приходить через несколько дней после свидания, правда, каждые два из трех конфисковывались, да и в тех, что мне отдавали, было немало тщательно закрашенных строк. Но все усилия цензуры не могли скрыть оптимизма, который пронизывал письма мамы, отца и брата.

Я имел право писать им раз в месяц. В течение трех дней администрация была обязана сообщить мне, отправлено мое послание или конфисковано. Где-то в середине августа я написал письмо и целых две недели добивался ответа: ушло оно или нет?

— Ушло, — сказали мне наконец.

— Покажите квитанцию почты.

— Не положено.

Проходили неделя за неделей, но судьба этого письма все не прояснялась, ибо перестали поступать письма из дома. Я писал заявления в почтовое отделение, в прокуратуру, в МВД — и вдруг в конце концов где-то в середине сентября меня вызвал на беседу кагэбэшник.

— Я же вам заявил: мне с вами говорить не о чем, — сказал я.

— Что, не хотите писем из дома получать?

Я ушел, оставив его слова без ответа. Было ясно, что КГБ решил провести разведку боем. Сразу же по возвращении в камеру я написал заявление Генеральному прокурору с требованием пресечь провокации КГБ и восстановить мою переписку с родными, предупредил, что начну голодовку, если все останется по-прежнему.

Через несколько дней меня вызвал тюремный чиновник и сухо сообщил, что произошла ошибка: мое письмо было конфисковано, но мне забыли об этом сказать.

— Не забыли! Меня попросту обманули!

— Ладно, не будем спорить. Зато сейчас вам разрешается написать сразу два письма — и за август, и за сентябрь, хоть это и против правил. Да, вот еще что: ваши родственники беспокоятся, что с вами. Вы уж поскорее напишите им, что живы и здоровы.

Итак, в первой стычке с нашей семьей органы отступили.

Впрочем, сюрпризы на этом не кончились: в ближайшие же дни мне выдали не только несколько писем из Москвы, но и два — от Авиталь. И еще одно — из Израиля, от Виталия Рубина. «Хорошая начинается жизнь!» — подумал я, но — увы! — это стало не нормой, а единственным исключением. Забегая вперед, скажу: за все годы заключения я получил непосредственно от Авиталь всего семь писем, хотя писала она мне дважды в неделю. От друзей же моих за пределами СССР до меня вообще ничего не дошло, кроме двух посланий Виталия.

Чистополь

Я думал, что уезжаю во Владимир на годы, а провел там меньше трех месяцев. Восьмое октября семьдесят восьмого года — знаменательная дата в многовековой истории владимирской тюрьмы: в этот день она потеряла печальный статус «политической». Нас, особо опасных государственных преступников, увозили подальше от Москвы, подальше от центра России, изолировали от бытовиков, среди которых все время находились люди, готовые — корыстно или бескорыстно — помогать нам. Неслучайно ведь диссидентам на воле всегда было легче узнать, что происходит во владимирской тюрьме, чем получить сведения из любой политической зоны. Чем больший интерес проявлял Запад к политзаключенным в СССР, тем тщательнее КГБ старался их изолировать. Один за другим политические лагеря переводились из Мордовии на Урал. Теперь дошла очередь и до Владимирки.

— Политиков увозят! — передавалось из камеры в камеру, когда нас стали выводить в тюремный двор и сажать в воронки.

Тюрьма буквально затряслась от грохота: тысячи людей колотили в двери и кричали нам что-то ободряющее. Я и не знал, что мы пользовались здесь такой любовью.

В «столыпине» нас разместили по клеткам. Мы с Иосифом и Гилей оказались в разных концах вагона; игнорируя угрозы конвойных, перекрикивались на иврите: договаривались бороться за то, чтобы нас посадили в одну камеру.

Выяснилось, что в соседнем отсеке сидит Викторас Пяткус, руководитель литовской Хельсинкской группы. Мы с ним однажды встречались в Москве, когда московские правозащитники организовали для литовцев пресс-конференцию. Оказывается, и его судили в те же дни, что меня и Гинзбурга, и дали максимальный по его статье срок: десять лет заключения и пять — ссылки. По статье «антисоветская агитация и пропаганда» Викторас осуждается уже в третий раз, то есть он рецидивист. Поэтому у него не строгий режим, как у меня, а особый, на языке зеков — «полосатый», ибо рецидивисты носят не черную арестантскую одежду, как мы, а полосатую. Это, в частности, означает, что нам никогда не встретиться в ГУЛАГе: ведь в соответствии с их правилами различные режимы — общий, усиленный, строгий, особый — не пересекаются нигде.

Однако, как бы жестко ни была определена советская пенитенциарная система законами и инструкциями, для КГБ не существует ничего невозможного. В этом я убедился еще раз, когда через два месяца, в начале декабря, в мою камеру ввели крупного полного немолодого мужчину в полосатой зековской одежде. Бритое лицо его показалось мне знакомым.

— Викторас?

— Да.

Мы радостно обнялись и стали гадать, почему нас решили держать в одной камере.

Незадолго до этого «иудейская война» за то, чтобы нас, трех сионистов: Менделевича, Бутмана и меня — посадили вместе, окончилась нашим поражением. Власти пойти на такое не пожелали, но и содержать меня с другими политиками сочли нецелесообразным.

— Вы плохо влияете на других заключенных, — впервые услышал я тогда от администрации тюрьмы и прокурора. Эта фраза стала впоследствии фигурировать во всех моих характеристиках и постановлениях о наказаниях.

Так в чем же причина объединения нас с Викторасом? Наиболее правдоподобным показалось нам такое объяснение. Власти, зная, что мы знакомы с воли, оба активисты Хельсинкских групп, безнадежные антисоветчики и плохо влияем на других, решили: пусть «влияют» друг на друга. Эта гипотеза вроде бы подтвердилась тем, что мы просидели вместе шестнадцать месяцев, до окончания моего тюремного срока и перевода в лагерь. Всех остальных зеков постоянно перетасовывали, переводили из камеры в камеру, и только наша восемнадцатая оставалась устойчивым островком посреди этого броуновского движения.

Но в условиях гулаговской рутины всякое отклонение от нормы невольно воспринимается зеками как реакция КГБ на то, что происходит на воле. Многие в тюрьме решили: Пяткуса и Щаранского отделили как вероятных кандидатов на обмен — ведь именно в это самое время в Америке были арестованы два советских шпиона. Мы с Викторасом тоже не избежали соблазна пофантазировать на волнующую всех тему, но его жизненный опыт, с одной стороны, и мое стремление к психологической независимости от внешних обстоятельств — с другой, помогли нам довольно быстро победить эту распространенную тюремную болезнь…

Что такое совместная жизнь в камере? Большинство жителей СССР, те, кому за тридцать, знают, в чем «прелесть» общей кухни, туалета, ванной в квартире на три-четыре семьи. Из-за чего среди соседей возникают ссоры и склоки? Из-за неубранной вовремя с плиты кастрюли, очередной уборки мест общего пользования, громко включенного радио… Удивляться тому, что интеллигентные, воспитанные люди способны выйти из себя из-за таких пустяков, может лишь тот, кто сам не прошел через это. А теперь представьте себе нескольких людей, посаженных в одну камеру. Здесь нельзя, как в коммунальной квартире, накричать на всех и, хлопнув дверью, уйти к себе в комнату. Лечь на свою «шконку» — нары — и отвернуться к стене — единственный способ уединиться. Но и тогда бдительный надзиратель, заглянув в глазок, откроет кормушку и рявкнет:

— Заключенный! Почему лежите? Отбоя еще не было!

Каждый — под жестким прессом КГБ. У каждого — свои переживания из-за близких. Эти люди должны вместе жить в тесной камере, вместе работать, беседовать, есть, на глазах друг у друга оправляться. Один — заядлый курильщик, а другой задыхается без свежего воздуха. Одного тишина сводит с ума, ему хочется все время что-то напевать, а другой мечтает об абсолютном покое. Один — старый зек — привык оправляться дважды в день, хоть часы по нему проверяй, а другой — когда придется. У каждого свои убеждения, причем настолько твердые, что человек пошел за них в тюрьму. Один, скажем, украинский националист, а другой — активист русской православной церкви. Да, у обоих один враг — КГБ, но ведь на все происходящее они реагируют по-разному!

Ввели, например, Советы войска в Афганистан.

— Конечно, я за то, чтобы в этом районе восторжествовало не английское, а русское влияние. Это ведь давний исторический спор. Но уж, безусловно, не такими методами надо действовать, не силой оружия, — говорит сторонник Великой Руси.

— Все вы, русские, такие! — в гневе кричит сосед. — Влияния вам не хватает!

И в камере разражается настоящая буря.

Французская компартия решила войти в правительство Миттерана. Сторонник «коммунизма с человеческим лицом» радуется: здесь его за приверженность идеям еврокоммунизма в тюрьму посадили — так пусть хоть там его единомышленники укрепятся: глядишь, и на Советы это повлияет.

— Все коммунисты — сволочи, — говорит его сосед-эстонец. — И твои «евро» ничуть не лучше: вякают что-то лицемерное о правах человека, а на деле только помогают русским пролезть в Европу. Такие же предатели, какие были и у нас, в Эстонии.

Настоящая бомба замедленного действия в камере — репродуктор. В Лефортово радио не было. Более того, следователи поспешно выключали приемник, когда я входил в кабинет: а вдруг услышу что-то, чего мне знать не следует. Поэтому здесь я, может быть, впервые в жизни наслаждался, слушая Москву: какие-никакие, а все же известия, да и музыку иногда передают. Но это хорошо, когда сидишь один. А если в камере несколько человек и у каждого свое представление о том, что стоит слушать по радио и чего не стоит?

Вот типичный пример из жизни. В одной камере сидели двое. Один — ученый, публиковавший в самиздате статьи с анализом методов советской пропаганды; он называл себя «дурологом» — специалистом по советской методологии задуривания мозгов. Слушать советское радио — причем практически все передачи подряд — для него, можно сказать, профессиональная потребность. Другой же всю жизнь пытался убежать от советской власти, а та его не отпускала. Он уходил во внутреннюю эмиграцию — его арестовывали и осуждали за диссидентскую деятельность; пытался перейти границу — поймали и дали пятнадцать лет за измену Родине. Слушать ненавистное советское радио для него — настоящая пытка. Доходит до того, что один включает репродуктор, а другой выключает. Кончилось тем, что они потребовали рассадить их по разным камерам, и им пошли навстречу, проведя, правда, одного из них через карцер, и это еще благополучный исход: если бы они подрались, то им либо добавили бы по паре лет за хулиганство, либо, шантажируя новым сроком, попытались сломить духовно, что, собственно, и является главной целью КГБ в тюрьме.

Говорят, что когда подбирают экипаж космонавтов для длительного полета, то с помощью специальных тестов проверяют их психологическую совместимость. У меня сложилось впечатление, что КГБ подбирал состав камер по обратному принципу — психологической несовместимости. И не просто садизма ради: ведь напряженная обстановка в камере может помочь им довести зека до такого состояния, когда он станет стремиться вырваться оттуда любой ценой и согласится ради этого стать стукачом.

Кроме того, несовместимость заключенных дает КГБ возможность разжечь между политиками пламя национальной и религиозной розни, посеять ненависть, плоды которой органы будут собирать не только в тюрьме, но и тогда, когда эти зеки выйдут на волю.

Не знаю, руководствовался ли КГБ именно такими соображениями, когда сажал меня и Пяткуса в одну камеру, но трудно было подобрать более разных людей.

Викторасу около пятидесяти, он из литовской крестьянской семьи, католик. Сажали его как националиста-антисоветчика. Шесть лет он отсидел при Сталине, восемь — при Хрущеве; сейчас получил десять лет заключения и пять — ссылки. В каждом движении Викбораса — неторопливость, обстоятельность старого зека, но иногда он может взорваться как мальчишка. Идеал свободного национального существования для Пяткуса — Литва до тридцать девятого года, когда прибалтийские государства пали жертвой сговора между Сталиным и Гитлером; достоинства и недостатки Запада он оценивает, сравнивая его особенности с этим своим идеалом. Скажем, он очень недоволен тем, что коммунистам на Западе разрешают действовать совершенно свободно.

Его отношения с людьми определяет возрастная субординация. Раз я младше, да к тому же иду «по первой ходке», то должен принимать его мнения как истину в последней инстанции и не имею права их оспаривать. Я, однако, с детства общался с людьми значительно старше меня и привык к тому, что они уважали мое право иметь собственную точку зрения. Все же долгие годы жизни в ГУЛАГе научили Пяткуса обсуждать и обдумывать взгляды других людей, даже те, которые противоречили его собственным.

Отец Викбораса во время войны прятал у себя на хуторе двух евреев. Как для него, так и для сына христианство было не сводом формальных обрядов, а кодексом нравственности, предписывающим, в частности, помогать преследуемым. Больше трех десятилетий прошло после окончания войны, но Пяткус с болью и гневом рассказывал мне о массовых расстрелах литовских евреев, свидетелем чему он был.

— Однажды, — вспоминал он, — акция проходила недалеко от нашего дома. Услышав выстрелы, мать стала молиться, перебирая четки. «Молитесь, дети, и вы за души невинных», — сказала она нам.

При этом Викборас с глубокой неприязнью относился к евреям, поддержавшим в его стране советскую власть, когда русские оккупировали Литву, и ставшим первыми помощниками КГБ в расправах над литовцами. Многие годы тюрем и лагерей лишь укрепили в нем это чувство — ведь для многих зеков, особенно тех, кто сидел с тридцатых годов, советская власть была «жидовской» властью.

— Но вы же сами утверждаете, Викборас, — говорил я, — что в Литве было всего две тысячи коммунистов, которые и приветствовали оккупантов. Из них тысяча — евреи. Это, конечно, много. Но ведь еврейская община у вас насчитывала несколько сотен тысяч человек. Как же можно возлагать ответственность за поведение незначительного меньшинства на всех? Ваша семья спасала евреев, но сколько литовцев активно помогали немцам отлавливать их и уничтожать? Значит, по-вашему, теперь все литовцы должны отвечать за это?

Подумав, Пяткус соглашался:

— Да, это, конечно, несправедливо. Но представь себе: после ареста тебя допрашивает еврей-чекист, приехавший из Москвы; переводчик — местный еврей; в камере тебе дают литовскую коммунистическую газету, редактор которой — еврей из Вильнюса — славословит Сталина… И ты говоришь соседу: ну чего этой сволочи не хватало? Газеты у них свои были, партии тоже, в Палестину ездили, когда хотели! Теперь же ничего этого не будет. А радуются! Одно слово — иуды.

— Но ведь и еврейские газеты, и партии были разгромлены точно так же, как литовские! И классовых врагов-евреев отправили в Сибирь точно так же, как и классовых врагов-литовцев!

— Это в глаза не бросалось, а евреев, сотрудничавших с оккупационными властями, видели все. И тут же вспоминали, что и в России революцию делали евреи.

Я рассказывал своему соседу о нашей древней истории, о кровавых наветах, о деле Дрейфуса, о черте оседлости и процентной норме, о сионизме; приводил слова Жаботинского, который говорил: «Довольно нам оправдываться за каждого преступника, доказывать, что мы не все такие. Мы, как и любой другой народ, имеем право и на своих героев, и на своих преступников. Наше дело — строить свою страну. Это и есть лучший вклад, который мы можем сделать и для евреев, и для других народов».

Викторас слушал очень внимательно. Он вообще не боялся правды, а кроме того, борьба за создание еврейского государства вызывала у него сочувствие: значит, и у него, литовца, есть надежда на национальную независимость своей страны. Похоже, что к этому примешивалась и привитая ему в католической гимназии антипатия к мусульманскому миру.

Пяткус, в свою очередь, рассказывал мне об истории Литвы, о ее сопротивлении русской экспансии, о борьбе за национальную культуру, о древнем Вильнюсском университете — предмете его особой гордости.

У меня было ощущение, что эти беседы с Викторасом, в результате которых мы стали гораздо лучше понимать друг друга, сближали не только нас, но и наши народы.

***

Чистопольская тюрьма была сравнительно небольшой, не более трехсот заключенных. Все камеры политических находились в боковом отсеке коридора на втором этаже. Поэтому здесь, в отличие от Владимирки, мы оказались полностью изолированными от бытовиков — а значит, и связаться с волей было теперь несравненно труднее. Но зато наши контакты друг с другом стали гораздо интенсивнее: мы перестукивались, переговаривались с помощью кружки, приставленной к радиатору, или же — что было самым опасным, но и наиболее эффективным способом общения — переговаривались через унитаз.

Нас с Иосифом и Гилелем так и не поместили вместе, но вскоре они стали моими соседями: их перевели в смежную девятнадцатую камеру. Теперь мы могли пользоваться «унитазным» каналом связи. Надо было улучить момент, когда надзиратель находится в другом конце коридора или его внимание чем-то отвлечено, обменяться условным стуком и быстро осушить унитазы с помощью половой тряпки. Твой сокамерник встает у двери, загораживая тебя от глазка и прислушиваясь, не подходит ли вертухай, а ты, склонившись над унитазом, беседуешь с соседями. Говорить, естественно, следовало быстро: как правило, в твоем распоряжении не больше одной-двух минут, а если засечет надзиратель, то наказание — лишение свидания или карцер — практически неизбежно.

Говорили мы с ребятами на иврите, и не только для того, чтобы нас нельзя было понять: беседовать здесь, в тюрьме, на нашем языке — в этом был особый смысл. К очередному разговору я готовился, как школьник к уроку, до предела упрощал фразы, чтобы передать все необходимое с помощью своей скромной ивритской лексики. Ответы моих друзей не только несли в себе информацию, но и служили материалом для очередного урока: я записывал новые слова и речевые обороты, а впоследствии заучивал их. До сих пор целый ряд ивритских слов я произношу с особым удовольствием, ибо они напоминают мне о Чистополе.

Этих кратких минут общения было, конечно, недостаточно, и вскоре мы наладили «банный» способ переписки. Раз в неделю нас водили мыться. В банном зале Гиля и Иосиф прикрепляли снизу к лавке кусок мыла, в котором была ксива, я забирал его и оставлял в такой же упаковке свой ответ на их предыдущее послание. Так повторялось месяца полтора, пока нас не засекли.

Однажды, когда я вышел из душевой и, положив на лавку свою мыльницу, стал неторопливо вытираться, надзиратель молнией метнулся к ней, схватил и выскочил из раздевалки. Вернулся он с той же мыльницей, но в ней было другое мыло.

— Ваше отдано на проверку, — коротко сообщил он.

Результаты не заставили себя ждать — через час мне объявили: десять суток карцера. Когда меня забирали из камеры, я сообщил об этом соседям, за что мне добавили еще сутки.

Впоследствии мы с ребятами придумали новый способ связи. Соседние прогулочные дворики, куда нас выводили, разделялись двойным деревянным забором, и в нем я обнаружил однажды две маленькие дырки: одну — с моей стороны, и одну — с их. Располагались эти отверстия не на одном уровне, к тому же на расстоянии сантиметров двадцати один от другого, и просунуть в них листок бумаги было невозможно. Но решение все же нашлось: я скреплял вместе несколько стержней от авторучки, оборачивал вокруг них письмо, и длина рулончика получалась достаточной, чтобы извлечь его с той стороны забора. Эта операция тоже была рискованной: ведь заключенные во время прогулок находятся под бдительным наблюдением охраны. Нас засекали, объявляли выговоры, лишали свиданий. И все же, если не считать одиннадцати суток карцера, наша связь практически не прерывалась до середины апреля.

…Однажды зимним утром нас с Виктарасом вывели, как обычно, на прогулку, но выпавший ночью снег был таким глубоким, что мы завязли в нем на первом же шагу. Пришлось возвращаться в камеру. На обратном пути я столкнулся лицом к лицу с шедшим мне навстречу зеком.

— Натан! — воскликнул он.

Это был Иосиф! Я раньше никогда не видел его, но узнал по голосу, а он меня — по фотографии, которую еще в семьдесят шестом году прислала ему Ида Нудель.

Мы крепко обнялись и стояли так, пока вертухаи нас не растащили.

Несколько месяцев спустя Иосиф после побудки «вышел на связь». Это был День памяти павших израильских солдат, за которым следует День независимости страны. В эти дни в Эрец-Исраэль утром звучат сирены, движение на дорогах останавливается, работа прекращается — наступает минута молчания. «Я тебе в этот момент стукну», — передал Иосиф. Услышав условный сигнал, я встал, надел шапку, повернулся лицом к Иерусалиму и стал читать свою молитву. В двух шагах от меня стоял и молился Иосиф. Между нами была стена. Но в тот момент она для нас не существовала: мы обращались к Богу вместе со всем еврейским народом, и перед глазами у меня вставала другая стена — Стена Плача.

Гили в это время с нами уже не было. Недели за две до этого, воскресным вечером, примерно за час до отбоя, в соседней камере загремел дверной замок, и я услышал команду:

— Бутман, с вещами!

Переводят в другую камеру? Но почему так поздно? Гиля решил, что его забирают в карцер: недавно в руки ментов попала очередная ксива, которую он пытался передать мне.

— Шалом! Через пятнадцать суток, наверно, вернусь, — слышу я, как он обращается на иврите к Иосифу.

Гиля больше не вернулся в Чистополь. Переночевав в пустой камере, он наутро ушел на этап.

— Шалом, Иосиф! Шалом, Натан! — только и успел он крикнуть нам на прощание.

Куда его увезли — оставалось только гадать. Могли взять «на профилактику» — поместить в ближайшую областную тюрьму или даже отправить в тот город, где он жил до ареста для очередного этапа кагэбэшной обработки... Но человеку всегда свойственно верить в лучшее, и мы с Викторасом решили, что Бутмана освободили: ведь из десятилетнего срока ему осталось сидеть чуть больше года, и самое время было Советам продать его или выменять. Наш оптимизм возрос тысячекратно, когда через несколько дней по радио объявили, что Картер и Брежнев договорились встретиться в июне в Вене. Не может быть, чтобы после этого в нашей судьбе не произошло никаких изменений!

В мае появился еще один признак того, что на воле происходит что-то необычное: началась повальная конфискация всех приходящих в тюрьму писем. Раньше хотя бы одно из трех маминых посланий доходило до меня, время от времени я получал что-то и от друзей, а сейчас связь прекратилась полностью, несмотря на то что писать мои корреспонденты стали еще чаще: почти ежедневно мне объявляли о конфискации писем, поступивших на мое имя. Причина — условности в тексте.

Та же ситуация была у Пяткуса, у Менделевича, у других политзаключенных. «Раз КГБ не пропускает к нам новости, значит, происходит что-то хорошее», — успокаивали мы друг друга. И все же это было слабым утешением: ведь письмо с воли — единственная возможность для зека ощутить любовь близких, заботу друзей.

В очередном, майском, послании родителям я сообщаю о том, что происходит с их письмами. Цензор отказывается его пропустить.

— Вы утверждаете, что ваши действия законны? — спрашиваю я.

— Да.

— Тогда почему о них нельзя сообщать?

— Никто из заключенных об этом не пишет. Вы хотите для себя исключительных условий?

Я пишу заявление прокурору, предупреждаю: если через пятнадцать дней не получу из дома подтверждение, что мое письмо получено, начинаю голодовку. Конечно, никогда нельзя знать наверняка, какова в данный момент обстановка на воле, опасаются сейчас наших акций протеста или нет, но если мы хоть отчасти правы, предполагая, что встреча Картера с Брежневым изменит ситуацию, то я принял верное решение.

Через день мне сообщают, что мое письмо отправлено; проходит еще неделя, и я получаю подтверждение из дома: оно получено. Может, теперь дела с перепиской улучшатся? Ведь чем больше знают на воле о том, что тут у нас происходит, тем меньше в ГУЛАГе произвола. Тем временем я делаю еще один «ход конем»: записываюсь на прием к начальнику тюрьмы подполковнику Малофееву. Это простой, грубый мужик, довольно бесхитростный для поста, который занимает. Врать он во всяком случае умеет плохо — серьезный недостаток для человека его положения. Неудивительно, что его вскоре перевели на другую работу.

Формально Малофеев — главный местный босс, но фактически политзаключенными занимается КГБ. Однажды я ему прямо об этом сказал:

— Вы начальник, а даже самых простых вопросов решить не можете, например, кому с кем в камере сидеть.

— Да, в этой половине коридора моя власть ограничена,— честно признался он.— Зато там, — и он махнул рукой в сторону бытовиков, — я настоящий хозяин.

На сей раз я начал с каких-то мелких бытовых претензий, а потом спросил:

— Кстати, до каких пор будет продолжаться это безобразие с письмами? Мы же не виноваты, что Бутмана освободили! Почему нам из-за этого закрыли переписку?

Малофеев растерялся и даже покраснел.

— Не знаю... Письмами занимаются другие, — не сразу ответил он. И никаких попыток отрицать, что Бутман на свободе!

Я вернулся в камеру, с трудом дождался «окна» — времени смены надзирателей, удобного для вызова человека на связь, и передал Иосифу свой разговор с Малофеевым. Мы радовались и в то же время боялись поверить до конца. Но уже через пару дней плотину прорвало: мне вручили два письма из дома и одно от друзей; немало строк в них было вычеркнуто цензурой, но и оставшегося оказалось достаточно, чтобы понять: Гиля на свободе!

Более того, мама пишет: «Надо найти время поехать проститься с Ариной, а то она уедет к мужу, и мы, может, больше никогда не увидимся». Арина — жена Алика Гинзбурга, осужденного одновременно со мной. Значит, и он уже на Западе?! Пройдет еще несколько месяцев, пока мы узнаем точно: пять политзеков — Кузнецов, Дымшиц, Гинзбург, Винс и Мороз — были обменены на двух советских шпионов, арестованных в США, а за несколько дней до этого досрочно освободили пятерых узников Сиона, которым до конца срока оставался год: Бутмана, Хноха, Залмансона, Пенсона и Альтмана. Советы пошли на такой шаг ради создания «благоприятной атмосферы» во время встречи руководителей двух стран. Много позже мне стало известно, что Картер пытался включить в сделку Орлова и меня, но власти СССР категорически отказались: сроки наши были большими, цены на нас — высокими, а потому время расплачиваться нами еще не пришло. В КГБ сидят опытные купцы, и торговать с Западом живым товаром они научились.

Чем меньше времени оставалось до встречи в верхах, тем больше мы нервничали. Освобождение наших товарищей было добрым предзнаменованием; все: и скептики, и оптимисты — ждали следующих шагов. Советы собираются подписать с США договор ОСВ-2. Но разве пойдет Америка на это после того, как русские продемонстрировали нежелание выполнять положения Заключительного акта, принятого в Хельсинки? Может ли Картер снять свои требования к СССР освободить членов Хельсинкской группы? Не может! — считал я.

— Запад все может! — возражал Викторас, не забывший опыт прошлого. Но и он, как мне казалось, предпочитал ошибиться и с нетерпением ждал развития событий.

И вот встреча состоялась, соглашение подписано, Картер с Брежневым обнялись — мы слышали обо всем этом по репродуктору. Что же их объятие принесет нам: скорое освобождение или, наоборот, — потерю надежды? Прошла неделя, другая — а в нашем положении ничто не изменилось. Наконец Пяткус грустно заключил:

— Теперь придется ждать, пока все Политбюро передохнет, а это еще как минимум лет пять…

Я старался не терять оптимизма: впереди — ратификация подписанных соглашений, Советам будет нужен голос каждого сенатора, а борьба за наше освобождение не прекращается на Западе ни на минуту.

Оказался прав не я, а Викторас…

Несмотря на это разочарование, а может быть, благодаря ему, лето семьдесят девятого года определило всю мою последующую тюремно-лагерную жизнь: я окончательно избавился от иллюзий и психологически подготовился к испытаниям, которые, я знал, мне еще предстояли.

Умом я всегда понимал, что с КГБ шутки плохи и я могу просидеть все тринадцать лет, а то и больше — столько, сколько они захотят. Однако возникшее на суде ощущение, что духовное освобождение вот-вот повлечет за собой и физическое, что очень скоро мы с Наташей будем вместе, не проходило довольно долго. Теперь же я наконец полностью освободился от него и сказал себе: «Твоя победа в том, что ты и тут — на воле. Свобода не связана для тебя с выходом из тюрьмы, ты теперь свободен везде и всегда».

И, как когда-то в Лефортово, я снова стал заниматься аутотренингом, вспоминая все лучшее, все самое дорогое, что было у меня в жизни, и внушая себе: тюрьма — естественное продолжение твоей судьбы, этим путем стоит пройти, так ты оплачиваешь духовную независимость, которой добился после двадцатилетнего рабства. Нет, не достать им меня ни во времени, ни в пространстве, ибо мы существуем в разных измерениях...

Когда ты ходишь по прогулочному дворику, тебя отделяют от серого неба лишь сетка да мостик с охранником. Вдруг слышится гул моторов, и ты задираешь голову, ища взглядом высоко летящий самолет.

— Не надейся, это не за тобой! — насмешливо кричит вертухай, хорошо знающий тюремные синдромы.

Да, я знаю: это не за мной. Я свободен от иллюзий, защищен от пустых гаданий. Но в первом же письме, которое я получил от Наташи во Владимирке, были такие слова: «Отношение к нашей теме в Израиле — жаркое, как к Энтеббе». И каждый раз, услышав гул чужого самолета, я невольно вспоминал о Йони и его друзьях, прилетевших на выручку к своим за тысячи километров, и надежда и вера возрождались во мне с новой силой. Авиталь со мной, Израиль со мной — чего же мне бояться?

***

Когда мы, молодые отказники, организовывали в Москве демонстрации, то обязательно сообщали о них заранее иностранным корреспондентам: ведь КГБ и милиции достаточно пары минут, чтобы нас задержать, а мир должен был узнать об акции протеста — только в таком случае нас услышат и советские власти. Посылая в Президиум Верховного Совета СССР очередное заявление, мы передавали западным журналистам или политикам, встречающимся с советскими коллегами, что было еще лучше, его копию: иначе это письмо никто, кроме сотрудников охранки, не прочтет. Все наши публичные действия имели смысл лишь в том случае, если они становились достоянием гласности.

Сейчас мы надежно изолированы от всего мира. Шансов, что нас услышит Запад, практически нет. Даже родным бессмысленно писать о том, что происходит в тюрьме: цензура не пропустит. Есть ли хоть какой-то смысл протестовать, отстаивать свои убеждения, защищать справедливость в таких условиях? «Главное в тюрьме — сохранить силы и здоровье» — этот совет дал мне один из друзей за несколько дней до ареста, и я тогда согласился с ним. Но уже в Лефортово мне стало ясно: если ты не хочешь вновь попасть в разряд «лояльных советских граждан», никогда не позволяющих себе высказать собственное мнение и оправдывающихся расхожим «я человек маленький», «плетью обуха не перешибешь», «от меня ничто не зависит», если ты не желаешь стать подопытной крысой в лаборатории КГБ, где будут пытаться перестроить твое сознание с помощью методики академика Павлова, ты должен сопротивляться. Но что это означает? Не подчиняться командам надзирателя: «Стоять!», «Руки назад!», «На вызов!»? Не давать себя стричь? Драться с теми, кто тебя обыскивает?

Некоторые — очень немногие — так и поступали, и я их никогда за это не осуждал: человек имеет право защищать свое достоинство так, как считает нужным. Но у каждого существует свой барьер самозащиты, за которым начинается сопротивление. Еще во времена демонстраций в Москве я любил повторять услышанную от кого-то фразу: «Мы с сержантами не воюем, мы воюем с генералами». Иными словами, не следовало оказывать сопротивление милиции при задержании. Этого принципа я решил придерживаться и в ГУЛАГе: я не буду вступать в пререкания с тюремщиками по мелочам, но принципами не поступлюсь. Необходимо постоянно подчеркивать, что я не приемлю их мира в целом, что моя решимость протестовать против их беззакония так же непоколебима, как и раньше.

У нас, политиков, есть свои праздники: тридцатого октября — День политзаключенного в СССР, десятого декабря — Международный день прав человека, двадцать четвертого декабря — День узника Сиона. Как отметить их в тюрьме? Голодовкой, заявлением в адрес властей. КГБ станет предупреждать, угрожать, наказывать, и чем сильнее будет их давление, тем важнее для нас держаться и не отступать.

Проявить солидарность с теми, чьи права нарушены, естественно для свободного человека. Целая серия тюремных инструкций направлена на то, чтобы помешать тебе в этом: категорически запрещены связь между камерами, коллективные письма, заявления в защиту другого зека… В таких условиях поддержать товарища забастовкой или голодовкой — дело опасное, однако совершенно необходимое, если ты хочешь остаться в тюрьме свободным человеком. Поможет ли твоя солидарность соседу, сказать заранее трудно, но прежде всего она принесет пользу тебе самому — в твоем противостоянии КГБ.

Однажды в тюрьме произошло ЧП: Зазнобин, один из офицеров оперчасти, ударил политзаключенного Михаила Казачкова, ученого-физика из Ленинграда, в семьдесят пятом году подавшего документы на выезд из СССР и осужденного на пятнадцать лет по обвинению в измене Родине. Сейчас он проводил длительную голодовку, протестуя против действий цензуры, не пропускавшей его письма матери. Раз в несколько дней Казачкова кормили искусственно; месяц проходил за месяцем, Михаил терял последние силы, но не уступал. Мы писали заявления, вызывали прокурора — ничто не помогало. И вот у властей, видимо, лопнуло терпение…

— Ребята! — кричал Казачков. — Зазнобин меня ударил!

— Требуем врача для экспертизы! — вторил ему Володя Балахонов, сосед Михаила по камере. Володя работал в одном из учреждений ООН в Женеве и стал «невозвращенцем». Когда же его жена с ребенком вернулись в СССР, он, не выдержав разлуки, вскоре последовал за ними — и получил свои двенадцать лет. Очень быстро Балахонов приобрел репутацию одного из самых непокорных зеков ГУЛАГа.

Услышав их крики, мы с Пяткусом подбежали к двери и стали колотить в нее:

— Прокурора и врача! Прокурора и врача!

Одна за другой к нам присоединялись остальные камеры.

Тут прибежал начальник тюрьмы, за ним — прокурор.

— Никто Казачкова не бил! — пытались они успокоить возмущенных узников. — Это провокация!

— Вызовите врача! — требовали мы. — Покажите нам Казачкова!

— Не видим никаких оснований.

Тут надо сказать, что побои в тюрьме — дело обычное, бытовиков надзиратели и офицеры бьют очень часто. Не раз из противоположного конца коридора до нас доносились крики истязаемых, протесты их соседей, ругань; мы вызывали прокурора, но «факты не подтверждались» — ведь нам не были известны ни фамилии пострадавших, ни номера их камер. Особенно любил мордовать людей сам «кум» — заместитель начальника тюрьмы по режимно-оперативной работе Николаев, постоянно ходивший в белых перчатках. Когда я попал в Чистополь по второму разу, в восемьдесят первом году, то узнал, что этот садист повесился с перепоя — большой тогда праздник был у зеков!

Нас же, политиков, тюремщики не трогали, хотя удержаться от такого соблазна им было наверняка нелегко: ведь приходя к нам из другого конца коридора, где они только что орудовали кулаком и дубинкой, надзирателям приходилось переключаться на человеческий язык, забывать о мате и обращаться к нам на «вы». Иногда они все же срывались, но быстро спохватывались и извинялись. Мы прекрасно понимали: если хоть раз позволим им переступить черту и ударить политика — статус-кво невозможно будет восстановить. Такое нельзя оставить безнаказанным.

Мы с Викторасом связываемся с соседними камерами, предлагаем начать через три дня голодовку солидарности с Казачковым, требуя приезда прокурора из Москвы. Три дня необходимы для того, чтобы успеть оповестить все камеры.

Проблема с Менделевичем: он сидит сейчас в самом начале коридора, следующая за ним камера пустует, и связаться с Иосифом напрямую — через унитаз или по батарее, приставив к ней кружку, — невозможно. Приходится готовить записку, чтобы перебросить ее ему во время прогулки — способ рискованный. Сажусь за стол — и тут мне приходит в голову, что сегодня суббота; я вспоминаю, как расстроен был Иосиф, когда однажды я нарушил запрет писать в этот день, и решаю подождать до завтра.

— А если война? — негодует Викторас. — Что же, и воевать в субботу не будете?

— Воевать будем. А сейчас можно и подождать — ведь у нас в запасе еще два дня, — отвечаю ему хладнокровно.

— А вдруг завтра что-то сорвется? Разве можно рисковать?

— Не сорвется, — успокаиваю я соседа, хотя особой уверенности в этом у меня нет.

К счастью, на следующий день я успеваю благополучно передать записку, и Иосиф присоединяется к нам. Однако связаться с камерами на противоположной стороне коридора нам до сих пор так и не удалось. Что делать? Когда до начала голодовки остается час, я решаюсь на крайнюю меру: кричу по-английски Мише Казачкову, чья камера прямо напротив, и сообщаю о наших планах и требованиях. Надзиратели колотят в двери, пытаясь грохотом заглушить мой голос, но Миша успевает меня понять и передать информацию соседям.

На меня составляют рапорт. Должно последовать наказание. Но у властей уже более серьезные проблемы: начинается первая коллективная голодовка политзаключенных чистопольской тюрьмы с конкретными требованиями к властям — до этого мы проводили такие акции лишь в дни наших праздников.

Уже к вечеру приезжает прокурор из Казани, заходит к нам в камеру, грозит новым сроком за организацию беспорядков в тюрьме. Мы отказываемся с ним говорить, требуем представителя Москвы. В течение нескольких дней с нами беседует тюремное начальство, увещевания и угрозы сменяют друг друга. В конце концов власти начинают уступать. Ответов на наши требования, правда, еще нет, но вдруг каждому из нас выдают пачки писем из дома — Иосиф, счастливчик, получает сразу десятка полтора посланий из Израиля! Мне приносят кучу книг, давно заказанных мной через организацию «Книга — почтой», но, по стандартным ответам тюремной администрации, так якобы и не присланных магазинами.

Наконец начальство вступило в переговоры с Казачковым, обещало, что лейтенант Зазнобин больше не появится в нашей, политической, части тюрьмы. Убедившись, что и письма его отправлены матери, Миша завершил многомесячную голодовку, а вместе с ним — и мы свою, одиннадцатидневную. Наша акция солидарности помогла нам — хотя бы временно — решить немало бытовых вопросов, а главное — напомнила КГБ, что в обращении с нами есть пределы, которые мы им не позволим переступить.

Через три недели после этого меня-таки посадили в карцер и продержали в нем ровно одиннадцать суток — по числу дней голодовки. Повод к этому они нашли совершенно пустячный, но истинную причину наказания скрыть и не пытались.

***

Семьдесят девятый год, задавший моей жизни иной, замедленный темп, стал для меня периодом не только психологической, но и физиологической перестройки. Когда в машине резко переключаешь скорость, коробка передач откликается недовольным скрежетом. Так отреагировал и мой организм: если в Лефортово я чувствовал себя прекрасно, то сейчас совсем расклеился — меня лихорадило, мучила мигрень, болело сердце… Несмотря на то что мы были на обычном тюремном рационе, а не на пониженном, за этот год мой вес снизился с шестидесяти килограммов до пятидесяти. Викторас же, по-моему, вообще побил все рекорды: этот крупный, склонный к полноте мужчина без всякого лечебного голодания скинул тридцать шесть килограммов лишнего веса — почти целого Щаранского!

В последующие годы, привыкнув к ГУЛАГовским условиям, проведя — и не раз — по многу месяцев на режиме пониженного питания, где не дают ни сорока граммов мяса в день, ни двадцати — сахара, только хлеб да баланду из кислой капусты, я сам удивлялся, как можно на обычном тюремном рационе испытывать чувство голода и худеть. Но тогда я уже был на ином уровне физического существования, с гораздо меньшим запасом сил и энергии; сейчас же, видимо, мой организм, ожесточенно сопротивляясь, сдавал позицию за позицией.

Летом появилась проблема посерьезней: глаза. Стоило прочесть несколько строк — начиналась страшная резь, а потом — головная боль. Потерять возможность читать в тюрьме — настоящая трагедия для зека.

Я забил тревогу, стал добиваться осмотра специалистом, сообщил домой. Несколько месяцев борьбы — и в тюрьме появился окулист, вынесший диагноз: ослабление глазных мышц из-за нехватки витаминов. Капли и уколы, прописанные им, не помогли. Друзья прислали специальный курс упражнений для укрепления мышц, и через месяц мне стало немного легче, по двадцать-тридцать минут уже мог читать без перерыва. Настоящее облегчение наступит лишь в лагере, где я увижу солнце, месяц под открытым небом окажется самым лучшим лекарством. Но как только меня опять переведут в тюрьму, все начнется сначала...

***

Двадцатое января — день моего рождения, и с утра я жду поздравительной телеграммы из дома. Наступает вечер — ее все нет. Что ж, беспокоиться нечего: могли задержать на проверке или вообще конфисковать. Но на душе почему-то тревожно. Решаю сесть за очередное, февральское, письмо родителям. Начинаю писать — и бросаю ручку: непонятная тревога мешает сосредоточиться, я встаю и хожу взад-вперед по камере.

На следующий день — неожиданный сюрприз, потрясающий подарок ко дню рождения: мне выдали миниатюрную книгу в черном переплете — мой сборник псалмов! За несколько дней до ареста я получил его от кого-то из туристов с письмом от Авиталь: «Эта книжка была со мной очень долго. Мне кажется, настало время ей быть с тобой».

Псалмы на иврите были мне еще не по зубам; я положил книжку в стол, а затем она исчезла вместе со всем моим прочим имуществом в недрах КГБ. По окончании следствия мне ее, правда, вернули, но в руки не отдали, а отправили на склад личных вещей. Держать в камере зарубежные издания запрещено, и во время переезда из Владимира в Чистополь я, получив на короткое время доступ к своим нехитрым пожиткам, сделал «обрезание» титульному листу, на котором по-английски было указано место издания — Тель-Авив, и в Чистополе обратился к администрации с просьбой выдать мне сборник еврейских народных песен, находящийся в моих личных вещах. Последовал ответ: надо разобраться. Прошел год, и я написал очередное заявление, и вот мой — нет, наш с Наташей! — сборник псалмов у меня в руках. Прочесть его будет нелегко, но ничего страшного, у меня теперь есть время, осилю! — говорю я себе и кладу книжку в тумбочку.

Двадцать второе января. Вечер. Я все еще жду поздравления от родителей и никак не могу заставить себя написать письмо домой.

Вдруг открывается кормушка, и капитан Маврин, заместитель начальника тюрьмы по политчасти, протягивая мне телеграфный бланк, говорит:

— Щаранский, у меня для вас очень неприятная новость.

Дрожащими руками я беру телеграмму. «Дорогой сынок вчера 20 января скончался наш папа прошу тебя перенести это горе стойко, как и я, мы и Наташенька здоровы и все время с тобой крепко тебя целую мама».

Это ложь! Это садистские штучки КГБ!.. Но сердце подсказывало: это правда, отца больше нет. Каким-то чудом я умудрился сдержать себя и даже спросил охрипшим голосом:

— Я могу направить телеграмму матери?

И услышал стандартное:

— Напишите заявление на имя начальника. Рассмотрим.

Я лег на нары, повернулся к стене и беззвучно заплакал — второй и последний раз в ГУЛАГе. Но если после суда это были слезы облегчения, то сейчас — какой-то детской беспомощности: я неожиданно почувствовал, что остался совсем один, никем и ничем не защищенный…

Через несколько дней после получения телеграммы, когда мы с Иосифом гуляли в своих прогулочных двориках, разделенных стеной, он попытался перебросить мне записку, но безуспешно: бумажка ударилась о проволочную сетку, ограждавшую дворики сверху, и упала на землю. Иосиф повторял свои попытки снова и снова, но лишь на третий день крошечный бумажный шарик проскочил сквозь ячейки двух сеток и упал к моим ногам. То был текст кадиша — еврейской поминальной молитвы. За это Иосиф мог попасть в карцер, но он сознательно шел на риск, понимая, как важна для меня в такое тяжелое время поддержка мудрой традиции нашего народа.

Тремя неделями позже я писал маме: «Такое всегда трудно пережить, а в моем изолированном от вас положении — тем более. К тому же мне повезло: за тридцать два года я не потерял никого из самых близких и дорогих мне людей и теперь оказался в новом состоянии, к которому еще надо привыкнуть… Как больно прикасаться к открытой ране, как больно вспоминать обо всем, что связано с папой, а это почти вся жизнь, начиная с заполненного папиными рассказами детства... В буднях и повседневной суете, занимаясь своими делами и раздражаясь "непонятливостью" и "отсталостью" своих "предков", не сознаешь, что сам ты лишь сосуд, слепленный ими, и все ценности, которые ты вроде бы сам накопил, вложены в тебя ими же. Вы заполнили меня не поучениями и нотациями, от которых все дети отмахиваются, — слава богу, ни папа, ни ты их не признавали, — а всей жизнью своей, своим мировосприятием, нашей семейной атмосферой с ее добродушием, оптимизмом, юмором, живым интересом к людям и событиям... Мы были у вас поздними детьми. Вы все боялись, что не успеете вырастить нас, страховали свою жизнь, чтобы обеспечить нас в случае вашей смерти, но мы получили от вас то, чего не дает никакая страховка...»

Эти строки я писал, когда первая, самая острая боль немного притупилась; крепко поддержали меня тогда короткая телеграмма Наташи: «Я с тобой» — и сборник псалмов, который я открыл в те дни, решив прочесть целиком.

Шрифт был очень мелким, и глаза начинали болеть лишь от одного взгляда на текст; поэтому я сначала переписывал каждый псалом крупными буквами, затем давал глазам отдохнуть и лишь тогда приступал к переводу. Вначале дело продвигалось туго, и проблема заключалась не только в лексике — многие корни я знал, а о значении других догадывался, — с непривычки даже трудно было понять, где начинается и где кончается предложение, а кроме того, неизвестные мне грамматические формы, идиомы... Но я открывал следующий псалом, находил в нем общие с предыдущим слова и обороты, сравнивал тексты — и продвигался.

Понимание псалмов давалось мне с трудом, однако я быстро почувствовал их дух, проникся страданием и радостью автора — царя Давида. Его песни подняли меня над реальностью, в которой я жил, и обратили лицом к вечному. «Даже если буду я проходить ущельем в могильной тьме — не устрашусь зла, ибо Ты со мной...» Кто для меня — Ты? Авиталь? Израиль? Бог? Я не задавал себе такого вопроса.

В детстве, открывая утром глаза, я видел перед собой статуэтку, изображающую голого мускулистого человека, попирающего ногой поверженного врага. Кто он, я не знал, помню лишь, как Леня требовал, чтобы этому атлету сшили трусы, «а то няня Феня все время смотрит на него, когда вы уходите». Позже папа объяснил мне, что это Давид, победивший Голиафа, таков был первый в моей жизни урок еврейской истории, религии и сионизма. И вот сейчас царь Давид пришел мне на помощь.

Больше месяца сидел я над сборником псалмов. «Что мне это дает? — писал я маме. — Во-первых, это напряженная работа, и она не оставляет мне времени для тяжелых мыслей и болезненных воспоминаний. Во-вторых, такое занятие мне интересно и очень полезно со всех точек зрения: изучаю язык, заполняю огромный пробел в своем "начальном еврейском образовании". В-третьих, и это, наверное, самое главное, читая псалмы, я все время думаю о папе, о тебе, о Натуле, о прошлом и будущем, о судьбе всей нашей семьи, но уже на гораздо более общем, философском уровне, где сознание постепенно примиряется с происшедшим, и горе тяжелой утраты сменяется светлой грустью и надеждой. Не знаю, когда я смогу посетить могилу отца. Но всякий раз, встретившись с этими чудесными песнями, я буду вспоминать о нем — псалмы стали памятником ему в моем сердце, и этот памятник всегда будет со мной». Через несколько месяцев мама спросила у меня совета: какую надпись выбить на надгробии, и я подобрал такой стих из двадцать пятого псалма: «Душа его будет спать спокойно, ибо потомство унаследует Землю Израиля».

Этап в лагерь

Пятнадцатого марта восьмидесятого года исполняется три года со времени моего ареста, и меня, в соответствии с приговором, должны перевести в лагерь.

— Зона после тюрьмы — все равно что воля, — завидует мне Викторас. — Свежий воздух, много людей, ходишь по территории без охраны...

Я с интересом жду встречи с лагерем, но, может, с не меньшим нетерпением — этапа. Ведь по дороге от одного острова ГУЛАГа до другого я получу уникальную возможность увидеть кусочек вольной жизни, встречусь с зеками из разных концов страны, услышу от них последние новости, а если повезет — перешлю с каким-нибудь бытовиком или солдатом письмо домой... В любом случае этап — яркое событие после долгих лет тюремной рутины.

Накануне меня забирают из камеры в «транзитку». Мы тепло прощаемся с Викторасом. Увидимся ли еще? В ГУЛАГе каждое расставание может быть навсегда, тем более что Пяткус — «полосатый», а я — «черный». Лишь один раз за последующие годы я получу от него привет через зека, который познакомился с моим другом в лагерной больнице, самому же мне так и не удастся послать Викторасу весточку.

Утром у меня отбирают всю тюремную одежду, выдают новую — хотят быть уверенными, что я ничего не вывезу с собой в складках и швах, тщательно обыскивают личные вещи. В воронке мне, естественно, достается стакан, а в накопитель — общую клетку — охрана набивает десяток бытовиков. Нам предстоит ехать четыре часа через замерзшее Камское водохранилище до Казани. Я получаю валенки и удивляюсь такой гуманности конвоя, однако радуюсь преждевременно: даже теплая обувка не защитит меня от сорокаградусного мороза. Ноги буквально немеют от холода, а стакан так тесен, что ими даже не потопаешь.

— Не переговариваться! — предупреждает охрана, но лишь для проформы, в пути зекам нечего бояться: не будут же конвоиры поминутно останавливать машину, чтобы затыкать нам рты!

— Ты кто такой? — спрашивают бытовики.

— Щаранский.

— Ну?! — кричат они радостно. — Американский шпион? А нам про тебя лекцию читали!

— Что ж, вы так сразу и поверили?

— Шпион не шпион — главное, мы сразу поняли, что ты мужик путевый.

Узнав, что я знаком с Сахаровым, попутчики забрасывают меня вопросами: собирается ли он захватить власть? Что думает делать с лагерями? Как намерен поступить с коммунистами — расстреливать будет или только пересажает?

Услышав, что Сахаров — противник любого насилия, выступает за демократические преобразования, за соблюдение прав человека, они разочарованы:

— Ну-у, это же несерьезно!..

О многом успели мы переговорить: о систематическом избиении бытовиков в тюрьмах; о «пресс-камерах», где администрация держит ссучившихся убийц и бандитов и куда переводит для «перевоспитания» вышедших из повиновения зеков; о том, как суки насилуют воров в законе, после чего те становятся отверженными в ГУЛАГе...

Вот наконец и Казань. Я провожу несколько дней в одиночке местной тюрьмы, ожидая этапа в Пермь. Отправляя меня на вокзал, дежурный офицер говорит:

— Вас положено в стакане везти, но все они заняты. Так что или ждите следующего этапа, или посажу вас в накопитель. Будете с краю, и охрана проследит, чтобы уголовники вас не тронули.

Ехать на общих условиях было моим заветным желанием, и я поспешно соглашаюсь сесть в накопитель, отказавшись от покровительства конвоя, мой опыт, пусть и небольшой, свидетельствует: уголовников мне бояться нечего, если только власти сами не настроят их против меня, демонстрируя свою опеку.

В вагоне нас всех заперли в одну клетку; там был свой конвой, и его попросту забыли предупредить, что я — с другим режимом и мне положено особое купе. Что ж, я, естественно, не стал напоминать им об этом. Наконец-то побеседую с людьми в спокойной обстановке.

Впрочем, спокойной обстановку можно было назвать с большой натяжкой: ведь в клетку-купе запихнули ни много ни мало — двадцать восемь человек с вещами; было страшно тесно и душно.

— Скоро проведем перекличку и расселим вас, — пообещал какой-то прапорщик.

Однако прошел час, другой, третий — и на все требования ускорить развод нам невозмутимо отвечали: «Начальник конвоя ужинает», «Конвой отдыхает»...

Одному сердечнику стало плохо; мы долго кричали, пока добились, чтобы ему дали лекарство; принесли обыкновенный

валидол. Перевести же больного в другое купе охрана категорически отказалась.

Тем временем у меня завязывается оживленная беседа с соседями. Некоторые из них, как оказалось, слышали обо мне.

— Знаешь, — говорит кто-то, — тут одного вашего на главного чилийского коммуниста Корвалана обменяли. Так Пиночет
пригласил его стать начальником над ихними тюрьмами. Тот
приехал и устроил все в точности, как в СССР, но зеки восстали:
не смогли вынести таких порядков, и Пиночет отказался.

«Бедный Володя Буковский! — думаю я. — В кого его фольк-
лор превратил — в чилийского тюремщика!»

Наконец-то объявили перекличку. Трое конвоиров отводят
вызванных в тамбур и там, под предлогом шмона, грабят. Казалось бы, на что из зековских вещей можно позариться? Но солдаты не брезгуют ни шарфом, ни самодельным мундштуком...
Зеки матерятся, торгуются, но в конце концов уступают.

— Зачем отдаете? — спрашиваю я соседа.

— Мало ли что там у человека еще припрятано! А так — сверху возьмут, зато распарывать вещи и рвать книжки в поисках
денег не станут. Власть-то у них, так что лучше с ними не связываться.

Наконец доходит очередь и до меня, конвоиры довольны:
вещей много, будет чем поживиться. В тамбуре они начинают
шмон.

— Этот шарфик мне нравится, — говорит один из них, старшина, и тут же, увидев американскую авторучку, присланную
мне мамой, добавляет: — Ручка тоже хороша! Спасибо за сувенир. — И, не глядя на меня, кладет ее в карман.

Всего за несколько минут до шмона я решил как можно
дольше играть роль податливого бытовика, чтобы меня не разоблачили и не отсадили, но при первом же испытании срываюсь. Протягиваю руку, выхватываю свою ручку из его кармана
и говорю:

— Мне она самому нравится.

Старшина недоуменно смотрит на меня, потом зло щурится
и, многообещающе усмехнувшись, раскрывает пошире мой
рюкзак:

— Ну-ка, что у тебя здесь?.. Ага, книжки! Проверим, что за-
прятал в обложки.

Он вынимает лезвие, протягивает руку к сборнику псалмов, лежащему сверху, но я кладу на книги обе ладони и говорю ему:

— Хватит! Если не хотите серьезных неприятностей, немедленно вызовите дежурного офицера!

— Что-что?! — тянется старшина к дубинке, но второй, моленький ефрейтор, наклоняется к нему и что-то шепчет на ухо. Тот опускает руку и, нахмурившись, спрашивает меня:

— Так это твое дело такое толстое принесли?

— Еще раз повторяю: вызовите офицера!

— А как твоя... ваша фамилия?

— Щаранский.

Старшина мое имя явно слышит впервые, но ефрейтор вновь что-то шепчет ему, и тогда любитель американских ручек срывается с места и бежит за начальством.

Минут через двадцать приходит заспанный и, похоже, похмельный лейтенант. Он уже, видимо, просмотрел первый лист моего дела и знает теперь, что я политик.

— Это вы дружок Солженицына? — встревожено спрашивает он. Мне не хочется его разочаровывать и признаваться, что с Солженицыным я не знаком; отвечаю уклончиво:

— Солженицына, Сахарова — какая разница! Важно другое: вы там спите и не видите, что ваши подчиненные здесь вытворяют!

— Э, так мы вас должны отдельно держать.

— Этого я не требую. Если места мало — готов ехать вместе с другими зеками. Но почему конвой мародерствует?

Лейтенант смотрит на мой рюкзак и спрашивает старшину:

— Что у него там?

Увидев книги, он вдруг срывается на крик:

— Да что вы в этой литературе понимаете? Видите — человек серьезный, не какой-нибудь хулиган. Отнесите его вещи в тройник!

Я прохожу мимо клетки с бытовиками, чувствуя себя перед ними виноватым, и громко говорю:

— Ребята, если снова кого-нибудь грабить будут, крикните — я обязательно напишу Генеральному прокурору по поводу всего этого!

Конвой, водворив меня в тройник, обыск не возобновляет, ограничившись перекличкой и разводом зеков по разным купе.

Проснувшись на следующее утро, я слышу мелодичные женские голоса: ночью на какой-то станции в вагон погрузили нескольких зечек. Судя по лексикону, это уголовницы. Сначала они переругиваются между собой, а потом начинают перекликаться с мужчинами из соседней клетки. Моментально возникают любовные диалоги; так как влюбленные не видят друг друга, они подробно описывают партнерам — «заочникам» свою внешность, темперамент, интимные привычки. Наконец все пары, устав, замолкают, кроме одной, которая переходит от словесного флирта к сексуальным действиям: он и она в полный голос сообщают один другому, как раздевают друг друга, как ласкают — и так далее. В конце концов они, судя по восклицаниям, доводят и себя, и восторженных наблюдателей до оргазма.

В Перми нам подают воронок без стакана, и я на двадцать минут вновь возвращаюсь в компанию бытовиков. Здесь мне удается стать свидетелем незабываемой сцены.

Как только машина трогается, один из конвойных показывает через решетку пузырек одеколона «Кармен»:

— Отдаю за четвертной.

На воле такой флакон стоит рубля три-четыре, но в ГУЛАГе — свои цены. Глаза разгораются у многих, но — надо платить... Первыми откликаются двое малолеток; самым смелым оказывается тринадцатилетний подросток, изнасиловавший и убивший студентку; он развязывает свой мешок и, склонившись над ним, чтобы никто не увидел, где он прячет деньги, вытаскивает десятку. За ним такую же купюру извлекает и второй.

— Продашь за двадцать? — спрашивает охранника юный убийца.

— Ладно! Гони монету, — соглашается тот, но отдавать пузырек мальцам боится и говорит, — давайте кружку, я перелью.

Когда содержимое заветного флакона оказывается в руках покупателей, начинается что-то страшное: каждый из бытовиков хочет оказаться поближе к кружке, напоминает пацанам о своих особых перед ними заслугах. Пьет один из малолеток, затем делает большой глоток второй, но с непривычки заходится в кашле, и кружку вырывают у него из рук. Еще два-три счастливца успевают выпить по нескольку капель.

«Пьянка» окончена. Солдат быстро бросает через решетку пачку сигарет; его щедрость объясняется просто: отобьют куревом запах одеколона — и нарушения как бы и не было. Но запах, тем не менее, очень устойчив, а главное, малолеток совсем развезло. На лице хмельного убийцы — самодовольная улыбка: начинается та интересная жизнь, к которой он стремился и которую предвкушал...

По прибытии в пермскую тюрьму меня от бытовиков отделили, и больше путешествовать с ними мне не довелось.

На станцию Чусовская наш поезд приходит поздно ночью. Метет метель. Автоматчики с собаками выстроились по обе стороны вагонов. Горят прожектора, слышится рев моторов, работающих на холостом ходу, — нас ждут машины.

Меня выпускают из вагона первым. Приехавший специально за мной офицер говорит:

— Идите вперед по ходу поезда.

— Сесть! — кричит мне солдат из цепи. Но офицер повторяет:

— Идите, идите.

Проваливаясь в глубоком снегу, я с трудом тащу свои вещи, но успеваю сделать лишь несколько шагов: солдат бросается на меня, замахиваясь автоматом.

— Кому сказал — сесть!.. Твою мать!

Я едва успеваю поднять рюкзак, и удар прикладом приходится по нему. Охранник замахивается на меня ногой, но офицер властно кричит:

— Отставить! Он со мной!

На этот раз автоматчик, слава богу, слышит и отступает, продолжая ругаться. Я прохожу мимо него, офицер идет следом. Оборачиваюсь и вижу, как усаживают в снег бытовиков.

Метрах в двухстах от поезда нас ждет воронок. Хотя накопитель пуст, меня сажают в стакан и закрывают дверь. Офицер и солдат с огромной немецкой овчаркой на поводке стерегут меня снаружи. Оказывается, замок испорчен, и когда на повороте дверь стакана внезапно распахивается, собака реагирует молниеносно: она бросается на меня, припечатав к стене, оглушительно лает; лапы ее — у меня на плечах, а вывалившийся из горячей пасти красный язык прикасается к лицу. Солдат быстро отдергивает пса, а я от пережитого страха срываюсь в крик:

— Вам что, на одного человека обязательно надо два автомата и собаку? Уберите немедленно эту скотину, садисты!

Офицер пересаживает солдата с овчаркой в общую клетку и задвигает за ними решетку. Дверь мою он не закрывает и примирительно говорит:

— Вы правы, извините. У нас тоже бывают накладки.

Я постепенно прихожу в себя и начинаю думать, что меня ждет в зоне. Уголовный мир ГУЛАГа остался позади, впереди политический лагерь, встречи со многими интересными людьми, может быть, с друзьями и знакомыми...

Меня проводят через ворота зоны в какое-то помещение, мало похожее на тюрьму, и объявляют:

— Вы в лагерной больнице. Пробудете здесь несколько дней на карантине, а потом выйдете в лагерь.

«Зона после тюрьмы — все равно что воля», — вспоминаю я слова Виктораса, сладко засыпая на пружинной кровати с двумя простынями...

Зона номер 35

Проснувшись, я долго не мог понять, где нахожусь. В ушах еще стоял мат охранника, лицо обжигала слюна овчарки; я понимал, что моя жизнь зека продолжается, но в то же время какое-то странное, давно забытое ощущение домашнего покоя, предвкушение сладкого воскресного отдыха не покидали меня, жизнь представлялась мирной и свободной. В чем дело?

Я лежал, глядя в потолок, тихо, не шевелясь — боялся спугнуть это чувство. Затем медленно-медленно повернул голову к окну — и все понял: сквозь редкие прутья решетки, сквозь чистое стекло в комнату щедро лились солнечные лучи! А ведь я три года жил в камерах, где и днем и ночью горел лишь электрический свет; «намордники» на окнах надежно закрывали от нас солнце...

Я подошел к решетке — символу тюрьмы. Для меня она была сейчас символом свободы: впервые за эти годы я видел сквозь нее величавые зеленые ели, на ветвях которых лежали слепящие глаза пласты чистейшего снега, в запретной полосе искрился нетронутый наст, да и ряды колючей проволоки казались новогодними гирляндами, опушенными ватой…

Десять дней провел я в карантине. За это время там побывали и беседовали со мной начальник лагеря Осин, другие чины лагерной администрации; приходил и представитель КГБ майор Балабанов, но с ним я разговаривать не стал. На одиннадцатый день у меня отобрали всю одежду, выданную в Чистополе, дали новую и выпустили в зону.

Лагерь занимал небольшую, примерно пятьсот на пятьсот метров, территорию посреди леса, огороженную несколькими рядами колючей проволоки, подключенной к системе электронной сигнализации. Над зоной возвышался «скворечник» — будка, где обычно сидел дежурный офицер во главе наряда прапорщиков. Заключенных в зонах для «особо опасных государственных преступников» всегда немного. В то время как, скажем, в «Десятке» — колонии для уголовников, расположенной в нескольких ста метрах от нас, — было около трех тысяч зеков, в нашей зоне заключенных насчитывалось всего лишь десятков семь-восемь. Но для меня после тюрьмы далеко не «всего лишь», а целых семьдесят — восемьдесят человек! Теперь мне вместе с ними жить, по утрам выходить на перекличку, сидеть в столовой, работать, беседовать по вечерам… Это совсем другой образ жизни, не тот, что в тюрьме.

Когда я приехал в лагерь, значительную часть зеков в нем составляли так называемые «полицаи»: люди, осужденные за службу во время войны в немецкой армии или полиции. Те, кто был арестован сразу после войны, уже давно вышли на свободу, «полицаи» же, сидевшие со мной, угодили за решетку с опозданием и получили стандартные сроки для своей статьи — от десяти до пятнадцати лет.

Кто-то из них перешел на службу к немцам из лагеря для военнопленных, измученный голодом и болезнями и уверенный, что советские власти все равно будут считать его «врагом народа», кто-то жил на оккупированных территориях и был мобилизован немцами, когда достиг совершеннолетия; один долгие годы после войны скрывался под чужой фамилией, другой вернулся из Европы, обманутый обещанием амнистии, третий вообще не скрывался — его время от времени вызывали на допросы, собирая показания на других людей, а потом сказали: пришло время посидеть и вам...

Но все они — все до единого! — усердно служили сейчас новым хозяевам, как когда-то — немцам. Их взгляды, движения, даже походка выдавали постоянный страх, хотя начальство, как правило, полицаям доверяло и держало на теплых местах. Украинец Гаврилюк, например, делал свою карьеру при немецком штабе, потом после войны в родном сельсовете; в зоне он стал нарядчиком. При всех властях в любых условиях ему была обеспечена штабная работа! В столовой, в больнице, в библиотеке, на складе — везде, где полегче и посытнее, работали полицаи. Впрочем, некоторые из них были настолько стары и больны, что трудиться уже не могли; часами бродили эти отставники по зоне или сидели, греясь на солнышке, всячески показывая, что бездельничают, но обмануть нас было трудно, мы знали: у каждого из них — свой участок, они — глаза и уши администраций. Очень скоро я обнаружил, что в огромной — по масштабам только что прибывшего из тюрьмы — зоне спрятаться или уединиться с кем-нибудь для беседы почти так же трудно, как и в просматриваемой и прослушиваемой насквозь камере.

Не всегда, конечно, такой старик разузнает, о чем вы разговаривали: можно беседовать шепотом или, скажем, по-английски, но скрыть, с кем ты общаешься в зоне, где, когда, как часто, невозможно. Среди полицаев существовала жесткая конкуренция, шла настоящая война за информацию. Трудно было не рассмеяться при виде осведомителя, спешащего на вахту, чтобы, опередив своих коллег, первым заявить: три диссидента уединились в библиотеке и о чем-то подозрительно шепчутся. Что за этим последует — пошлет ли дежурный офицер прапорщика только разогнать «сходку» или прикажет еще и обыскать ее участников, а может, по распоряжению кагэбэшника, запланировавшего эту встречу, вообще не вмешается, сказать заранее нельзя. Но в любом случае нет сомнения, что свою пачку чая расторопный полицай получит обязательно. Как в большой зоне нетрудно определить статус чиновника из элиты по тому, к какому распределителю он прикреплен, так и в лагере по сорту чая, который пьет полицай, можно легко узнать, кому он служит. Грузинский чай второго сорта или краснодарский получен от прапорщика или дежурного офицера; грузинский первого сорта — от «кума», заместителя начальника по режимно-оперативной работе, или опера — начальника оперотдела; индийский или цейлонский, скорее всего, от КГБ.

Другой способ поощрения полицаев, не требующий даже минимальных затрат, — разрешение на получение внеочередной посылки. По закону, отсидев половину срока, зек имеет право на одну пятикилограммовую посылку в год. Что можно вкладывать в нее, а чего нельзя, определяет лагерный кагэбэшник. Он может дать указание, и медчасть будет ходатайствовать перед начальником колонии и, конечно, получит «добро», чтобы зеку разрешили по состоянию здоровья заказать из дома мед, шоколад, кофе, чай, мясные консервы...

Итак, будешь ли ты пить чай и если да, то какого сорта, получишь ли посылку, а если получишь, то что в ней окажется, целиком зависит от твоего поведения. Зачастую, правда, мне представлялось, что полицаям важны не столько сами сахар и мед — многие из этих стариков были так больны, что и чифирь им был противопоказан как язвенникам, сколько сознание того, что советская власть относится к ним лучше, чем к другим зекам, раз позволяет получать недоступные другим продукты. Им, страдавшим не от униженности своей, а лишь от страха, это давало ощущение пусть временной, пусть относительной, но безопасности.

— Вам хорошо, — говорил мне в порыве откровенности один полицай. — За вас на Западе шумят, а с нами тут что угодно могут сделать, никто и слова не скажет!

И действительно, кроме теплых мест в зоне, чая да посылок, рассчитывать этим людям было не на что. Диссидент, решивший освободиться любой ценой, может либо стать стукачом, либо публично покаяться: написать, а точнее, подписать письмо в газету или принять участие в пресс-конференции, где он отречется от своих взглядов и друзей и осудит спецслужбы Запада, вредно на него повлиявшие. И как бы ни был длинен список его «прегрешений» перед властями, как бы часто его до этого ни наказывали в лагере за нарушение режима, советская власть простит блудного сына, вернувшегося наконец под отчий кров. Иное дело — полицай: он может быть на самой привилегированной должности в зоне, приятельствовать

393

с ментами, даже распивать с ними втихаря водку — его никогда не помилуют.

Когда я попал в лагерь, фамилии некоторых полицаев показались мне знакомыми — и действительно, это были те самые зеки, чьи показания фигурировали в моем деле; они, проходившие как свидетели обвинения, утверждали тогда, что условия в ГУЛАГе хорошие, а заявление Хельсинкской группы — клеветническое.

Одну фамилию я вспомнил сразу еще и потому, что в деле моем ее носитель упоминался как пострадавший от сионистов: Бутман и Израиль Залмансон обижали ставшего на путь исправления Ударцева, а затем объявляли себя жертвами антисемитизма.

Ударцев был крупным, обрюзгшим, вечно мрачным и раздраженным мужиком. Когда-то, отступив с немцами, он остался во Франции, но, поверив в амнистию, вернулся. Свою неубывающую злобу он мог срывать на ком угодно, предпочитая, однако, тех, кто стоял хотя бы чуть выше него в интеллектуальном развитии. Евреев он ненавидел, постоянно говорил об этом и всегда искал с ними ссор.

Мне рассказывали о тех случаях, когда Ударцев нарвался на серьезный отпор со стороны Бутмана и Залмансона. Оба были, естественно, наказаны администрацией: ведь они, сионисты, позволили себе отбиваться от кулаков «вставшего на путь исправления» карателя...

Власти любили Ударцева не только потому, что он был им необходим для провоцирования конфликтов, этот человек представлял собой фантастический образец трудолюбия, он, казалось, мог простоять за своим токарным станком круглые сутки без сна и отдыха, и шестидесятикилограммовые болванки так и летали в его руках. На обеденный перерыв Ударцев приходил, не сняв грязного фартука; поднимет на лоб защитные очки, быстро похлебает баланду — и обратно к станку, не использовав и половины от получасового отдыха. Может быть, работа отвлекала его от тяжелых мыслей о разрушенной жизни — кто знает?.. Норму он перевыполнял чуть ли не вдвое.

Но вот Ударцев отбыл три четверти своего пятнадцатилетнего срока и, по закону, мог рассчитывать на УДО — условнодосрочное освобождение, тем более что все характеристики на него были одна лучше другой. Но ведь он — каратель, а потому выпускать его раньше времени, по сложившейся практике, нельзя. К чему же придраться? К антисемитизму — решили власти.

На заседании соответствующей комиссии начальник политчасти воздал должное ударнику труда, а потом сказал:

— Но ведь вы, Ударцев, носите в себе пережиток капитализма — антисемитизм. А наша партия проводит политику интернационализма, и если мы вас освободим, вы будете оказывать на советских людей вредное влияние.

Возвратившись на свое рабочее место, Ударцев выглядел просто раздавленным. Советская власть вновь обманула его. Дружки-полицаи не скрывали злорадства: мы, мол, даже и не пытаемся, и тебе не надо было. Бедняга почувствовал это и внезапно обратился за утешением — ко мне!

— Как же они могли так меня обмануть?

— Вы слишком хорошо работаете, им, наверное, жалко вас отпускать.

— Ну уж, хрен им! Больше чем норму они от меня теперь не получат! — яростно выкрикнул он, не заметив в моих словах иронии.

На следующий день подавленный Ударцев хмуро стоял у станка и пытался работать как можно медленней. Утром это у него получалось неплохо, вечером — хуже: руки не слушались, двигались быстрее и быстрее, а через пару дней все окончательно вернулось на свою колею…

У полицаев в зоне были и ровесники — литовские и эстонские «лесные братья», люди, с оружием в руках защищавшие свою землю от немецких и советских оккупантов. Многие из них тоже были немощны и больны, но стукачами они, за редчайшим исключением, не становились.

Рядом с моей койкой в бараке находилась койка эстонца Харольда Кивилло. Когда в конце сороковых годов к ним на хутор пришли чекисты — вывозить семью в Сибирь, он вместе с братьями убежал в лес и присоединился к отряду патриотов. Один за другим погибали братья, друзья, и Харольд остался один. Много лет прожил он в лесном бункере. Женщина, которая была с ним, тяжело заболела, и он отправил ее в город. Леса постоянно прочесывались войсками, Харольд переходил с места на место. Последняя утеха, которая у него оставалась, — пчелы. Уходя от преследования, он забирал с собой два улья — переносил на новое место сначала один из них, потом возвращался и забирал другой. В пятьдесят седьмом году, когда на недолгий срок была отменена смертная казнь, он вышел из леса — одним из последних — и получил двадцать пять лет лагерей. Сейчас ему оставалось сидеть два года. Вел себя Харольд в зоне с большим достоинством; окружающее мало его интересовало — он давно всем пресытился. Вернувшись с работы, Кивилло читал свои любимые журналы «Цветоводство» и «Пчеловодство». Кроме того, ему разрешили разбить в зоне небольшую цветочную клумбу. Харольд умудрился достать семена щавеля, укропа и каких-то других съедобных, богатых витаминами трав, посадил их среди цветов и подкармливал меня и других изголодавшихся диссидентов, приходивших из тюрем, из ПКТ — помещения камерного типа, внутрилагерной тюрьмы, из ШИЗО — штрафного изолятора. Это занятие было рискованным: выращивание в лагере овощей и вообще любых пригодных в пищу растений категорически запрещено. Кивилло делился со мной своим гигантским лагерным опытом: объяснял здешние порядки, говорил, кому можно доверять, а кого следует опасаться, — советы эти были для меня, новичка, бесценными.

Через много лет мне рассказали о том, как сложилась жизнь Харольда после освобождения. Встречала его единственная оставшаяся в живых родственница — сестра. По дороге она сказала, что дети ее ничего не знают о том, за что он сидел, просила не впутывать ее семью в политику… «Останови машину, — потребовал Кивилло и уже снаружи добавил: — Ты меня не знаешь, я тебя не знаю. Прощай». В Эстонии ему поселиться не разрешили, он с трудом получил прописку в Латвии, где и осел на хуторе, вернувшись к своему любимому занятию — разведению пчел.

Харольд принадлежал к старшему поколению «антисоветчиков». Основным же объектом забот КГБ в зоне было молодое поколение диссидентов-«семидесятников». Эти люди, оказавшиеся за решеткой из-за своих политических, религиозных или национальных убеждений, активно отстаивали свое право на них и в лагере: писали заявления, проводили голодовки, протестуя против произвола властей по отношению к заключенным. Многих из них я хорошо знал заочно — по рассказам друзей, по документам самиздата, которые мне приходилось передавать иностранным корреспондентам. Выходя в зону, я с нетерпением ждал встречи со своими соратниками, но, как выяснилось, одни из них были совсем недавно переведены в иные лагеря, другие же находились в ПКТ, куда за «плохое поведение» зеков помещали на срок до шести месяцев. ПКТ изолировалось от зоны забором и рядами колючей проволоки, и связаться с ребятами, сидящими там, было практически невозможно.

***

Одно из важных отличий зоны от тюрьмы в том, что в лагере зеку позволено раз в году свидание с родными продолжительностью до трех суток. На все это время вас помещают в особую комнатку с кухней, обеспечивая видимость домашней жизни. Конечно, за «плохое поведение» свидания всегда можно лишить, но по отношению ко мне, прибывшему из тюрьмы после трех лет отсидки, власти решили «проявить гуманность», руководствуясь, понятно, политическими соображениями.

Вечером двадцать шестого апреля дежурный офицер забирает меня из столовой и ведет к помещению для свиданий. Сердце мое колотится: сейчас я увижу кого-то из родных. Маму?.. Леню?..

Меня раздевают, тщательно обыскивают. Алик Атаев, один из самых дотошных прапорщиков, проявляет особый интерес к моему заду.

— Не путай меня с собой, — говорю я ему добродушно. — Я всю информацию держу в голове!

Алик беззлобно смеется. Мне выдают новую одежду — после свидания ее отберут; я вхожу в комнату и вижу маму и Леню. Наконец-то после трех лет разлуки — и каких лет! — мы вместе!

— Продолжительность свидания — двадцать четыре часа, — сообщает нам офицер.

— Как двадцать четыре?! Ведь по закону — трое суток! — возмущаюсь я.

— Не трое суток, а до трех суток. Пока неясно, будет ли свободно помещение.

Тут вмешивается мама:

— Начальник нам обещал, что продлит, если появится возможность.

Просто он еще точно не знает.

— Продлит так продлит. А пока — сутки, — говорит офицер и уходит.

Я понимаю: никакого продления не будет, и говорю:

— Давайте не терять времени, его у нас мало.

Мама уже все обдумала:

— Идемте на кухню. Будем есть и разговаривать.

Обеденный стол буквально ломится от продуктов, вкус которых я уже успел забыть: тут и курица, и овощи, и фрукты, и яйца, и икра... Ни мне, ни родственникам не позволяется принести на свидание письма, книги, газеты; даже бумага и карандаш запрещены, чтобы мы не могли переписываться, избежав тем самым подслушивания. Но с воли можно привезти практически любую еду: пусть себе едят, меньше будут разговаривать, а за день-два зека все равно не откормишь впрок.

Сажусь за стол. Проблема, с чего начать: хочется перепробовать все. Сую что-то в рот и жуя начинаю рассказывать о следствии, перечисляя все, что собрал КГБ против других отказников: медленно, чтобы мама и Леня запомнили, пересказываю содержание приговора, говорю о каждом документе, уточняю каждый эпизод — на воле должны знать мое дело в мельчайших подробностях.

Первые часы встречи проходят сумбурно: я каждую минуту прерываю себя, спрашиваю об Авиталь, о родственниках, о друзьях; мама мечется между плитой и столом, то и дело вспоминая что-то очень важное, направляющее беседу в другое русло... Становится страшно, что за сутки мы так и не успеем поговорить обо всем.

— Леня, давай не будем спать всю ночь, — предлагаю я.

Измученная, но счастливая мама засыпает в моих объятиях, а мы с братом продолжаем разговаривать. Он рассказывает о событиях, происходивших в мире за эти годы, о том, что предпринимает для моего освобождения Авиталь. Оказывается, через несколько дней в Амстердаме открывается общественный трибунал по моему делу. Я тут же решаю обратиться к нему с приветствием. Писать мне, конечно, нечем и не на чем, да и менты не дали бы вывезти, так что я продумываю текст обращения и диктую Лене. Брат повторяет его несколько раз, пока не запоминает дословно.

Утром мама пытается вызвать начальника, но ей отвечают, что он куда-то уехал. Я понимаю, что все наши усилия бессмысленны: свидания никто не продлит, однако маме трудно с этим примириться. Чем меньше у нас остается времени, тем больше мы нервничаем, тем сильнее ощущение цейтнота. Истекают последние часы встречи, когда-то еще увидимся!..

Мы говорим о папе, вспоминаем наше с Леней детство, перескакиваем на текущие дела: что передать Авиталь, друзьям. Входит дежурный офицер:

— Свидание окончено.

— Как?! У нас еще два часа!

— Нет, ваше время вышло, — показывает он свои часы.

Оказывается, настенные в нашей комнате остановились, а мы и не заметили.

Последние объятия. Мама пытается всучить мне какие-то продукты, ведь запаслась едой на три дня! Но дежурный не разрешает: не положено. Назло ему беру самое большое яблоко, надкусываю и выхожу с ним. В соседней комнате меня опять обыскивают, снова заставляют сменить одежду и милостиво разрешают доесть яблоко на месте: в зону ничего вносить нельзя.

Я возвращаюсь в барак усталый и разбитый. Тысячи вопросов, которые я не успел задать, вдруг всплывают в памяти. Когда теперь следующее свидание? По закону — через год. Но получу я его только через пять лет.

***

Утром просыпаешься по звонку: подъем! Через несколько минут по бараку пройдет прапорщик, и если ты еще в постели, то обязательно будешь наказан. Моешься, одеваешься, застилаешь постель — и на улицу, где зеки уже выстраиваются на перекличку. Когда дежурный офицер назовет твою фамилию, ты должен откликнуться. Затем все идут в столовую — хлебать утреннюю баланду.

Между завтраком и выходом на работу — полчаса свободного времени. Кто-то дремлет, кто-то читает, кто-то пьет чай с приятелем. Я же в первые недели после приезда в зону тратил эти тридцать минут на прогулку по круговой дорожке, прокопанной в глубоком, доходившем иногда до пояса снегу, любовался по-северному низким солнцем, елями и даже вышками, воспринимавшимися как естественная часть пейзажа, слушал лесные шорохи и лай сторожевых собак, а главное, вдыхал, нет, пил, как самый вкусный напиток, свежайший воздух.

В начале мая снег начал быстро таять. Наш лагерь стоял на возвышенности; всего три-четыре дня журчали ручьи, а затем появилась трава. Еще месяц-другой — и пойдут грибы — настоящий деликатес в зоне. Кроме того, можно будет загорать. То есть загорать, конечно, нельзя, если раздеваешься хотя бы до пояса, наказывают за нарушение формы одежды, но опытный зек всегда урвет хотя бы несколько минут для солнечных ванн.

Гулял я зимой по снегу, летом — по зеленой траве, вдыхал чистейший воздух, лечил солнцем больные глаза — и меня не оставляла мысль, что такое чудо долго продолжаться не может. И действительно, за девять лет заключения я провел в лагере в общей сложности лишь восемь месяцев. Так что предчувствие меня не обмануло...

Итак, после получасовой прогулки, в половине восьмого, выход на работу. Я ученик токаря, вытачиваю фрезы. Пока нормы от меня не требуют, но очень скоро мне станет ясно, что выполнить ее я не в состоянии, не хватает сноровки, умения, да и просто физических сил. Между тем меня лишают ларька — права приобретать в лагерном магазине продукты на огромную сумму — пять рублей в месяц. Одновременно помогают: сколачивают деревянную приступку, чтобы облегчить мне работу, и вешают прямо напротив моего рабочего места огромный красный плакат: «Слава труду!» Несмотря на все это, норма для меня недостижима; впрочем, я решаю особо и не стараться — ведь «становиться на путь исправления» я в любом случае не собираюсь.

Работаем мы на СИЗ — Свердловский инструментальный завод; под той же маркой выпускают продукцию и другие цеха политических лагерей Пермской области. Как-то, желая подстегнуть наш трудовой энтузиазм, заместитель начальника зоны по политчасти вывесил список стран, куда поступает продукция СИЗа. Среди них Болгария, Югославия, Египет, Куба, Франция. Интересно, знают ли французские рабочие, что среди инструментов, которыми они пользуются, есть, скажем, фрезы, выточенные политзаключенными членом-корреспондентом Академии наук Армянской ССР Орловым, узниками Сиона Дымшицем и Альтманом, врачом-психиатром Корягиным?..

Была у нас еще и швейная мастерская, где работали в основном старики — шили рукавицы, а также цех ширпотреба, выпускавший особого рода сувенирные шахматы: доска из ценных пород дерева с разноцветной картинкой-инкрустацией, оригинально выточенные фигуры. Такие шахматы я когда-то видел в Москве в валютном магазине «Русский сувенир». У нас их изготовляли как для плана, так и «налево»: лагерное начальство и охрана заказывали зекам такие произведения подневольного искусства, расплачиваясь за них несколькими пачками чая. Как-то я видел шахматную доску, изготовленную по заказу кагэбэшника: вместо стандартной картинки на ней изобразили портрет его начальника, полковника, — это был подарок от подчиненных ко дню рождения...

Вечером после работы еще одна проверка и ужин. Затем свободное время; его немного, но можно успеть прочесть несколько страниц книжки, газету, письмо из дома — если ты, конечно, в числе счастливцев, получивших корреспонденцию. Есть шахматы, бильярд, настольный теннис. Два раза в неделю — политзанятия, на которых читают лекции о международном положении, прославляют политику партии и правительства. Я, как и большинство «антисоветчиков», ходить туда отказываюсь, но полицаи дружным строем идут в зал, внимательно слушают, аплодируют. И план на производстве они всегда выполняют — на доске почета их фамилии постоянно в числе «передовиков труда и быта», а потому к каждому празднику — будь то День победы над Германией или День Советской армии — они получают премию: право дополнительной покупки в ларьке на рубль или даже на трешник.

А в воскресенье у всех зеков двойной праздник: на обед дают настоящую котлету, в которой пятьдесят граммов мяса, а потом показывают кинофильм. Раз в году для ударников производства устраивается особое застолье — с двумя котлетами — и демонстрируются два фильма подряд.

Словом, нормальная советская жизнь. Вот только прапорщики постоянно шныряют по зоне, к кому-то придираются, кого-то обыскивают, кого-то задерживают и отвозят в ШИЗО — лагерный карцер. Но ведь и в большой зоне творится то же самое!

Кончалось лето, первое и последнее лето, проведенное мной на лагерной воле, — блаженная пора, когда скудный гулаговский рацион пополнился грибами, отварами из трав, вопреки всем инструкциям, росшим в зоне, а главное — пора щедрого солнца и целебного воздуха. Я заметно окреп, глаза почти перестали болеть. Но все же наслаждаться такой жизнью в полной мере я не мог, и дело было не в лагерной рутине, которую можно приучиться не замечать, во-первых, я беспокоился за Авиталь и маму, а во-вторых, мешало постоянное чувство вины перед теми, кто сидел в ПКТ. Я настойчиво искал способ установить с ними связь, передать им еду, записку, привет, наконец, но ничего не получалось.

Власти почему-то не торопились сажать меня ни в ПКТ, ни в ШИЗО, хотя поводов для этого я им подбрасывал достаточно. Первого августа в связи с пятой годовщиной подписания Заключительного акта в Хельсинки я отправил на имя Брежнева заявление с требованием немедленной амнистии для политических заключенных и свободы эмиграции. К моему удивлению, меня не только не наказали за это письмо, но даже объявили, что оно отослано адресату. Ответа, впрочем, я не получил.

В другой раз я вместе с еще несколькими диссидентами написал серию заявлений, в которых мы требовали немедленно оказать медицинскую помощь члену украинской Хельсинкской группы Миколе Матусевичу, сидевшему в то время в ПКТ. Тут меня обвинили в организации «незаконных протестов», но всего лишь лишили очередного ларька.

Тем временем ПКТ начало понемногу разгружаться: кого-то увезли в тюрьму, кого-то перевели в другую зону, кого-то выпустили к нам. В начале сентября КГБ вспомнил наконец и обо мне: я был вызван к оперуполномоченному майору Балабанову.

Не желая вступать с ним в объяснения, я с порога заявил:

— С представителем преступной организации иметь дела не намерен.

— Напрасно, Анатолий Борисович, вы не хотите искать с нами общий язык. До сих пор администрация относилась к вам мягко, проявляла терпение. Все может измениться.

ШИЗО, кстати, свободно, ПКТ — тоже... Что, надоело солнышко? Опять в тюрьму хотите?

«Как же он примитивен!» — думал я, разглядывая этого атлетически сложенного мужика с недобрым лицом.

А через несколько дней меня послали работать на «запретку»: так называется пятиметровая полоса между забором и первым из нескольких рядов колючей проволоки, окружающих лагерь. Запретка ярко освещена круглые сутки; когда сходит снег, ее распахивают. Охранники зорко наблюдают за ней: зек, оказавшийся в этой полосе, рассматривается как беглец; его берут на мушку, кричат: «Стой!», а затем уже стреляют. Конечно, если возникает необходимость вкопать какой-нибудь столб или натянуть новую проволоку, охрану предупреждают заранее — куда, на какое время и сколько человек будет выведено.

Однако среди политиков существует неписаное правило, восходящее еще к временам сталинских лагерей: на запретку не выходить. Этому обычно дается два объяснения. Одно — практическое: в те времена заключенных частенько посылали на запретку только для того, чтобы убить под предлогом пресечения попытки к бегству. Сейчас такого вроде бы не случалось, но кто может знать, когда подобная практика возобновится? Другое — морально-этическое: работать на запретке — значит помогать властям строить тюрьму для нас самих.

Я не боялся, что меня убьют, хотя и предполагал, что могу стать жертвой какого-нибудь издевательства: совсем недавно одного старика, отправленного туда для сбора мусора, продержали под прицелом два часа, пока администрация лагеря, которая вывела его без ведома охраны, выясняла с вертухаями отношения. Но для меня было важно не нарушить второй запрет — один из тех нравственных императивов, что помогают узникам ГУЛАГа сохранить духовную дистанцию между собой и своими тюремщиками. Я категорически отказался выйти в запретку, и меня лишили права на очередное свидание.

Через несколько дней власти повторили свое приказание. Снова я отказался, и меня наконец-то посадили в опустевший ШИЗО на пятнадцать суток.

Я был приятно удивлен, увидев, насколько лагерный карцер отличается от тюремного. Во-первых, полы были не цементными, а дощатыми — не так холодно ногам. Когда уже совсем нет сил, можно, нарушив инструкцию, лечь на пол. Во-вторых, на зарешеченных окнах не было намордников и дневной свет заполнял камеру. В-третьих, незадолго до этого политзаключенные, воспользовавшись неясностью формулировок закона, добились права читать в ШИЗО книги. Конечно, тебя пытали голодом и холодом, отбирая всю теплую одежду и выдавая горячую пищу только через день, но во всем остальном — никакого сравнения с мрачным тюремным карцером!

Однако зеки недолго наслаждались такими условиями. Борьба между нами и администрацией за возможность читать в ШИЗО некоторое время велась с переменным успехом, пока наконец не пришла инструкция из Москвы: «С целью ужесточения режима ШИЗО и усиления его воспитательного воздействия не выдавать осужденным книги и газеты». Когда я вновь попал в этот лагерь в восемьдесят пятом году, на окнах в карцере уже висели и намордники. Но полы были те же, деревянные, так что для усиления воспитательного воздействия еще оставались ресурсы…

Лагерный ШИЗО, в отличие от чистопольского карцера, находился не в подвале, но оказалось, что есть в этом и существенный недостаток: в стенах сколоченного наспех домика и в оконной раме зияли щели, и когда на улице бушевал ветер, согреться было невозможно.

До конца срока оставалось несколько часов. Появился майор Осин.

— Ну как, Щаранский, не хотите ли побеседовать с Балабановым? — спросил он и, услышав отказ, заметил: — И себе жизнь осложняете, и нам.

Вскоре пришел дежурный офицер и зачитал новое постановление: «Щаранский нарушал режим: лежал на полу. Одиннадцать суток ШИЗО».

Я написал очень резкое заявление в прокуратуру, и дней через десять ко мне приехал районный прокурор.

— Обязывает ли меня закон общаться с представителем КГБ? — спросил я его.

— Такого закона нет.

— Имеет ли право КГБ влиять на действия администрации?

— Нет.

— Тем не менее ни Балабанов, ни Осин не скрывают, что мстят мне за отказ иметь дело с сотрудниками органов.

— Вы неправильно что-то поняли. В постановлениях о наказании указаны другие причины: отказываетесь работать, нарушаете режим ШИЗО.

— Если шантаж КГБ и администрации не прекратится, я буду вынужден начать голодовку, — заявил я.

Прокурор ушел.

Когда, отсидев двадцать шесть суток в карцере, я вернулся в зону, землю уже вновь покрывал глубокий снег, наступил ноябрь.

За это время в зоне появилось несколько новых диссидентов, среди которых был Владимир Пореш, ставший вскоре одним из самых близких моих друзей в ГУЛАГе. Ленинградский филолог, свободно владевший французским, специалист по истории русской и французской литературы, Володя в конце семидесятых годов сделался активным участником христианского семинара, начал издавать теологический журнал, за что его и арестовали. На следствии Пореш в какой-то момент заколебался: уж очень соблазнительным аргументом для сдачи позиций была идея, что всякая власть — от Бога, и потому сопротивляться ей — грех; надо сказать, что на эту догму любил ссылаться КГБ в своей работе с религиозными диссидентами. Но Володе удалось вовремя взять себя в руки. Органы, не теряя надежды «размягчить» Пореша, пошли на беспрецедентный шаг: удовлетворили его просьбу и разрешили встретиться со священником для причастия. Тот пришел с газетой «Известия», в которой было опубликовано покаянное письмо известного правозащитника — отца Дудко, написанное в тюрьме и принесшее Дудко свободу.

— Богу — Богово, кесарю — кесарево, — напомнил Володе священник.

— Но если кесарь покушается на Богово, с этим нельзя мириться, — возразил Пореш.

Приговор суда гласил: пять лет тюрьмы и три года ссылки. Встреча со священником была не единственным проявлением «гуманности» со стороны КГБ: во время следствия жене Володи разрешили передать ему Библию. Прокурор на суде использовал этот факт в качестве доказательства свободы вероисповедания в СССР. Но суд окончился, а с ним и пресловутая свобода: книгу у Пореша отобрали, и он объявил голодовку. Продолжал он ее и на этапе, и в пересыльных тюрьмах. После тридцати дней голодовки Библию Володе вернули, но когда я увидел его в зоне, то ужаснулся: таким пугающе худым он был.

КГБ, надо полагать, не рассчитывал, что мы с Порешем подружимся: ведь в кругах, где он вращался, к евреям относились, как правило, недружелюбно. Да и у меня с точки зрения органов не должно было быть особых симпатий к русским националистам.

В первые дни меня буквально шокировало, насколько сильны у Володи антиеврейские предрассудки. Скажем, по официальной статистике, в СССР было менее двух миллионов евреев, по нашим же оценкам — от двух до трех миллионов.

— Ну, уж миллионов-то десять наверняка есть, — говорил он полувопросительно-полуутвердительно, приводя в доказательство расхожее утверждение, что на всех теплых местах в стране одни евреи. Эмигрантский журнал демократического направления «Континент» Володя, как впрочем и официальная советская пропаганда, считал сионистским — ведь среди его сотрудников и авторов немало евреев. Наконец, что меня особенно потрясло, он осторожно, но недвусмысленно выразил мнение, что в кровавых наветах есть, должно быть, какая-то историческая правда.

Казалось, что могло объединять меня с этим человеком? Но надо было видеть, как быстро и легко слетала с Володи вся эта шелуха, когда он оказался в новой для себя среде! И не потому, что он пытался приспособиться к ней или не имел твердых убеждений, — за свои принципы он готов был платить самую высокую цену. Но его природная доброта и вера в высшее предназначение человека делали его открытым миру, новым людям, новым идеям. Он, казалось, сам был искренне рад избавиться от своих предубеждений, ведь это теперь позволяло ему думать о людях лучше.

— Знаешь, что я сделаю, если опять когда-нибудь стану выпускать журнал для христианской молодежи? Я опубликую в нем перевод вашей пасхальной Агады, — сказал он мне как-то после одной из наших бесед.

— Ты даже не представляешь себе, каким откровением это будет для многих в России! Ведь люди думают, что в ней воспевается принесение в жертву Христа, а это, оказывается, замечательный гимн свободе!

В стране, где большинство евреев никогда не читали Агаду, да и слова-то такого не слышали, чего можно ожидать от остальных!

Мы провели с Володей до того, как я попал в ПКТ, меньше месяца, но этих трех-четырех недель оказалось достаточно, чтобы между нами возникли основы взаимной симпатии и дружбы, которые связывали нас впоследствии и во внутренней лагерной тюрьме, и в Чистополе.

Что же привлекало нас друг в друге?

Порешу нравилась простота моих отношений с КГБ, четкость позиции, которую я занимал. Сам он мучительно пытался решить для себя принципиальные вопросы: где кончается борьба со злом и начинается гордыня? Как различить смирение перед Богом от смирения перед палачом? Морально ли врать кагэбэшнику? Помогать стукачу? Володя очень переживал из-за своих недолгих колебаний на следствии, все думал, не повредило ли это его друзьям. Но, по-моему, больше всего его беспокоило сознание, что он оказался недостаточно готовым к испытаниям, ко встрече со злом. Он жил с ощущением, что каждый его шаг, каждый поступок взвешивается на Небесах. Эта его вера, а также доброта и предельная искренность сразу же расположили меня к нему.

Пореш стал постоянным членом нашего «кибуца» — небольшой группы диссидентов, объединивших свое нехитрое хозяйство — прежде всего, продукты. В эту коммуну входил и Юра Бутченко, музыкант, пытавшийся связаться в Ленинграде с представителями американского консульства, чтобы обсудить с ними идею пропаганды капитализма с помощью рок-музыки, и осужденный на восемь лет «за попытку шпионажа». Гостями нашей компании часто бывали литовец Жанис Скудра, эстонец Калью Мяттик, грузин Зураб Гогия.

Крестьянин Скудра несколько лет ездил по Прибалтике и фотографировал бывшие костелы, церкви, синагоги, превращенные в склады или просто разрушенные. Снимки он переправлял за рубеж, где его приятель публиковал их под рубрикой «Хроника оккупации». В итоге — двенадцать лет по статье «измена Родине». Это был очень тихий, с виду даже пугливый человек, на которого, казалось, достаточно цыкнуть и он тут же сломается. Жанис безропотно выполнял все, что от него требовали, но когда зеков собирали на политзанятия или на «ленинский субботник», он никогда не соглашался принимать в этом участие, отвечая негромко, но с достоинством:

— Я не могу служить двум богам сразу — и моему, и вашему.

Как-то он сказал об одном человеке:

— Я не могу ему вполне доверять: он, кажется, не верит в Бога.

Математик Калью Мяттик был участником эстонской демократической группы, а журналист Зураб Гогия распространял листовки с протестом против насильственной русификации Грузии. Компания сложилась интересная, и все свободное время мы проводили в беседах и спорах.

***

Приближалась Ханука. Я был тогда в зоне единственным евреем, но, когда «кибуцники» узнали от меня, что это за праздник, они решили отметить его вместе со мной. Более того, ребята приготовили для меня приятный сюрприз — сделали в цеху деревянную ханукию, разрисовали ее, достали где-то восемь свечей — я не знал тогда, что нужна и девятая, от которой зажигаются все остальные.

Вечером я зажег первую свечку и произнес сочиненную по этому случаю молитву. Мы разлили по кружкам чай, и я стал рассказывать о героической борьбе Маккавеев за спасение своего народа от насильственной ассимиляции, от рабства. В какой-то момент появился, естественно, дежурный прапорщик, переписал всех присутствующих, но вмешиваться не стал.

Каждый следующий вечер Хануки, продолжающейся восемь дней, я доставал из тумбочки ханукию, зажигал на несколько минут свечи, читал молитву. Я не мог позволить свечам догореть до конца, как положено: ведь запасных у меня не было. Гаврилюк, койка которого находилась напротив моей, хмуро наблюдал за происходящим и недовольно ворчал:

— Ишь, синагогу себе устроил! А вдруг пожар?

До конца Хануки оставалось два дня, когда я, вернувшись в барак с работы, не обнаружил в тумбочке ни ханукии, ни свечей. Я сразу же бросился к дежурному офицеру — узнать в чем дело.

— Подсвечники конфискованы, — ответил тот. — Они изготовлены из государственных материалов. Только за одно это мы могли бы вас наказать. Кроме того, заключенные жалуются — боятся, что вы можете устроить пожар.

— Через два дня Ханука кончится, тогда я верну вам вашу государственную собственность. А сейчас это выглядит как попытка лишить меня возможности отмечать еврейские праздники! — заявил я.

Дежурный заколебался. Он поднял трубку и прямо при мне позвонил не кому иному, как Балабанову. «Лагерь — не синагога, — передал он мне ответ кагэбэшника.— Молиться Щаранскому мы тут не позволим».

Эта откровенная наглость не оставила мне выбора, я немедленно объявил голодовку. В заявлении на имя Генерального прокурора я протестовал против нарушения моих национальных и религиозных прав, против вмешательства КГБ в мою личную жизнь.

Когда начинаешь голодовку, не объявив о ее длительности, никогда нельзя предугадать заранее, заинтересованы ли власти в этот момент, чтобы она поскорее прекратилась, или им на это наплевать. Я не знал, что через несколько недель в лагерь должна была приехать комиссия из Москвы, но начальству, надо думать, это было хорошо известно. Во всяком случае отреагировало оно быстро.

Вечером следующего дня меня вызвали в кабинет Осина. Тучный мужчина лет пятидесяти, с маленькими заплывшими глазками, он, казалось, давно уже утратил интерес ко всему на свете, кроме еды. Но на самом деле начальник лагеря был мастером по части интриг, он подсидел и обогнал по службе многих своих коллег. Уже при мне Осин благополучно пережил несколько серьезных неприятностей, подставив под удар подчиненных. Майор был настоящим садистом, упивавшимся своей властью над зеками и наслаждавшийся физическими и моральными мучениями, которые им причинял. В то же время Осин никогда не забывал, что его карьера строится на нас, и умел при необходимости вовремя отступить и сманеврировать.

Растянув свои жирные щеки в добродушной улыбке, майор стал убеждать меня снять голодовку. Он объяснял, что произошла ошибка: дежурный офицер не должен звонить представителю КГБ, но просто был вечер, и никого из начальства уже не нашлось. Осин обещал лично проследить, чтобы в дальнейшем мне никто не мешал молиться.

— Так в чем же дело? — сказал я. — Отдайте мне ханукию, ведь сегодня — последний вечер праздника. Я зажгу свечи, помолюсь и — с учетом ваших заверений на будущее — сниму голодовку.

— Что за ханукия?

— Подсвечник.

— А-а! Но отдать вам его я не имею права, ведь он изготовлен из государственных материалов и уже составлен протокол о его конфискации.

Мне было ясно, что он не может отступить публично, на глазах у всего лагеря. Я смотрел на этого сладко улыбавшегося хищника, потом перевел взгляд на его роскошный полированный стол, и мне пришла в голову забавная мысль, которая сразу же захватила меня.

— Послушайте, — сказал я, — конфискована ханукия или нет, я уверен, что она где-то у вас. Для меня очень важно отметить последний день праздника по всем правилам. Поэтому давайте сделаем это сейчас, в кабинете, вместе с вами. Дайте мне ханукию, я зажгу свечи, прочту молитву, а потом, так уж и быть, сниму голодовку.

Осин поразмышлял — и вдруг, открыв ящик своего стола, извлек, подобно фокуснику, отобранную ханукию. Он вызвал Гаврилюка, который работал дежурным по штабу, и тот принес большую свечу.

— Но мне необходимы восемь свечей.

Майор достал из кармана красивый складной нож и ловко нарезал свечу на восемь частей.

— Иди, я потом тебя позову, — отослал он полицая.

Я укрепил свечки и пошел к вешалке за шапкой, на ходу объяснив Осину:

— Во время молитвы надо стоять с покрытой головой, а в конце сказать: «Амен!»

Начальник, приняв решение, уже не колебался: он надел свою офицерскую шапку и встал. Я зажег все свечи и стал читать на иврите молитву, текст которой гласил: «Благословен Ты, Господь, за то, что дал мне радость этого дня Хануки, праздника нашего освобождения, возвращения на дорогу отцов. Благословен Ты, Господь, за то, что дал мне возможность зажечь эти свечи и сделаешь так, что я еще много раз буду зажигать ханукальные свечи в Твоем городе Иерусалиме с моей женой Авиталь, с моей семьей и друзьями!» В конце я обычно повторял свою старую молитву, сочиненную когда-то в Лефортово. Но на этот раз, вдохновленный созерцанием вытянувшегося по стойке «смирно» Осина, я добавил и другое: «И придет день, когда все наши враги, что готовят нам сегодня погибель, будут стоять перед нами, слушать наши молитвы и говорить «амен!».

— Амен! — эхом откликнулся начальник лагеря. Он облегченно вздохнул, сел, снял шапку. Некоторое время мы молча смотрели на горящие свечи. Они таяли очень быстро, и парафиновые лужицы растекались по зеркальной поверхности стола. Тут Осин спохватился, позвал Гаврилюка и приказал;

— Убери!

Торжествующий, я вернулся в барак. Наш «кибуц» весело отметил завершение Хануки. А история об «обращении» Осина вошла в лагерные анналы. Я, конечно, понимал, что месть за это неизбежна, но думал: «Разве мало у них других причин ненавидеть меня? Одной больше, одной меньше — какая разница!»

...Когда через несколько дней я вечером вернулся из рабочей зоны, дежурный офицер сообщил мне:

— С завтрашнего дня вы переводитесь на новую работу. Будете сантехником.

По дороге в столовую и за ужином я пытался разгадать подоплеку такого странного поворота в моей арестантской судьбе — и не мог. Токарей не хватало, эта работа была одной из самых тяжелых. Несколько станков ждали очередных жертв советского правосудия. Требовались люди и в кочегарке, и в столярке. А место сантехника считалось теплым: нужно всего лишь мыть сортиры, проверять исправность водопровода в зоне и в случае необходимости его ремонтировать да еще после снегопадов расчищать проходы к уборным. Два-три часа в день потрудился, а потом гуляй себе по зоне или сиди в особой будочке, жди вызова. Обычно эту работу давали кому-нибудь из известных всем стукачей или больному старику с трясущимися руками, которого уже ни к станку не поставишь, ни к швейной машинке не подпустишь. Как раз такой доходяга, бывший бандеровец Островский, и был сейчас сантехником.

Когда я вернулся в барак, тот гудел, как потревоженный улей; собравшиеся кучками старики перешептывались, зло поглядывая на меня. Впрочем, долго они не выдержали, и со всех сторон посыпалось как из худого мешка:

— А чего еще от еврея можно ожидать!

— Строил тут из себя героя, с КГБ отказывался разговаривать, а сам старика подсидел!

— Такое место за красивые глаза не получишь!

Я подошел к Островскому. Бедняга плакал: его переводили в рабочую зону.

— Не бойтесь, — успокоил я его, — я у вас место отбирать не стану.

В заявлении на имя Осина я написал, что считаю такое назначение провокацией и переходить в сантехники отказываюсь.

Два дня меня не подпускали к станку, но и не наказывали, ждали, что начну все же чистить уборные. Таким случаем грех было не воспользоваться, и я гулял с утра до вечера, торопясь надышаться свежим морозным воздухом и налюбоваться солнцем, ибо хорошо понимал: моя относительно вольная жизнь подходит к концу.

На третий день за отказ от работы меня отправили на пятнадцать суток в ШИЗО, и снова на много лет моим домом стала тюремная камера.

***

В изолированном от зоны бараке ПКТ-ШИЗО было четыре карцера и две обычные камеры внутренней тюрьмы. В карцере, по закону, можно держать зека без перерыва лишь пятнадцать дней; но у меня уже имелся опыт, и потому я не удивился, когда за первым сроком последовала череда следующих, а потом как не вставший на путь исправления я был переведен на полгода на режим ПКТ.

После карцера тюремная камера, рассчитанная на четырех человек, кажется большой, тем более когда сидишь в ней один. Кроме нар в камере — стол и лавка. Наконец-то можно взять теплые вещи: телогрейку, нижнее белье — и пять книг. И то и другое очень важно. Разрешается отправлять одно письмо в два месяца (на карцерном режиме вообще запрещена переписка), из зоны же позволяют писать раз в две недели. Кормят в ПКТ ежедневно; норма, конечно, ниже, чем в зоне, зато значительно выше, чем в ШИЗО. Считается, что здесь зек получает в день тридцать граммов мяса и десять — сахара, это норма 9-а. Есть, правда, одно «но»: питание по ней я стану получать только при том условии, если буду выполнять производственный план. Дело в том, что каждое утро меня переводят в соседнюю — рабочую — камеру, где стоит швейная машинка. Дам по триста сорок пять мешочков для запчастей к пиле «Дружба» в день — накормят по норме 9-а, сделаю меньше — по норме 9-б. Так как я никогда швейным делом не занимался, первый месяц у меня ученический, и план с меня не требуют, но как только месяц кончается, и сахар, и мясо полностью исчезают из моего рациона. Соленая рыба утром, баланда из кислой капусты и несколько картофелин днем, овсяная или перловая каша вечером — вот мое меню. Негусто, конечно, но от голода я не страдаю — привык.

Ни в ПКТ, ни в ШИЗО кроме меня никого нет, не считая, естественно, охранников. Одиночество я переношу легко, благо есть книги. Но все же хотелось бы знать, что происходит в зоне...

Как-то раз, вынув из похлебки картофелину, я вонзил в нее зубы — и чуть не сломал их: она оказалась сырой. Я хотел уж было поднять скандал, как вдруг обнаружил, что во рту у меня — ксива! В это время в камере находился мент, что-то искал, и я с трудом дождался пока он уйдет. Это была записка от Юры Бутченко, он сообщал мне последние лагерные новости. Оказывается, ему удалось устроиться на несколько дней помощником повара, и он тут же попытался установить со мной связь. Увы, это была первая и последняя удачная попытка: вскоре Юру засекли. И когда через несколько месяцев его посадили в ПКТ, а потом отправили в Чистополь, ему показали записки, которые он посылал мне.

В конце февраля восемьдесят первого года у меня отобрали книгу псалмов. Я сразу же написал протест, и в лагерь прибыл представитель пермской областной прокуратуры.

— Долг государства, — заявил он, — защищать вас в заключении от вредных влияний, а влияние религии вредно, поэтому религиозная литература изъята у вас с нашего согласия.

Я понял: это серьезно. Тогда я решил для начала объявить забастовку: отказался выходить в рабочую камеру, пока мне не вернут псалмы. Сначала меня лишили свиданий на два года вперед, а затем, прождав три дня, посадили в карцер на пятнадцать суток. Кончился срок — опять перевели в камеру.

— Выходите на работу?

— Только когда вернете псалмы.

Мне стали добавлять еще по пятнадцать дней карцера. Один день кормили по норме 9-б, на другой — давали только черный хлеб и стакан кипятка на завтрак, обед и ужин. Стало трудно переносить холод, особенно ночью. Хорошо еще, что карцерные роба и штаны были на меня велики: я прятал руки поглубже в рукава, натягивал робу на голову и согревался тем, что удавалось надышать в это свое укрытие. Вот когда наконец сказались преимущества моего роста!

Я слабел день ото дня, даже на зарядку не оставалось сил. Кружилась голова, снова начали болеть глаза и сердце. На такие пустяки, как кровоточащие десны, я уже просто не обращал внимания. Так прошли тридцать дней, сорок пять, шестьдесят, семьдесят пять...

Я давно перестал реагировать на окрики надзирателей: «Не лежать на полу!» — я старался найти такую позу, в которой легче расслабиться, и опять «уходил в самоволку», думая о родных и о родном. Собственно, ведь моя борьба за сборник псалмов была прежде всего борьбой за память об отце, за сохранение связи с Авиталь, с Израилем, с еврейством...

Постепенно все большее место в моих размышлениях стали занимать шахматы.

Когда-то, выступая на студенческих соревнованиях, я проиграл партию одному профессионалу, мастеру спорта, выступавшему за Московский университет. Черными я разыграл редкий и рискованный вариант испанской партии, полюбившейся мне в школьные годы, но мой противник применил совершенно новое для меня продолжение. После игры он рассказал мне, что выудил эту новинку в каком-то шведском шахматном журнале. К тому времени я давно уже перестал читать такого рода литературу даже по-русски, не говоря уже об иностранных изданиях, ибо решил завязать со своим «профессиональным» шахматным детством, а потому проигрыш мастеру меня не слишком огорчил. Но мне показалось тогда, что шведская новинка несостоятельна и должно иметься какое-то опровержение. Однако ни времени, ни желания подумать над этим всерьез у меня не было; шахматы все дальше уходили из моей жизни в прошлое. И вот теперь, расхаживая по карцеру или лежа на полу, я часто возвращался к этой партии, медленно перебирая вариант за вариантом. Временами казалось, что решение найдено, но каждый раз я обнаруживал за белых новое усиление. В конце концов я придумал правильный вариант. Но главным было, конечно, не это: шахматы помогли мне выдержать страшную моральную пытку — пытку монотонным, бесконечным, мучительно тянущимся карцерным временем, сохранить способность логически мыслить и на сотые сутки.

На семьдесят пятый день, когда, наверно, даже в глазок можно было увидеть, что силы мои на исходе, власти сбавили темп и стали добавлять не по пятнадцать, а по пять суток.

— Выходите на работу?

— Только тогда, когда отдадите псалмы.

— Пять суток карцера.

Именно в это время у меня появились соседи; смежные камеры ШИЗО «ожили».

Первым посадили Вазифа Мейланова. Услышав после долгих дней тишины необычные звуки: голоса, шум, протестующие выкрики, доносившиеся до меня от самой дальней в коридоре камеры, — я понял, что население зоны пополнилось новым непокорным зеком, и стал ждать минуты, когда внимание охранников будет чем-нибудь отвлечено, чтобы окликнуть его. За переговоры между камерами немедленно следует наказание; мне-то терять было нечего, но подводить соседа я не хотел. Однако осторожность моя оказалась излишней: тот сам подал голос, громко крикнув:

— Есть здесь кто-нибудь?

Я тут же ответил. Не обращая внимания на крики надзирателей, мы стали знакомиться. Вскоре обнаружилось, что лучший способ общения — переговариваться через форточку, благо намордников на окнах тогда еще не было. Преодолевая слабость, я взбирался на подоконник, цеплялся руками за форточку и надолго повисал на ней: наши беседы длились часами. Надзиратели бесновались, видя, что на окрики мы не реагируем, они стучали молотками по железным дверям, устраивая «глушение». Мы замолкали, ждали, когда они устанут, и возобновляли разговор.

Один из вертухаев — далеко не самый плохой, но очень нервный — вышел однажды на улицу, встал под моим окном и несколько раз крикнул: «Молчать!», а потом… замахнулся на меня топором! Я инстинктивно отшатнулся, но тут же сообразил, что надежно защищен железной решеткой. Все же мы с Вазифом вызвали начальника лагеря и потребовали избавить нас от психованных надзирателей.

— А зачем вы нарушаете? — спросил Осин.

— А что, по вашим законам за разговоры можно бросаться на людей с топором?! Наше дело — нарушать, дело надзирателя — писать на нас рапорты. Или не так?

— Вы правы, — согласился Осин и обратился к стоявшему тут же вертухаю:

— О каждой попытке переговоров сообщайте нам, а мы будем их строго наказывать.

Но что значит «строго наказывать», если все возможные виды наказания к тебе уже применены и ты сидишь в бессрочном карцере?

Словом, мы продолжали общаться почти без помех. Знакомство наше было «заочным», но по темпераменту Вазифа я сразу понял: с этим человеком мы скорее всего проведем немало времени вместе — в ПТК, в ШИЗО, в тюрьме. Так оно и случилось.

Мейланов — наполовину лезгин, наполовину кумык — родился в Махачкале, однако вырос на русской культуре, литературе и истории. Вазиф окончил мехмат МГУ, был талантливым и знающим математиком, но его эрудиция в гуманитарных науках была ничуть не меньшей. Обладая острым критическим умом и ярким публицистическим даром, Мейланов написал ряд работ, распространявшихся в самиздате. В восьмидесятом году, сразу после ареста Сахарова и высылки его в Горький, Вазиф почувствовал, что обязан действовать. Он вышел на центральную площадь Махачкалы с плакатом и полчаса простоял напротив обкома партии, требуя освобождения опального академика и уважения к правам человека в СССР. Случай для этого города был беспрецедентным, и поэтому ни милиционеры, ни высокое начальство не знали поначалу, как реагировать. Наконец Вазифа пригласили подняться в обком на беседу, которая кончилась семью годами заключения и двумя — ссылки. Вскоре после прибытия в нашу зону Мейланов заявил: «Я не раб. До тех пор, пока труд в лагере — принудительный, я работать не буду».

Естественно, он сразу же оказался в ШИЗО и больше в зону никогда не выходил. Помню, тогда в первые месяцы его борьбы мало кто верил, что Вазиф удержится на своей позиции. «И не таких ломали!» — заявляли менты. «И не таких храбрецов видали», — говорили те из зеков, кто послабее духом и позавистливее остальных. Но и четыре года спустя, когда я, еще сам того не зная, доживал в неволе последние месяцы, сидя с Мейлановым в одном карцере, он так же твердо стоял на своем, как и вначале. Позади остались годы карцеров и тюрем, здоровье его было разрушено, но дух Вазифа КГБ не удалось сокрушить.

В политических зонах было немало стойких диссидентов, но даже на их фоне Мейланов выделялся своим непоколебимым упорством. В ГУЛАГе он подружился лишь с несколькими зеками. Мой принцип — быть жестким с властями, но терпимым по отношению к их жертвам — для Вазифа не подходил: того, что он требовал от себя, он требовал и от других, слабости не прощал никому. Сдерживать свои чувства этот человек тоже не умел и не хотел. Словом, сокамерником он был нелегким, и КГБ в дальнейшем искусно этим пользовался, провоцируя конфликты между ним и другими заключенными.

У нас с Мейлановым трений не возникало, может, потому, что у меня в запасе всегда был такой громоотвод, как шахматы. Когда я давал ему фору — пешку, наши силы становились примерно равными, и потом в тюрьме мы на много часов с головой уходили в игру. Вслепую же Вазиф, увы, не играл, и здесь в ШИЗО, общаясь со мной через форточку, составить мне компанию не мог. Зато мы развлекали друг друга математическими головоломками, а вскоре к нам присоединился еще один любитель математики и логики, угодивший в карцер. Это был не кто иной, как мой старый московский знакомый — Марк Морозов...

Между тем число дней, проведенных мной в ШИЗО, подходило к сотне. Однажды утром, услышав голос Вазифа, я попытался подтянуться на подоконнике, чтобы взобраться на него, но в глазах неожиданно потемнело, в ушах появился какой-то гул, и я потерял сознание.

Придя в себя, я увидел, что лежу на полу, и услышал испуганный голос вертухая, зовущего меня по фамилии. Заметив, что я открыл глаза, он сказал:

— Сейчас придет врач, я его уже вызвал.

По инструкции открывать дверь камеры надзиратель имеет право только с напарником; поэтому, пока не пришли врач с офицером, он лишь наблюдал за мной через кормушку. Меня это устраивало: впервые я лежал на полу карцера совершенно законно, не нарушая инструкции. Голова гудела, перед глазами плыли какие-то пятна...

Врач измерил мне давление и сказал коротко:

— Он должен лежать.

Вертухай отомкнул и опустил нары.

— Принесите ему постель.

Тут надзиратель заупрямился:

— В карцере не положено.

Тем не менее после нескольких телефонных звонков начальству врач добился для меня матраца, подушки и одеяла. Впрочем, это была последняя уступка администрации. В тот день я сидел на хлебе и воде, и в обед к этому скудному меню добавилась разве что кучка лекарств.

— Как же можно лечить человека и одновременно морить его голодом? — кричал из своей камеры Вазиф.

— Еда ему сегодня не положена, — невозмутимо отвечал вертухай.

«Медицинская помощь оказывается Щаранскому лишь для того, чтобы сделать процесс разрушения его организма более плавным», — писал Мейланов в тот день в очередном резком заявлении прокурору, за которое он, соответственно, снова был наказан. Я же по слабости ни о каких протестах и думать не мог, лежал себе, наслаждаясь мягкой и уютной постелью, и вспоминал показания врачей на моем суде: «Это все ложь, в карцере никто потерять сознание и даже просто заболеть не может. Поместить туда имеют право только с разрешения врача, и каждый день мы контролируем состояние здоровья заключенного».

Я пролежал так несколько дней, потом врач пришел снова, померил давление, и постель у меня отобрали: здоров. Прошли сутки, и я опять почувствовал себя плохо: к головокружению и слабости добавилось еще одно неприятное и пугающее явление — сердце стало стучать в каком-то рваном, пулеметном ритме. В очередной раз пришел врач, послушал меня и заявил:

— Вегетососудистая дистония в форме криза. Освободится место в больнице — положим, а пока потерпите.

К счастью, очередной мой пятисуточный карцерный срок заканчивается, и меня все же переводят в ПКТ. Нары тут тоже заперты днем на замок, но зато есть лавка, на которой я и лежу с утра до вечера. Сердце продолжает строчить рваными очередями, и так будет еще несколько недель, пока меня не заберут наконец в больницу.

А пока что ко мне в камеру помещают Марка Морозова, и я становлюсь свидетелем — и частично участником — одной из самых печальных драм, разыгравшихся на моих глазах в ГУЛАГе.

***

Морозов, напомню, был тем самым человеком, который в последние месяцы перед моим арестом поставлял нам информацию, переданную ему офицером КГБ. Почти никто не верил тогда Марку, точнее не ему, а его кагэбэшнику, хотя сведения, касавшиеся предстоящих арестов и обысков зачастую оказывались достоверными, несмотря на многочисленные «но». На следствии же я пришел к выводу, что это было все же провокацией охранки, воспользовавшейся наивностью Морозова.

И вот через четыре года я вновь услышал голос Марка из соседнего карцера и с изумлением узнал продолжение этой детективной истории. Теперь Морозов мог уже назвать имя своего «агента»: капитан КГБ Виктор Орехов. Ведь тот был, по словам моего соседа, арестован и осужден. Сначала через форточку в ШИЗО, а затем сидя вместе со мной в ПКТ, Марк подробно рассказал обо всем, что случилось с ним в последние годы.

Все ли? Иногда я ловил его на противоречиях, недоговорках; он оправдывался, кого-то обвинял, вспоминал новые факты, объяснял причины своих поступков. До сих пор я не знаю, что в его рассказах правда, а что нет...

Был Морозов маленьким, тщедушным, болезненным человеком лет пятидесяти. Он занимался математикой, руководил группой программистов и при этом много лет вращался в кругах правозащитников. Марк постоянно кому-то помогал устроиться на работу, найти жилье, хорошего врача; он, не раздумывая, предлагал почти незнакомым людям, приезжавшим в Москву, остановиться в его квартире, обивал дороги различных учреждений, ссужал деньгами нуждающихся.

В детстве Марк долго и тяжело болел, чуть ли не десять лет пролежал в гипсе: у него были проблемы с позвоночником. В этом опыте страданий коренились, как мне кажется, и его доброта, и отзывчивость, и неприхотливость в быту, и желание наперекор судьбе совершить в жизни что-то великое, прославиться, войти в историю.

Однажды он взялся размножить у себя на работе «Архипелаг ГУЛАГ, о чем стало известно КГБ. Дело это подсудное, однако с ним решили поработать пока «оперативно», несколько раз приглашали на беседы. Затем Виктор Орехов, «работавший» с Марком, предложил ему встречаться в неформальной обстановке: в городе или даже у Марка дома. Обычно это приглашение к сотрудничеству, но Морозов, твердо уверенный в том, что КГБ его не перехитрит, согласился.

Разговоры, которые вел с ним Орехов, были обычными разговорами кагэбэшника с подопечным, одно лишь казалось Марку странным: на встречи тот нередко являлся подвыпившим. Однажды Орехов прямо-таки потряс Морозова таким признанием: «Я стыжусь самого себя, но не хочу, чтобы мои дети стыдились своего отца. Я готов помогать диссидентам, передавать им сведения о планах КГБ». При этом он потребовал, чтобы Марк принял определенные меры предосторожности, и предупредил, что источник получаемой информации тот должен держать в секрете от других. О том, как работал этот канал до моего ареста, я уже рассказывал выше; теперь я узнал, что он продолжал действовать еще как минимум год. Орехов, в частности, заранее сообщил Морозову, какой приговор будет вынесен Юрию Орлову, и даже достал спецпропуск КГБ на процесс по его делу. Правда, по фатальному стечению обстоятельств, воспользоваться этим пропуском не удалось; таких стечений обстоятельств, сводивших на нет ценность информации, которую поставлял Орехов, было вообще подозрительно много, но Морозов во всем обвинял диссидентов, упорно не желавших ему верить.

Наконец Марка арестовали — если не ошибаюсь, осенью семьдесят восьмого года — за распространение листовок в защиту арестованных членов Хельсинкской группы. Работали с ним те же следователи, что и со мной: Солонченко, Губинский, а руководил их группой Володин.

Я уже говорил, что страх, желание любой ценой спастись побуждают человека искать и находить предлоги для самооправдания. Дело КГБ — облегчить ему такие поиски.

Морозов убедил себя в следующем: его тайные связи с Ореховым настолько важны для судьбы диссидентского движения в СССР, что он имеет полное право покаяться, если в обмен на это получит свободу. Кроме того, КГБ намекнул ему, что муж его дочери — их человек, осведомитель. Воображение Марка разыгралось. Каждый день в камере он вспоминал разные факты, которые, с его точки зрения, подтверждали, что зять — стукач (это скорее всего было ложью), и теперь своей борьбой за скорейшее освобождение Марк преследовал и личную цель: вырвать дочь из лап КГБ.

Итак, Морозов, вступив в переговоры с органами, предложил им: он покается, осудит свою деятельность, но от него не потребуют говорить о других и давать против них показания. В обмен на это ему вынесут условный приговор и прямо из зала суда выпустят на свободу.

Но охранка продолжала давить на него. Солонченко передавал Марку презрительные отзывы о нем других правозащитников, один из которых, как утверждал следователь, считал Морозова агентом КГБ, другой — провокатором, третий — просто дураком, и весьма правдоподобно описывал обстоятельства, при которых люди это якобы говорили. Морозов верил, кипел от возмущения, но, по его словам, позиции своей не изменил. И вот в тот момент, когда следователи вроде бы приняли наконец его условия и он дал соответствующие показания по своему делу, на сцене появился Володин.

— Мы согласны освободить вас, Марк Аронович. Но вы же неискренни с нами! Не хотите говорить о других — не надо, но вы и о себе не все рассказываете.

— О чем я не рассказываю?

— О ваших встречах с Ореховым!

Потрясенный Марк стал бормотать, что никакого Орехова не знает, но Володин быстро оборвал его:

— Орехов арестован. Он дал показания и просит вас подтвердить их.

Морозову показали протоколы допросов Орехова. Марк уже забыл, что главным доводом, который он изобрел, чтобы оправдать свое покаяние, была необходимость его дальнейшего сотрудничества с офицером КГБ, и легко переключился на другой аргумент, исподволь внедренный в его сознание следователями: эти умники-диссиденты не доверяли ему, поговаривали даже, что он стукач, пусть же теперь они узнают, пусть станет известно всему миру, насколько он был прав и как они из-за своей мании преследования погубили Орехова! Ну и, конечно, задача спасения дочки тоже не сходила с повестки дня.

В итоге сделка состоялась. КГБ просил лишь, чтобы после освобождения Морозов никогда и никому не говорил об Орехове. Марк согласился. По его словам, он дал на Орехова показания, выступал на закрытом заседании военного трибунала, судившего капитана КГБ и приговорившего его к десяти годам.

Потом был суд над самим Морозовым. Он покаялся, как и обещал следователям.

— Расскажите о деятельности ваших сообщников, — потребовал судья под занавес.

— Это противоречит моей этической позиции, — твердо ответил Марк.

Приговор гласил: пять лет ссылки.

Когда его вернули в Лефортово, он кричал как сумасшедший:

— Обманщики! Подлецы!

Морозова ввели в кабинет Поваренкова, начальника тюрьмы, туда же пришел и Володин.

— Марк Аронович! Пять лет ссылки по семидесятой статье — это очень легкий приговор!

— Но вы же мне обещали освобождение! Теперь я теряю прописку, московскую квартиру, не смогу жить вместе с дочерью, еду в Сибирь, на тяжелые работы...

— Ах, Марк Аронович! Не все, увы, зависит от нас, КГБ! Вот ответили бы на последний вопрос судьи — и был бы полный порядок. Но я вам обещаю: в ссылке вы будете жить в очень хороших условиях и при первой же возможности вернетесь в Москву.

Условия ссылки оказались для Марка и впрямь исключительными: вместо заброшенной деревни в глухой тайге — крупный северный город, вместо каторжного физического труда — работа по специальности в научно-исследовательском институте... Тем не менее Морозов чувствовал себя обманутым, а потому свободным от каких-либо обязательств перед КГБ. Да и для чего же он шел на компромиссы с ними, если не для того, чтобы сообщить всему миру о судьбе Орехова! Так он во всяком случае мне теперь объяснял.

Короче, Марк передал в Москву сведения о суде над Ореховым, написал письмо, гневно обвинявшее маловеров в провале бесценного источника важнейшей информации. Слухи о том, что некий офицер КГБ арестован и осужден за помощь диссидентам, дошли до западных корреспондентов, и вскоре одна из зарубежных радиостанций сообщила об этом в передаче на русском языке.

Похоже, именно этого охранка Морозову и не простила. Вскоре его арестовали снова «за попытку передать на Запад статью антисоветского содержания» и дали восемь лет. В тюрьме и на этапе с ним обращались очень грубо, избивали, в результате чего Марк частично потерял слух. Он писал московским кагэбэшникам, но те отвернулись от него. Тогда Морозов затеял с ними новую игру: стал разными способами засылать в КГБ информацию о том, что ему якобы стали известны от Орехова и еще кое-кого из его коллег особо важные секреты, которыми он готов поделиться, если дело его пересмотрят. Когда Марк попал со мной в одну камеру, он весь был в этой своей игре и почти каждый день встречался для бесед с сотрудниками КГБ.

«Восемь лет мне в тюрьме не протянуть: здоровья не хватит, — писал он мне на бумаге, ибо мы не сомневались, что наши разговоры прослушиваются. — А если я вырвусь на волю — представляешь, сколько пользы еще смогу принести!»

Преодолевая слабость и головокружение, я садился на лавку и писал ответ: «Но разве ты не понимаешь, что прежде, чем тебя освободить, они потребуют "отработать" освобождение и удовлетворятся не какими-то туманными намеками, а лишь конкретными сведениями или публичным осуждением правозащитников! Ты ведь не пойдешь на это?» Я смотрел на Марка с надеждой, жалость и гнев душили меня.

— Конечно, нет! За кого ты меня принимаешь! — восклицал он возмущенно, отбрасывая бумагу и карандаш, а потом вновь начинал писать: «Головой надо работать! Даже Орехов говорил, что у меня исключительно развито комбинаторное мышление. На каждую жопу есть х.. с винтом. Что я не смогу их обмануть? А если даже они захотят, чтобы я кого-нибудь осудил… Ты знаешь, какие гадости говорили обо мне такая-то и такой-то? Так что плохого в том, что я скажу о них все, что думаю? Зато если я выйду, ты даже представить себе не можешь, как это будет важно для нашего движения!»

Обращался Морозов ко мне, но убедить пытался прежде всего самого себя.

«Ты что, Марк, с ума спятил? — писал я ему. — Ты веришь сплетням, распускаемым КГБ? А если и вправду тебя кто-то подозревал, то не в КГБ же он говорил об этом, а в кругу друзей! А ты в отместку готов дать против него показания, которые используют на суде!»

Марк быстро шел на попятный, утверждал, что я его неправильно понял, но продолжал настаивать, что его освобождение исключительно важно для судьбы всего диссидентского движения, да и еврейского тоже, а потому стоит идти на компромисс с КГБ.

— Ты представляешь, насколько важно сообщить хотя бы о том, как над тобой здесь издеваются! — говорил он.

— Не до такой степени, чтобы продавать им свою душу, — отвечал я, и Морозов менял пластинку.

Как-то, состроив страшную гримасу, мол, сообщаю тебе жуткую тайну, он написал мне: «На Севере я познакомился с работниками секретных предприятий и получил от них карту расположения стратегических ракет в том районе. Если освобожусь, смогу передать все это американцам».

«Да, чушь, которую он несет, становится все опаснее!» — подумал я и написал ответ: «Диссидент не имеет права связываться со шпионажем. Я не хочу ничего знать об этом и тебе не советую».

Через день Марк изобрел новое обоснование своей навязчивой идеи и написал мне, повторяя мои же слова: «Мы не должны быть замешаны в шпионаже. Поэтому карту, о которой я тебе вчера говорил, необходимо уничтожить. Это могу сделать только я». И, решив, видимо, что так звучит недостаточно убедительно, добавил: «Кроме того, в московском КГБ есть наш человек, фамилию которого называл мне Орехов. Только я могу к нему обратиться, больше никто. Теперь понимаешь, почему для меня так важно выбраться отсюда?»

Я возражал ему, пытался, волнуясь, объяснить очевидные вещи. Давление поднималось, сердце болело еще сильнее; я ложился на лавку, а Морозов суетился возле меня.

Боюсь, что я не в состоянии передать всю драматичность ситуации. Передо мной был человек, вызывавший жалость и сострадание одним лишь своим болезненным видом, преисполненный ко мне самых добрых чувств, способный не то что поделиться — немедленно отдать всю свою пайку голодному соседу. Глядя на него, я испытывал смутное чувство вины: да, я не прогонял его, когда он прибегал ко мне с новостями из КГБ, но не очень-то ему верил и не осуждал других, которые отталкивали Морозова, побуждая его к все более демонстративным и менее обдуманным поступкам. Если то, что он рассказывает, правда, значит, все мы виноваты в аресте Орехова.

С другой же стороны, передо мной был фанатик с безумным взором, лихорадочно ищущий оправдания предательству, которое замыслил. Почти ежедневно он ходил на беседы к Балабанову, а возвращаясь, письменно излагал мне все новые и новые аргументы, призванные объяснить, почему он может позволить себе то, на что не имеют права другие. При этом он уходил все дальше от реальности — во всяком случае от той, в которой жил я. Наблюдая за ним, я отчетливо понял то, о чем лишь догадывался во время следствия: если у тебя нет твердых моральных принципов, которые неподвластны законам логики, то ты ни при каких условиях не устоишь в поединке с КГБ. Если позволишь себе поддаться страху, то будешь готов поверить в любую ерунду, которую сам же и изобретешь в свое оправдание.

Морозов записывал по памяти все свои разговоры с КГБ и показывал эти записи мне, но в какой мере его версия соответствовала действительности, сказать трудно — и не потому, что Марк сознательно врал, просто между его поступками и тем, как сам он их воспринимал, была огромная разница.

Слышал Морозов очень плохо и, как и все глухие, говорил громко, почти кричал. Благодаря этому мне однажды довелось услышать несколько фраз из его беседы с Балабановым: он обещал давать информацию на тех людей, кто «действительно совершал преступления против государства». В другой раз, по словам Вазифа, Марк заверял кагэбэшника: «Я точно знаю: никаких политических акций в зоне до тридцатого октября — Дня политзаключенного — не планируется».

Когда стало ясно, что моя мягкотелость по отношению к соседу лишь облегчает ему продвижение по пути предательства, что увещевания на него не действуют, а сам факт моей осведомленности о контактах Морозова с КГБ легализует их в его глазах, я в конце концов поставил перед ним вопрос ребром:

— Марк, или ты прекращаешь свои игры с КГБ, или мы с тобой больше не будем общаться.

Морозов страшно обиделся:

— Ты мне не доверяешь?!

Но размышлял он недолго.

— Если бы речь шла о моей жизни, я бы не раздумывал. Но от моего освобождения зависят судьбы многих людей. Я обязан продолжать.

У меня не было сомнений: он искренне верил в то, что говорил!

Я прервал с ним всякие отношения, перестал разговаривать. А вскоре, как потом рассказал мне Пореш, Морозов написал покаянную статью в «Известия». Впрочем, «покаянная» — неверное слово, ибо в ней он осуждал не себя, а своих бывших соратников, сводя счеты с теми, на кого его натравила охранка.

Для меня до сих пор загадка, почему этот материал не опубликовали. Тем не менее условия жизни Морозова в лагере после такого шага заметно улучшились. Хотя в дальнейшем в его отношениях с органами, видимо, не все шло гладко: когда он в восемьдесят четвертом году появился в чистопольской тюрьме, его здоровье было разрушено окончательно. Морозов постоянно получал диетическое питание, но это уже мало помогало. При этом он продолжал регулярно встречаться с сотрудниками КГБ, а после предлагал своим сокамерникам:

— Хочешь, я и тебе устрою диету?

Но никто пользоваться его протекцией не пожелал.

…В сентябре восемьдесят шестого года, через семь месяцев после освобождения, я летел из Тель-Авива в Париж. Стюардесса раздала пассажирам свежий номер «The Jerusalem Post», я открыл газету и прочел: «Диссидент Марк Морозов, который некоторое время был сокамерником Натана Щаранского, недавно скончался в чистопольской тюрьме». Сердце мое сжалось, я услышал голос Марка: «Восемь лет мне в тюрьме не протянуть: здоровья не хватит». Он оказался прав. А я? Был ли я прав в своем отношении к нему? Если бы пленку времени можно было перемотать обратно, вел бы я себя с ним так же или иначе? Но вернувшись в памяти к реалиям ГУЛАГа, я понял: иного пути у меня не было.

***

Когда я уже лежал на лавке не вставая, освободилось, наконец, место в больнице.

Меня вывели из ПКТ, я глотнул свежего воздуха — и опьянел, как от кружки чистого спирта. Прапорщик еле успел подхватить меня, падающего, позвал своего напарника, и с их помощью я вскоре оказался в палате.

Лечили меня интенсивно, в основном уколами для укрепления сердца, снижения давления; делали инъекции витаминов. Ну и, конечно же, роскошное больничное питание: каждый день стакан молока, сто граммов мяса, двадцать — масла, сорок — сахара, двести — белого хлеба. Кроме того, на больничном режиме положена двухчасовая прогулка. Первую неделю я, правда, с кровати почти не вставал, но потом начал выходить — сначала минут на пятнадцать, потом — на полчаса, а к концу третьей недели уже отгуливал все свое законное время. Сердце сначала прекратило дергаться, а потом и болеть.

Наконец я был переведен из больницы обратно в ШИЗО.

— На работу выходите?

— Когда отдадите псалмы.

— Еще пятнадцать суток.

Уже через день-другой стало ясно, что все усилия кагэбэшных эскулапов пошли насмарку: вернулись ознобы, за ними — слабость, боли в сердце, аритмия.

Теперь мы с Вазифом сидели в соседних камерах, а в ШИЗО появился еще один нарушитель гулаговских порядков — Володя Пореш.

Все мы сопротивлялись голоду по-разному. Больше всех страдал от него Володя, измученный длительной голодовкой в попытке вернуть Библию, которую у него все же отобрали. Он придумывал хитроумные способы извлечения максимальной пользы из того, что нам давали, например, обезглавливал килек и бросал их головы в кипяток; потом съедал рыбешек и запивал их «рыбьим жиром». У Вазифа подход был другим: он старался проглотить пищу как можно скорее и без всяких фокусов. Свою дневную хлебную пайку он съедал уже к трем часам. Я же распределял еду равномерно между «тучными» и «тощими» днями.

Но, конечно, нашим главным оружием против пытки голодом и холодом были непрерывные беседы, споры, дискуссии, которые мы вели, не обращая внимания на крики бесновавшихся ментов.

…Когда после возвращения из больницы в карцер прошел месяц, я понял: еще немного — и все повторится сначала. Отступать от своего требования вернуть мне псалмы я, конечно, не собирался, но, чтобы не сидеть сложа руки в ожидании очередного обморока, я потребовал ручку и бумагу и написал заявление на имя Генерального прокурора СССР. Это было не первое мое заявление такого рода, не десятое и даже, пожалуй, не сотое. Правда, ни одно из этих обращений ни к каким особым изменениям в ситуации не привело, разве что меня за них несколько раз наказали, но писать их стоило хотя бы потому, что это была какая-никакая, а борьба, не позволявшая внутренне расслабиться. Ведь когда ты настаиваешь на своих взглядах, обвиняешь власти в преступных действиях, всегда есть опасность, что тебя накажут, что условия, в которых ты живешь, станут еще хуже. Поэтому каждое такое письмо важно прежде всего для тебя самого: оно свидетельствует, что ты не поддался страху и остался хозяином своей судьбы.

Совершенно неожиданно это мое заявление оказалось единственным из всех, написанных мной за годы заключения, принесшим вполне конкретную и весьма ощутимую пользу. А случилось это так. Составив черновик, я полез на подоконник, чтобы прочесть текст своим товарищам. Дежурный прапорщик несколько раз потребовал от нас прекратить разговоры, но потом замолчал: прислушивался. Он даже вышел на улицу и встал под моим окном, чтобы не пропустить ни слова, а я продолжал:

— «Во время суда надо мной в тысяча девятьсот семьдесят восьмом году, чтобы доказать клеветнический характер нашей деятельности, в качестве свидетелей привлекли лагерных врачей. Они утверждали, что наказания, применяемые к заключенным, не могут нанести ущерб здоровью, что упомянутые среди прочего в документах Хельсинкской группы случаи потери сознания заключенными в карцере, сердечных приступов и тому подобное — чистейший вымысел: эти случаи якобы не могли иметь места, ибо в лагерях и тюрьмах существует система медицинского контроля. То же самое утверждалось и в документах, представленных Министерством внутренних дел и Министерством здравоохранения».

Дальше я описывал все, что произошло со мной за последние месяцы, и продолжал:

— «Итак, наказание карцером, которое в документах обвинения представлено как ограниченная пятнадцатью сутками особая мера, необходимая для усмирения особо опасных, буйных преступников, в действительности используется для последовательного разрушения здоровья идейных противников режима. Мой личный опыт доказывает: правда была в наших заявлениях, объявленных клеветническими, а не в документах, представленных следствием. Будут ли мои обвинители и теперь заявлять, что ничего подобного не было и быть не могло?»

— Ну, конечно, будут! — смеясь, воскликнул Вазиф. — Вот представь себе, что З., и он назвал фамилию прапорщика, стоявшего под моим окном, спросят за зоной: правда ли, что вы морите в карцерах людей голодом? Правда ли, что они там теряют сознание? Правда ли, что вы не даете им даже их собственные продукты, которые хранятся в кладовой? Что ответит З.? Что этого не было и быть не может! Верно ведь, З.?

Мы все трое посмеялись, причем к нам неожиданно присоединился сам З.

— Конечно, не было! — сказал он, отсмеявшись. — А что — разве было? Не упомню такого.

Каково же было мое изумление, когда минут через десять кормушка открылась и З. протянул мне записку. «Где в кладовке твои продукты и что из них тебе принести?» — прочел я.

Когда за десять месяцев до этого я попал из зоны в лагерную тюрьму, у меня отобрали всю еду, собранную мне «в дорогу» друзьями: по инструкции продукты, которые ты получил на одном режиме содержания, запрещено брать на другой, с более низкой нормой питания, ведь тогда пропадет воспитательный эффект воздействия голодом. Однако и конфисковать их формально нельзя, и поэтому все банки и коробки хранятся в кладовке до твоего выхода из ПКТ. Если вернешься в зону, то и продукты вернутся вместе с тобой, а если тебя повезут в тюрьму — они пригодятся тебе на этапе; для того-то и собирали их друзья. Они, конечно, понимают, что ты не сможешь ими воспользоваться полгода, год, а то и дольше, но ведь и возможности передать тебе еду после того, как ты исчезнешь в ПКТ, больше не представится.

Продукты мои были, понятно, не портящимися: повидло в банках, сахар и тому подобное.

Пока я читал записку, З. не выпускал ее из рук: все-таки — вещественное доказательство тяжкого служебного преступления. Я написал ответ на том же листке, и З. тут же забрал его, прочел и сжег на спичке. Вскоре он принес мне кусок хлеба, надо полагать, из собственных запасов, с толстенным слоем повидла на нем; кроме того, он всыпал в мою чашку солидную порцию сахарного песка и залил его кипятком, показав жестом: ешь быстрей, пока никто не пришел. Я махнул головой в сторону соседних камер: накорми, мол, и ребят. В итоге и Володя, и Вазиф, которых «дернули» в ПКТ так быстро, что им не успели собрать продуктов, тоже получили по бутерброду и по кружке суперсладкого чая.

С того дня у нас было «дополнительное питание» из моих запасов в дни дежурства З. в течение двух недель. Когда через несколько лет я вернулся в лагерь, то узнал, что З. демобилизовался из войск МВД, переехал в другой город, стал рабочим на заводе. Хорошего надзирателя из него не получилось...

В конце октября меня неожиданно выводят на улицу. Мы идем к тому самому административному зданию, в котором квартирка для свиданий, где полтора года назад я встречался с мамой и братом. Неужели?! Но нет — это заседание выездного суда. Судья, заслушав представление лагерной администрации о том, что я не стал на путь исправления, не раскаялся в содеянных преступлениях и своим поведением плохо влияю на других заключенных, быстро объявил решение: три года тюрьмы. Этот приговор подвел итоги двенадцатимесячной борьбы за сборник псалмов. За год я провел в ШИЗО сто восемьдесят шесть суток...

Снова Чистополь

На этот раз этап был очень коротким, и уже четвертого ноября я снова оказался в своей «альма матер» — чистопольской тюрьме. Намордники на окнах еще на три года закрыли от меня солнечный свет. Вскоре после прибытия мне принесли челноки и нитки для вязки сеток, в которых переносят овощи.

— Приступайте к работе.

— А что с моими псалмами?

Через несколько дней мне отдают, наконец, отобранную книгу, и я начинаю изучать нехитрое искусство плетения сеток.

За полтора года, что меня тут не было, в тюрьме поменялось руководство. Начальник Малофеев ушел в отставку. Его заместитель Николаев повесился в припадке белой горячки. Сменился и подлинный хозяин — оперуполномоченный КГБ, прикрепленный к политзаключенным. Видимо, это и привело к полному изменению тактики по отношению к нам: если раньше «политиков» старались не переводить без особых на то причин с места на место, чтобы предельно ограничить общение между ними, то теперь заключенных постоянно перетасовывали, почти каждый день кого-то выдергивали из камеры и переселяли в другую. Заключенные знакомились и, иногда не проведя вместе и недели, расставались навсегда. В каком-то смысле это делало монотонную тюремную жизнь гораздо интереснее, давая возможность, как и в зоне, узнать многих людей, услышать кучу новостей, однако каждый такой переход требовал серьезной психологической перестройки: ведь в камере, если зекам удавалось «притереться» друг к другу, вырабатывается определенный уклад жизни, при котором каждый учитывает — или старается учесть — привычки и слабости своего соседа, знает, какие темы можно обсуждать, а какие даже затрагивать бессмысленно. И вдруг человека неожиданно переводят в другую камеру, и он попадает в совершенно иной мир. Старый сосед любил включать радио на полную громкость, новый его не переносит вообще; старый был националистом, новый — космополит; старый доказывал, что один из ваших общих знакомых — стукач, новый утверждает, что он отличный парень...

Очутившись в другом мире, ты с грустью осознаешь, что, возможно, уже никогда в жизни не увидишь сокамерников, с которыми долго искал взаимопонимания и наконец сдружился, а как сложатся отношения с новыми соседями — сказать трудно.

В последующие три года мне довелось общаться со многими людьми. Расскажу о некоторых из них.

С Аркадием Цурковым я познакомился на этапе по дороге в тюрьму. Когда меня везли в воронке из лагеря на вокзал, то по пути конвоиры захватили из соседней тридцать седьмой зоны еще одного политика.

Совсем молодой, лет двадцати, высоченный, как минимум метр девяносто, в очках с толстыми линзами, он с трудом пролез в дверь машины, теряя на ходу вещи, которые вываливались из плохо увязанного узла и кое-как перетянутого бечевкой чемодана с поломанными замками.

После долгих месяцев одиночества в карцере и больнице я обрадовался возможности непосредственного общения без перекрикивания через камеры под угрозами ментов.

— Аркадий Цурков. Политик, — представился он, оторвавшись на секунду от собирания рассыпанных вещей, пожимая мне руку и одновременно наступая своим огромным сапогом мне на ногу.

— Щаранский, — морщась от боли, ответил я.

— Щаранский?! Анатолий?! — воскликнул парень, протер стекла очков и вдруг бросился ко мне. Я было подумал — целоваться, но нет: он приблизил лицо к тому месту на моей телогрейке, где у каждого зека — нашивка с его фамилией, и выдохнул восторженно: — Ой, и правда!

Тут мы с ним действительно обнялись.

Минут через двадцать мы уже перешли на «ты», и он стал называть меня Натаном.

— А зачем ты разглядывал мою нашивку? — спросил я его.

— Твое лицо мне было хорошо знакомо: я видел тебя на фотографиях; даже когда меня арестовали, я держал в руках журнал «Тайм» с твоим портретом на обложке. И вдруг вижу истощенного зека с мешками под глазами... А вдруг это не ты? Ой, что они с тобой сделали!

— Но если ты сам понимаешь, что они могли посадить тебя с липовым Щаранским, то почему же ты веришь надписи на телогрейке? Она что, не может быть липовой?

— Да, верно... — растерянно сказал Аркаша и рассмеялся.

Еврейский мальчик из Ленинграда, влюбленный в математику и полный презрения к литературе и прочим несерьезным вещам, Аркадий Цурков стал диссидентом уже в пятнадцать лет. Он, как и его ближайшие школьные друзья и подруги, критически относился к миру взрослых вообще и к советской действительности в частности. После окончания школы они выпустили и распространили в самиздате первый номер журнала, в котором провозгласили свое политическое кредо: государство в его нынешней форме себя не оправдало; необходимы принципиальные, в том числе экономические реформы; предприятиями должны управлять рабочие; роль профсоюзов в жизни страны нужно усилить...

Взгляды Цуркова были основаны на учении Маркса, а политика еврокоммунизма, провозглашенная итальянской и некоторыми другими западными компартиями, представлялась ему единственно возможной на современном этапе развития марксизма. Их журнал не призывал к каким бы то ни было насильственным действиям — он был лишь трибуной для восемнадцатилетних философов, предлагавших дискуссию. Тем не менее этот первый выпуск оказался и последним. Идеи еврокоммунизма КГБ вынужден терпеть, когда они обсуждаются вне страны, а не внутри нее. Ребят арестовали.

Кто-то из них покаялся и освободился сразу, кто-то — позже, и только Цурков оказался для КГБ твердым орешком. Его детское упрямство — черта, которая сразу бросалась в глаза, оказалось сильнее всех ухищрений взрослых воспитателей из охранки. Аркашу осудила мать, отца у него не было, и он бы остался совсем один, но верная школьная подруга добилась права зарегистрировать с ним брак уже после его ареста, и это очень поддерживало моего нового товарища. Пять лет лагерей и три года ссылки — таков был приговор, вынесенный юному марксисту.

В зоне из-за плохого здоровья и очень слабого — на грани слепоты — зрения Аркаше дали сравнительно легкую работу, но честность и упрямство, как и следовало ожидать, довольно быстро привели его в ПКТ, а теперь — и в тюрьму. В ПКТ он какое-то время сидел в одной камере с Орловым, и я с интересом слушал его рассказы о Юрии.

— Надо же! — восклицал Аркаша с детским восторгом. — Я единственный, кто сидел и с Орловым, и со Щаранским!

В нем вообще было много мальчишеского, несмотря на трехлетний стаж суровой лагерной жизни. Мне это нравилось, я ведь и сам нередко чувствовал себя юнцом, с любопытством разглядывающим мир.

В Чистополе нас поместили в одну камеру и дали каждому «за плохое поведение в лагере» по два месяца строгого режима, что означало: короче прогулки, меньше писем, запрет на свидания, а самое главное — питание по пониженной норме. Для крупного молодого Цуркова, изголодавшегося в ШИЗО и ПКТ, это оказалось сильным ударом.

Аркаша был неуклюжим парнем, он плохо видел, куда идет, на что наступает. Все в камере: и стол, и лавка, и нары — накрепко привинчено к полу, не сдвинешь, однако, когда по ней расхаживал Цурков, все гремело, тряслось, что-то падало и разбивалось. Я в такие минуты поспешно забирался с ногами на нары: как бы не зашиб! Впрочем, мне это даже нравилось: приятно было думать, что я далеко не самое неловкое создание на свете, как всегда утверждали мои близкие.

В первый и, как выяснилось потом, в последний раз я сидел в камере с евреем. Естественно, было много разговоров об Израиле, о сионизме, о нашей истории и традициях. Оказалось, что мой сосед отнюдь не равнодушен к этим темам. Что-то ему было известно, но он хотел знать еще больше. Аркаша гордился своей принадлежностью к еврейству, однако полагал, что наш удел — искать универсальные формулы счастливой жизни для всего человечества, а не замыкаться в национальных рамках. На современном этапе такой формулой представлялся ему марксизм, не испорченный большевизмом.

Нас рассадили через два месяца, и в последующие годы мы поддерживали связь лишь с помощью приставленной к батарее кружки или переговариваясь через унитаз.

Взгляды Цуркова вызывали раздражение у многих зеков: марксизм в любой его форме был тут не в чести. Но Аркаша упрямо шел своим путем. В восемьдесят третьем году у него отобрали все конспекты трудов Маркса (в убогой тюремной библиотеке было вдоволь чтения лишь для одного Цуркова); после безуспешных попыток добиться их возвращения он объявил голодовку, написав в заявлении на имя прокурора, что советская тюрьма, вероятно, единственная в мире, где запрещено держать в камере конспекты произведений основоположников марксизма.

Через несколько дней власти увидели, что Аркаша вот-вот окончательно ослепнет, и решили отступить, вернув ему записи. Это было за несколько месяцев до конца срока его заключения и начала трехлетней ссылки. Обычно в ссылку зека увозят заранее: ведь этап на Дальний Восток или в Якутию долог, занимает не меньше месяца. Но вот уже остался месяц, потом неделя, день, а Цурков все еще сидел в тюремной камере. Более того, чуть ли не ежедневно ему объявляли о новых наказаниях «за плохое поведение», а за пять дней до истечения срока дали два месяца строгого режима. Что бы это значило? Накануне нам зачитали новый закон, позволяющий властям продлевать сроки чуть ли не автоматически. Может, Аркадию предстоит стать его первой жертвой?

Цурков страшно нервничал; в день, когда Аркашу должны были взять на этап, его волнение передалось и нам, сидевшим в соседней камере. Он начал колотить в дверь и кричать:

— Почему я еще здесь?! Мой срок уже окончился!

Мы поддержали его требование вызвать начальника, но одновременно я взял кружку и вызвал Аркашу «на батарею»:

— Перестань психовать! В последний момент могут быть любые провокации. Возьми себя в руки!

Он обещал мне это, но все-таки не сдержался. Когда Цуркова наконец вывели из камеры, у него вновь отобрали конспекты и объявили об их конфискации. Как, Маркса?! После постановления прокурора?! Аркаша стал кричать, пытался вернуть свои записи силой. Менты схватили его и потащили к воронку. Цуркова доставили в Казань — это первая остановка на этапе, но дальше не повезли, а оформили протокол о сопротивлении тюремным властям и влепили еще два года лагерей — на этот раз бытовых, где ему пришлось сидеть вместе с уголовниками. Незадолго до этого три года лагерей за организацию материальной помощи семьям политзаключенных получила и жена Цуркова Ирина; лишь в конце восемьдесят пятого года Аркаша попал в ссылку, где и встретился с ней.

Если Цурков стал диссидентом в последних классах школы, то Богдан Климчак возненавидел советскую власть уже в раннем детстве, и для этого у него были серьезные причины. Родился Богдан на Западной Украине, до войны их село принадлежало Польше, а вскоре после войны стало советским. Это и решило судьбу Климчака: западную границу ему уже не суждено было пересечь.

Украинские националисты оказывали бешеное сопротивление советской власти, но медленно, шаг за шагом, отступали под ударами армии и войск НКВД. Богдан тогда был ребенком и в этой борьбе не участвовал, но, когда в ближайшем районном городке взорвали памятник кому-то из вождей, в числе подозреваемых был арестован и его старший брат, после чего всю семью «врага народа» вывезли в Сибирь. Как самый страшный кошмар детства вспоминал Климчак этот переезд: битком набитый запертый снаружи вагон, где люди оправлялись на глазах друг у друга, где трупы умерших оттаскивали в угол и складывали штабелями, где женщины рожали детей прямо на загаженном полу... Их привезли в тайгу и выбросили в снег.

— Вон видите бараки? — сказали им. — Там пилы и топоры. Рубите лес, сдавайте государству — боритесь за жизнь.

Многие не выдерживали и умирали, но семья Климчаков выжила. А через несколько лет, в хрущевскую «оттепель», освободился из лагеря брат: оказалось, что его арестовали по ошибке. Стало быть, и родственники его пострадали безвинно и теперь могли вернуться домой. Вся семья собралась ехать в родное село, лишь подросший Богдан, учившийся на геолога в каком-то сибирском техникуме, задержался с отъездом.

Богдан, в чем я после знакомства с ним убедился, был человеком органически не способным к притворству, он не умел скрывать свои чувства, поэтому в техникуме вскоре стало известно о его антисоветских настроениях. В итоге он был уже «законно» арестован и отсидел шесть лет в политических лагерях по обвинению в антисоветской агитации и пропаганде.

В шестидесятые годы Климчак наконец-то возвратился в родные края, мечтая осесть на земле, обзавестись своим хозяйством. Но фермеров на Украине к тому времени уже извели, а одна лишь мысль о советских колхозах была ненавистна Богдану. Русская речь, все более вытесняющая украинскую, вызывала у него приступы бешенства. Созрело желание бежать подальше отсюда — в Америку, Канаду, куда угодно, где он сможет выращивать овощи, разводить скот — и писать. Да, этот крестьянский сын, не получивший систематического образования, много читал и сам писал фантастико-политические новеллы на украинском языке.

Много лет вынашивал Богдан план побега, ездил на разведку к границам советской империи, изучал карты, расписания поездов, хронометрировал движение патрулей в пограничных районах — и наконец решился. На какой-то забытой Богом среднеазиатской станции он спрыгнул с подножки вагона и два дня шел через пустыню к иранской границе. Точнее — две ночи: на день он зарывался, как ящерица, в песок, чтобы его не увидели с воздуха. Дойдя до первого ряда заграждений, Климчак попросту поднял проволоку и пролез под ней. Безумец! Он не знал, что электрический сигнал в то же мгновение полетел на ближайшую пограничную заставу. Сейчас там заведут машины и перехватят его в пяти километрах южнее, у второго ряда заграждений. Он не знал этого, он совершал дикие поступки — и потому ему везло.

«Опять лиса проскочила», — сказал на заставе дежурный офицер и равнодушно отключил сигнал тревоги (об этом Климчак узнал позже, на суде).

Пройдя эти пять километров, Богдан кусачками перекусил проволоку и очутился в Иране. Наконец-то! Сорок лет он прожил в рабстве — и вот она, свобода! Он уже не скрывался; пришел в первое же село, потребовал отвести его в полицию и заявил там:

— Я бежал из СССР по политическим мотивам. Помогите мне попасть в Тегеран, в американское посольство.

Климчака привезли в Тебриз, посадили в тюрьму; еда была хорошей, условия — отличными. С ним начал беседовать офицер шахской полиции, которому Богдан откровенно рассказал обо всех своих злоключениях. Тем временем советские пограничники узнали от своих иранских осведомителей, что кто-то перешел границу, и послали в Тегеран телеграмму: «К вам бежал опасный преступник, убийца. Требуем его выдачи». «Нам ничего не известно. Сообщите точно, кто перебежчик и какое преступление он совершил в СССР», — ответили иранцы. Но Советы и сами не знали, кто это, и лишь повторили требование (все это Климчак прочел впоследствии в своем деле).

И все же шах портить отношения с Советским Союзом не захотел. В конце концов вежливые полицейские посадили Богдана в машину, отвезли к границе и передали его своим грозным соседям. Когда Климчаку сказали, что его возвращают в СССР, он не поверил: ведь Иран — друг Америки! Свободный мир предает его?! Простой крестьянский ум не мог понять хитрой азиатской политики. Но когда Богдана повели через границу к улыбающимся кагэбэшникам, он повернулся к сопровождавшему его иранскому офицеру, плюнул ему в лицо и сказал по-украински:

— Будьте прокляты вы, ваша земля и ваша страна!

Климчаку дали максимальный — после смертной казни — срок по статье «измена Родине»: пятнадцать лет заключения и пять — ссылки.

Когда мы сидели вместе в камере чистопольской тюрьмы и слушали по радио очередное сообщение о массовых расправах хомейнистов над левыми и правыми, мусульманами и атеистами, военными и политиками, Богдан вскидывался и говорил злорадно:

— Вот! Действует мое проклятие, действует!

Но вообще-то радио он не переносил: слыша русскую речь, слова советской пропаганды, он корчился, словно от боли.

Больше всего он любил рисовать крестьянский домик со всем хозяйством: коровником, свинарником, огородом... То, что ему не удалось построить в жизни, он создавал на бумаге. То и дело Богдан что-то менял в этом плане, постоянно «перестраивал» свою ферму. Другим его занятием было составление словаря синонимов украинского языка; эту бесценную для него рукопись впоследствии конфисковали в зоне как «не подлежащую хранению».

Когда я приехал в лагерь, Климчак работал там дневальным по мастерским: собирал отходы металла вокруг станков, подвозил детали... Он остервенело врезался острой лопатой в кучу стружки и долбил ее так, будто представлял себе на ее месте то ли советских чекистов, то ли иранских полицейских...

Примерно через год после того, как я снова оказался в чистопольской тюрьме, туда привезли из тридцать пятой зоны моих друзей Пореша и Мейланова, из тридцать шестой — знакомых мне по первой отсидке в том же Чистополе Балахонова и Казачкова, из тридцать седьмой — Корягина.

Анатолий Корягин, врач-психиатр, тесно сотрудничал с московской Хельсинкской группой в разоблачении психиатрических репрессий. Осужденный за это, он считал себя обязанным продолжать борьбу и в тюрьме. Десятого декабря восемьдесят второго года, в Международный день прав человека, Корягин написал заявление, в котором, в частности, утверждал: норма пониженного питания 9-б является пыткой голодом, и он как врач намерен протестовать против нее единственным доступным ему способом — будет объявлять голодовку всякий раз, когда его будут переводить на этот режим, и завершать ее лишь после того, как ему обеспечат нормальное питание, гарантирующее полное восстановление сил и здоровья. Свое обязательство Анатолий сдержал, не раз объявляя многомесячные изнуряющие голодовки и снимая их только тогда, когда его требование выполнялось.

…Благодаря новой тактике КГБ, постоянно перетасовывавшего нас в тюремных камерах, возрос и поток информации, поступавшей к ним: органам стало легче использовать «наседок» для изучения заключенных, их отношений между собой и провоцирования внутренних конфликтов. Представитель КГБ Галкин регулярно вызывал зеков на беседы, спрашивал, чем может помочь, предлагал жить в мире. Если человек сохранял разговор или какую-то часть его в тайне от сокамерника, то Галкин, у которого везде были свои глаза и уши, пытался в следующий раз развить успех, используя тот факт, что у него с этим заключенным появился общий секрет. Когда переговоры завершались успешно, то питание такого зека улучшалось, ему позволяли отправлять больше писем и разрешали внеочередные свидания. Если же человек решительно отказывался — что ж, КГБ отдавал его на растерзание администрации: пусть карцеры и голод образумят упрямца.

Но даже если во время таких бесед ты не идешь ни на какие компромиссы, КГБ использует сам факт этих встреч, чтобы попытаться скомпрометировать тебя.

Вызывает, скажем, Галкин имярека, разговаривает с ним часа два.

— О чем речь шла? — спрашивают сокамерники.

— Да ни о чем. Рассказывал мне, какие фильмы идут сейчас на воле.

Кто-то поверит, кто-то сделает вид, что поверил, скептик недоверчиво хмыкнет. А через день Галкин при встрече с этим скептиком «проговорится» о чем-то, что мог узнать только от имярека — во всяком случае, к такому выводу быстро придет его собеседник. Так сеются взаимное недоверие, сомнения друг в друге, что существенно облегчает работу КГБ: во-первых, легче внедрять стукачей, во-вторых, не доверяя соседям, человек острее чувствует свое одиночество, бессилие, полную зависимость от охранки.

Вот когда я до конца осознал, какие огромные, и не только моральные, но и вполне практические преимущества дала мне моя позиция. Ведь я категорически отказался общаться с КГБ, и это было всем известно. Конечно, упомянутое учреждение меня теперь не любит, причиняет кое-какие неудобства, но зато с кем бы я вместе ни сидел, какими бы сложными ни были отношения между моими соседями в камере, я оставался вне их подозрений, и это вносило ясность и надежность в отношения каждого из них со мной. Для меня, правда, была тут и определенная сложность: приходилось выслушивать исповеди кающихся, давать им советы, служить арбитром во внутрикамерных конфликтах — занятие, честно скажу, малоприятное и очень нелегкое...

**

Итак, я в начале своего второго тюремного срока.

Первые два месяца — строгий режим: пониженное питание, получасовая прогулка, никаких свиданий с родственниками, ларек на два рубля в месяц и одно письмо, которое за этот срок разрешают отправить.

В этом-то письме я и сообщил, что начиная с четвертого января восемьдесят второго года мне полагается краткое свидание — если, конечно, меня его не лишат.

Но нет, на сей раз не лишили. И четвертого января, сразу после утренней прогулки, меня ввели в знакомую комнату, где за разделяющей ее стеклянной стеной уже сидели мама и Леня.

Полтора года я не видел их. Мама выглядела очень усталой, Леня был по-деловому собран: ведь ему предстояло многое запомнить. Я еще не успел раскрыть рот, как мама начала громко возмущаться:

— Что они с тобой сделали, сынок! Как же ты похудел и побледнел после нашей последней встречи!

Я стал рассказывать о том, что произошло со мной за это время. Перед свиданием меня, как обычно, предупредили: ни слова о тюрьме. Но лагерные дела, похоже, совсем не интересовали присутствовавших тут же надзирателей, другое ведомство, они за него не отвечают, и меня никто не перебивал. Так мама и Леня узнали о моей битве за книгу псалмов, о ста восьмидесяти шести сутках карцера. Правда, все мои попытки рассказать о товарищах по заключению пресекались тюремщиками.

Несколькими отрывочными фразами-намеками Лене удалось передать мне: в Южной Африке пойман какой-то советский шпион, и Авиталь очень надеется, что в ближайшее время меня на него обменяют. Было видно, что и Леня, и мама верят в такую возможность, но я не мог позволить себе расслабиться, снова начать жить мечтами. Советские — хорошие купцы, они умеют торговаться и извлекать для себя максимум выгоды куда лучше, чем Запад.

На все мои вопросы о мамином здоровье она поспешно отвечала:

— Я в порядке, не волнуйся, — и начинала говорить на другую тему. Не желая тратить драгоценные минуты свидания на разговоры о себе, она так и не рассказала мне, что предшествовало нашей встрече.

Лишь выйдя на свободу, я узнал, как им, приехавшим в Казань, стало известно, что движение автобусов через Камское водохранилище временно отменено и возобновится только через несколько дней. Но мама ждать не хотела: а вдруг именно завтра меня лишат свидания? Раз ее предупредили, что она сможет увидеть меня четвертого утром, ей следует быть именно в этот день, и пораньше. И вот ночью, в сорокаградусный мороз, моя семидесятитрехлетняя мать шла через замерзшее водохранилище пешком, а это как-никак семь километров! На другом берегу Леня внес ее в автобус буквально на руках. Приехав в город, они согрелись горячим чаем — и скорее в тюрьму, занимать очередь...

Каждое свидание — особенно то, которому предшествовали долгие, тяжелые месяцы борьбы, разрешенное властями отнюдь не за твое «хорошее поведение», а под давлением, в результате усилий твоих близких и друзей, не просто вырывает тебя на два часа из мрачной и убогой жизни, но внушает надежду, воспринимается как справедливая награда за стойкость, как подтверждение тому, что КГБ бессилен.

«Теперь самое трудное позади, дальше должно быть легче», — сказала мне мама, когда мы увиделись с ней после суда, а потом повторила те же слова во время нашего свидания в зоне. Это чувство было с нами на каждой встрече, несмотря на весь разочаровывающий опыт.

Мы с мамой договорились, что очередное январское письмо я отправлю Авиталь в Иерусалим, а февральское — домой, в Истру.

— Пиши Наташе сегодня же, — сказал Леня. — Я сообщу ей по телефону. Она так тоскует по твоим письмам!

Нам даже в голову не пришло обсудить свои действия в том случае, если письмо не пропустят, ведь только что мне дали возможность свободно рассказать обо всем, что было в лагере!

Отрезвление наступило быстро: мое послание жене даже не конфисковали, а просто вернули мне со словами:

— Вы гражданин СССР, а потому писать за границу вам нечего.

— Это что — новый закон? Покажите.

— У нас есть инструкции, по которым мы действуем, и отчитываться перед вами никто тут не обязан.

Пока мои протесты шли по инстанциям, я отправил письмо маме. Его тоже конфисковали: «условности в тексте».

— Объясните какие.

И опять тот же ответ:

— Мы объяснять вам ничего не обязаны.

Почти одновременно меня лишили права на следующее свидание, которое полагалось через шесть месяцев. Значит, в лучшем случае я увижу родных через год. Официальный повод для наказания — невыполнение нормы выработки, однако власти не скрывают подлинной причины:

— Вы злоупотребили нашей добротой: использовали свидание для клеветы.

Так сразу же после встречи с родными я оказался оторванным от них. Месяц проходил за месяцем, я сочинял все новые варианты письма домой, но все они по-прежнему конфисковывались из-за тех же пресловутых «условностей в тексте». Мама не понимала, что случилось, не находила себе места от беспокойства, требовала от администрации тюрьмы ответа: жив ли сын? В ту пору ее здоровье совсем разладилось. Я предполагал это и, желая поскорее успокоить мать, писал совсем коротко: рассказывал лишь о своем здоровье и приводил список корреспонденции, полученной мной, но ничто не помогало.

Где-то весной меня вызвал на беседу новый начальник тюрьмы капитан Романов, хмурый человек с испитым лицом. В нем не было ни хитрости Осина, ни простодушия Малофеева, лишь постоянная ожесточенность да комплекс неполноценности, ему все время казалось, что я с ним недостаточно уважительно разговариваю, не так на него смотрю, не так улыбаюсь.

— Вы что ухмыляетесь? — взорвался вдруг Романов в самом начале нашей встречи. — Вы здесь не в своем институте на кафедре выступаете! Вы тут не с иностранцами якшаетесь! Вы — уголовный преступник, а я — ваш начальник, и будете делать то, что я вам говорю! Хотите, чтобы ваши письма дошли до матери — садитесь и пишите: я жив, здоров, работой обеспечен, беспокоиться за меня не надо. И все! Точка! Ничего другого я не пропущу.

— Может, разрешите хоть привет передать брату? — спросил я с иронией.

— Кому сказал: оставить ухмылки! — побагровел он. — Никаких приветов тете Мане, дяде Пете! Пишите только матери, больше никого не смейте упоминать.

— А как насчет жены в Израиле? — спросил я для того лишь, чтобы все окончательно встало на свои места.

— Об Израиле забудьте! Не для того мы вас в тюрьму посадили, чтобы вы с заграницей переписывались. И жены у вас никакой там нет!

Больше с ним мне разговаривать было не о чем. Даже если считать грубость Романова и абсурдные требования, предъявляемые им к переписке, издержками его тяжелого характера и принять во внимание то, что он всю жизнь имел дело с бытовиками и еще не привык к работе с политическими заключенными, нельзя было не почувствовать, что на сей раз КГБ, как видно, решил полностью прервать мою связь с домом. Во всяком случае все ответы, приходившие из прокуратуры СССР и РСФСР, ГУИТУ и УИТУ, гласили: «В действиях администрации нарушения закона не обнаружено». А в личных беседах работники МВД и прокуратуры твердили:

— Если вы действительно жалеете мать, то успокойте ее. Напишите так, как вам говорят: жив, здоров, беспокоиться не надо.

И приходила в голову мысль: а может, я и впрямь поступаю жестоко по отношению к родным? Может, стоит поступиться самолюбием и сделать то, что от меня требуют? По крайней мере, мама на какое-то время успокоится... Но мне было ясно, что письма, в которых я вдруг заговорю языком чиновников

МВД, окажут на нее прямо противоположное действие: она разволнуется еще больше. Кроме того, если я один раз отступлю, откажусь от своего права писать на волю нормальные человеческие письма, вновь отстоять его будет невозможно и порвется единственная ниточка, связывающая меня с моим миром.

Итак, отступать нельзя, но и терпеть создавшуюся ситуацию бессмысленно. Значит — самому идти в атаку? Начать голодовку? Это слово буквально вертелось у меня на языке с того дня, когда власти демонстративно оборвали мою переписку с родными. Я еле сдержался, чтобы не объявить ее во время беседы с Романовым в ответ на его оскорбительные и наглые требования. Что же останавливало меня?

На сей раз действия властей нельзя было объяснить инициативой местного кагэбэшника, как в случае с изъятием ханукии, когда майору Осину пришлось спешно приобщаться к еврейской традиции, чтобы загасить конфликт, все высшие инстанции поддержали сейчас очевидное беззаконие. Значит, если я начну голодовку, она будет длительная — до тех пор, пока либо они отступят, либо я сломаюсь. Но мне проигрывать никак нельзя: дело ведь не только в переписке, которую прикроют окончательно, весь характер моих отношений с КГБ изменится, я перестану быть хозяином собственной судьбы. Но если идти до конца, то надо сделать так, чтобы на воле узнали о моей голодовке и поддержали ее сильным давлением на Советы извне.

Для того чтобы сообщить на волю о своих планах, у меня был лишь один реальный канал: Юра Бутченко. Мой старый лагерный товарищ сидел теперь тут же в Чистополе. Его срок кончался в конце августа, и я должен был успеть связаться с ним.

Но месяц проходил за месяцем, письма мои конфисковывались одно за другим. Терпеть создавшееся положение становилось все труднее, а мой план так и не был реализован. Прошли апрель, май, на исходе уже июнь; еще немного — и Бутченко могут «дернуть» на этап... И вот наконец удача! Двадцать пятого июня меня в очередной раз сажают на пятнадцать суток в карцер, а он находится прямо под Юриной камерой.

Подождав, пока надзиратель отойдет от двери, я нахожу на полу камушек и выстукиваю по батарее морзянкой: «Я Натан, я Натан...» Юра откликается, задает дежурные вопросы: «Сколько? За что?..» Мы оба предполагаем, что нас подслушивают; может, для того меня и поместили сюда, чтобы узнать, какие просьбы я передам на волю. Но у нас с Бутченко уже выработался свой язык, условные слова, мы договорились о сдвигах дат. Поэтому я без особой опаски сообщаю ему: «Если ничего не изменится, то семнадцатого января буду праздновать до упора». Это означает: если ситуация с перепиской останется прежней, двадцать седьмого сентября я начну голодовку.

День выбран мною неслучайно: на него в этом году выпадает Йом Кипур, еврейская «суббота суббот», когда люди устремляют свой внутренний взор в прошлое, чтобы оценить, правильно ли жили, и принимают ответственные решения на будущее; именно в Йом Кипур я и начну свою войну Судного дня с КГБ.

Четвертого июля, в восьмую годовщину нашей с Авиталь хупы, я вызываю Бутченко: «Передай Авиталь мои поздравления, и чтобы она не вздумала праздновать вместе со мной — ей хватает других дел». Рубикон перейден, но все последующие три месяца я все же в глубине души лелею надежду, что голодать не придется; каждые две недели передаю властям очередное письмо, текст которого уже давно не меняется: я сократил его до предела, оставив лишь минимум того, что отличает послание сына и мужа от официального советского документа. И каждый раз, получая очередной ответ о конфискации из-за «условностей в тексте», я испытываю разочарование и злую решимость добиться своего.

***

Утром двадцать седьмого сентября я передал администрации тюрьмы последнее письмо и два заявления: одно, короткое, — на имя Романова о том, что начинаю голодовку, и другое — Генеральному прокурору СССР, где я объяснял причины, толкнувшие меня на такой шаг. Это второе я закончил следующими словами: «До тех пор, пока я не получу возможность писать письма жене в Израиль, матери и брату в Москву, голодовка прекращена не будет».

Итак, я объявил бессрочную голодовку, отчетливо сознавая, что добиться выполнения этого требования будет очень трудно, но твердо решив идти до конца. Начинать такое дело — все равно, что отправляться в утлой лодке через океан. Впереди —

полная неизвестность: выживу ли? А если выживу, то доберусь ли до цели — или, может, отступлю?..

Но как только я сообщил властям, что начал голодовку, «пред-стартовое волнение» последних дней исчезло, а заодно пропало и отвратительное ощущение абсолютной беспомощности и униженности от того, что ты вынужден терпеть произвол КГБ, пытающего тебя и твою семью. На душе стало спокойно: наконец-то я снова активно защищаю от них себя и свой мир.

На столике в маленькой камере, где меня держали в течение первых полутора месяцев голодовки, я поставил четыре фото-карточки: отца, мамы с Леней и две — Наташины. Одна из них та, что была со мной в Лефортово, другая — совсем новая, присланная мне мамой: на ней Авиталь изображена на фоне водопада в Эйн-Геди. Снимки я расположил так, чтобы видеть их, лежа на нарах, — ведь их поддержка могла мне понадобиться в любой момент.

Дебют голодовки дался мне неожиданно тяжело: сказалось, видимо, и то, что организм за эти годы был ослаблен, и то, что я принял решение сохранять силы и лежал, вместо того чтобы, преодолевая себя, ходить по камере, делать зарядку, массировать мышцы. Необходимо было мобилизовать все энергетические ресурсы тела — я же лишь ускорил процесс их демобилизации. Уже после первых двух дней у меня резко упало давление, заболела голова, начались проблемы с сердцем; через десять дней не было сил подняться с нар, мучили постоянные позывы к рвоте, что в общем-то удивительно: ведь я же ничего не ел, только пил воду!

Сидел я в той самой камере, где три месяца назад находился Бутченко, а прямо под ней отбывал теперь очередной карцерный срок Мейланов. Я хорошо помнил, что значит для того, кто в карцере, возможность пообщаться с товарищем, а потому, преодолевая головокружение, несколько раз в день вставал с нар, пересаживался на лавку, рядом с которой проходила водопроводная труба, и начинал с Вазифом перестукиваться.

Как-то я подробно описал ему свое состояние, и он, подумав, ответил: «Потерпи еще пару дней, до понедельника, и снимай голодовку». «Ну нет, — ответил я немедленно, — мои родственники знают: пока от меня нет письма, я голодаю. Ничего менять не собираюсь». «Это я и хотел от тебя услышать», — простучал мне Вазиф, и больше я на свое самочувствие никому не жаловался.

Через три недели после начала голодовки я уже лежал пластом от слабости, болели сердце и голова, но зато напрочь исчезло тягостное ощущение остановившегося времени. Я глядел на карточки родных, бродил мыслями где-то в прошлом, вспоминал старые письма Авиталь, по многу раз в сутки читал свою молитву. День незаметно сменялся ночью…

Именно тогда и появились в камере мои «спасители»: врач, медсестра и несколько офицеров и старшин. У женщины в одной руке была миска с какой-то жидкостью, в другой — резиновый шланг. Все ясно: искусственное кормление.

— Есть будете? — задал врач формальный вопрос.

Я ответил отрицательно.

Тогда меня посадили на лавку и поднесли к лицу шланг. Я оттолкнул его. Мне завели руки за спину и надели на них наручники. Я замотал головой. Один из ментов сжал мне сзади голову, другой схватил за плечи, третий — за ноги. Я крепко стиснул зубы, и это последнее препятствие им так и не удалось преодолеть. Сначала мне зажимали нос в надежде на то, что я вынужден буду открыть рот, затем пытались разжать зубы ложкой…

— Попробуем через нос, — сказал врач, и кто-то из них стал пытаться вставить мне шланг вначале в одну ноздрю, потом в другую. Но то ли резиновая кишка была слишком толстой, то ли помешала моя перекошенная слегка переносица — напоминание о единственной в моей жизни драке, когда мне, четырнадцатилетнему, пришлось ответить на антисемитские выпады соседа-сверстника, — только и здесь моим кормильцам достичь своей гуманной цели не удалось.

— Ладно, давайте через зад, — отступился наконец врач.

Меня повалили на нары, раздели — и благополучно влили с помощью клизмы в мой пустой желудок содержимое миски. Не знаю, на что рассчитывали специалисты от карательной медицины, но эффект нетрудно было предвидеть: он был таким же, как если бы мне сделали обычную клизму, — меня пронесло.

Униженным я себя не чувствовал нисколько. Но и сил у меня от этой процедуры не прибавилось. Через три дня она повторилась, а еще через несколько дней, когда мой пульс уже едва прослушивался, все та же компания явилась вновь, захватив с собой на сей раз более совершенные орудия пытки.

— Хватит дурака валять! — гаркнул врач. — Мы ведь все равно вас накормим!

На моих руках, заведенных за спину, защелкнулись наручники, трое ментов, как и в первый раз, навалились на меня, а кто-то еще инструментом, похожим на огромные клещи, сдавил мне лицо в тех местах под скулами, где сходятся челюсти, и, нажимая, покручивал этим орудием, как делают, вытаскивая застрявший в доске гвоздь. Боль была невыносимой; казалось, что зубы трещат. Когда я все же приоткрыл рот, мне всунули между зубов какую-то металлическую штуку.

— Крути ротооткрыватель! — услышал я голос врача.

Я почувствовал у себя во рту две железные пластинки, которые от вращения винта стали расходиться, все более увеличивая просвет между зубами. Через минуту сложная техническая задача по введению в меня шланга была успешно завершена.

Я уже не сопротивлялся, наоборот, расслабился, желая только одного, чтобы все это поскорее кончилось. Но неожиданно взбунтовалась такая вроде бы несамостоятельная деталь моего организма, как горло: когда врач попытался всунуть шланг поглубже, чтобы добраться до желудка, оно отреагировало спазмами. Мой «спаситель» продолжал шуровать резиновой кишкой, пытаясь преодолеть сопротивление мышц, и я начал задыхаться, терять сознание. Но в этот момент бессмертный человеческий дух, воплотившийся в тюремном враче, победил бренную плоть зека, шланг оказался в моем желудке, и тот стал наполняться питательной смесью, призванной продлить мои дни.

Представления не имею, почему эта процедура, которую многие мои друзья переносили сравнительно легко, оказалась для меня такой мучительной...

Наконец у меня из горла выдернули шланг, и живительная смесь фонтаном последовала за ним, оставив следы на потолке, на стенах, на столе, запачкав стоявшие на нем фотографии. И сегодня карточка Авиталь — та самая, первая — напоминает мне о двух эпизодах моей гулаговской жизни: надрывом на ней — о суде, пятном — о той голодовке.

Мои «спасители» уложили меня, подержали меня в таком положении сначала в наручниках, затем без них и ушли.

Я лежал, судорожно глотая воздух ртом. Сердце бешено колотилось. В висках стучала кровь. Камера плыла перед глазами. Страшно болел живот.

Прошло не меньше часа, прежде чем я начал приходить в себя. А еще где-то через час силы стали возвращаться ко мне: сердце хотя и болело, но работало нормально. Я встал и осторожно прошелся несколько раз по камере. Голова вроде бы не кружилась. Сел за стол, написал домой очередное краткое письмо — точную копию предыдущего, конфискованного. Его, естественно, тоже конфискуют. Но каждые две-три недели я буду подавать новую копию, напоминая КГБ, что отступать не собираюсь.

Проснувшись на следующий день после искусственного кормления, я обнаружил, что энергии моей поубавилось. Опять во время ходьбы кружилась голова, а при любом резком движении в глазах темнело. К концу дня я уже лежал пластом, с трудом двигая руками и ногами. Следующие ночь, день и еще одна ночь оказались тяжелыми: я терял силы с каждым часом, пульс ослабел настолько, что совсем перестал прослушиваться. Я цеплялся взглядом за фотографии и мыслью — за прошлое, представлял, что делает сейчас Авиталь; а когда уже и воображение стало отказывать, когда осталось лишь одно чувство — упрямое безразличие, пришли врач с ментами и влили в меня очередной литр питательной смеси. И опять сердце запрыгало как бешеное, а я лежал и хватал ртом воздух.

В этом трехдневном цикле самым мучительным, пожалуй, были именно перепады: от почти бессознательного состояния — к крайней степени возбуждения, затем медленное сползание вниз, и через три дня — опять резкий скачок. И после каждого такого скачка сердце болело все сильнее и сильнее. Наверное, если бы ту же самую порцию смеси мои «спасители» разделили на три части и вливали в меня ежедневно, организм перенес бы это значительно легче. Но «спасение» было неотделимо от пытки. Кормлением власти спасали мое тело, пыткой пытались «спасти» мою душу.

Репродуктора в камере я почти не выключал, чтобы лишний раз не вставать с нар. Конечно, в нормальных условиях большинство передач слушать совершенно невозможно, но сейчас они были для меня просто звуковым фоном, напоминающим о том, что я еще жив, а кроме того, радио помогало мне ориентироваться во времени.

...Утром десятого ноября восемьдесят второго года, на сорок пятый день голодовки, я лежал в ожидании очередной экзекуции, находясь, как всегда в конце трехдневного цикла, в полубессознательном состоянии, которому как нельзя лучше соответствовала тихая, торжественная, печальная музыка, звучавшая у меня в ушах. Но вот появились кормильцы и, сделав свое дело, ушли; я стал приходить в себя, и камеру заполнили звуки реального мира.

Каждому из них отведено свое место во времени и в пространстве: стуку дверей, хлопанью кормушек... Но на этот раз происходит что-то странное: я слышу, или мне это только кажется, какую-то возню в коридоре, перешептывание, такое впечатление, что кто-то топчется у моей камеры и заглядывает в глазок...

Вдруг из противоположного конца коридора доносится лай, обрываемый командой мента. Что за ерунда? Мало им собак вокруг тюремного двора? Зачем пустили их внутрь? Но самое странное, и это я осознаю не сразу, что траурная мелодия не исчезла и после кормления, она продолжает звучать в ушах. «Да ее же передают по радио!» — вдруг соображаю я и тут же слышу драматический голос диктора: «Говорит Москва. Вчера после тяжелой болезни скончался... — Кириленко? Черненко? Тихонов? — проносится у меня в голове — ...Леонид Ильич Брежнев».

Брежнев?! Через полтора месяца моей голодовки его сердце не выдержало?

Хорошо помню, что именно эта недобрая мысль появилась у меня при известии о смерти очередного советского вождя, и объяснялась она не просто случайным всплеском черного юмора. Как ни стремился я к объективности при оценке своей борьбы, не позволяя себе, поддавшись распространенному тюремному синдрому, преувеличивать ее значение, ощущение, что я воюю со всей советской системой, никогда не покидало меня, а во время голодовки усилилось тысячекратно. Видя перед собой начальника тюрьмы, местных и республиканских прокуроров, убеждавших меня снять голодовку, я хорошо понимал, что борюсь не с ними. То зло, которому я пытался противостоять, олицетворяли в моих глазах их вожди. И вот в разгар поединка не выдержал самый главный из них! Судьба посылала мне знак: держись — и ты победишь.

— Ура! — крикнул вдруг кто-то в соседней камере, и этот торжествующий клич в мгновение ока подхватила вся тюрьма. Вот тут-то и выяснилось, что мы и впрямь на осадном положении: вертухаи стали заглушать нас ударами дубинок по железу, а вскоре одна за другой начали открываться двери камер. Дошла очередь и до моей. Ввалились четверо: офицер, два прапорщика и солдат с овчаркой на поводке.

— Предупреждаю, — заявил офицер, — за антисоветские выкрики будем строго наказывать!

Я лежал на нарах и злорадно улыбался. Как глубоко укоренился страх в правителях этой страны! Умирает вождь — и народу не сообщают об этом целые сутки, чтобы подготовиться — в частности, послать в тюрьмы дополнительные наряды ментов с овчарками. Бунта они боятся, что ли?

Когда менты ушли, я вспомнил, что не выполнил свой зековский долг. В подвальном карцере, расположенном под моей камерой, сидел сейчас член армянской Хельсинкской группы Роберт Назарян; репродуктора там, естественно, нет, и только я могу — и обязан! — сообщить ему радостную весть.

Я встал, с трудом добрался до стола и сел, сделав вид, что читаю. Из-за двери послышались какие-то шорохи, но терять мне было нечего, и я, повернувшись к глазку спиной, стал выстукивать по батарее свое сообщение. Едва успел я передать Роберту слово «умер», загремел дверной замок, слово «Брежнев» пришлось добарабанивать уже при ментах. Они схватили меня за руки, оттащили от стола и начали шмон.

— Где записка?

— Какая записка?

— Которая была на столе! Ты с нее выстукивал.

Я засмеялся. Некоторые новички, еще нетвердо изучившие морзянку, и впрямь пользовались шпаргалками, но мне-то она зачем? Однако, чтобы подразнить ментов, я сделал глотательное движение. Один из них сразу же вцепился мне в горло, а второй злобно констатировал:

— Все! Проглотил.

— А почему вы не на траурном митинге? — спросил я их весело.

На меня составили рапорт, а через несколько часов перевели в другую камеру, в самом конце коридора. Ее особенность заключалась в том, что между ней и другими был кабинет, в котором представители администрации и КГБ беседовали с зеками.

Эта камера после моей малютки казалась огромной: она была рассчитана на шестерых, но сидеть в ней мне предстояло в одиночестве. При иных обстоятельствах перевод в такое просторное помещение — настоящий подарок судьбы, но сейчас я бы с удовольствием вернулся из этого шестиместного номера в свой одноместный: во-первых, здесь холодно, а во время голодовки я и так все время мерз, во-вторых, нет никакой надежды на связь с другими заключенными. Увы — в этой камере мне придется провести еще немало времени...

Место Брежнева занял Андропов — глава КГБ, гонитель диссидентов, человек, чья подпись красуется на титульном листе моего дела. Ну стоит ли ожидать от него чего-то хорошего? Но с другой стороны, может, ему-то как раз и важно показать Западу, что он «не такой», отмыться от своего прошлого?

Подобные соображения недолго занимали меня, и не только потому что я старался поменьше гадать — просто мое физическое состояние оставляло мне все меньше и меньше времени для раздумий: на второй и третий день после кормления я лежал пластом, то ли засыпая, то ли теряя сознание, и, приходя ненадолго в себя, вслушивался в радиопередачи, обнаруживая, что прошло несколько часов... Помню только, что во время этих провалов мне часто грезились проплывавшие как в тумане сцены освобождения, приезда в Израиль и встречи с женой; сознание лишь фиксировало их, но почти не воспринимало.

Месяца через три после объявления голодовки периоды отключения стали настолько длинными, что в меня начали вливать питательную смесь раз в два дня. Но это уже мало помогало: после того как организм справлялся с очередным «пищевым шоком», я вновь надолго впадал в забытье, выходя из него на все более короткие промежутки времени. В эти моменты просветления и появлялись в камере мои благодетели: офицеры МВД, прокуроры, врачи, причем с каждым разом звания и должности посетителей возрастали. Хамский тон первых разговоров: «И не таких, как вы, ломали» — они оставили, но суть их предложений была прежней: «Напишите домой то, что продиктует вам начальник тюрьмы, и в следующем месяце мы разрешим вам более обстоятельное письмо. Будете писать и в Москву, и в Иерусалим — куда захотите…» Романов же требовал ограничиться одной фразой: жив, здоров, работой обеспечен. Мои палачи взывали и к сыновним чувствам: «Если вы действительно любите мать, пожалейте ее, успокойте, не делайте семидесятипятилетнюю женщину жертвой вашего упрямства!»

После долгого перерыва мне стали приносить открытки от мамы, они были полны тревоги, боли, страдания: «Что с тобой, сын? Жив ли ты?» «Жив, здоров, работой обеспечен», — подсказывал мне Романов. Мама писала, что заболела: отказывает вестибулярный аппарат, без посторонней помощи ей трудно передвигаться. «Видите, до чего вы доводите свою мать?» — укорял меня начальник тюрьмы.

Жалость к ней и ненависть к нашим палачам боролись в моей душе. Может, и впрямь уступить? Стоит ли ради каких-то писем подвергать опасности ее жизнь и свою? Но нет, не за письма я борюсь, а за право оставаться в мире моих ценностей! Если я сдам позиции, то та удивительная духовная связь между мной и Авиталь, которая все эти годы поддерживала меня, а сейчас, во время голодовки, стала прочнее, чем когда бы то ни было, утратится. Я обязан идти до конца.

Голодовку я объявил бессрочную. Но человеческое сознание не воспринимает бесконечность. Даже самый отъявленный фантазер, парящий мечтами в далеком будущем, в повседневной жизни строит какие-то конкретные планы, связывает свои действия с определенными сроками. Так и я, начав свой марафон, выбрал ориентир: необходимо продержаться до четвертого января, дня, когда мне положено очередное свидание. Предыдущего я был лишен. Ясно, что голодающим меня маме не покажут, а значит, лишат и этого. Но запрет второго свидания подряд при том, что за год от меня не пришло ни одного письма, должен быть на воле воспринят однозначно: я продолжаю борьбу, и властям есть что скрывать.

Дата эта была удобна и по другой причине: четвертого января исполнялось ровно сто дней с начала голодовки. Каждое утро я говорил себе: до четвертого января осталось сто минус столько-то дней. Но вот уже за минусом последовало число девяносто, а свидания меня все еще не лишали.

— В чем дело? — спрашивал я себя. — Что заставляет власти медлить? Шум на Западе, поднятый Наташей и друзьями?..

Между тем проходит первое января, второе, третье...

Третьего вечером мои нервы на пределе: рабочий день у администрации окончен, завтра утром мама и Леня придут в тюрьму — ведь их не известили, что встреча запрещена... И вот перед самым отбоем, в девять часов, загремел дверной замок. Я лежал спиной к вошедшему, не видел, кто это, но мне уже все было ясно. Возбуждение моментально спало, ему на смену пришла смертельная слабость. Безразлично слушал я начальника спецчасти, читавшего мне постановление об отмене свидания, только сердце болело сильней, чем обычно.

«Осужденный Щаранский А.Б. в течение ста дней отказывается от приема пищи, что является поводом для отказа от работы. За нарушение режима содержания в тюрьме, выразившееся в отказе от приема пищи и в отказе от работы, лишить Щаранского А.Б. очередного свидания».

«Я ведь знал, что так будет, — говорил я себе. — Ничего не изменилось». Но это почему-то мало утешало. Кроме того, сто дней прошли, какой теперь рубеж мне перед собой поставить? Решаю: двадцатое января — день моего рождения и годовщина смерти отца. Дальше видно будет. Но былой энтузиазм угас, и со счета я довольно скоро сбился.

Через какое-то время в камере появился Романов и, к моему удивлению, вновь приняв после долгого перерыва грубый, агрессивный тон, стал убеждать меня, что моя борьба смешна и безнадежна.

— Ты что — сильнее всей страны, думаешь? Тебе же все сказали: нельзя! Помрешь — похороним здесь безымянно, никто и не узнает даже, где твоя могила, — говорил он, опять перейдя на ты.

Ни сил, ни желания препираться с ним у меня не было, и он ушел, а назавтра вернулся вновь, на сей раз через несколько часов после кормления, когда я, как обычно, на короткое время настолько приходил в себя, что мог даже сидеть на нарах. Сейчас я был готов и поспорить с ним, однако то, что сказал Романов, оглушило меня:

— Здесь находится ваша мать, Анатолий Борисович. Она очень просит вас снять голодовку.

Не успел я ему ответить, что не верю этому, как увидел в его руке листок бумаги.

— Она написала вам записку, — сказал Романов, — а кроме того, просила устно передать: кончайте голодовку, перестаньте издеваться над собой и своей семьей.

— Ах, устно! — усмехнулся я и нетерпеливо потянулся к письму.

Я тогда не знал, конечно, что оно — результат многочасовой битвы мамы с кагэбэшником Галкиным и Романовым буквально за каждое слово, что несколько вариантов письма они забраковали. Но у меня не было никаких сомнений в том, что за запиской этой — долгие месяцы тяжелой и неустанной борьбы многих людей, и прежде всего мамы и Авиталь. Мама действительно просила, чтобы я снял голодовку, уверяя меня на основе полученных ею гарантий, что это приведет к немедленному возобновлению нашей переписки.

— Мы идем вам навстречу, — вкрадчиво говорил начальник тюрьмы.

— Напишите сейчас матери, что снимаете голодовку, и я тут же передам ей эту записку, причем даже не засчитаю ее за очередное письмо. Главное — побыстрей успокоить вашу маму. А дней через десять напишете подробнее и маме, и жене. Пора вам подумать и о себе, и о них.

— Но зачем же ждать десять дней? Я прямо сейчас напишу обычное письмо, оно будет ненамного длиннее записки, и вы его передадите.

— Да что, я вам, почтальон, что ли? — взорвался Романов, которому нелегко давалась роль заботливого дядюшки. Правда, он сразу же взял себя в руки. — У меня много дел, я не могу долго ждать. Напишите две-три фразы, и я передам. — И он посмотрел на часы, мол, еще секунда, и он будет вынужден уйти.

Я же тем временем взял лист бумаги и кратко написал матери обо всем, что мне не давали ей сообщить: о том, сколько писем я получил за последний год, почему не пропускали мои послания, о причинах, вынудивших меня начать голодовку. Кроме того, я подробно описал маме свое теперешнее физическое состояние, предупредил, что буду готов снять голодовку лишь после того, как получу от нее подтверждение, что она прочла это письмо, а следующее отправлю ей через десять дней. В конце я добавил, что в случае нарушения администрацией моих условий, голодовка будет возобновлена автоматически. В общем, в этой записке я написал даже больше, чем в письмах, которые пытался переслать раньше.

Все это время Романов кружил вокруг меня, заглядывал через плечо, восклицал:

— Да разве можно такую длинную! Я же вам разрешил только две-три фразы! — И хватался за фуражку: — Ну, все! Я ухожу.

Он страшно мешал мне сосредоточиться, и я наконец не выдержал:

— Да идите себе, если вам некогда! Вы не даете мне собраться с мыслями. Когда закончу, передам эту записку через дежурного офицера.

— Вот как вам идти навстречу! Ну и подыхай, если тебе так хочется! — воскликнул Романов. Он бросился к двери, но в последний момент вернулся. — Ну, ладно. Мне не вас, вашу мать жалко. Давайте скорее сюда вашу записку.

Теперь я был уверен в том, что ему предписано добиться прекращения моей голодовки сегодня же. Что ж, это лишь укрепило мою решимость передать маме как можно больше информации.

Когда письмо наконец было готово, начальник тюрьмы буквально выхватил его у меня из рук и спросил:

— Так что, я скажу, чтобы вам принесли еду?

— Сначала пусть мать подтвердит, что она прочла мою записку, только тогда я сниму голодовку.

— Да ты... Да вы... Да вы что, издеваетесь надо мной?! Мне, начальнику тюрьмы, больше делать нечего, как записки вам таскать?!

Нет, не подходил Романов к навязанной ему КГБ роли миротворца...

— Снимай голодовку сейчас же или помрешь! — заорал он.

Записка от мамы, неожиданно появившаяся возможность победно завершить голодовку, восстановив связь с домом, а главное — ликование смертника, уже смирившегося со своей участью, но внезапно увидевшего перед собой проблеск надежды, — все это на короткий срок вывело меня из сомнамбулического состояния, заставило забыть о недугах. Теперь же они вновь навалились на меня. Ноги мои вдруг подкосились от слабости, и я упал на нары; сил хватило лишь на то, чтобы отвернуться к стене.

Романов говорил еще что-то, но я его не слышал. Потом наступила тишина: очевидно, он ушел. Даже повернуть голову, чтобы проверить, забрал ли начальник тюрьмы записку, я не мог.

Так прошло немало времени, час или два, и когда вновь загремела дверь, я мгновенно вынырнул из глубин забытья; с трудом сел на нарах и опять увидел перед собой Романова с запиской в руках — моей собственной запиской!

— Анатолий Борисович! — сказал он с не свойственной ему просительной интонацией. — Вам же разрешили написать только две-три фразы, а вы накатали целый роман. Ну ладно, мы еще раз пойдем вам навстречу, перепишите его, только эти два абзаца уберите, и он показал на то место, где я говорил о фактическом прекращении нашей переписки, и на другое, в котором сообщал, на каких условиях готов снять голодовку. — Иначе мы вашу записку не передадим. Поймите: мы ведь и так идем на нарушение закона.

— Я продолжаю голодовку, — сказал я и отвернулся к стене.

— Что же вы, мать не жалеете... — завел было он старую пластинку, но вдруг выматерился и заорал в полный голос: — Я здесь начальник тюрьмы, а не мальчишка! Издеваешься надо мной?!

Я услышал, как со стола слетело что-то, кажется, кружка с водой. Хлопнула дверь. Из коридора донеслись вопли: Романов наткнулся на зека-уборщика и срывал на нем злость. Да, конечно же, этому типу не по нутру быть мальчиком на побегушках внутри треугольника «КГБ — мама — я». Ну, да это его проблема!..

А еще через час дежурный офицер принес мне записку от мамы, где она писала, что прочла мое письмо, будет ждать через две недели очередного, с описанием моего выхода из голодовки, и приложит все усилия, чтобы переписка между нами не прерывалась. Внизу стояла дата: четырнадцатое января восемьдесят третьего года. Значит, это был сто десятый день с начала моей акции протеста...

Я долго сидел в прострации, держа в руках листок бумаги, исписанный маминым почерком. Ожидание приближающейся смерти, которым я был полон последние недели, ушло из души, как черная, застоялая вода из прочищенного бассейна, и на смену ему пришло ликование: я буду жить! Мы вновь победили, в очередной раз пробили стену, которой КГБ пытался отгородить меня от близких!

Я взял сборник псалмов, сел так, чтобы видеть фотографии моих родных, и по складам, вслух, прочел всю книгу от первого до последнего слова. На это у меня ушли сутки.

«Закон всемирного притяжения душ»

Когда меня арестовали, я весил шестьдесят пять килограммов, к моменту начала голодовки — чуть больше пятидесяти, теперь — тридцать пять. Как только я снял ее, власти немедленно взялись меня «ремонтировать», и уже на следующий день перевели меня в другую камеру — в противоположном конце коридора. Медленно, еле переставляя ноги, тащился я по нему, надрываясь под тяжестью матраца и подушки...

Новая моя камера называлась больничной, и через ее кормушку ко мне ежедневно поступали такие редкие в тюрьме продукты, как мясо, молоко, масло. Витамины я получал в виде таблеток и уколов. В итоге силы стали прибывать с каждым днем; уже меньше чем через неделю я вышел на прогулку, хотя, конечно, провести на ногах два льготных часа был еще не в состоянии, да и сердце болело не переставая...

Врач сказал: «У вас дистрофия миокарда; потребуются, быть может, месяцы, пока это пройдет».

Но прошли не месяцы, а годы, пока я смог лежать на левом боку, и сегодня, через несколько лет после освобождения, даже небольшая физическая нагрузка сразу же напоминает мне о тех ста десяти сутках в чистопольской тюрьме.

Еще врач добавил: «Больше так со своим сердцем не шутите: вам нельзя голодать буквально ни одного дня». Он оказался прав. В дальнейшем даже во время двадцатичетырехчасовой голодовки сердце к концу ее болело так, как если бы я был без пищи уже два месяца. С другой стороны, я не сомневался, что врач, предупреждая меня, заботится отнюдь не о моем здоровье...

В следующий раз мне пришлось голодать очень скоро. Недель через пять после перевода в больничную камеру я услышал в коридоре голос Анатолия Корягина, он кричал, что был избит при водворении в карцер. Наше требование о немедленном расследовании инцидента отклонили, и я присоединился к группе политзаключенных, объявивших семидневную голодовку солидарности с Корягиным.

С перепиской же дела обстояли так. Я, как и обещал маме, отправил ей через десять дней большое письмо, страниц на пятнадцать. Через неделю мне сообщили о его конфискации. На сей раз от меня, правда, не потребовали свести все к фразе «жив, здоров, работой обеспечен», но предлагали ничего не писать о моем самочувствии. Я понял, что это только начало: КГБ вновь испытывал меня на прочность, полагая, что решиться на новую голодовку мне будет нелегко, ведь я только-только начал восстанавливать силы, после долгого перерыва вновь почувствовал вкус к жизни.

Не раздумывая, я написал прокурору заявление, в котором сообщил, что возобновляю голодовку через неделю. Спустя несколько дней письмо ушло в Москву. С этого момента начался удивительный период в моей переписке с домом, продолжавшийся полтора года. Мама получала все до единого письма, причем объем их постоянно увеличивался: пятнадцать страниц, двадцать, тридцать, сорок... Я рассказывал о своей жизни в ГУЛАГе, говорил о том, что годами волновало меня, объяснял зачастую аллегорически, но не особенно заботясь о том, чтобы сбить с толку расшифровщиков, причины тех или иных своих поступков. И все проходило. Летом восемьдесят третьего года был, правда, один «сбой», в результате чего мне снова пришлось объявить голодовку, но это было единственным исключением. Никогда раньше моя связь с родными в Москве и Иерусалиме не была столь постоянной и прочной. Словом, в течение полутора лет наша семья пожинала плоды общей победы над КГБ.

В первые месяцы после голодовки ко мне в камеру зачастили прокуроры и ревизоры, взявшие в беседах со мной новый тон: теперь они были готовы признать кое-какие ошибки, совершенные в прошлом, но указывали на Романова как на единственного виновника.

— Конечно же, потребовать от заключенного свести все его письма к фразе «жив, здоров, работой обеспечен» может лишь тот, кто не знает советских законов, — говорил мне Генеральный прокурор Татарской ССР Узбеков. — И за границу вы имеете полное право отправлять корреспонденцию.

Самым замечательным было то, что все это происходило в присутствии самого начальника тюрьмы, сидевшего сбоку и хмуро глядевшего себе под ноги. «Да, похоже, что дни Романова сочтены», — думал я, возвращаясь в камеру. Власти не только обещали мне, что никаких проблем с перепиской у меня теперь не возникнет, но намекали, что и в деле Корягина, продолжавшего свою голодовку, будет восстановлена справедливость.

Где-то в конце весны стало известно, что Романов уволен. А еще через несколько недель мы узнали, что он покончил с собой. Андроповская чистка не обошла и его. И как всегда, когда человека решили убрать, на него понавешали всех собак, хотя, скажем, в моем случае Романов являлся лишь послушным исполнителем воли КГБ.

Эта организация, кстати, не оставляла меня своим вниманием. В начале марта по вызову Галкина я был доставлен в тот самый кабинет, куда он и Романов приходили для бесед с политзаключенными. Хотя работал Галкин в тюрьме уже три года, нам не довелось познакомиться, ведь с ним я отказывался общаться, лишь несколько раз видел издалека.

Однако поднялся мне навстречу из-за стола другой человек, не Галкин. Крупный, грузный мужчина лет сорока пяти приветливо, даже дружески улыбнулся мне:

— Здравствуйте, Анатолий Борисович! Я представитель руководства КГБ СССР и приехал к вам по просьбе вашей матери, с которой только вчера долго беседовал за чашкой чая.

Выйдя из-за стола, он пошел ко мне, протягивая широкую ладонь. От рукопожатия я, естественно, уклонился, но неожиданно для самого себя сел за стол и сказал:

— Слушаю вас.

Зачем я это сделал? Почему не повернулся и не вышел из комнаты, как поступал многие годы? Заворожили ли меня слова «по просьбе матери» или просто после голодовки мне опять, как когда-то в Лефортово, захотелось выведать, что происходит на воле? Скорее всего, и то и другое.

Кагэбэшник сел за стол напротив меня и, достав из кармана и положив под язык таблетку валидола, стал говорить что-то о своем больном сердце, а потом и о моем, по праву товарища по несчастью. Он объяснил, как переживает мама и беспокоится обо мне, рассказал, что она плакала у него в кабинете и просила, чтобы КГБ вмешался и помог ей получить со мной свидание.

— Январское не состоялось, следующее положено вам в июле. Его вас пока не лишили. Мы готовы удовлетворить просьбу вашей матери и ходатайствовать перед администрацией тюрьмы, чтобы вам дали свидание раньше. Более того, в этом году истекает половина вашего срока, и Президиум Верховного Совета может положительно решить вопрос о помиловании. Однако это зависит исключительно от вас. Почему вы себя не жалеете? Еще можно понять вашу нервозность из-за отсутствия переписки с матерью и женой, но зачем вы вмешиваетесь во взаимоотношения администрации и других заключенных? (Всего за несколько дней до этого закончилась наша голодовка солидарности с Корягиным.) Что вам до них? Срок у вас побольше, да и дело гораздо серьезнее, вам надо о своем здоровье думать и о своей семье! Да и вообще, все политики тут люди тщеславные, только и думают, как бы к вашей известности примазаться. Словом, руководство КГБ готово пойти вам навстречу, но хотело бы знать, какие гарантии вы, в свою очередь, можете дать нам.

Все это было банально и хорошо мне знакомо: и игра на родственных чувствах, и попытки «почесать» самолюбие, противопоставив меня другим, и посулы вперемежку с прозрачными угрозами вроде слова «пока» во фразе об июльском свидании... Я встал и пошел к двери, сказав лишь:

— Мне нечего вам сообщить.

Кагэбэшник успел только крикнуть мне вдогонку:

— Если передумаете — напишите, и я сразу же к вам приду!

Неужели и впрямь мама обращалась к нему? Плакала у него в кабинете? Врут, как всегда, говорил я себе, но в душе остался какой-то горький осадок. Я, конечно, не мог знать, что незадолго до этого маму силой привезли в КГБ, уговаривали ее передать мне через них письмо и продукты, но она категорически отказалась иметь с ними дело. Я этого не знал, но надеялся, что так оно и происходило. И все равно на сердце было пакостно...

Визит кагэбэшника из Москвы, исключительно либеральное отношение ко мне тюремщиков, прекративших сажать меня в карцер и вообще подвергать каким бы то ни было наказаниям, несмотря на то что мое поведение ни в чем не изменилось, навешивание работниками прокуратуры и МВД всех прошлых грехов на покойного Романова, и это, и многое другое говорило, что после моей голодовки что-то произошло, вокруг меня идет какая-то игра. Может быть, ведутся переговоры? Но я, не предаваясь пустым мечтаниям, выжидал и, пользуясь представившейся возможностью, писал домой все более пространные и подробные письма.

Ситуация прояснилась пятого июля, на очередном свидании с мамой и братом, состоявшемся через полтора года после нашей последней встречи и через шесть месяцев после завершения голодовки.

За это время я заметно окреп, но мама пришла в ужас: какой худой! Я старался держаться бодро, не жаловался на здоровье, но привычка массировать левую сторону груди выдала меня. Однако даже беседы о здоровье не могли отвлечь маму и Леню от главного, с чем они приехали и ради чего им, видимо, это свидание и дали.

— Во время твоей голодовки было много протестов, — быстро, боясь, что его прервут, сказал мне брат, — в том числе руководителей различных государств и известных политических деятелей. Двадцать первого января Андропов лично ответил Жоржу Маршэ, однако ясно, что это ответ и всем другим, дав понять, что ты можешь быть вскоре освобожден. После этого наша переписка, как видишь, наладилась. Сейчас в Мадриде подходит к концу Совещание по безопасности и сотрудничеству в Европе. Американцы прозрачно намекнули на то, что без решения твоего вопроса они мадридский документ не подпишут. И вот руководитель советской делегации передал главе делегации США, а тот сообщил Авиталь, что если ты напишешь заявление с просьбой освободить тебя из гуманных соображений, по состоянию здоровья, то твоя просьба будет удовлетворена. То же самое сказали и нам в КГБ. Американцы считают, что СССР не обманывает и что это большая уступка, ведь они не требуют от тебя ни признания вины, ни покаяния, ни осуждения кого бы то ни было. Люся (так близкие и друзья называли Елену Георгиевну Боннэр, жену Андрея Дмитриевича Сахарова) просила передать тебе от своего имени и от имени ее мужа, что, по их мнению, на это предложение следует согласиться.

— А Наташа? Наташа тоже просила? — перебил я Леню.

— Нет, Наташа ни о чем не просила, — поспешно ответил он, и я вздохнул с облегчением, ведь в противном случае мне пришлось бы впервые не согласиться с женой.

— Мы с мамой тоже не даем тебе советов, как себя вести, но я должен передать твой ответ в американское посольство. Они ждут. Поэтому подумай и к концу свидания скажи нам.

— Мне не к чему ждать до конца встречи, — снова перебил я брата. — Я не совершал никаких преступлений. Преступники те, кто арестовал меня и держит в тюрьме. Поэтому единственное, с чем я могу обратиться к властям, это с требованием моего немедленного освобождения и наказания виновных. Просить их проявить гуманность означало бы признать за ними право говорить от имени закона и справедливости.

Мне никто не возразил, но я видел, как погрустнела мама. Потом речь зашла о наших семейных делах; оба они неоднократно упоминали имя Наташи, пытаясь рассказать о ее самоотверженной борьбе. Но теперь уже надзиратели стали прерывать их. В самом конце свидания мама тихо спросила, умоляюще глядя на меня:

— Толенька, может, ты все же еще подумаешь над этим предложением?

Бедная моя старушка! Как мне было тяжело ее огорчать... Я только отрицательно покачал головой.

Напоследок нам с мамой разрешили обняться, андроповская «оттепель» ломала тюремные устои.

— А теперь — с братом, — сказал я дежурному офицеру, отрываясь от плачущей мамы.

— Ну это уж слишком! — возмутился тот, и двое старшин подхватили меня под руки и отвели в камеру.

Это свидание было не из легких. Как всегда, во время таких встреч в голове образуется винегрет из подготовленных заранее вопросов, а те, которые ты все же задаешь, выпадают из этого хаоса почти случайно. И на каждый такой вопрос — другой, который задаешь самому себе, а стоил ли он затраченных на него драгоценных минут из двухчасового свидания, отделенного от предыдущего полутора годами жизни.

А сразу же после свидания начинаешь составлять баланс: это сказал, о том-то узнал, что-то забыл, это упустил, того-то не понял...Тысячи вопросов, которые ты не смог, не успел или забыл задать, обрушиваются на тебя. Теперь многие годы тебе не удастся получить на них ответы. Но даже те крохи информации, которые тебе перепали, растворили огромное окно в мир, и ты будешь неделями, месяцами, а то и годами перебирать их снова и снова. Видя своих родных раз в один-два года, особенно остро воспринимаешь изменения в них, стареющих вдалеке от тебя; жизнь за это время сделала очередной скачок, и тебе уже надо предпринимать новые усилия, чтобы совместить себя с ними... Но на этот раз на все эти обычные после свидания переживания накладывается печальный образ мамы, и в ушах звучит ее полувопрос-полувздох: «Может, ты все же?..»

Я с ходу отверг предложение КГБ, даже не объяснив маме причину отказа. Поймет ли меня Авиталь? Сердцем — безусловно, а вот разумом... Ведь я и сам, кажется, не могу дать своему поведению рациональное объяснение. Словом, следующее письмо Авиталь в Иерусалим я решил посвятить анализу занятой мной позиции.

Когда-то в Лефортово от меня требовали покаяния, осуждения сообщников, обещая взамен скорое освобождение и возможность, оказавшись на воле, в Израиле, взять свои слова обратно. Тогда я сформулировал для себя три причины, по которым был не вправе это сделать: такой поступок подорвал бы силы соратников, ослабил поддержку на Западе и подвигнул КГБ на новые расправы.

Но уже в то время я ощущал, что все мои аргументы — лишь частные случаи некоего гораздо более общего принципа, что где-то в самой глубине моего подсознания живет невидимый контролер, автоматически диктующий отрицательный ответ на каждое очередное предложение КГБ. Это он, вероятно, подсказывал мне: если вступишь с ними в торговлю, если начнешь их «понимать», если станешь лицемерить, то обязательно вернешься в то рабское состояние двоемыслия, в котором пребывал первые двадцать с лишним лет жизни. Чтобы повысить свою сопротивляемость соблазну и оставаться все время вне досягаемости КГБ, я тогда изо дня в день, из месяца в месяц укреплял свою духовную связь с моим миром. «Мы нужны друг другу», — сказал я однажды Авиталь, и сейчас, в ГУЛАГе, наша взаимная зависимость возросла тысячекратно. «Пришло время этой книжке быть с тобой», — писала жена перед самым моим арестом, а потом я много месяцев сидел в карцере, чтобы сборник псалмов действительно был со мной. Отдать мне его или нет, решал, конечно, КГБ, но именно там, в темном и холодном карцере, я слышал не только голос Авиталь, но и пение царя Давида.

Великий псалмопевец был не единственным, кто присоединился к моей семье и друзьям, чтобы поддержать и защитить меня. Уже в Лефортово Сократ и Дон-Кихот, Одиссей и Гаргантюа, Антигона и Гамлет пришли мне на помощь. Я чувствовал духовную связь с ними, их судьбы перекликались с моей, они шли со мной через тюрьмы и лагеря, были рядом в пересылках и на этапах. И в какой-то момент у меня появилось странное ощущение возникшей вдруг обратной связи, не только мне было важно, как вели себя они в разных жизненных обстоятельствах, но и им, существовавшим или придуманным много веков назад, для оправдания пути, который они когда-то избрали, было далеко не безразлично, как поступлю сегодня я. И точно так же, как каждый из них влиял на поведение людей из разных стран в разные эпохи, и я сегодня, приняв правильное решение или сделав верный выбор, могу вдохновить или разочаровать тех, кто был, и тех, кто будет...

Это странное, мистическое ощущение взаимосвязи всех душ во времени, пространстве и человеческом воображении возникло у меня в мрачной реальности ГУЛАГа, где солидарность зеков была единственным способом противостоять миру зла, и где поражение каждого из нас становилось трагедией для всех. Чувство это укрепилось в карцерах, душа принимала телепатические передачи друзей только в том случае, если наши сердца были настроены на одну волну. Осознание всеобъемлющей общности и солидарности, у которых нет ни пространственных, ни временных границ, окончательно пришло ко мне во время голодовки, когда человеческий голос из их мира, голос мента или тюремного врача, окликал меня по имени лишь тогда, когда им предстояло влить в меня очередную порцию «живой воды» и напомнить мне, нанизанному на резиновый шланг, еще не поздно к ним присоединиться. Но все меньше они занимали меня, все реже останавливался мой взгляд на сером интерьере их камеры, в которой я был вынужден жить, но все чаще задерживался он на фотографии Авиталь, стоящей на фоне водопада, и я с радостью уходил вслед за ней в наш мир.

«Распалась связь времен», — говорил Гамлет в минуту отчаяния, оказавшись вдруг лицом к лицу со злодейством. Я же восстанавливал эту связь, заключив братский союз с теми, кто помогал мне защитить достоинство, и не только свое личное, но достоинство человека, созданного по образу и подобию Творца.

Однако, конечно же, этот многомерный мир, в который я несколько лет назад погрузился, не был черно-белым: вот, мол, добро, правда, друзья, а с другой стороны — зло, ложь и враги. Разобраться в нем оказалось нелегко, и немало исторических и книжных персонажей пытались сбить меня с толку.

Первым среди них был Галилео Галилей. Это имя всплыло как-то в беседе с Тимофеевым, моим сокамерником в Лефортово.

— Вот Галилей действительно умный человек, — сказал Тимофеев. — Покаялся перед инквизицией и смог продолжить свои занятия наукой. И сколько пользы людям принес! А в конце жизни произнес бессмертные слова: «А все-таки она вертится», — окончательно утвердив истину.

Возникнув однажды, имя Галилея уже не выходило у меня из головы. Авторитет этого великого ученого давил не меньше, чем аргументы моих инквизиторов. Галилео Галилей пытался давать мне советы, спорить, возражать и в итоге оказался в стане моих врагов.

Галилей, безусловно, гений, каких немного было в истории человечества, открывший среди прочего законы инерции движения. Но разве его всемирная и всевечная слава не увеличивает число тех, кто в разные времена и в разных странах призывает этот высокий авторитет в оправдание инерции своего страха, утверждая: «Не важно, что я скажу, важно, что она вертится»?

И хотя покаялся Галилей перед инквизицией три с половиной века назад, его капитуляция влияла на меня и сегодня. Я чувствовал, что если приму предложение КГБ, то не только предам самого себя, я укреплю зло в этом мире. Ибо когда-нибудь в будущем мое решение, возможно, поможет охранке сломать другого зека.

Вспоминая все беседы и споры, которые я вел с друзьями и оппонентами, реальными и сошедшими с книжных страниц, думая о тех, кто поддерживал меня и вдохновлял на борьбу и самим существованием своим, и личным примером, и всей своей судьбой, я открывал для себя новый закон — закон всемирного притяжения, взаимосвязи и взаимозависимости человеческих душ.

Об этом я написал Авиталь из тюрьмы: «Кроме Ньютонова закона всемирного тяготения тел, которому проложил путь гений Галилея, есть и закон всемирного тяготения душ, их глобальной связи и зависимости друг от друга. И действует он так, что каждым своим шагом и каждым словом мы воздействуем на души других и влияем на них, пусть не сразу, пусть это не всегда заметно. Так зачем же мне брать на свою душу грех? Если уж мне удалось когда-то прорвать паутину обстоятельств, покончить с гнетущей двусмысленностью своего положения, засыпать пропасть между мыслью и словом, то можно ли теперь даже в мыслях делать шаг назад к тому, прежнему положению?»

Через несколько дней после того, как я отдал письмо цензору, он вернул мне его со словами, зловеще напомнившими прошлогоднюю ситуацию:

— Вы гражданин СССР, и писать письма за границу вам ни к чему.

В свое время эти слова были сказаны мне благополучно повесившимся впоследствии Романовым, на которого прокуроры свалили вину за беззаконие по отношению ко мне. Что же происходит сейчас? Я понимаю, что взывать к их логике бессмысленно, писать жалобу после всего, что было, смешно, и в тот же момент начинаю голодовку.

Сердце к такому приключению не готово, уже через сутки оно болит так, как на второй месяц той длительной голодовки. На третий день появляется прокурор. Я напоминаю ему обо всех заверениях, полученных мной от него и его начальства.

— Да, это безобразие! — возмущается он. — Я им сейчас же прикажу взять ваше письмо, а вы снимайте голодовку.

— Нет, — отвечаю, — вы уж сначала в моем присутствии объясните администрации, что они нарушают закон, пусть они возьмут письмо, предъявят мне квитанцию об отправке, и уж тогда мы с ними помиримся.

Прокурор вызывает цензора, кладет перед ним мое письмо жене и разъясняет, что заключенный по закону имеет право отправлять корреспонденцию за рубеж.

— Я говорю от имени Прокурора республики! — заявляет он.

Его оппонент неожиданно отвечает:

— У вас свое начальство, а у меня — свое. Мне приказано письмо не брать.

— Ну вот, теперь мы можем наконец определить, кто в стране обладает большей силой — КГБ или прокуратура, — говорю я и ухожу в камеру.

Наутро мне приносят почтовую квитанцию: письмо отправлено в Израиль.

***

Восстановление переписки с домом было наиболее заметной, но отнюдь не единственной отличительной чертой моей тюремной жизни после длительной голодовки. Этот период явился уникальным еще и потому, что я, как уже упоминал об этом выше, в течение шестнадцати месяцев ни разу не был наказан: не сидел в карцере, не лишался свиданий и других законных благ, причем вел себя как обычно: активно поддерживал межкамерную связь, составлял «клеветнические» заявления, участвовал в голодовках солидарности. На меня, как и прежде, регулярно составляли рапорты за нарушение режима — предвестники санкций, — но хода им не давали. Мне было даже неловко перед друзьями. Разговариваем, скажем, по батарее или через унитаз, нас засекают, но моего собеседника наказывают, а меня нет. Объявляем коллективную голодовку — всех остальных лишают свидания, а меня как бы не замечают.

В чем причина? Забота о моем здоровье? Ведь из-за постоянных болей в сердце, усиливавшихся при любом резком движении, я стал в буквальном смысле слова инвалидом. Но каждый, кто знаком с советской пенитенциарной системой, понимает, насколько нелепо такое предположение. Было похоже на то, что Андропов, обещавший Марше освободить меня при условии «хорошего поведения», но не назвавший при этом никаких сроков, решил продемонстрировать, что я и впрямь «стал на путь исправления». Эта догадка подтвердилась впоследствии и тем, что наказания возобновились сразу же после смерти очередного советского временщика.

Но если для меня восемьдесят третий год был годом «оттепели», то для других политических заключенных чистопольской тюрьмы он таковым не стал. Лишение свиданий, переписки, пытки голодом и холодом в карцере, постоянные провокации КГБ — все было как прежде. Многие с нетерпением ждали результатов Мадридского совещания. По скупым газетным сообщениям можно было предположить, что там идет борьба по вопросу прав человека. В тюрьме сидели члены Хельсинкских групп — московской, украинской, литовской, армянской. Они пожертвовали своей свободой, проверяя готовность Советского Союза следовать подписанным им соглашениям, вынося нарушения прав человека в СССР на суд мировой общественности, пытаясь заставить власти уважать эти права. Что же предпримет Запад сейчас, через восемь лет после Хельсинки, когда Советы усилили репрессии против тех своих граждан, кто принял всерьез Заключительный акт? Обрывочные сведения, доходившие до нас, подтверждали: Запад требует от СССР освобождения политзаключенных, свободы эмиграции; казалось, еще немного — и в наших судьбах произойдет решающий поворот...

И вот совещание в Мадриде позади. Подписана очередная декларация, в «Правде» опубликован ее сокращенный текст, изобилующий красивыми, обтекаемыми формулировками: стороны обязуются, обещают, подтверждают... В точности как в Хельсинки. Так чего же добился Запад за годы не прекращавшегося давления на советское руководство? В нашей тюремной жизни все осталось, как и прежде, а ведь тюрьма — самый чуткий сейсмограф, отмечающий даже незначительные колебания почвы. Политические заключенные не скрывали разочарования, с легкой руки одного из них было пущено в ход новое ругательство: «Мадрид твою мать!»

Нашлись, правда, и оптимисты, которые говорили: подождите еще немного, что-то должно произойти, Запад не мог так просто отступить. Но и им пришлось взять свои слова обратно, когда через три недели после Мадрида, в начале октября, представители тюремной администрации с торжественным и довольным выражением на лицах обошли одну за другой все камеры и объявили о принятии нового закона — статьи 188-й уголовного кодекса СССР, в соответствии с которой суды могли теперь автоматически продлевать сроки заключенных, нарушающих режим в тюрьмах и лагерях. Политикам разрешалось добавлять до пяти лет. На практике это должно было означать следующее: если ты продолжаешь настаивать на своих взглядах, если с помощью голодовок и забастовок добиваешься права писать родным или, к примеру, возвращения Библии, если пишешь заявления в поддержку других заключенных, это может быть расценено как новое преступление, и тебе без лишних церемоний влепят дополнительный срок.

В общем-то, в этом законе была своя логика, ведь и посадили нас не за убийство или грабеж, а лишь за инакомыслие, так как же выпустить зеков на волю, если они не перестали мыслить иначе? Но если раньше для оправдания такой логики властям приходилось каждый раз изобретать какую-то провокацию, то теперь закон упростил их задачу. Кстати, слухи о подготовке этого закона ходили давно, но советское руководство, очевидно, дожидалось окончания Мадридского совещания, чтобы не раздразнить до срока западных гусей.

Всегда надеяться на лучшее — в природе человека. «Смотрите, закон они приняли, но применять-то его не спешат!» — оживились через несколько месяцев оптимисты. Увы! — и эти надежды оказались пустыми. КГБ некуда было торопиться, он уже наметил себе первые жертвы, а пока что играл с ними как кошка с мышью.

…Когда в тюрьму пришло сообщение о смерти Андропова, я писал очередное — февральское — письмо маме. Вновь раздались крики «Ура!», опять тюремщики, вооруженные дубинками, с собаками на поводках стали обходить камеру за камерой. Я решил не отрываться от своего занятия. Конечно, смерть того, кто многие годы стоял во главе КГБ и руководил фабрикацией моего дела, не могла оставить меня равнодушным, но размышлять о возможных последствиях этого события не хотелось, я был настроен на волну общения с семьей.

«Подобные занятия, — писал я в своем письме, — меня уже давно не только не привлекают, но более того — раздражают. Человек как бы сам, добровольно, вверяет себя воле стихии, пытаясь лишь отгадать, куда вынесет его следующая волна, может, на берег или хотя бы на какой-нибудь островок?.. А ведь положение, в котором мы находимся здесь, предоставляет редкостную возможность стать хозяином своей судьбы, воспользоваться теми огромными преимуществами, которые дает сознание внутренней свободы и независимости от внешнего хаоса».

Мартовское письмо, которое я отправил Авиталь, было конфисковано — первая конфискация после голодовки. А в апреле меня посадили в карцер за межкамерную связь. Андроповская оттепель кончилась, и теперь мне предстояло провести Песах в карцере. А ведь это был первый Песах, который я мог отпраздновать с мацой!

Аркаша Цурков давным-давно получил из дома мацу; одну половину он переслал мне, другую — Дану Аренбергу, еще одному еврею-политзеку, а себе не оставил ничего, ведь его срок кончался. Вместо освобождения Цурков отхватил еще два года лагерей и сейчас встречал Песах среди уголовников. Но и я в последний момент потерял возможность воспользоваться мацой Аркаши... Ничего! Соленая килька, которую дают раз в два дня, будет мне «марором», а кружка горячей воды — что может быть слаще в карцере — заменит пасхальное вино. «В каждом поколении еврей должен чувствовать, что лично он вышел из Египта», — вспоминал я слова Талмуда. «В этом году — здесь, в будущем году — на земле Израиля. В этом году — рабы, в будущем году — свободные люди» — сказано в Агаде. Период оттепели кончился, впереди меня ждали новые испытания; красный фараон все еще не был готов отпустить своего пленника...

***

За первым карцерным сроком последовал второй, а потом я получил полгода строгого режима. Тем не менее все мои письма доходили до адресатов, и я все больше увеличивал их объем, доведя его до сорока пяти страниц. Власти пока не провоцировали меня на новые голодовки.

На строгом режиме я вновь встретился с Володей Порешем. Мы уже сидели с ним несколько месяцев в одной камере в конце восемьдесят третьего — начале восемьдесят четвертого года, причем у нас тогда была Библия, которую он отстоял-таки в упорной борьбе, не прекращавшейся ни на один день. Поначалу ему отвечали то же, что в свое время слышал и я: «Мы обязаны защищать вас от вредного влияния религии», однако мне-то псалмы вернули! Где же логика? Но, как любил говорить Генрих Алтунян, с которым я тоже некоторое время сидел в одной камере, «не ищите логику там, куда вы ее не клали». И потому, когда Володе вдруг принесли Библию, мы, счастливые, недоумевали: что случилось? КГБ решил затеять с Порешем какую-то новую игру? Или «наверху» изменилось отношение к этому вопросу?

Так или иначе мы с Володей читали Библию каждое утро, вернувшись с прогулки. Вернее, он читал ее вслух, потому что у меня в очередной раз отказали глаза: десять минут чтения печатного текста — и в них начиналась резь. Мы понимали, что книгу у нас могут отобрать в любой момент, но и спешить, заглатывая такой текст большими кусками, нам не хотелось, поэтому мы читали каждый день по одной главе из Торы и по одной — из Евангелия, после чего обсуждали их. Свои «экуменические» чтения мы называли «рейгановскими», во-первых, потому что президент США объявил этот год годом Библии, а во-вторых, мы понимали, что любые положительные изменения в нашей жизни могут быть лишь следствием твердой позиции Запада, прежде всего Америки, в вопросе прав человека, и надеялись, что Рейган проявит эту твердость.

Герои Торы были редкими гостями в моем детстве, помню только статуэтку Давида, попирающего поверженного Голиафа, да историю об Иосифе Прекрасном и его братьях, рассказанную нам с Леней отцом. Сказочными персонажами жили библейские герои на периферии моего детского сознания до тех пор, пока сказки эти не сплелись с реальностью. Шестидневная война стала в наших глазах триумфом маленького израильского Давида, одолевшего арабо-советского великана, после чего начался великий Исход в Святую Землю остатков народа Израиля, рассеянного в бескрайних просторах духовной пустыни, именуемой в двадцатом веке Советским Союзом. Мы стали сионистами. И когда на первых уроках иврита мы составляли простенькие рассказы о Пасхе, Пуриме и Хануке, когда отражали атаки кагэбэшников на израильский флаг в праздник Суккот, наши история и религия были для нас единым целым, взывавшим из глубины веков: «Все это уже было в прошлом, и вашему поколению выпало повторить судьбу предков. Держитесь, высшая правда — на вашей стороне!»

Мы знали, что воюем за справедливость; у нас не было никаких сомнений, что переход от жизни лояльного советского гражданина, переживающего постоянный внутренний конфликт между тем, что он говорит, и тем, что думает, к полной духовной свободе, обеспечивающей гармонию между разумом и совестью, морален. Но лишь в ГУЛАГе я задумался над тем, почему рассказы Торы о чудесах, в которые отказывается верить мой скептический ум, повествования, которые кажутся лишь поэтическим переосмыслением действительных фактов истории, несут в себе такую силу нравственного воздействия.

Арест изменил все. Закрылись тюремные ворота. Огромный мир, раскрывшийся передо мной за несколько последних лет как арена захватывающей борьбы добра со злом, внезапно сжался до размеров камеры и кабинета следователя. Но все, что было мне дорого, значимо для меня в той жизни, я должен был взять с собой в тюрьму. И мир, который я мысленно восстанавливал, оказывался реальнее и сильнее мира Лефортово. Наша связь с Авиталь победила навязанную нам КГБ изоляцию; духовная свобода, обретенная мной, оказалась неуязвимой в условиях неволи. Мистика обернулась реальностью, и своей молитвой я как бы признал над собой власть Верховной силы, существование которой отрицал мой разум.

Книга псалмов была единственным материальным свидетельством нашего трансцендентного единства с Авиталь. Что заставило ее послать мне этот сборник накануне моего ареста? Как случилось, что я получил его в день смерти отца? Но не сказочным героем и не мистическим сверхчеловеком предстал передо мной царь Давид, когда я читал сложенные им песни; это была живая неукротимая душа, терзаемая сомнениями, восставшая против зла и страдавшая от сознания собственной греховности. Давид был горд, смел, дерзок. Но чтобы успешно противостоять врагам, необходимо смирение пред лицом Господа. Страх Божий вел Давида по долине смерти.

Когда я впервые встретил в псалмах слова «страх Божий», то решил, что имеется в виду боязнь наказания за грехи. Со временем, однако, утилитарность такого понимания стала очевидной для меня, и псалмы, и опыт собственной жизни углубили смысл этих слов. Почему я в Лефортово отказался от сделки с КГБ? Почему был готов умереть из-за неотправленного письма? Почему отказался написать просьбу об освобождении по состоянию здоровья? Почему для меня так важно не отступить ни на шаг к той рабской жизни, которую я вел когда-то? В одном из псалмов сказано: «Тайна Господа — боящимся Его, и Завет Свой он открывает им».

Постепенно я начал осознавать, что страх Божий — это и преклонение пред могуществом Создателя, и восхищение грандиозным Божественным замыслом, и, что особенно важно, — подсознательная боязнь этому замыслу не соответствовать, оказаться недостойным и миссии, возложенной на тебя Творцом, и сил и возможностей, которыми он тебя наделил.

«Начало всякой мудрости — страх Божий», — читал вслух Володя, и эти слова царя Соломона подводили итог нашим многолетним духовным поискам.

«Может, это чувство — необходимое условие внутренней свободы человека, — писал я родным, — а значит, и основа духовной твердости? Может, страх Божий — единственное, что может победить страх перед людьми?.. Ну а если вас интересует мое мнение, откуда он берется — заложен ли он в нас свыше или человек сам взрастил его в своей душе по ходу исторического развития, — то скажу лишь, что это вопрос о происхождении религии, и я не знаю на него ответа. И хотя мне известно, сколько крови пролилось в попытках этот ответ найти, какое значение имеет он для многих и сегодня, должен признаться, что для меня он несущественен. Я его попросту не ищу, полагая, что это бессмысленно. Так ли уж важно, откуда возникло религиозное чувство — по воле Творца или же человек каким-то непонятным образом сумел сам подняться над своей физической природой? Значимо для меня лишь то, что страх этот существует, что я ощущаю его силу и власть над собой, что он определяет мои поступки и всю мою жизнь, что чувство это вот уже десять лет связывает нас с Авиталь надежнее всякой почты и телепатии».

Тексты Торы и Евангелия, которые читал вслух Володя, я воспринимал по-разному. Хотя евангелические призывы к духовной свободе и любви к ближнему и находили отклик в моей душе, я не мог заставить себя забыть о реальности, созданной людьми, для которых эти верные и красивые слова были руководством к действию. Когда мой товарищ читал отрывок, где евреи кричат: «Пусть он погибнет! Его кровь будет на нас и наших детях!» — я не мог не думать, сколько еврейских погромов за два тысячелетия были призваны оправдать эти слова.

Володя почувствовал, что настроение мое изменилось, и, оторвавшись от книги, сказал:

— Знаешь, я согласен с одним французским философом, который сказал, что преследовать евреев именем христианства — все равно что убивать своих родителей ради утверждения «новой правды». Этому не может быть оправдания.

Голос его дрожал, и я, зная Володю уже достаточно хорошо, видел, что слова эти идут из самой глубины его сердца.

Целый месяц, пока нас не рассадили по разным камерам, продолжалось это чтение, и мы оба с Порешем чувствовали одно: какими бы ни были наши пути и молитвы, молимся мы одному Богу. Он оберегает наши души и учит не бояться зла, когда мы идем долиной смерти.

…Все это было полгода назад, а сейчас, в июле восемьдесят четвертого, мы снова — и в последний раз — оказались с Володей в одной камере. В последний, ибо его пятилетний срок подходил к концу, первого августа Пореш должен был выйти на свободу. Но выйдет ли? Ведь в последние месяцы ситуация в тюрьме резко ухудшилась, появились новые инструкции об ужесточении режима содержания в карцере «с целью усиления его воспитательного значения», о борьбе с голодовками — теперь голодающих немедленно помешали в карцер; а главное — вступил в силу тот самый закон, сто восемьдесят восьмая статья. Лишь недавно от нас отделили Николая Ивлюшкина и перевели его в крайнюю камеру, где он и сидел сейчас в ожидании суда. На этом фоне зловещим выглядел тот факт, что в последние два месяца администрация тюрьмы засыпала Володю наказаниями. Не делается ли это для оправдания применения новой статьи? Мы опасались, что КГБ не пожелает смириться с тем, что еще один зек, казавшийся им поначалу легкой добычей, покинет царство ГУЛАГа непобежденным.

У Володи были две очень симпатичные дочки. Когда его арестовали, одной исполнилось два года, другая только что родилась. Девочки росли, взрослели, быстро менялись. Володя следил за их жизнью по письмам жены и фотографиям, но дочки знали отца лишь по рассказам матери и редким весточкам из тюрьмы. Помню, как подолгу сидел Володя над каждым из своих писем, тщательно подбирая слова: ведь они должны были и заменить им отцовскую ласку, и воспитывать их. В последний раз Володя и его жена Таня виделись два года назад — в их родном Ленинграде, куда его возили «на профилактику». КГБ требовал, чтобы Таня повлияла на мужа, но она отказалась. Пореша увезли в Чистополь, и с тех пор он жены не видел: четыре раза подряд его лишали очередного свидания.

Шли последние недели заключения, и напряжение возрастало с каждым днем: выпустят или нет? Родные Володи на воле нервничали не меньше. В одном из последних писем Таня, рассказывая о дочерях, писала, будто бы заклиная этим судьбу: «Пришло время девочкам обрести, наконец, отца. Ты им очень нужен, Володя…»

В самом конце июля у Пореша и Володи Балахонова, нашего третьего сокамерника, были именины, и мы решили немного развлечься, устроить пир. Но какой же пир без торта?

Рассказы о тюремных тортах я слышал не раз, но, как и сказочные восточные яства, есть мне их еще не приходилось. Ведь для изготовления такого деликатеса надо было накопить изрядное количество продуктов, а это возможно лишь при совпадении трех условий: ты достаточно долго находишься на обычном, а не пониженном режиме питания; ты или твои сокамерники не лишены права приобретать продукты в ларьке на три рубля в месяц; никто в камере не находится в таком тяжелом физическом состоянии, когда копить продукты, а не отдавать их товарищу, попросту аморально.

Наша ситуация не соответствовала всем условиям, желание устроить памятный вечер перед разлукой было так сильно, что мы единодушно решили копить продукты и недели за две набрали около двухсот граммов сахара и насушили килограмма два черных сухарей. Кроме того, Володя Балахонов, не потерявший своего права на очередной ларек, приобрел в нем брусок маргарина, кулек леденцов и пачку зеленого чая.

Утром двадцать седьмого мы приступили к изготовлению торта. Делается это так: при помощи миски или кружки сухари размалываются в пыль: это мука. Она заливается стаканом воды, в которой предварительно растворяются конфеты, и все перемешивается. Это — сладкое тесто. Маргарин сбивается с сахаром: это крем. Слой теста — крем, слой теста — крем, слой теста, и торт готов. Вот как я описывал наши дальнейшие действия в очередном письме: «Теперь осталось лишь выложить спичками, воткнутыми в торт головками вверх, соответствующие случаю символы и ждать вечера, который, кстати, был кануном субботы. За столом был произнесен тост, мы подняли кружки с зеленым чаем, зажгли крайнюю спичку, от которой заскользила, извиваясь, змейка огня, и приступили к трапезе… Свою долю я с трудом осилил за три дня: больше двух ложек такой сытной вкуснятины я просто не мог съесть в один прием. Назвать наш торт вкусным, значит оскорбить его. Сам эпитет "вкусный" кажется пресным в сравнении с этим неземным блюдом!»

А вот о чем я не мог рассказать в письме: перед тем, как мы сели за праздничный стол, Пореш расставил на своей тумбочке фотографии близких, открытки с репродукциями картин то ли Рафаэля, то ли Рембрандта, уже не помню, на библейские сюжеты, они заменяли ему иконы, и стал молиться. Володя делал это каждый вечер, однако на сей раз его молитва была особенно долгой и горячей. Я лежал на нарах, уткнувшись в книгу, ибо опытный зек уважает право сокамерника на личную жизнь и не нарушает границ, в пределах которых существует сосед, но случайно взглянув на Володю, увидел его лицо. Пореш смотрел на фотографии жены и дочек глазами, полными слез, и молил Бога о милосердии. Давно прошли времена, когда КГБ мог на что-то рассчитывать в своей «работе» с ним. Теперь его позиция была «железобетонной», он не шел с ними ни на какие моральные компромиссы. Но чтобы быть сильным в противостоянии им, надо быть слабым пред лицом Господа…

Когда Володя кончил молиться, я сел за стол и стал читать про себя тридцать псалмов подряд, как поступал каждую субботу. «Он сохранил живую душу нашу и не дал нашей ноге споткнуться, когда Он, Бог, испытал нас и очистил, как очищают серебро», — до этих слов дошел я, когда услышал вдруг глубокий вздох Володи Балахонова, который сидел на корточках у двери и курил.

— Господи! — сказал он. — Дай нам силы сохранить чистоту этой жизни в будущем!

Будущее! Что оно сулило нам? Судьба Пореша решится через несколько дней, Балахонова — через полгода, а моя?..

Утром первого августа, в последний день пятилетнего срока Володи Пореша, нас выводят на прогулку. В последний раз я повторяю своему другу, что и кому передать на воле; другие возможности обсуждать не хочется... Но Володя сам затрагивает эту тему:

— Не волнуйся, я готов к любым вариантам.

Когда мы возвращаемся в камеру, появляется дежурный офицер.

— Пореш, с вещами.

— Тумбочку можно у нас оставить? — спрашиваю я.

— Нет, пусть забирает все. Десять минут на сбор вещей.

— Все будет хорошо, я уверен, — повторяет все время, как заклинание, Володя Балахонов.

Я молчу, не хочу лицемерить. Вопрос о тумбочке был задан неспроста, ведь если на этап — тумбочка не нужна, берут ее лишь при переходе в другую камеру. Но, может, они просто играют на нервах?

Последние объятия. Мы с Порешем благословляем друг друга — каждый на своем языке. Володя выходит, дверь за ним с лязгом закрывается. Я приникаю к ней. Кажется, его ввели в тот самый кабинет напротив, куда представители администрации приходят для бесед с заключенными. Медленно, очень медленно тянутся минуты, в нашей камере — гробовая тишина. Наконец, я слышу звук открываемой в коридоре двери и хриплый, осевший Володин голос:

— Теперь я буду с Колей.

Это означает, что Пореша переводят в крайнюю камеру к Ивлюшкину, где он будет ждать очередного суда.

Через некоторое время мы узнали, что ему добавили еще три года по новой статье «за злостные нарушения тюремного режима», выразившиеся в том, что однажды он, вопреки инструкции, спал в камере днем, в другой раз не спал ночью, а в третий — был уличен в преступной попытке перекинуть во время прогулки записку в соседний дворик.

Долго находился я под впечатлением случившегося с Порешем. Почему эта история так подействовала на меня? Разве мало драм разыгрывалось при мне в ГУЛАГе за все эти годы? Но мысли мои были не столько о Володе, я знал, что он не сломается, сколько о его жене и дочках: как они перенесут такой удар?

Избрав для себя путь борьбы, каждый из нас тем самым сделал выбор и за своих близких: за родителей, за жену, за детей. «А есть ли у тебя право, — спрашивал я себя, — обрекать родных на страдания?» На этой струне любил играть КГБ: «Себя не жалеете — пожалейте мать!» Но подобные слова и доводы я давно научился пропускать мимо ушей. Сейчас же я не мог заставить себя не думать о семье Володи и о своей...

Недавно в нашу камеру попали потрепанные листы, вырванные каким-то зеком много лет назад из литературного журнала и с тех пор передававшиеся из рук в руки. Это был отрывок из эссе Камю «Миф о Сизифе».

«Боги обрекли Сизифа вечно вкатывать на вершину горы огромный камень, откуда он под собственной тяжестью вновь и вновь низвергался обратно к подножью. Боги не без основания полагали, что нет кары ужаснее, чем нескончаемая работа без всякой пользы и надежды впереди... В самом конце долгих усилий, измеряемых пространством без неба над головой и временами без глубины, цель достигнута. И тогда Сизиф видит, что камень за несколько мгновений пролетает расстояние до самого низа, откуда надо снова поднимать его к вершине... Как раз во время спуска, этой краткой передышки, Сизиф меня занимает... Я вижу, как этот человек спускается шагом тяжелым, но ровным навстречу мукам, которым не будет конца. В каждое из мгновений, после того, как Сизиф покинул вершину и поспешно спускается к обиталищам богов, он возвышается духом над своей судьбой... Я воображаю себе Сизифа, когда он возвращается к обломку скалы. Вначале было страдание. Когда воспоминания о земной жизни слишком сильны, когда зов счастья слишком настойчив, тогда, случается, печаль всплывает в сердце этого человека, и это — победа камня. Тогда человек сам — камень. Скорбь слишком тягостна, невыносима... Но гнетущие истины рассеиваются, когда их опознают и признают...»

Я воспринимал этот отрывок так, как будто каждая фраза в нем была о нас. Не так ли и мы идем по кругам ГУЛАГа и, завершив один срок, начинаем следующий? Не так ли и мы страдаем, когда воспоминания о «земной жизни» слишком сильны? Но что это значит — слишком сильны? Неужели и впрямь болеть душой за близких означает допустить «победу камня»?

В пространном письме домой я писал: «То, что смысл жизни обретается лишь тогда, когда бросаешь вызов судьбе, когда вырываешься из железных мертвящих объятий «социальной», «исторической» и прочей необходимости, я почувствовал давно. Со временем пришло и понимание того, каким коварным и опасным врагом может быть и надежда... Если ты не видишь смысла в своей теперешней жизни, если он появляется только тогда, когда ты живешь надеждой на скорые перемены, то ты в постоянной опасности. Человеку трудно смириться с бесконечностью и с бессмысленностью, а с бесконечной бессмысленностью вообще невозможно, и потому, если жизнь сегодня бессмысленна, он обязательно убедит себя в том, что видит конец этой бессмысленности, причем — близкий, не скрытый горизонтом. Вот только дотолкать этот камень еще раз до вершины — и все. В итоге — надежды обмануты, душа растравлена, дух подавлен. Я встречал за эти годы людей, которые, ослабев от постоянных разочарований, пытаются сами создавать ситуации, в которых их угасающая надежда вновь сможет обрести плоть и кровь, и в результате изменяют себе, отказываются от жизненного выбора, какой когда-то сделали. Другие живут в мире иллюзий, поспешно и непрерывно перестраивая и достраивая его, чтобы помешать реальности окончательно его разрушить, — это что-то вроде наркотика. Так какой же выход? Он только один: найти смысл в своей сегодняшней жизни. При этом останется единственная надежда — быть самим собой, что бы ни случилось, и это хорошо, со временем умирают все ее незрелые сестры, а сама она становится крепче, перерастая в уверенность в себе и своих силах. Такой человек живет здесь по старому неписаному местному закону: "не бойся, не верь и не надейся". Не верь тому, что входит в твои уши, верь собственному сердцу, верь тому смыслу, который открылся тебе в этой жизни, и надейся на то, что тебе удастся его сберечь. Но неужели он заключается лишь в том, чтобы бросать вызов судьбе? "Не делай другим того, чего не желаешь себе"... Но означает ли это, что ты желаешь другим того же, чего и себе? Хочешь ли ты, чтобы близкие и дорогие тебе люди прошли через тот же опыт, который ты так ценишь? В том-то и дело, что нет. Вот в чем вся сложность, парадоксальность и "логическая незамкнутость" ситуации. У нас с Наташей одна жизнь и один опыт. Но готов ли я сказать даже ей, как сказал однажды себе: не бойся, не верь и не надейся? Нет! И хорошо, наверно, что нет, иначе ведь и до ницшеанского сверхчеловека недалеко. Сизиф у Камю спокойно смотрит на камень, катящийся вниз. Да, у него нет власти над этим куском скалы, но он спокоен. Он спускается вниз не как раб, а как человек, возвысившийся над своей судьбой. Но если на пути этой глыбы окажутся его мать, жена, дети? Вот тут проблема! Просто "возвыситься" и над этим страданием — значит обессмыслить все свои усилия. Ведь то человеческое, что стоит в себе защищать, ты уже потеряешь. А если страдать, то как при этом не дрогнуть, не поддаться порыву защитить от страданий своих близких? Есть, конечно, один выход, он — в полном слиянии двух судеб в одну; вместе катим камень в гору — вместе и стоим под ним, как у нас с Авиталь... Ну, вот видите, вернувшись опять к нам с Наташей, я говорю противоположное тому, что писал всего лишь двадцатью строчками выше! Ничего не поделаешь, именно в этом неразрешимом на логическом уровне противоречии и застрял я в последние дни, когда действительность вновь напомнила мне, что я не в силах защитить близких от страданий. Но ведь удается все-таки человеку возвыситься над судьбой и не отказаться при этом от своей природы; переживать за родных — и не слабеть духом! Так чем же снимается это непреодолимое для разума противоречие? Теми живыми чувствами, что объединяют людей: любовью и страданием».

Так делился я с семьей невеселыми размышлениями, не имея возможности объяснить, чем они вызваны. Но когда впоследствии на воле я рассказал о тех своих сомнениях Авиталь, она ответила: не понимаю, в чем проблема, ведь ясно, что если бы ты изменил себе ради меня, то тем самым ты изменил бы и мне.

Трубный звук шофара

Осень восемьдесят четвертого года. Кончается мой второй тюремный срок. Опять мне предстоит этап в зону, а там, может, и свидание с родственниками!

Я заранее предвкушаю удовольствие от смены обстановки, от новых встреч в пути, от весьма поучительных и информативных бесед с бытовиками, но меня ожидает разочарование, на этот раз я еду спецэтапом, в отдельном воронке, с «персональным» конвоем. В «Столыпине» у дверей моего купе-«тройника» все время стоит мент и пресекает любые попытки зеков заговорить со мной. Лишь на последнем этапном перегоне — от пермской тюрьмы до зоны — у меня появится попутчик, Виктор Полиэктов, о котором я расскажу ниже.

…В свою родную тридцать пятую зону я попадаю ночью. Кромешная тьма перечеркнута ослепительной белой полосой, это блестит в «запретке» снег под ярким светом прожекторов. Поведут прямо — значит, сразу в зону, направо — в ШИЗО, налево — в больницу. Как и пять лет назад, меня ведут налево. Что ж, провести в больнице на карантине десять дней совсем не плохо; помню, как, попав туда впервые и проснувшись утром, я даже решил, что нахожусь на воле… Но на этот раз я провел в больнице целых два месяца.

С точки зрения моего физического состояния это было, безусловно, самое «здоровое» время с момента ареста. Я получал больничное питание, как за два года до этого после голодовки, более того, мне не возбранялось просить добавку: мясной суп, кашу — и я начал стремительно прибавлять в весе.

Медицинское обследование подтвердило старый диагноз: вегетососудистая дистония и дистрофия миокарда. Меня начали лечить уколами, таблетками, витаминами… В итоге сердце стало работать с каждым днем все четче; я буквально наливался силой.

Прогулка была двухчасовой, и не в каменном мешке тюремного двора, а среди берез и елей, утопавших в глубоком снегу, и колючая проволока, которой обнесен крохотный участок леса, где я мог свободно передвигаться, не могла отгородить меня ни от потрясающих северных закатов, ни от чистого морозного воздуха. Казалось бы, такая прекрасная перемена в судьбе! И все же ГУЛАГ оставался ГУЛАГом...

В первый же день после приезда в зону я потребовал свидания с родственниками, личного свидания, положенного на лагерном режиме раз в году, и которого у меня не было уже пять лет. Я спешил отстоять свои права, пока меня не лишили встречи с родными «за плохое поведение». Но не тут-то было. Мой старый приятель Осин, с которым мы когда-то так славно отметили Хануку, пояснил мне, добродушно улыбаясь:

— Я не могу дать вам свидание в больнице. Врач говорит, что вас еще надо лечить. А вдруг вам во время свидания станет плохо? Не дай Бог — инфаркт?

Все мои письма, в которых я сообщал, что встреча откладывается, так как нахожусь в больнице, конфисковывались. Даже короткое послание: добрался, мол, из тюрьмы до зоны благополучно, не прошло цензуру. Я не понимал, в чем дело, и не знал, как на это реагировать.

Родные и друзья на воле, конечно же, были в панике: я ушел на этап — и исчез. Если я в лагере, то почему от меня нет вестей? Ведь из зоны можно отправлять два письма в месяц! Почему нет официального сообщения администрации о моем прибытии? По закону они должны известить об этом семью немедленно! Отчаявшись получить ответ от советских инстанций, мои близкие обращались в Международный Красный Крест, к западным правительствам и общественным деятелям, но и те не могли их ничем успокоить.

А я тем временем поправлялся, укреплял сердце — и безуспешно воевал с местным начальством за право послать на волю весточку о себе.

Через два месяца, когда я уже решил объявить голодовку, меня забрали из больницы и препроводили в комнату для свиданий.

Все было в точности, как и пять лет назад, даже личный осмотр проводил тот же Алик Атаев с тем же повышенным интересом к заднему проходу, и вот наконец я оказываюсь в объятиях мамы и брата. На этот раз нам разрешили быть вместе сорок восемь часов, это меньше положенного, но по сравнению с тем памятным свиданием — прогресс!

— На следующей встрече, через пять лет, глядишь, и трое суток получим! — весело утешаю я родных.

Мы счастливы видеть друг друга, но мне кажется, что мама и Леня смотрят на меня с некоторым недоверием, они боялись, что меня вообще нет в живых, а я выгляжу гораздо лучше, чем на свидании в Чистополе!

— За два месяца в больнице поправился на десять килограммов, — хвастаюсь я. — И сердце окрепло — смотрите. — И я делаю несколько приседаний подряд.

Когда мы сели за накрытый мамой стол, Леня стал рассказывать, что изменилось за последнее время на воле.

Оказывается, как раз в эти самые дни в Женеве проходит другое двухдневное свидание — государственного секретаря США Шульца и министра иностранных дел СССР Громыко. Авиталь тоже находится там и выступила на пресс-конференции перед журналистами со всего мира. На следующий же день представитель советского МИДа объявил, что мне в ближайшие дни будет предоставлено свидание с родственниками. После двухмесячной неизвестности все мои друзья облегченно вздохнули, а Госдепартамент поспешил заявить, что рассматривает «жест доброй воли» русских как положительный факт.

Ну а если бы я не исчез на такой долгий срок? Если бы свидание было предоставлено мне своевременно, сразу после прибытия в зону, как предусмотрено советским законом? Моим родным, конечно, не пришлось бы паниковать, зато Советы не смогли бы объявить в Женеве о своем «жесте доброй воли» и не получили бы политических дивидендов за «уступчивость», да и у американцев не было бы повода для радости.

Это наше личное свидание отличалось от предыдущего, как неторопливая, умудренная опытом зрелость от бурной поры юности: мы не спешили, как тогда, отказываясь от сна, обрушить друг на друга горы накопившейся информации в безнадежной попытке отыграть потерянное время; в спокойной беседе мы наслаждались каждой минутой общения, говорили не только о прошедших пяти годах, но и вспоминали наше с Леней детство, папу, друзей, обменивались понятными лишь нам троим шутками. Брат даже рассказал мне последние анекдоты, ходившие по Москве, и спел несколько песен Высоцкого, появившихся уже тогда, когда я находился в заключении.

Конечно, больше всего разговоров было об Авиталь, о ее поездках, о встречах с Рейганом, Шульцем, Тэтчер, Миттераном. «Бедная моя девочка! — думал я. — Мы с тобой, конечно, все время вместе, но насколько же тебе труднее, чем мне!» Никаких иллюзий я не строил, но тем не менее хорошо знал, что Авиталь не отступит, не впадет в отчаяние и будет воевать за мое освобождение до конца. Однако я и представить себе не мог истинных масштабов той кампании, которую, не давая себе передышки буквально ни на день, вела Авиталь вместе с тысячами наших друзей во всем мире; я осознал это лишь на свободе, да и то не сразу.

Несмотря на неспешный характер наших бесед, я успел за эти два дня рассказать маме и Лене немало такого о чистопольской тюрьме, что невозможно сообщить ни в письмах, ни даже во время короткой, через стекло, встречи, где тюремщики прислушиваются к каждому твоему слову: и о том, как вертухаи избили Корягина при водворении его в карцер, и о том, как сломали руку голодавшему Сергею Григорянцу, и о многом другом. При этом я знал, что в комнате есть микрофоны, и кагэбэшникам, чей кабинет находится прямо над нами, не составляет никакого труда записать наш разговор.

К концу свидания появился сам Осин. Выглядел он несколько смущенным и, осторожно подбирая слова, обратился к нам:

— Когда вернетесь в Москву, так вы там… э-э-э… не особенно распространяйтесь о том, что вам здесь… что вы здесь услышали. А то ведь, знаете… ну, это не пойдет на пользу вашему сыну…

Не знаю, что больше поразило меня, наглая демонстративность шантажа или наивность Осина, рассчитывавшего таким образом добиться чего-то от нашей семьи.

Мама отреагировала моментально:

— Можете быть спокойны: клеветнической информации от меня не поступит. Я всем буду говорить только правду.

Хотя Осин вряд ли удовлетворился маминым ответом, он сделал «жест доброй воли»: разрешил мне взять с собой в зону пять килограммов продуктов, привезенных родными. А ведь в прошлый раз мне не позволили вынести со свидания даже надкушенное яблоко! Мама в этой неожиданной «доброте» КГБ нашла еще один повод для надежды, я же слишком хорошо помнил, как неустойчивы были периоды оттепели в прошлом и как резко менялась обстановка после свидания, а потому не спешил с выводами. Но когда после прощальных объятий я вновь вышел в зону, которую покинул четыре года назад, выяснилось, что чудеса еще не кончились.

**

Сопровождавший меня от вахты до жилого барака дежурный офицер сообщил мне, что я буду работать дневальным или, по-лагерному, «шнырем». В мои обязанности входит мыть полы в бараке, когда все на работе, вытирать пыль, раз в неделю собирать грязное постельное белье и относить его в прачечную, разгребать снег у входа и тому подобное. Эта работа гораздо легче, чем за станком в цеху или в кочегарке, и дают ее, как правило, «своим» людям. За что же мне такая честь? А вдруг опять, как когда-то, администрация отняла эту синекуру у какого-нибудь старика и намерена натравить на меня других зеков? Но нет, на этот раз место дневального действительно было свободно. Очередной стукач, занимавший его, освободился по помиловке всего несколько дней назад. Наверное, КГБ и меня попытается представить в виде если и не вставшего на путь исправления, то, во всяком случае, подающего надежды зека. «Ну, что ж, не место красит человека», — решил я и приступил к своим новым обязанностям.

За эти годы в зоне произошли заметные изменения. Прежде всего уменьшилось число полицаев: кто умер, кто освободился... Те, что остались, были уже совсем развалинами, и полагаться на них как на свою опору КГБ теперь не мог. Многие «сучьи» посты сейчас занимала так называемая «молодежь»: неудачливые шпионы и нарушители границы, а иногда и покаявшиеся правозащитники. Органы теперь делали ставку именно на эту категорию зеков и пытались изолировать их от активных диссидентов.

Власти, как всегда, проводили политику кнута и пряника: запугивали одних и что-то сулили другим, жестоко наказывали непокорных и демонстративно поощряли податливых. Оказавшись в зоне, я узнал, что, как и в прошлый раз, самые стойкие заключенные были переведены в другие лагеря — среди них, в частности, мой товарищ по московской Хельсинкской группе Анатолий Марченко, — или отправлены на отсидку в ПКТ и ШИЗО. При этом рекорды, установленные в восемьдесят первом году Порешем, Мейлановым и мной, были давно побиты: не по сто — сто пятьдесят суток, а по целому году не выходили из карцера Иван Ковалев, Валерий Сендеров. КГБ упорно пытался внушить всем: сопротивление бессмысленно. В то же время нескольких диссидентов, согласившихся просить помиловку, с большой помпой освободили, и воодушевленная охранка продолжала свою борьбу за душу каждого грешника.

Тактика их несколько изменилась. Если раньше зекам говорили: «Заслужите хорошим поведением наше расположение, а потом подавайте на помиловку, и мы вас поддержим», — то теперь они подбивали людей каяться без всяких предварительных требований, а когда дело было уже на рассмотрении, ставили заключенному, с нетерпением ожидавшему решения своей участи, условие: «Расскажите о том-то, выполните такую-то нашу просьбу...» И надо признать, что такой подход приносил иногда плоды.

Новички, появившиеся за это время в лагере, были сплошь людьми образованными, многие владели несколькими иностранными языками, некоторые имели два институтских диплома и в подавляющем своем большинстве отличались редкостным индивидуализмом. Провести в зоне коллективную голодовку, забастовку или хотя бы кампанию писем протеста в защиту узников ШИЗО теперь стало совершенно невозможно. «Это ничего не даст», «У меня нет здоровья — по карцерам сидеть» — такими были их аргументы.

Всех «непокаявшихся» убрать из лагеря не удалось; впрочем, КГБ вряд ли задавался такой целью; оставляя одного-двух упрямцев, он с помощью осведомителей внимательно следил за тем, кто с кем общается.

Одним из новичков, с кем я сразу же подружился, был Боря Грезин. Русский парень лет тридцати пяти, проживший всю жизнь в Латвии, он работал электриком на рыболовецком сейнере. Ходили они далеко, к берегам Испании, Африки, Латинской Америки. Нет, Боря не пытался остаться за границей: ведь в Риге его ждали жена и дочь. Преступление его заключалось в другом: сходя на берег в иностранных портах, он отправлял на западные радиостанции, ведущие передачи на русском языке, свои стихи, в которых критиковал советский режим. И хотя ни своего имени, ни обратного адреса Грезин, понятно, не указывал, КГБ его разоблачил, и Боря получил очень мягкий для ГУЛАГа срок — пять лет.

На воле диссидентство Грезина было тайным, в лагере стало явным. Всем попыткам «перевоспитать» его он оказывал пассивное, но весьма упорное сопротивление. Но и таких пассивных упрямцев в зоне было раз-два и обчелся.

Большого успеха органы добились в создании обстановки всеобщей подозрительности, царившей в лагере. Оперуполномоченный КГБ Захаров, амбал с холодным взглядом убийцы, подолгу беседовал с каждым зеком наедине, на глазах у всех вызывал людей к себе в кабинет. Традиция не иметь секретов с охранкой и немедленно рассказывать товарищам, о чем на таких встречах шла речь, была в изрядной степени утеряна, и в итоге заключенные перестали доверять друг другу. Эта грустная картина напомнила мне жизнь в большой зоне.

Но и там, и здесь органы никогда не могут быть уверенными, что человек, как бы далеко ни зашел он в своих компромиссах с ними, не воспользуется любой возможностью освободиться от морального бремени, не захочет почувствовать себя хоть чуть-чуть свободней. Именно поэтому и в большой зоне, и в малых КГБ присматривает за своими подопечными, как за несмышлеными детьми, за которыми нужен глаз да глаз, ведь их постоянно надо защищать от вредных влияний, которые оказывают книги, зарубежное радио, да и просто другие люди. Естественно, что и пример человека, отказавшегося раз и навсегда иметь дело с охранкой, мог стать заразительным, и КГБ, возможно, надеялся дискредитировать меня в глазах остальных, назначив на «сучью» должность дневального.

Многие из новичков почти ничего не слышали о моем деле или представляли себе его довольно смутно. Однако то, что я с органами не общаюсь, знали все, и это интересовало людей куда больше, чем обстоятельства моего «шпионажа» в пользу мирового сионизма. Поэтому с первых же дней по зоне поползли слухи, источник которых был очевиден, что я начал с КГБ какие-то переговоры, первый результат которых мое назначение дневальным; а Захаров, в свою очередь, старался вовсю, чтобы такое предположение выглядело как можно более правдоподобным. Начальство не только дало мне легкую работу, но и смотрело сквозь пальцы на то, что я, справившись с ней, читал книжки или гулял, а ведь меня могли послать чистить снег или придумать еще что-либо в таком же роде. Я не только не лишался ларька, но и впервые за все свои годы в ГУЛАГе получил право «за добросовестный труд» делать там покупки на дополнительные два рубля в месяц. Два моих январских письма легко прошли цензуру и улетели в Москву, более того, и Осин, и его заместитель Букин упорно намекали и мне, и другим, что мое дело вот-вот будет пересмотрено. Словом, в самый разгар суровой уральской зимы для меня началась очередная оттепель... Вместе с тем Осин с Букиным призывали меня вести себя благоразумно и прежде всего прекратить антисоветские разговоры и публичные нападки на КГБ.

— Вы же не ребенок, который забавляется тем, что дразнит взрослых! Зачем ругать вслух КГБ? Никто не требует от вас их любить, но к чему свои чувства афишировать? Я вам точно обещаю, КГБ не будет осложнять вам жизнь, если вы не станете мешать им работать, — говорил мне в демонстративном порыве откровенности Букин, считая, видимо, что отказаться от такого щедрого предложения мне будет нелегко.

Я и впрямь вел себя как мальчишка, размахивающий красной тряпкой перед мордой быка, во всяком случае, именно на это животное был похож майор Захаров, наливавшийся злобой каждый раз, когда ему казалось, что его дразнят.

Надо сказать, что Захаров, в отличие от других известных мне кагэбэшников, не гнушался самой черной оперативной работы, неожиданно появляясь в цехах и бараках, он крадучись, по-кошачьи, скользил вдоль стен, наблюдая, кто что делает и с кем разговаривает, а когда ловил человека на провинности — отошел, скажем, тот от станка во время работы или лежал на нарах до отбоя, — вызывал прапорщика и приказывал наказать согрешившего. За это опера называли за глаза «прапорщик Захаров», а я не мог отказать себе в удовольствии именовать его так при нем же. Когда Захаров посещал мою «вотчину», я как дневальный замечал его со своего места первым и спешил из секции в секцию, предупреждая зазевавшихся зеков:

— У нас в гостях прапорщик Захаров!

— Зачем вы это делаете? — спрашивал меня Осин.

— Так я понимаю свои рабочие обязанности: заботиться о зеках, когда они находятся в бараках, — отвечал я.

Однажды Захаров подошел ко мне и, играя на публику, ласково поинтересовался:

— Как ваше здоровье, Анатолий Борисович, как сердце?

— А вам какое дело? — грубо ответил я.— Вы же специалист не по сердцу, а по трансплантации мозгов. Но моя голова в ваших услугах не нуждается.

Так что Букин был прав: в своих отношениях с КГБ я и сейчас, спустя более чем десятилетие после знакомства с ним, предпочитал оставаться мальчишкой, ибо никак не мог с должной серьезностью воспринимать этих взрослых дядек, возомнивших себя богами, и, принужденный участвовать в трагедии, поставленной ими на бескрайних подмостках Советского Союза, не считал нужным сдерживать смех, когда отдельные ее эпизоды были уж очень абсурдными. КГБ поручил мне привилегированную роль дневального, чтобы вставить мое имя в свои программки. Но моя «несыгранность» с органами снова портила им спектакль: я категорически не желал вписываться в актерский ансамбль, в подавляющем большинстве своем покорный режиссерам. И все же труппа, с которой они работали, была далеко не однородной, о чем постановщики стали вскоре догадываться.

Уже через несколько дней после моего появления в зоне молодой зек на мгновение задержался возле меня в уборной и шепнул, что хочет поговорить с глазу на глаз. Уединиться в зоне — задача не из легких, и территория, и помещения просматриваются насквозь, если не прапорщиками, то осведомителями. Содержание разговора еще можно скрыть, но сам факт беседы — практически невозможно. Парень же хотел встретиться со мной так, чтобы об этом никто не узнал. И вот несколько дней подряд по утрам, сразу же после подъема, пока еще не рассвело, я спешил в уборную или к врачу и по дороге ускользал на несколько минут в тень от прожекторных лучей. За время этих кратких встреч мой новый знакомый поведал мне всю историю своей карьеры лагерного осведомителя: как завербовали, почему согласился, какие получал задания, под какой кличкой писал отчеты, в каких тайниках оставлял донесения для Захарова… Оказывается, он решил быть «двойником», и обо всем рассказывал Анатолию Марченко, когда тот находился в зоне, а теперь вот открылся мне. Было заметно, что исповедь принесла парню большое облегчение. Но оказалось, что он только первая ласточка. Через месяц я регулярно получал информацию от четырех сексотов, не говоря уже о нескольких колеблющихся из числа тех, кого Захаров еще продолжал уламывать. Среди них, конечно, могли быть и люди, специально подосланные КГБ, но скрывать мне было нечего, и провокаций я не боялся. Советы, которые я давал каждому из них, повторяли слово в слово то, что я всегда говорил во всеуслышание:

— Не пытайтесь перехитрить КГБ, все равно рано или поздно это обернется против вас. Если есть силы — рвите открыто. Если нет — сводите свое сотрудничество с ними к минимуму. Не надейтесь, что, начав с вами игру, они оставят вас в покое после освобождения. Это на всю жизнь. И чем дальше вы зайдете в играх с ними, тем большую цену вам потом придется платить при разрыве.

Некоторые из этих людей предлагали заслать через них в КГБ нужную мне информацию, но хотя такая идея и выглядела соблазнительной, я решительно отказался, ведь этим я оправдал бы связь «двойных агентов» с охранкой, поощрил бы их к ее продолжению, что в итоге ничего хорошего им бы не принесло.

У каждого из стукачей был свой пост: больница, столовая, цех, барак, кочегарка и, соответственно, своя функция в системе кагэбэшной агентуры. Анализируя поступавшую ко мне информацию, я довольно скоро составил себе представление о том, что интересует Захарова: это и «темные места» в уголовном деле того или иного политзаключенного (ведь на следствии удается выяснить далеко не все, а в зоне, в кругу товарищей, он, глядишь, о чем-то и проговорится), и человеческие слабости каждого, на которых впоследствии можно будет сыграть, и перспектива столкнуть между собой людей с разными взглядами на политические, национальные или религиозные вопросы, и способы связи с волей.

По последнему пункту особое беспокойство Захарова, как выяснилось, вызывал пакет с информацией, подготовленный когда-то Марченко для пересылки и, по предположению опера, зарытый или спрятанный где-то в районе кочегарки. Кагэбэшник полагал, что Грезин, работавший кочегаром, должен знать, где находится пакет, и рано или поздно покажет мне его содержимое.

Боря, которому я рассказал об этом, подтвердил, что пакет такой существовал, но, насколько ему известно, уже давно вывезен из лагеря. Через несколько месяцев, когда мы с Грезиным сидели в ПКТ, до нас дошла весть о форменном погроме, который учинили в кочегарке солдаты. Они вскрывали полы, ломали перегородки, перерыли землю вокруг, но ничего не нашли. Вся зона недоумевала: что они там ищут? А мы с Борей тихо злорадствовали.

Но это было уже где-то в мае, когда сошел снег, а сейчас, в феврале, узнавая из своих источников, насколько плотно обложили Грезина осведомителями, я не мог не задуматься о том, какую роль играет во всем этом человек, с которым Боря проводил больше всего времени, его напарник по работе в кочегарке Витя Полиэктов, тот самый единственный мой попутчик на этапном перегоне пермская тюрьма — зона номер тридцать пять.

Помню, как открылась дверь «тройника» и передо мной возник совсем юный паренек, лет двадцати, с открытым детским лицом; его робость и стеснительность никак не вязались с мощной, атлетической фигурой. Увидев меня, он испуганно запротестовал, обращаясь к конвоиру:

— Но я должен быть один, я по семидесятой, я не уголовник!

— Не бойся, парень, я тоже политик, — успокоил я вошедшего и протянул ему, недоверчиво присматривавшемуся ко мне, руку. — Давай знакомиться. Я Анатолий Щаранский.

— Виктор Полиэктов. Статья семидесятая, — машинально ответил он, пожимая мою руку, но тут же воскликнул: — Щаранский?! Тот самый шпион? Э-э-э... Ну, про которого писали, что он шпион ЦРУ?

В его голосе была смесь страха, любопытства и восхищения.

— Мало ли что пишут о нас в газетах! — сказал я.

— Да нет, я все понимаю, — стал поспешно оправдываться Витя, но я перебил его, и мы приступили к более обстоятельному знакомству.

За двадцать часов этапа парень успел рассказать мне в общих чертах всю свою короткую биографию. Родом он был из небольшого северного города, любил слушать бит-музыку, читать книги по философии и истории. Убогость советской жизни удручала Виктора, и можно сказать, что вырос он на передачах «Голоса Америки» и «Би-би-си», из которых больше всего любил музыкальные программы для молодежи. Окончив школу, Витя поехал в Ленинград поступать в университет. Экзамены он завалил, зато познакомился с несколькими ребятами, тоже приезжими, и так же, как он, недовольными серостью своего существования. С ними-то Полиэктов и стал обсуждать вопросы создания подпольной организации для борьбы с властью. Потом его забрали в армию, на север. Там он служил на радиоперехвате, подслушивая переговоры между различными службами НАТО. Но молодым солдатам лень было заниматься этой чепухой, и они при малейшей возможности переводили свои приемники на западные радиостанции. Тех, кого ловили на месте преступления, наказывали — лишали званий, сажали на гауптвахту, но это мало помогало. Виктор начал переписываться со своими новыми ленинградскими друзьями, обсуждая с ними пути борьбы с советской властью, и, естественно, очень скоро был арестован вместе с «сообщниками». Мальчики быстро покаялись и получили соответствующие своему возрасту детские сроки. Виктору предстояло сидеть четыре года.

— Что меня ожидает в первые дни? — волновался он. — К чему мне надо готовиться?

— Дней десять ты будешь на карантине, с тобой наверняка станет беседовать оперуполномоченный КГБ...

— А что, он со всеми беседует? — поспешно спросил Витя и залился краской.

«Это страх или что-то другое?» — подумал я. То, что меня объединили со свежепокаявшимся на суде молоденьким, неопытным зеком, было подозрительно, но я всегда старался вести себя с людьми, исходя из презумпции невиновности.

— Да, проверяют «на вшивость» каждого. Будут обещать помиловку через полсрока в обмен на сотрудничество и угрожать тяжелой жизнью в случае отказа от него.

— А что значит сотрудничество? Чего они от меня потребуют?

— Стучать на своих товарищей.

— Ну нет! Этого я никогда не стану делать! — И он решительно замотал головой.

И все же было заметно: парень боится. Что же произойдет, когда он останется один на один с кагэбэшником?

— Я с ними вообще не общаюсь, — объяснил я ему. — Но каждый должен сам определить свою позицию. Поэтому советую тебе для начала честно ему сказать: «Я хочу жить с вами в мире, но по моральным соображениям доносчиком быть не могу». Конечно, в покое тебя не оставят, но пока что выйдешь в зону, осмотришься, увидишь, кто как себя ведет, и выберешь то, что тебе придется по сердцу. Однако учти: если один раз им уступишь, они с тебя уже не слезут. Это на всю жизнь.

— Неужели на всю жизнь? — испугался Витя и снова покраснел.

...Когда после двух месяцев, проведенных в больнице, я вновь оказался в зоне, Полиэктов к этому времени вполне освоился в новой для себя лагерной жизни. Поставили его работать в паре с Борей, и тот опекал «мальчонку», как мы с Грезиным его называли. Не раз мы сидели с Витей по вечерам за чашкой чая, и он с жадностью вбирал в себя наш зековский опыт. При этом бросалось в глаза, что очень часто периоды детского веселья сменялись у него приступами тяжелой тоски. Было ясно что на душе у парня неспокойно, что-то тяготит его, мешает быть до конца искренним с нами. Когда же из «компетентных источников» стало известно, что Грезин находится в центре внимания КГБ, подозрения, что у Вити есть что скрывать, усилились.

Казалось бы, ну и что? Одним стукачом больше, одним меньше. Ведь я уже давно раз и навсегда решил не ломать голову над этими вопросами, вести себя со всеми одинаково; пусть жизнь сама расставит все по местам. Но уж очень жаль было молодого парнишку, уж очень хотелось помочь ему, вывести из состояния тоски и потерянности.

Для начала мы с Борей и еще два-три человека, общавшихся с Виктором, стали регулярно рассказывать ему поучительные истории о том, как легко попасть в сети КГБ и как трудно из них выпутаться, о том, как опасно иметь с охранкой общие, пусть даже самые пустяковые тайны, о том, как страдают люди, за которыми связь с органами тянется до самого конца... Витя жадно слушал, переспрашивал, интересовался всеми деталями, и еще больше мрачнел.

Наконец как-то в конце февраля я подошел к нему и сказал без обиняков:

— Послушай, мальчонка, я вижу, тебя что-то очень мучает. Пойми, никакого корыстного интереса у меня тут нет, но если я прав и ты действительно тяготишься какой-то тайной, то ведь с ней придется жить всегда. Стоит ли? Если же я ошибся и все это мне показалось, пожалуйста, извини.

Последнюю фразу я мог бы и не добавлять. Наполнившиеся слезами глаза Вити смотрели на меня достаточно красноречиво. Дрогнувшим голосом он сказал:

— Хорошо, что ты сам меня спросил. Я давно уже думал признаться вам. Только сделать это я хочу не по секрету, а публично.

— Вот и прекрасно! — обрадовался я.

На следующий день в рабочее время в жилом бараке собралась небольшая компания: несколько свободных от смены зеков, Полиэктов и я. Витя рассказал нам, как во время следствия и после суда КГБ сумел убедить его в том, что все от него отказались, что друзья, которым он доверял, дали на него показания. С ощущением, что он предан всем миром, Виктор отправился на этап. В пермской тюрьме его встретил выехавший ему навстречу Захаров. Несколько часов беседы с кагэбэшником, и парень подписал заявление, в котором обязался «оказывать содействие органам КГБ в борьбе с врагами советской власти». В качестве клички он взял себе фамилию деда по матери — Забелин.

После этого Витю и посадили в один «тройник» со мной, а затем в зоне приставили к Грезину, рассчитывая, что тот принесет мне материалы, спрятанные в кочегарке.

Виктор сообщил нам и о каналах связи с Захаровым, и о способах вызвать кагэбэшника на территорию лагеря, и о том, что за зоной хранится чемодан с продуктами, предназначенный для него, которыми он так ни разу и не решился воспользоваться; рассказал о том, как страдал все эти четыре месяца, как пытался уклониться от выполнения заданий, не рассердив при этом босса, как стыдно было ему сидеть с нами за одним столом и как он теперь счастлив, что все позади... Под конец Витя расплакался, это были слезы облегчения и радости. Я обнял его, испытывая те же чувства, а затем вынул из тумбочки остатки продуктов, привезенных мамой и Леней, заварил чай, и все мы отпраздновали веселые поминки по Забелину.

— Мне кажется, я заново на свет родился! — кричал мне Витя на следующее утро, с хохотом носясь по зоне, как удравший от пастуха молодой бычок. Впервые я видел его таким счастливым.

А меня в тот день перевели в цех токарем. Двухмесячная оттепель кончилась. В течение недели на меня составили дюжину рапортов: «отходил от станка на пять минут», «в течение трех минут разговаривал с соседом во время работы»... Потом на год вперед лишили свидания. Стали конфисковывать одно за другим письма. Я понял, что мои дни в зоне сочтены.

О том, что меня заберут в ШИЗО, мне заранее сообщили «двойные агенты», которым было поручено проследить, кто из зеков начнет этим возмущаться, кто предложит протестовать.

А вечером наступил праздник Пурим. Накануне я получил полагающуюся раз в полгода полукилограммовую бандероль с конфетами и печеньем. Я собрал друзей, вынул гостинцы, заварил чай. За столом сидели узник Сиона и юный грузинский поэт, армянский националист и русский пятидесятник, литовский еврокоммунист и латышский диссидент-демократ.

Я рассказал о происхождении Пурима, о том, как много веков назад Всевышний явил чудо и спас наш народ от истребления. Между прочим, и статья в «Известиях», изменившая мою судьбу, появилась именно в Пурим, и завтра, в тот же праздник, должен начаться новый этап в моей жизни: меня заберут в ШИЗО. Но этого я никому не мог сказать. «Где-то буду я в следующий Пурим? — тоскливо думал я. — В лагере? В Чистополе? В другой зоне?..»

...Назавтра после работы меня вызвали на вахту и зачитали рапорт: держал белье в неположенном месте — под подушкой. Четверо суток ШИЗО. Белье я действительно положил под подушку перед тем, как сдать его в стирку, такого рода «нарушения» все мы совершали регулярно. Но весь юмор ситуации был в том, что сделал я это чуть ли не через сутки после того, как узнал о предстоящем наказании. «Великие опровергатели логики! Следствие у них то и дело опережает причину!» — невесело усмехался я, навсегда покидая зону под охраной двух прапорщиков.

***

Смехотворный срок — четверо суток — никого, конечно, обмануть не мог. За ним последовал новый: пятнадцать суток, потом еще пятнадцать. После этого меня перевели в ПКТ под тем стандартным предлогом, что я плохо влияю на других зеков. «Что ж, на сей раз это вроде бы соответствует действительности», — подумал я, с удовольствием вспоминая поминки по Забелину, а также всех, кого успел «перевербовать» за два месяца пребывания в зоне.

Одновременно со мной в ПКТ попали Грезин и Валерий Смирнов — один из тех, кто пассивно, но упорно сопротивлялся в лагере давлению КГБ.

Валера был специалистом по математическому обеспечению, работал в Московском институте электронных управляющих машин, в этой области Советский Союз существенно отстает от Запада и постоянно нуждается в новейшей технологии. Анкетные данные Смирнова и по пятой графе (русский), и по седьмой (коммунист) полностью удовлетворяли критериям, необходимым для получения выездной визы, и он часто ездил за границу, в основном в Норвегию, для ведения переговоров о закупке образцов передовой западной технологии. Но, как и у большинства советских людей, анкетные данные Валерия плохо отражали реальность, в партию он вступил не по убеждению, а из соображений карьеры. После нескольких поездок он решил остаться на Западе. Норвежские друзья и коллеги помогли ему в этом, но полицейские власти посоветовали перебраться в Америку, подальше от КГБ, что Смирнов и сделал. С ним несколько раз беседовали представители ЦРУ, даже проверяли его на детекторе лжи. Убедившись в том, что Валерий не шпион, власти предоставили ему политическое убежище и помогли устроиться по специальности. Очень скоро, однако, он стал тосковать по семье и стал строить планы ее вызволения. В голову Смирнову пришла дикая идея: приехать в СССР и попытаться законным путем вывезти жену и дочку.

— Ты не представляешь себе, — говорил он мне, — как быстро забываешь в условиях свободы, что такое Советский Союз!

Товарищ Валерия, один из руководителей той самой норвежской фирмы, узнав о его планах, испугался: «Да ты что! — воскликнул он. — Потерпи еще немного. Сначала съезжу в Россию я и узнаю, насколько это может быть опасно для тебя».

В Москве норвежец спросил у академика Наумова, своего партнера в деловых переговорах: «Что будет со Смирновым, если он вернется?» Испуганный академик обещал выяснить это в компетентных инстанциях и через несколько дней передал своему западному коллеге официальный ответ: если Смирнов возвратится до определенного числа, то его не арестуют, однако работать на прежнем месте он уже не сможет.

Валерий прилетел в Москву задолго до названного срока. В аэропорту его ждала черная «Волга», на которой он был доставлен прямиком в Лефортово, даже не получив возможности увидеть своих родных, ради которых вернулся. Преданность им обошлась Смирнову в десять лет лагерей строгого режима.

Я прочел его приговор. Обвинение в измене базировалось на двух пунктах: во-первых, он отказался вернуться на Родину из служебной командировки, во-вторых, рассказал западным спецслужбам о том, какими путями Советы приобретают западную технологию в обход ограничений, предусмотренных законодательством стран свободного мира. Такая информация в соответствии с пунктом сто тридцать третьим инструкции Совета Министров СССР от тысяча девятьсот восемьдесят второго года является строго секретной. Иными словами, в Советском Союзе официально признано, что государство добывает технологию, нарушая законы западных стран, и предусмотрено, что тот, кто предаст это гласности, может быть привлечен к уголовной ответственности по обвинению в измене Родине!

Такие, как Валера, назывались в ГУЛАГе «подберезовиками», соскучились, мол, по родным березкам и потому вернулись. Некоторые из «подберезовиков», оказавшись в лагере, начинали активно искупать свою вину, то есть работать на КГБ. Органы, конечно же, пытались завербовать и Смирнова, но безуспешно, потому-то он и оказался в ПКТ.

Как и четыре года назад, узники ПКТ шили в дневные часы мешки. Правила оставались прежними: сделаешь триста сорок пять штук, будешь назавтра питаться по норме 9-а, не справишься — получишь 9-б. Я за эти годы искуснее не стал, а потому и не пытался выбиться в передовики; Валера же работал за швейной машинкой с удивительной ловкостью и быстротой. Он предложил мне разделить весь процесс изготовления мешков на отдельные операции и вызвался выполнять самые сложные из них. В итоге и Смирнов, и я питались по норме 9-а.

По вечерам мы с Валерой беседовали по-английски, он с восторгом рассказывал мне о жизни на Западе, и в частности об Америке, а я делился с ним на всякий случай своим тюремным опытом.

Словом, все было бы более или менее терпимо, если бы не очередное прекращение моей переписки с домом. На сей раз его сделали полным, и моих писем не отсылали, и мне не выдавали корреспонденцию. Так продолжалось в течение двух месяцев — марта и апреля. Мог ли я смириться с этим после стольких лет борьбы? Мог ли я сидеть сложа руки, когда мама и Авиталь не представляют себе, где я и что со мной?

В начале мая, через три месяца после получения мамой моего последнего письма, я объявил голодовку, требуя отправить в Москву открытку, текст которой был предельно лаконичным: «Мои дорогие и любимые! Никаких условностей, только факты. Первый: очередного свидания лишен, так что приезжать не надо. Второй: вся ваша корреспонденция за март — апрель конфискована. Третий: конфискованы и все мои письма вам и Натуле. Четвертый: впредь я имею право писать не два раза в месяц, а раз в два месяца. Так что следующее письмо ждите в июне, затем — в августе. Очень прошу вас отнестись ко всему этому так же спокойно, как отношусь я. Обнимаю и крепко целую мою Авиталь и всех вас, привет родным и друзьям. Толя».

— Голодовкой вы ничего не добьетесь, — сказал мне Осин, явившийся сразу же после ее объявления. — Лучше пишите такие письма, которые мы сможем пропустить.

— Какие?

— Вы сами знаете.

Препираться с ним было бессмысленно; я встал и ушел в камеру.

Пришел, наконец, и мой черед испытать на себе эффект новой инструкции «по борьбе с незаконными отказами от приема пищи». В соответствии с ней меня в тот же день перевели в ШИЗО, отобрав, как обычно, всю теплую одежду. Пониженное карцерное питание для голодающего не наказание: какая разница, от какой еды отказываться? Но холод... К тому же днем откидные деревянные нары заперты на замок, так что лежать не на чем и приходится много ходить. Это, правда, к лучшему: если бы я и захотел, то не смог бы повторить ошибку, допущенную в Чистополе, когда с первых дней длительной голодовки слишком много лежал. Теперь я хожу и хожу по камере, останавливаясь время от времени лишь для того, чтобы помассировать мышцы.

Через несколько дней резко меняется погода: валит снег — это в мае-то! — и дует сильный ветер, врывающийся в камеру через многочисленные щели. Бегать, чтобы согреться, я не в состоянии — нет сил. Три кружки горячей воды в день не помогают. По ночам я забираюсь на верхние нары, которые появились в ШИЗО совсем недавно. Теперь эта тесная клетка стала двухместной. И нижние нары, и верхние на день закрываются, и когда зеков двое, они толкутся внизу с утра до вечера, стараясь не задевать друг друга. Я же здесь один и потому пользуюсь привилегией выбрать нары на ночь. Чтобы залезть наверх, приходится тратить массу сил, и с каждым днем это упражнение дается все с большим трудом, зато там, под потолком, хоть немного, да теплее, а иногда, если повезет, заметно теплее, это в том случае, если мент забудет переключить дневное освещение на ночное. Дневное — спускающаяся с потолка лампа под стеклянным колпаком, ты тянешься к ней, мысленно обвиваешь ее, словно змея, своим телом, ночное — тусклый светильник над дверью. Несколько ночей подряд мне везло — надзиратель оставлял дневной свет. В одну из них мне пришла в голову гениальная в своей простоте мысль. Я быстро, пока не заметил вертухай, вывинтил, обжигая пальцы, плафон и сунул его за пазуху. Настоящая грелка! Правда, минут через двадцать колпак остынет, но этого должно хватить, чтобы заснуть. Проснувшись через час от холода, я снова ввернул плафон и спустя минут пять вновь зарядился его теплом...

На десятый день голодовки мне принесли телеграмму от мамы: «Твое письмо получили», а также несколько писем от нее, конфискованных раньше, причем в одном из конвертов была

501

и открытка от Авиталь. Блокада прорвана! Однако до конца моего срока в ШИЗО еще пять дней, и пришлось выходить из голодовки на карцерном рационе.

Когда я вернулся в камеру ПКТ, Валерий стал подкармливать меня сэкономленными им продуктами. Какое-то время инерция голодовки действовала, я продолжал получать корреспонденцию. Однако длилось это недолго, власти снова стали конфисковывать и те письма, которые приходили на мое имя, и те, которые были написаны мной. Выждав три месяца, я опять объявил голодовку, передав властям свое последнее письмо маме, которое начиналось так: «Прочитал в газете, что ледокол "Владивосток" вывел в океан корабль, застрявший в антарктических льдах. А кто и что выведет мои письма к вам из ледяного плена "соображений высшего порядка"? Рассчитывать приходится, конечно, только на собственные силы».

Снова карцер, долгие холодные ночи с «подзарядкой» от плафона, голодные галлюцинации днем. Именно в то время я стал регулярно видеть сон, который раньше посещал меня лишь изредка: я прилетаю в Израиль, выхожу на площадку трапа и вижу стоящего вдалеке, у здания аэровокзала, возвышающегося над всеми гиганта — Мишу Штиглица. А вот и маленькая фигурка Наташи рядом с братом. Мы, как зачарованные, идем навстречу друг другу. И тут я всегда просыпался от холода.

Свет оголенной лампы бил в глаза. Я быстро ввинчивал плафон и, растирая ладонями окоченевшее тело, нетерпеливо ждал, когда он снова нагреется и я смогу опять заснуть в обнимку с ним.

Тут мне объявили о новом наказании: лишении права на свидание до конца следующего, восемьдесят шестого года. Карцерный срок возрос до сорока суток.

— Перестаньте убивать себя! Прекращайте голодовку! — советует добросердечный Осин.

Но вот проходят десять дней, и мне начинают вручать письма из дома.

Более того, я получаю еще одну открытку от Авиталь, это фотография Стены Плача, на фоне которой старый еврей трубит в огромный шофар. «Толик, любимый! — пишет мне жена на обороте. — В какой шофар мне нужно протрубить, чтобы ты услышал меня?.. Знай, что я все время с тобой, и когда от тебя есть письма, и когда их нет...»

— Ну, снимаете голодовку?

— А как с моими письмами домой?

Борьба продолжается, но теперь я явственно слышу в камере победные звуки шофара. На пятнадцатые сутки приносят телеграмму от мамы, она получила мое очередное письмо. Голодовку я снимаю, но мне предстоит отсидеть в карцере еще двадцать пять суток «за незаконный отказ от приема пищи».

За что я боролся? За принцип? За право писать письма и получать их? За то, чтобы мои родные не мучились неизвестностью? И за первое, и за второе, и за третье, но прежде всего за то, чтобы не позволить врагам заглушить в моей душе звуки шофара, в который трубила Авиталь.

В одну из тех ночей я увидел сон, о котором написал жене: «Я сидел на ковре с двумя молодыми женщинами. Мы говорили о чем-то, шутили и неторопливо пили чай из пиал. Мне было очень приятно, но в то же время чувствовал я себя как-то странно, пугала какая-то неестественность происходящего. Проснувшись, я пытался разобраться, что страшило меня? Кто были мои собеседники? Одна — Наташа времен нашей с тобой «ковровой жизни» на Каляевской, это я понимал все время. А другая? И тут я вдруг сообразил, что это тоже Наташа, но уже иная — та, что на прошлогоднем снимке, стоящем у меня на столе. Волосы у этой второй Наташи короче, чем у московской, и убраны под косынку, а в глазах не ожидание, а суровость и решимость. Смешались времена... Такой вот сон, Натуля».

...Некоторое время после голодовки меня не возвращали к Смирнову, а в рабочую камеру выводили поочередно с ним. Я сильно ослабел, да и рацион 9-б мало помогал восстановлению сил, поэтому Валера, получавший норму 9-а, оставлял мне часть своей пайки, пряча ее от ментов, чтобы не забрали. Это нарушение советской законности было обнаружено дней через десять.

— Вы почему вступили в межкамерную связь со Щаранским? — спросил возмущенный Осин, предъявляя Валере вещественное доказательство его преступления.

Всегда корректный, вежливый, избегающий прямой конфронтации с властями, Смирнов вспылил:

— Вы считаете своим долгом морить людей голодом, а я — их кормить!

— Раз вы такой добренький, поголодайте-ка сами, — ухмыльнулся Осин, и Валера получил пятнадцать суток карцера.

А вскоре после этого попался на передаче хлеба и я.

Вазиф Мейланов снова вернулся в лагерь из тюрьмы. Впрочем, в зону его даже не заводили, ведь он по-прежнему отказывался от подневольного труда, а прямиком повели в ШИЗО. Голодовок Вазиф не объявлял, но непрерывное, на протяжении многих лет, содержание на режиме пониженного питания разрушало его организм почище любых голодовок.

Когда наступил банный день, я положил в карман брюк насушенные заранее сухари, чтобы оставить их для Вазифа в раздевалке, в прошлом нам частенько удавалось подкармливать так друг друга. Но на этот раз менты не дали себя провести. Один из них, тот самый туркмен Алик Атаев, который шмонал меня перед свиданиями с родными, был большим крикуном и матерщинником, однако он настолько устал от многолетней службы и так мечтал о скорой пенсии, что на многое смотрел сквозь пальцы. Работу свою, правда, Алик любил. Помню, однажды, проходя по токарному цеху, он вдруг решил проверить карманы моей рабочей куртки. Быстро запустив руку в один из них, он вытащил оттуда какую-то записку. Ничего стоящего у меня при себе, разумеется, не было, но содержание его не интересовало, задача мента — лишь передать находку начальству. Скуластое лицо Атаева расплылось в широкой улыбке, и он сказал мне беззлобно:

— Знаешь, я ведь сегодня во сне видел, что нахожу у тебя записку, и именно в этом кармане!

Что ж, у каждого свои сны, свои удовольствия в жизни.

Другим дежурным в тот день был белобрысый тощий мужичок средних лет, прапорщик Зайцев. Большой любитель природы, он интересно рассказывал о повадках зверей и птиц, но главной страстью его являлась дисциплина. Зайцев был преисполнен уважения к системе и к своей работе, гордился тем, что, как он сам говорил, «находится на передовой линии борьбы с идеологическими врагами», и к каждому обыску относился как к особо важному государственному поручению, которое приходится выполнять в тылу врага.

Зайцев-то и решил обшмонать меня при входе в баню.

— Что, не прошла ваша провокация, Щаранский? — весело и удовлетворенно говорил он, вытаскивая из моих карманов один сухарь за другим.

Бедные менты вынуждены были из-за нас оторваться от завтрака, из их комнаты доносился запах жареной картошки с луком и сала, которое только что сняли со скворчащей сковороды; чуткие носы вечно голодных зеков способны были уловить даже запах горячего чая...

Алик, спешивший вернуться к столу, сказал Зайцеву:

— Давай сюда сухари, я их выброшу.

— Что?! Хлеб выбрасывать? Тебя твоя нерусская мать этому научила? — возмутился Зайцев. — Я его птицам отдам!

Он собрал сухари, отнес их на улицу и раскрошил там для пернатых уральских певуний.

Когда-то, в первые годы, я с интересом присматривался к ментам, пытался вызвать их на разговор. Со временем любопытство прошло, и они мне стали безразличны. Совсем иначе относился к нашим надсмотрщикам Вазиф. Называя себе дурологом, специалистом по советской дури, он, казалось, проводил над ними нескончаемый эксперимент.

— Кашин! — кричал он из карцера прапорщику. — Ты, я слышу, сало ешь? Больно громко чавкаешь! Ну-ка, дай и мне кусок!

— Не положено, — смеялся Кашин. — Знаешь, что мне за это будет?

— А разве голодом мучить людей положено?

— Не знаю. Я тебя в тюрьму не сажал.

— Но я же не сам сюда пришел! Такой же прапорщик, как ты, привел меня. Ты знаешь, за что я сижу?

— Мне знать не положено.

— Вот так все советские люди и говорят: «Не положено... Это был не я... Я за это не отвечаю...» Приходится Мейланову сидеть за всех, в том числе и за тебя. Потому что я отвечаю за все, что происходит в стране, и не хочу, чтобы людей голодом морили. Ты это понимаешь?

Но подобные рассуждения были для прапорщика слишком сложными; он уставал и терял интерес к беседе.

— Отставить разговоры!

— Вам только и остается, что людям рты затыкать, — не унимался Вазиф. После небольшой паузы он стал подбираться к бедному Кашину с другой стороны. — А корова у тебя есть?

— Есть, — ответил тот, довольный тем, что его собеседник спустился, наконец, со своих эмпиреев и стал говорить по-человечески.

— Ты ее кормишь, а она тебе за это молоко дает, верно?

— Ага.

— А если не кормишь — мычит, правильно?

— Ну.

— Вот советская власть и меня хочет в корову превратить, не дает есть, чтобы мычал, ни о чем не думал, а лишь мечтал бы о жратве. Вот тебя, например, в корову уже давно превратили — натянули на голову желудок. Я тебе говорю: не мори меня голодом, дай поесть. Тебе, в общем-то, неприятно меня мучить, ты бы, пожалуй, и отрезал сальца, да желудок твой не согласен, протестует, ведь если ты меня накормишь, то и место свое потеряешь, и паек, и ему, желудку, худо будет. Вот так он за тебя все и решает. Стало быть, ты — корова.

— Сам ты корова! — обиделся Кашин. — Отставить разговоры, или я сейчас рапорт напишу!

Ну, этим Вазифа не запугать, и он целыми днями произносит свои педагогические монологи.

— Вот ты, Алик, говоришь, — обращается однажды Мейланов к малограмотному Атаеву, — что нарушать не надо. А как же Ленин нарушал?

— Как это? Ленин ничего не нарушал!

— Да ведь он же в тюрьме сидел! Такой же прапорщик, как ты, его и сторожил.

— Ленин — в тюрьме сидел?! — задыхается от возмущения Алик.

Тут уж и я не могу сдержаться:

— Алик! Да что же это такое Мейланов тебе говорит! Ленин — и в тюрьме! Сейчас же сообщи об этой провокации куда следует, а то ведь тебя самого обвинят, что слушал и не донес!

— Конечно, конечно! — суетится Атаев. — Я сейчас найду кого-нибудь, кто поможет мне рапорт написать. Щаранский, свидетелем будешь. Ишь ты! — говорит он Вазифу. — Да за такую клевету тебе еще десять лет надо добавить!

Мы с Мейлановым хохочем, а старый мент матерится, почувствовав какой-то подвох.

Несмотря на то что все менты показались бы постороннему человеку братьями-близнецами, среди них оказывались люди и получше, и похуже. У нас, зеков, было много способов определить, чего стоит каждый из них. Вот, например, один из самых точных тестов: проследить за тем, как вертухай рвет заключенным газетную бумагу, используемую в тюрьмах и лагерях в качестве туалетной. Когда неделями и месяцами сидишь в карцере без новостей, без радио, без книг, то радуешься самому крохотному кусочку бумаги с любым печатным текстом. «Хороший» мент рвал нам газеты как придется, не заглядывая в них, а «плохой» полосовал их так, чтобы обрыв был по вертикали, посередине колонки: ни ты не сможешь прочесть ни строчки, ни тот зек, которому достанется вторая половина.

Между тем меня навестил Захаров и завел старую пластинку:

— Сколько вы еще будете мучить и себя, и своих родных? Неужели не надоело воевать с ветряными мельницами? Ведь так никогда не освободитесь! Вы же знакомы со сто восемьдесят второй статьей... — Поугрожав так минут пять, он перешел к прянику: — У вас уже большая часть срока прошла. Написали бы просьбу о досрочном освобождении по состоянию здоровья — и все. И вышли бы наконец на волю. И кончились бы ваши проблемы с перепиской. Только пообещайте, что в ожидании положительного решения не будете протестовать незаконными способами против действий администрации.

— У меня-то с моей перепиской проблем вообще нет, — ответил я. — Но они, похоже, есть у КГБ. Вот пусть ваша организация и перестанет протестовать против нее незаконными способами.

***

К осени корреспонденция стала идти в обе стороны без помех, репрессии прекратились. Более того, когда в октябре подошел к концу очередной срок моего пребывания в ПКТ и я ожидал этапа в Чистополь, меня туда не отправили, несмотря на весь мой «послужной список», лишь продлили ПКТ еще на полгода. Зато уехали в тюрьму Боря Грезин и Валера Смирнов, самым страшным преступлением которого в ПКТ была попытка подкормить ослабшего.

Если меня власти почему-то оставили в покое, то этого нельзя было сказать о моих соседях — Вазифе и Леониде Лубмане, обвиненном, как и я, в измене Родине за желание уехать в Израиль, к ним придирались по каждому поводу, и ребята не вылезали из ШИЗО. Так что в дни наших традиционных праздников — тридцатого октября, десятого и двадцать четвертого декабря — я провел однодневные голодовки солидарности с товарищами. В первых двух случаях мне дали за это по пятнадцать суток карцера, а двадцать четвертого декабря, в День узника Сиона, меня неожиданно прямо оттуда перевели в больницу.

Алия

Все повторяется с удивительной точностью, как будто передо мной прокручивают видеозапись того, что происходило год назад: те же двухчасовые прогулки по зимнему лесу, то же изобилие пищи, тот же врач прописывает те же лекарства и витамины, та же реакция организма: боли в сердце утихают, силы прибывают с каждым днем. За один месяц я набираю целых девять килограммов!

Все это уже было в конце восемьдесят четвертого года, но тогда мне дали свидание. Неужели и сейчас меня «ремонтируют» перед встречей с родными? Да ведь я лишен свиданий не только на этот год, но и на будущий, и даже на первую половину восемьдесят седьмого! «Ну, Россия — страна неограниченных возможностей! В ней все возможно», — повторяю я про себя нашу старую зековскую шутку. Может, и впрямь, маме и Лене удалось добиться встречи?

А почему бы не предположить нечто большее, что меня готовят «на экспорт» и откармливают, чтобы поэстетичней оформить товар перед отправкой за границу? Такая мысль приходила мне в голову, но я сразу же отгонял ее от себя, не желая уходить в опасный мир иллюзий.

Утром двадцать второго января дежурный офицер ведет меня к вахте. Все, как и тогда... Значит, действительно свидание? Но почему у меня отобрали одежду и принесли новую прямо в больницу? Разве перед встречей обыскивать не будут? Или меня поведут в зону? Но что с моим имуществом — ведь мне сейчас не позволили взять с собой даже книгу псалмов, лишь сказали: «Вернетесь к своим вещам»?

До вахты пять минут хода, но так как передо мной метрах в двадцати медленно идет мент, задача которого проследить, чтобы я, не приведи Господь, не встретился ни с кем из зеков, то мы добираемся до места только через десять минут. Времени достаточно, чтобы, не занимаясь бесплодными гаданиями, прочитать молитву, ведь что бы меня ни ожидало: свидание, встреча с какой-нибудь кагэбэшной шишкой или внезапный этап, — надо психологически подготовиться к тому, что впереди.

У попавшего из зоны на вахту есть два пути: по коридору направо — на свидание либо на суд; прямо — тяжелая железная дверь, за которой большая зона. Меня подводят к этой двери, отпирают ее — и я оказываюсь в руках четверых людей в штатском. Оглядываясь, вижу, что впервые, после того как меня арестовали и привезли в Лефортово, рядом нет никого в форме. Отлично понимая, кто такие эти штатские, я поворачиваюсь к вахте и кричу:

— Это в чьи же руки вы меня передаете? Разве вы не знаете, что с КГБ я никаких дел не имею?

Я хочу крикнуть еще что-нибудь, вдруг кто-то из зеков услышит и поймет, что охранка увозит меня из зоны, но не успеваю. Как когда-то, девять лет назад, в Москве, подхваченный крепкими руками, я влетаю в машину и через секунду уже не могу пошевелиться, стиснутый с обеих сторон могучими плечами кагэбэшников.

— Спокойно, кричать не надо! — слышу угрожающий голос.

Спокойно? Да чего же мне бояться? Не страх, а любопытство гложет меня.

Впервые со дня ареста я еду не в тюремной, а в гражданской машине. Вспоминаю, как тогда один из сопровождающих связывался с начальством по рации, и говорю:

— Передайте поскорее в центр: «Операция по освобождению Щаранского из лагеря прошла успешно!»

Но спутники мои на шутку не реагируют, молчат как в рот воды набрали и смотрят прямо перед собой. Я же наслаждаюсь видами зимнего леса, сквозь который мы мчимся по заснеженной дороге.

Минут через десять машина въезжает в какой-то поселок, должно быть, это и есть станция Всесвятская из нашего лагерного почтового адреса. Останавливаемся возле отделения милиции. Я выхожу и вижу перед собой целую кавалькаду машин: впереди — милицейская с мигалкой, за ней — две черные «Волги». Меня ведут к одной из них. Да, долгая, видать, предстоит дорога...

— А мои вещи? — спрашиваю я.

— Не волнуйтесь, они поедут за вами.

Я тут же спохватываюсь: черт с ними, с вещами, но сборник псалмов! Кто знает, что ожидает меня впереди? Может, новые допросы, угрозы, карцеры? Нет, псалмы должны быть со мной! И я начинаю громко «качать права»:

— Это грабеж! Вы обязаны выдать мне все вещи. Книгу псалмов верните, по крайней мере!

Меня пытаются вести к машине силой, но я вырываюсь, сажусь в снег и еще громче требую своего. Расчет простой: рядом — жилые дома. КГБ не захочет привлекать к нам внимание людей. И действительно, после короткого совещания один из них, судя по всему, главный, спрашивает меня:

— Что еще за книга? Где она находится?

Я объясняю. Машина, в которой меня привезли, срывается с места. Я стою в окружении кагэбэшников, глубоко вдыхая морозный воздух. Дополнительная прогулка еще ни одному зеку не повредила. Кто знает, что ждет меня впереди?..

Минут через двадцать машина возвращается; шофер выходит из нее, отдает мне книгу, и я сажусь в «Волгу». Со мной, кроме шофера, едут трое: один впереди и двое по бокам — типичные «хвосты» из породы тех, что сопровождали меня когда-то по улицам Москвы: серые угрюмые лица, одежда, будто специально подобранная так, чтобы не на чем было остановиться глазу. Рядом с шофером — человек интеллигентного вида, напоминающий мне чем-то следователя Губинского из Лефортово, такое же узкое лицо, внимательные умные глаза. Он говорит вежливо, но твердо:

— Давайте, Анатолий Борисович, не будем по дороге ссориться. Пора бы вам уже научиться жить с нами в мире.

Он достает из «бардачка» какой-то предмет и что-то с ним делает. Салон машины заполняется музыкой. «Да ведь это кассета, которую он вставил в автомобильный стереомагнитофон!» — соображаю я и радуюсь встрече с первым посланцем полузабытой цивилизации. Вспоминаю, что видел такую штуку лишь раз в жизни — в машине американского дипломата. У него, кстати, ее довольно быстро сперли в Москве. Интересно, во всех ли автомобилях сейчас такая штука или только в кагэбэшных?

Я оборачиваюсь. В «Волге», которая едет за нами, рядом с водителем сидит начальник группы, я стал про себя называть его «босс». Мы выезжаем на сравнительно широкую дорогу, но сразу попадаем в пробку. Огромный самосвал занесло на повороте, и машины медленно и осторожно объезжают его. Милиционеры в своем автомобиле, возглавляющем наш кортеж, включают сирену, мигалка на крыше начинает быстро вращаться, из репродуктора раздаются какие-то команды. Другие машины жмутся к обочине, освобождая нам проезд, и вот мы уже опять на полной скорости мчимся вперед.

За окнами мелькают поля, леса, поселки. Проносимся мимо поста ГАИ. Но что это? Действительно постовой отдал нам честь или мне показалось? Должно быть, принял нас за большое начальство, ведь в такой компании, с персональной милицейской машиной да еще с одной сопровождающей «Волгой», путешествует разве что первый секретарь обкома! Присматриваясь к дороге, жду очередного поста. Точно, так и есть, гаишник поспешно перекрывает движение на перекрестке, а когда мы приближаемся, делает два шага вперед и отдает нам честь! «Ах, знал бы он, кто его честь принимает!» — думаю я и смеюсь. Но лица моих спутников суровы, юмор ситуации не дошел до них. Когда при въезде в следующий поселок очередной постовой вытягивается в струнку и козыряет, я высовываю в окно руку и приветственно машу ему. Тот, заметив арестантскую телогрейку и шапку, изумленно таращится на меня, медленно отводя от виска ладонь с вытянутыми пальцами. Кагэбэшник со злостью водворяет мою руку на место и быстро закрывает окно.

— Что там у вас происходит? — спрашивает по рации из второй машины «босс».

— Щаранский хулиганит. Пытался что-то крикнуть милиционеру.

— Закройте окна! — следует команда.

— Уже сделано, — отвечает «интеллигент», и в машине вновь надолго воцаряется тишина. Мы несемся дальше по заснеженным уральским дорогам.

— Мне надо отлить, — говорю я через некоторое время. «Интеллигент» совещается с шофером.

— Сейчас будет заправочная станция.

Вот наконец и заправка, но выйти мне не дают. Начальнику, видимо, не нравится, что там есть люди, а вдруг я снова выкину какой-нибудь фортель? Несколько фраз по рации — и мы едем дальше. Останавливаемся на пустынном отрезке шоссе. По обеим сторонам его, метрах в двадцати от обочины, густой лес. Но туда меня не ведут — опасно, могу сбежать. Мне предлагают оправиться прямо на шоссе. Я стою за «Волгой», а один из милиционеров машет жезлом проносящимся мимо машинам: давайте, давайте, мол, не задерживайтесь! Два моих телохранителя пристраиваются рядом со мной, один — справа, другой — слева. Убедившись, что я не собираюсь бежать в лес, а занимаюсь тем, ради чего попросил их остановиться, они следуют моему примеру и расстегивают ширинки.

Начав это несложное дело раньше их, я его раньше и заканчиваю. Застегнув брюки, я быстро оглядываюсь по сторонам и имитирую рывок в сторону леса, делаю вид, что собираюсь пуститься в бега. Оба кагэбэшника автоматически повторяют мое движение, обливая свои руки и штаны собственной мочой. Я злорадно ухмыляюсь: будете знать, как не пускать меня в нормальную уборную!

Я сажусь в машину, а мои конвоиры долго отмываются, поливая друг другу из канистры. И вот мы снова мчимся по белому шоссе.

Как ни отгонял я от себя мысли о том, что бы это все означало, они прорвали блокаду. Куда меня везут? Ведь такого за девять лет еще не было. Неужели освободят? Да нет, должно быть, просто какой-то бонза из КГБ захотел со мной встретиться. Объяснение это малоубедительно, но я, утопая в океане надежды, хватаюсь за него, как за соломинку.

Я, конечно, стараюсь, чтобы кагэбэшники не заметили мое волнение, но оно в конце концов приводит к тому, что в сердце вонзается кинжальная боль, а вдобавок начинается такой приступ мигрени, что я вынужден обратиться к ним:

— Мне нужна таблетка от головной боли. Где аптечка, которую вы обязаны иметь при этапировании зека?

Но такой черной работой КГБ не занимается, это дело МВД, и, посоветовавшись по рации с начальником, «интеллигент» говорит:

— Скоро приедем, тогда получите лекарства.

Мы в пути уже часа четыре и, судя по изменившемуся пейзажу, приближаемся к большому городу. А вот и огромный щит с надписью «Пермь», за ним поворот с указателем «Аэропорт». «Наверное, в этой стороне здешняя тюрьма», — думаю я. Но машины наши подъезжают прямехонько к зданию аэровокзала.

Давно забытая суета пассажиров, автобусы, такси... Вслед за милицейской машиной мы въезжаем прямо на летное поле. Я еще ничего не успеваю сообразить, как оказываюсь у трапа самолета. Это ТУ-114, старый мой знакомец. Салон пуст, и это меня не удивляет, конечно же, пассажиров пустят позже. Прохожу вперед и устраиваюсь возле окна. Два кагэбэшника садятся сбоку от меня, третий — сзади, четвертый заходит в кабину пилотов.

— Пока пассажиры не пришли, попросите у стюардессы таблетки, — говорю я «интеллигенту», сидящему рядом со мной.

— Сейчас-сейчас, — отвечает он, и в этот момент... самолет трогается с места.

Что такое? Ведь он пуст! Добрая сотня мест свободна!

— Хорошо иметь персональный самолет! — шучу я, пытаясь скрыть свою растерянность.

Мне приносят лекарства, я принимаю их и постепенно прихожу в себя.

Итак, за мной послали специальный самолет. О чем это говорит? Очевидно, я срочно понадобился руководству КГБ. Есть и второй вариант, по каким-то политическим причинам они скоропалительно решили дать мне в Москве свидание с родными, как когда-то Эдику Кузнецову — с Сильвой Залмансон. «Но хватит гадать! — говорю я себе. — Прилетим — увидим».

Самолет быстро набирает высоту, и уже не сбоку от дороги, а далеко внизу мелькают зимние леса, белые поля, скованные льдом реки. На секунду мне показалось, что я различил среди крон деревьев лагерную вышку. «Да нет, не может быть. С такой высоты?» — думаю я и внезапно осознаю, что вырвался из мира ГУЛАГа и нахожусь над ним: над тюрьмами и лагерями, над воронками и «столыпинскими» вагонами, над больницами и ШИЗО, над своими товарищами, отгороженными от воли запретками с колючей проволокой, «намордниками», автоматчиками, овчарками… Прислушиваясь к тому, что происходит в моей душе, я с удивлением обнаруживаю, что чувствую глубокую грусть. Там, внизу, остался мир, который я изучил вдоль и поперек, до мельчайших подробностей; мне знаком каждый его звук; в нем для меня не может быть никаких подвохов; я знаю, чем могу быть там полезен другу, и научился противостоять врагу. Этот суровый мир принял и признал меня. В нем я был хозяином своей судьбы, и КГБ не получил надо мной власти. А сейчас, растерянный и полный опасений, пытающийся отмахнуться от надежды, которую уже невозможно было отогнать, я вдруг потерял уверенность в себе…

Раз двадцать подряд прочитал я свою молитву, а затем, несколько успокоившись, обратился к кагэбэшникам:

— Где мои вещи? Почему мне их не возвращают?

— Вы все получите, Анатолий Борисович, — заверил меня «интеллигент».

Прошло несколько часов. Самолет пошел на посадку, пропорол толстый слой облаков и сразу же приземлился. Девять лет назад при такой низкой облачности аэропорты были закрыты. Может, нашему пилоту дали особое разрешение? Но нет, я видел, как садились и другие самолеты. Вот это прогресс!

— Система слепой посадки, — объяснили мне.

Москва. Мама, брат, друзья совсем близко. Может, я их уже сегодня увижу? Столько необычного произошло за один день, пусть он завершится еще одним чудом!

Из Внуковского аэропорта я еду в черной машине, которую сопровождает точно такой же эскорт, как и раньше: впереди — милиция, сзади — еще одна «Волга». Московские гаишники тоже козыряют нам. Девять лет назад, по дороге в Лефортово, я говорил себе: смотри внимательно, ты, может статься, в этом городе в последний раз. Я смотрел — и толком ничего не видел от волнения. Сейчас же, въезжая в Москву по правительственной трассе, Внуковскому шоссе и Ленинскому проспекту, сопровождаемый почетным эскортом и телохранителями, я подмечал каждую деталь.

Ехали мы, как я скоро понял, в Лефортово, и по мере приближения к тюрьме настроение мое все больше портилось. Так же медленно, как когда-то, открылись двойные железные ворота, так же долго тянулся шмон, так же неспешно шел я по длинному коридору, таща матрац, подушку и одеяло...

В камере меня встретил пожилой солидный человек с испуганным взглядом зека-новичка. Подавленность моя к этому времени прошла, уступив место уверенности вернувшегося домой хозяина и сентиментальным ощущениям человека, оказавшегося там, где он провел свою юность.

Да, подавленность прошла, но разочарование осталось. Как ни гнал я от себя надежду на чудо, она весь день жила в самой глубине души. Чего я ожидал? Встречи с родными в московском аэропорту? Немедленного освобождения? Отправки с места в карьер в Израиль? Не знаю. Но, после того как я внезапно был вырван из заточения и оказался в небесах, над миром ГУЛАГа, все казалось возможным, а приземление в том же мире привело к мгновенному отрезвлению после опьянения чистым кислородом высот.

Скорее всего, меня привезли сюда для профилактических бесед или допросов по какому-нибудь другому делу. Но почему такая срочность? Только на одно горючее для самолета сколько денег ухлопали! Да мало ли что. Сказал, например, некий высокопоставленный кагэбэшник: «Когда можно будет приступить к допросам Щаранского?» А усердный подчиненный ответил: «Хоть завтра!», но тут же спохватился, а вдруг начальник понял его буквально, и распорядился немедленно доставить меня в Москву...

Вот такие забавные, но в общем-то вполне реальные для советской бюрократической системы картины представлялись мне вечером в камере. Что ж, приходилось мириться с возвратом из страны чудес...

Мой сосед, попавшийся на взятках чиновник, рассказу о путешествии из лагеря в Москву не очень поверил. Кавалькада из трех машин ради одного зека, гаишники, отдающие честь, ну что за бред! И только предположение о расторопном чиновнике, срочно затребовавшем меня из зоны, чтобы ублажить своего начальника, показалось ему вполне резонным.

***

И все же в первые два-три дня я еще надеялся: а вдруг?.. Но прошло десять дней, меня никто не тревожил, и я быстро втянулся в нормальный лефортовский режим. Теперь, набравшись в ГУЛАГе опыта, я наконец оценил справедливость слов моего следователя: «Лефортово — курорт по сравнению с другими тюрьмами». Действительно, еда почти не уступала больничной, ларек — десятирублевый, даже витамины я продолжал получать. Правда, воздух, которым мы дышали на прогулке, а зеков теперь выводили на крышу тюрьмы, был, конечно, не тем, что на Урале. Но самое главное, я вновь встретился с друзьями своей гулаговской юности: героями книг, хранившихся в великолепной лефортовской библиотеке. Интересно, какие теперь сложатся у меня с ними отношения? Теперь им уже не надо было меня утешать, успокаивать, убеждать, что существует мир высших ценностей, ради которого можно и смерть принять. На сей раз они просто рассказывали мне, что пережили, и я слушал каждого из них, как один ветеран войны другого, сверяя его боевой опыт со своим.

...Утром десятого февраля я получаю из библиотеки заказанные книги: пьесы Шиллера и роман Гете «Годы учения Вильгельма Мейстера» — и, предвкушая удовольствие, начинаю их листать. Вдруг открывается кормушка:

— На вызов.

Ага, вспомнили наконец обо мне! Что ж, давненько я не был на допросе. Посмотрим, как это делается теперь. Но приводят меня не в следственный отдел, а в ту самую буферную камеру, где я уже дважды начинал и однажды заканчивал свою лефортовскую жизнь. Опять этап?

Меня раздевают. Отбирают все, что я недавно получил в лагере, и выдают... гражданскую одежду! Господи! Это действительно что-то новое. Пытаясь скрыть волнение, натягиваю на себя тонкое белье, голубую рубашку, огромные серые брюки и такой же пиджак.

— Дайте мне ремень, — говорю, — брюки не держатся.

— Не положено.

После короткого совещания один из ментов уходит и вскоре возвращается с обрывком бечевки. Я кое-как стягиваю брюки, но это мало помогает, и в ближайшие два дня мне придется все время поддерживать их, чтобы не свалились. Затем я получаю носки, туфли, шарф, длинное синее пальто и зимнюю шапку, в каких ходит половина Москвы. А галстук, который тоже был среди вещей, один из ментов забрал, сказав:

— Получите потом.

Наконец мы выходим в тюремный двор, где я вижу тех самых кагэбэшников, что доставили меня в Москву из Перми. Подхожу к ним и спрашиваю:

— Что будет с моими вещами — и теми, что остались в лагере, и теми, что сейчас здесь, в тюрьме?

— Вам их скоро отдадут.

— Без книги псалмов я никуда не поеду.

Меня хватают за руки и тащат к стоящей неподалеку «Волге», но я громко протестую, кощунственно нарушая своим резким голосом благолепную лефортовскую тишину. Начальник тюрьмы, который тоже здесь, среди моей свиты, что-то шепчет одному из офицеров, тот уходит и вскоре возвращается с книгой, которую передает «интеллигенту».

— Получите ее на месте.

Только теперь я замечаю кинооператора и фотографа, суетящихся вокруг нас и снимающих все происходящее. Вот это да! Ну, дай бог, чтобы я остался в ГУЛАГе только запечатленным на их пленках!

И снова три машины несутся по московским улицам. Куда на этот раз? Нет, не в центр, не на встречу с большими шишками. И не во Внуково, значит, не в лагерь.

Когда позади остаются Люберцы, я понимаю, что мы едем в Быковский аэропорт. Машины останавливаются на летном поле, у самого трапа; когда я выхожу, то вижу, что фотограф и оператор со своей аппаратурой уже тут как тут.

— Где мои псалмы? — спрашиваю я стоящего рядом со мной «интеллигента».

— Все, что вам было положено, вы уже получили, — неожиданно грубо отвечает тот и командует моим телохранителям: — Ведите!

Я вырываюсь из их рук и ложусь на снег.

— Не сдвинусь с места, пока не вернете книгу.

После короткой консультации «босс» отдает мне псалмы. Я быстро поднимаюсь по трапу. В самолете фотографы еще минут десять снимают меня.

— Только не забудьте прислать фотографии, — говорю я им.

Снова мы остаемся в огромном самолете в тесной компании: я и четверо моих спутников из охранки. Два «хвоста» садятся позади меня, «босс» и «интеллигент» уходят в задний отсек.

— Куда летим? — спрашиваю я.

— Не знаю, — отвечает кто-то за спиной.

Взлетаем, набираем высоту. Сориентировавшись по солнцу, я вижу: летим на запад. Сжимаю в руках сборник псалмов, читаю свою молитву, а потом, чтобы отвлечься, пытаюсь вызвать «хвостов» на разговор. Те, однако, его не поддерживают. Вскоре к нам присоединяется «интеллигент», но и он помалкивает. Так проходит часа два. Мы продолжаем лететь на запад.

Кто-то из сопровождающих протягивает мне сзади бумажный кулек:

— Поешьте, если хотите.

В кульке — бутерброды с салом и пакетик чая. Его я кладу в карман, решив выпить свой последний пайковый чаек, как только окажусь в Израиле, а бутерброды возвращаю.

— Ах, простите, — говорит кагэбэшник, — вы, наверно, свинину не едите, мы об этом не подумали. Сейчас вам приготовят что-нибудь другое.

— Не беспокойтесь, — отвечаю, — я не голоден. А теперь скажите все же, что происходит? Куда мы летим?

И тут из-за занавески, разделяющей отсеки, появляется начальник. Он подходит ко мне и торжественно произносит:

— Гражданин Щаранский! Я уполномочен объявить вам, что указом Президиума Верховного Совета СССР за поведение, порочащее высокое звание советского гражданина, вы лишены советского гражданства и как американский шпион высылаетесь за пределы СССР!

Свершилось! Я встаю и не менее торжественно говорю:

— Я намерен сделать по этому поводу письменное заявление. Прошу дать мне ручку и лист бумаги.

— Нам ваши заявления не нужны.

— В таком случае я сделаю устное заявление. Во-первых, я очень рад, что через тринадцать лет после того, как я впервые возбудил ходатайство о лишении меня советского гражданства, мое требование наконец-то удовлетворено. Во-вторых, после того как мне объявлено, что я высылаюсь из СССР и мне уже ничто не угрожает, я повторяю то, что говорил во время следствия, на суде и после суда: моя деятельность еврейского активиста и члена Хельсинкской группы не имела ничего общего со шпионажем и изменой. Я убежден, что, помогая желающим выехать из СССР и тем, чьи гражданские права нарушались, я защищал не только их личные интересы, но в конечном счете интересы всего общества, в котором был вынужден жить, вопреки своему желанию. Поэтому я надеюсь, что зачитанный мне сейчас указ — не последний документ в моем деле, рано или поздно меня признают невиновным, а тех, кто преследовал людей за их убеждения, накажут.

Высказавшись, я сел и стал читать тридцатый псалом Давида, заранее выбранный мною для освобождения: «...Превознесу тебя, Господь, ибо ты возвысил меня и не допустил, чтобы мои враги восторжествовали надо мной. Господь, Бог мой, я взывал к Тебе, и Ты меня исцелил... Ты сделал так, что мой траур сменился праздником для меня, Ты снял с меня рубище мое и препоясал меня весельем. За это будет воспевать Тебя душа не умолкая, Господь, Бог мой! Всегда буду благодарить тебя!»

И тут я внезапно испугался, а вдруг все это — сон? Ведь столько раз за эти годы я прилетал в Израиль, но, так и не успев обнять Авиталь, просыпался в холодном карцере!.. От победной уверенности в себе, только что переполнявшей меня, не осталось и следа. В этот момент густые белые облака окутали самолет. Нет, это, похоже, и впрямь сон. Сейчас пелена растает, я проснусь, и яркий свет карцерной лампы ударит в глаза... Заныло сердце, я почувствовал, что меня знобит. Ничего, сейчас открою глаза, сниму с лампы плафон и согреюсь...

Самолет вырвался из облаков, и под крылом показалась земля. Где я видел такие маленькие узкие домики с косыми крышами? Должно быть, только на картинках. Нет, еще в Эстонии! Что же это за страна? Голландия? Швейцария? Наверное, Швейцария — ведь Буковского когда-то меняли в Цюрихе.

И тут меня пронзила мысль: куда бы мы ни прилетели, здесь меня наверняка ждет Авиталь, и я ее сейчас увижу!

Я смотрел как завороженный на приближающийся аэродром, пытаясь разглядеть Авиталь. Колеса коснулись земли. На самолетах, мимо которых мы проезжаем, написано: INTERFLUG. Мне это ничего не говорит. Но вот на глаза попадаются три буквы: DDR. Господи, это же ГДР! Восточная подсоветская Германия! А значит, Авиталь здесь нет...

У трапа столпилось множество людей, в том числе с кино- и фотоаппаратами. «Босс» вышел первым, подошел к местному «боссу», о чем-то посовещался с ним и, наконец, обернувшись ко мне, показал жестом: иди к легковой машине, вон туда.

Машина стояла метрах в двадцати от трапа. Было похоже, что «хвосты» не собирались сопровождать меня. «Интеллигент» сказал:

— Видите, Анатолий Борисович, вон ту машину? Идите прямо к ней, никуда не сворачивая. Договорились?

На последнее слово я не мог не отреагировать:

— С чего это вдруг? Вы же знаете, что я ни о чем никогда не договариваюсь с КГБ. Раз вы просите, чтобы я шел прямо, пойду зигзагом!

«Интеллигент» фыркнул, пошептался о чем-то с «хвостами», а потом вместе с одним из них вышел из самолета. Они встали по обе стороны трапа. Заработали кинокамеры. Спустившись, я резко взял влево.

— Туда, туда! — замахал мне «интеллигент».

Я повернулся под прямым углом и двинулся направо. Теперь мне уже махали, указывая верное направление, и немецкие чекисты. Так, зигзагом, я и добрался до машины, возле которой меня ожидали двое — мужчина и женщина.

Я сел на заднее сиденье, мужчина — впереди, а женщина — рядом со мной.

— Я буду вашей переводчицей, — сказала она.

Ее спутник ограничился коротким приветствием по-немецки.

— Где мы? — спросил я, когда машина тронулась.

— В Восточном Берлине, — ответила переводчица. — Сейчас мы едем к вашему адвокату, и он вам все объяснит.

— Ого! У меня, оказывается, есть собственный адвокат! — засмеялся я, а потом сказал: — Интересно, что только сегодня утром я перечитывал Гете и Шиллера, не представляя, что через несколько часов окажусь на их родине. Может, вы расскажете мне о местах, которые мы проезжаем?

Мои спутники охотно взяли на себя роль гидов, но я практически ничего не воспринимал из того, что они говорили. Помню, правда, произнесенное переводчицей слово «зоопарк»...

Мы ехали по Берлину, и я чувствовал себя ребенком, попавшим в волшебный мир сказки, но страх проснуться и вновь обнаружить себя в ГУЛАГе больше не мучил меня. Сон становился все более глубоким.

Уже смеркалось, когда мы подъехали к какой-то вилле. Человек, ожидавший нас у входа, протянул мне руку и представился:

— Адвокат Вольфганг Фогель.

Мои спутники остались в машине, а я, провожаемый Фогелем, вошел в дом, где меня приветливо встретили жена Фогеля, а также улыбающийся мужчина, оказавшийся послом США в Восточной Германии, и его супруга. Теперь я уже ничему не удивлялся и спокойно выслушал посла, который сказал, что завтра на мосту Глинике, соединяющем Западный и Восточный Берлин, состоится обмен шпионами между СССР и США, а перед этим через мост переведут меня. Выяснилось, что американцы настояли на том, чтобы меня освободили отдельно от остальных, ибо я не шпион. Посол довольно долго растолковывал мне процедуру обмена, но меня интересовало только одно, и я спросил:

— А где я встречу свою жену? Она будет меня ждать по ту сторону моста?

— Нет, — ответил посол. — Там будет слишком много людей: пресса, полиция... С госпожой Щаранской вы встретитесь во Франкфурте-на-Майне.

Еще одна отсрочка...

Мы подняли тост за свободу. Перед моим уходом посол, явно испытывая неловкость, сообщил, что мне придется провести еще одну ночь под надзором.

В той же машине меня привезли в богатый особняк, стоявший в пригородном лесу. Как только я вошел в дом, какой-то потрясающий полузабытый аромат буквально опьянил меня — это был запах свежемолотого кофе. «Да, это не сон», — сказал я себе. Ведь все эти годы аромат кофе не вспоминался мне ни разу, даже во сне.

Нас ожидал роскошный стол: закуски, мясо, сухое вино, кофе, чай... От вина я отказался, кружилась голова, мне казалось, что я путаю сон и реальность, но всем остальным отнюдь не пренебрег.

— Вы можете подняться к себе в комнату и лечь спать или же пройти в салон, где есть телевизор, — сказала мне переводчица.

Спать? Ну нет! Кто знает, что может случиться во сне? А вдруг все это исчезнет?

Я сел возле телевизора. Неестественно яркие краски лишь усиливали эффект сказочности всего, что со мной происходило. Передавали концертную программу. Разряженных певиц сменяли полуголые, а затем и вовсе обнаженные красотки-танцовщицы. Но даже после стольких лет вынужденного целомудрия дивы эти не волновали меня, пребывавшего в состоянии полной прострации.

Наконец, я поднялся в спальню, принял ванну. Выглянув из окна, увидел стоявшую внизу машину с охраной. На кровати вместо матраца лежала пышная перина. Я растянулся на ней и опустился чуть ли не на метр. Прошел час, другой, но заснуть не удавалось. Вот если бы подо мной была сейчас карцерная доска — тогда другое дело. Я встал и уже больше не ложился, до утра ходил по комнате. Завтра я буду свободен. Почему завтра? Уже сегодня! Сегодня я встречусь с Авиталь. Сегодня мы полетим в Израиль. Я зажег свет и стал читать псалмы.

***

Утром выясняется, что в соседней со мной комнате ночевал чех, которого должны были освободить в рамках того же обмена. После завтрака нас с ним сажают в микроавтобус и везут к границе. По дороге машина останавливается, и к нам присоединяют двух немцев, которых тоже будут менять.

Мы подъезжаем к мосту Глинике, и я вижу советский флаг. «Как символично! — думаю. — Это же граница ГДР, это рубеж советской империи».

На восточной стороне тихо, с западной же доносится какой-то гул. Появляется уже знакомый мне посол в сопровождении нескольких людей и представляет меня одному из них, послу США в Западной Германии. Тот говорит:

— Сейчас мы с вами перейдем на другую сторону.

Он берет меня за руку, и мы медленно идем по мосту.

— Где граница? — спрашиваю я.

— Вон та жирная черта, что перед нами.

Я радостно перепрыгиваю через нее, и в этот момент лефортовская бечевка, поддерживающая мои брюки, лопается. Так, подтягивая обеими руками сползающие штаны, я делаю первые шаги в свободном мире. Передо мной мелькает множество лиц, но я вижу их как сквозь туман. Улыбнувшись всем сразу, сажусь в машину посла. Тот поднимает телефонную трубку и прямо из машины звонит в Вашингтон, однако меня уже ничем нельзя удивить. Потом он передает трубку мне, и я, не имея ни малейшего представления о том, кто там на другом конце провода, несу какую-то чушь о воздухе свободы, которым так приятно дышать...

Въезжаем на территорию американской военной базы. Солдаты отдают нам честь. Садимся в крошечный самолетик, но у того, как выясняется, не в порядке тормоза, и мы пересаживаемся в другой.

— Мне казалось, что мы уже на Западе, но это, видать, все еще Россия — тормоза не работают! — весело смеюсь я. Вот она — подлинная деталь, отличающая жизнь от сна!

Наконец мы летим во Франкфурт-на-Майне к Авиталь. В пути мы с послом о чем-то разговаривали, но запомнилось мне лишь одно: он сказал, что ему тридцать девять лет, и я поразился — такой молодой! Так быстро сделал карьеру!

— Ну, вы тоже неплохую карьеру сделали! — ответил он.

— Но мне-то помогал КГБ, так что ничего удивительного в этом нет, — усмехнулся я. — Вам ведь он, надеюсь, не помогал?

В разгар этого дружеского трепа картина у меня пред глазами начинает дергаться, как от нервного тика. Мир, кажется, теряет свою непрерывность, переходя скачками от одного застывшего кадра к другому.

Мы приземляемся во Франкфурте. Где Авиталь?

Мы переезжаем с военной базы в гражданский аэропорт. Где Авиталь?

Кто-то приветствует меня на иврите. Это израильский посол! Мы обнимаемся.

— Шалом! Где Авиталь?

Мы идем быстро, почти бежим. Коридор, лифт, еще один коридор... Мелькают лица. Сначала я слышу: «Хелло! Хелло! Хелло!», потом «Шалом! Шалом! Шалом!»

— Шалом! — улыбается мне молодой бородач в ермолке и указывает на какую-то дверь. Из нее выходит еще один бородач. «Шалом!»

Я влетаю в комнату — никого. Поворачиваюсь — в углу сидит Авиталь. В темном платье, на голове — платок. Она что-то шепчет, но я ничего не слышу. Я делаю шаг, другой, третий. Она встает. Губы ее дрожат, глаза полны слез. Да, это она — моя Авиталь, моя Наташа, та самая девочка, которой я двенадцать лет назад обещал, что наша разлука будет недолгой...

В отчаянной попытке проглотить комок, подкативший к горлу, и стереть улыбкой слезы с наших лиц, я говорю ей на иврите:

— Прости меня за то, что я немного задержался...

***

В памяти сохранились быстро сменяющиеся кадры последующих событий.

Вот мы летим через Средиземное море на маленьком самолете, посланном израильским правительством. Вот я выступаю в аэропорту, почти не понимая собственных слов, и пою: «Хорошо и радостно быть с братьями вместе». Я так часто пел эти слова из псалма один, в карцере, а сейчас пою их вместе с тысячами братьев и сестер, приехавших в Лод.

Я крепко сжимаю руку Авиталь, боясь, что она вновь ускользнет и все опять окажется только сном.

Лишь глубокой ночью, в Иерусалиме, в Старом городе, я отпустил ее ладонь, толпа разнесла нас в разные стороны, и я поплыл на чьих-то плечах к Стене Плача.

Держа в руках нашу Книгу псалмов, я поцеловал теплый камень и произнес древнее благословение:

«Барух... матир асурим» — «Благословен Он, освобождающий узников!»

Об авторе

Натан Щаранский родился в 1948 году в Сталино, ныне Донецк, Украина. Был участником правозащитного движения в СССР и одним из лидеров борьбы за право советских евреев репатриироваться в Израиль. В 1976 году Щаранский стал сооснователем Группы по соблюдению Хельсинкских соглашений, которая отслеживала нарушения этих договоренностей в том числе и по отношению к различным религиозным и национальным меньшинствам в Советском Союзе.

В 1977 году арестован по обвинению в измене родине и шпионаже. После девяти лет заключения освобожден 11 февраля 1986 года, во многом благодаря активной международной кампании, которую вела его жена Авиталь.

1996–2005 — министр и заместитель премьер-министра четырех израильских правительств.

2009–2018 — глава Еврейского агентства.

В 2018 году получил высшую награду — государственную премию Израиля.

Щаранский награжден Почетной медалью Конгресса США и Президентской медалью Свободы. Он единственный живущий сегодня неамериканский гражданин, получивший обе эти высшие американские награды.

Натан и Авиталь Щаранские живут в Иерусалиме. У них две дочери и восемь внуков.

В издательстве Freedom Letters
вышли книги:

Дмитрий Быков
VZ. Портрет на фоне нации

Сергей Давыдов
СПРИНГФИЛД

Светлана Петрийчук
ТУАРЕГИ. СЕМЬ ТЕКСТОВ ДЛЯ ТЕАТРА

Вера Павлова
ЛИНИЯ СОПРИКОСНОВЕНИЯ

Сборник рассказов для детей 10–14 лет
СЛОВО НА БУКВУ «В»

Дмитрий Быков
БОЛЬ-
ШИНСТВО

Ваня Чекалов
ЛЮБОВЬ

Демьян Кудрявцев
ЗОНА ПОРАЖЕНИЯ

Евгений Клюев
Я ИЗ РОССИИ. ПРОСТИ

Алексей Макушинский
ДИМИТРИЙ

Александр Иличевский
ТЕЛА ПЛАТОНА

Сборник рассказов
МОЛЧАНИЕ О ВОЙНЕ

Людмила Штерн
БРОДСКИЙ: ОСЯ, ИОСИФ, JOSEPH

Людмила Штерн
ДОВЛАТОВ — ДОБРЫЙ МОЙ ПРИЯТЕЛЬ

Шаши Мартынова
РЕБЁНКУ ВАСИЛИЮ СНИТСЯ

Shashi Martynova
BASIL THE CHILD DREAMS
Translated by Max Nemtsov

Алексей Шеремет
СЕВКА, РОМКА И ВИТТОР

Сергей Давыдов
ПЯТЬ ПЬЕС О СВОБОДЕ

Ася Михеева
ГРАНИЦЫ СРЕД

Виталий Пуханов
РОДИНА ПРИКАЖЕТ ЕСТЬ ГОВНО

Юлий Дубов
БОЛЬШАЯ ПАЙКА
Первое полное авторское издание

Юлий Дубов
МЕНЬШЕЕ ЗЛО
Послесловие Дмитрия Быкова

Илья Бер, Даниил Федкевич, Н.Ч.,
Евгений Бунтман, Павел Солахян, С.Т.
ПРАВДА ЛИ
Послесловие Христо Грозева

Серия «Слова України»

Генрі Лайон Олді
ВТОРГНЕННЯ

Генри Лайон Олди
ВТОРЖЕНИЕ

Генрі Лайон Олді
ДВЕРІ В ЗИМУ

Генри Лайон Олди
ДВЕРЬ В ЗИМУ

Максим Бородін
В КІНЦІ ВСІ СВІТЯТЬСЯ

Андрій Бульбенко
Марта Кайдановська
СИДИ Й ДИВИСЬ

Олег Ладиженський
БАЛАДА СОЛДАТІВ
(Вірші воєнних часів)

Олег Ладыженский
БАЛЛАДА СОЛДАТ
(Стихи военных дней)

Александр Кабанов
СЫН СНЕГОВИКА

Алексей Никитин
ОТ ЛИЦА ОГНЯ

Валерий Примост
ШТАБНАЯ СУКА

Артём Ляхович
ЛОГОВО ЗМИЕВО

Сборник современной
украинской поэзии
ВОЗДУШНАЯ ТРЕВОГА

www.ingramcontent.com/pod-product-compliance
Lightning Source LLC
Chambersburg PA
CBHW061129120626
46546CB00005B/1721